La réforme du système pénitentiaire camerounais

Études africaines
Collection dirigée par Denis Pryen

Dernières parutions

Augustin TCHAMENI, Évolutions contemporaines du régionalisme africain, 2013.
Antoine NGAKOSSO, *Réformes fiscales en Afrique. Le management du changement*, 2013.
Jean-Baptiste NKULIYINGOMA, *Rwanda : le pouvoir à tout prix*, 2013.
Alain Laurent ABOA, Hilaire DE PRINCE POKAM et Aboubakr TANDIA, *Démocratie et développement en Afrique : perspectives des jeunes chercheurs africains*, 2 volumes, 2013.
Fidèle BEKALE B'EYEGHE, *Souveraineté alimentaire en Afrique subsaharienne. Le cas du Gabon*, 2013.
Patrice MOUNDOUNGA MOUITY, *Le NEPAD. Histoire, défis et bilan 10 ans après*, 2013.
Prudent Victor TOPANOU, *Introduction à la sociologie politique du Bénin*, 2013.
Fidèle ALLOGHO-NKOGHE, *Quartiers informels et politiques de la ville*, 2013.
Sadio CAMARA, *La longue marche pour l'indépendance et les libertés démocratiques au Sénégal*, 2013.
Hygin Didace AMBOULOU, *Traité congolais de droit du travail et de la sécurité sociale*, 2013.
Jean-Crépin Soter NYAMSI, *L'Afrique et son développement. Réalités complexes et nouveaux enjeux, dans un monde en transformation*, 2013.
Ernestine NGO MELHA, *Education inclusive en Afrique subsaharienne*, 2013.
Yaya SY, *Mouhamadou Lamine Darame. Entre jihad et résistance anticoloniale*, 2013.
Jean-Serge MASSAMBA-MAKOUMBOU, *Identité ethnique et conflits civils au Congo-Brazzaville*, 2013.
Victor ESSIMBE, *Armes légères et groupes armés en Afrique subsaharienne*, 2013.
Ibrahim NAJADA, *Plantes ligneuses du Niger*, 2013.
Patrick Juvet LOWÉ GNINTEDEM, *L'obtention des brevets pharmaceutiques en Afrique. Le cas des pays de l'OAPI*, 2013.
Gunhild ODDEN, Milfrid TONHEIM (éds.), *La route cahoteuse de la réintegration des filles ex-soldats dans l'Est du Congo*, 2013.
Pither MEDJO MVÉ, *Langage et identité chez les Ndambamo du Gabon*, 2013.
André ENGAMBÉ, *Impôt colonial et résistance des populations du Congo*, 2013.

Régine Ngono Bounoungou

La réforme du système pénitentiaire camerounais

Entre héritage colonial et traditions coloniales

L'Harmattan

5-7, rue de l'Ecole-Polytechnique, 75005 Paris

http://www.librairieharmattan.com
diffusion.harmattan@wanadoo.fr
harmattan1@wanadoo.fr

ISBN : 978-2-343-00586-7
EAN : 9782343005867

Peut-on, à tout prix, mettre les mots sur ce qu'on ressent ?

Il nous arrive de chercher, en vain, les mots susceptibles de traduire, avec fidélité, les sentiments qu'on éprouve envers les personnes qui ont joué un rôle important à un moment crucial de notre vie.

Comment exprimer toute ma gratitude envers mon directeur, le professeur Jean-Charles FROMENT pour m'avoir fait confiance ? Vous avez su, par votre disponibilité constante, par votre écoute et par vos conseils, m'encourager à aller jusqu'au bout, malgré les vents contraires... Je vous dis sincèrement, merci.

« *Avec un seul bras, impossible de grimper jusqu'au sommet d'un arbre.* »[1] L'aboutissement de tant d'années de travail de recherches n'est que la combinaison de vastes réseaux de collaboration et d'amitié. Tant de "mains invisibles" sans lesquelles ce projet de thèse n'aurait pu voir le jour.

Un merci sincère à Odile BEAUFILS pour tant de nuits blanches pour la relecture de tout ce travail. Aucune virgule, aucun accent ne devait t'échapper. Tu avais mesuré la responsabilité qui était la tienne en t'y engageant. De tout cœur merci.

Evidemment, une thèse ne se résume pas à la seule rédaction, surtout lorsqu'on est loin des siens. Tant d'attentions, tant de soutiens du point de vue moral et financier, et tant d'amitiés, A ce titre : Marie-Anne et Michel MERLAND ; Louis NGONGO ; Marie-Pierre ROWE ; Marcelle et Pierre COLI ; les membres de la chorale de Saint Louis, ainsi que tous ceux qui, de près ou de loin, m'ont apporté, à quelque niveau que ce soit, leur contribution pour que mon rêve devienne réalité, acceptez ici toute ma sincère gratitude.

[1] Proverbe beti (ethnie du Cameroun)

Comment oublier Sœur Marguerite-Marie ELOMO, supérieure générale de la Congrégation des Filles de Marie de Yaoundé ? Par ton accord et tes encouragements, tu as voulu que mon séjour en France soit couronné par ce titre de docteur. Je te dis de tout cœur, merci. Que les Sœurs Françoise ATANGANA, Emérentia EVEGA EYENGA trouvent aussi l'expression de mon attachement pour tout ce qu'elles sont pour moi.

Ma reconnaissance va également à Mgr Jérôme OWONO MIMBOE pour son soutien sans faille et inconditionnel. Ce soutien a été pour moi, au moment de déprime et de découragement, d'un grand apport pendant tout mon séjour en France.

Il n'est pas facile de concilier les engagements de religieuse et d'étudiante. La Sœur Bernadette de Jésus, Prieure du Carmel de Chambéry, la Sœur Régine Bénédicte, ainsi que toutes les Sœurs carmélites ont toujours été là pour me faciliter la tâche. Pour toutes vos attentions et votre soutien, soyez remerciées.

Dans les cultures traditionnelles camerounaises, la famille a un rôle ou une place importante, sinon primordiale, dans l'épanouissement et la réussite de chacun de ses membres. J'ai apprécié le soutien inconditionnel de mes frères et sœurs, de mon père adoptif et adopté Alexandre NANA, ainsi que du reste de la famille. Sachez qu'aucun mot n'exprime ce que vous représentez pour moi.

Que le fruit de ce travail soit votre fierté.

À la mémoire de mes parents,
Cyrille Bounoungou et Jacqueline Enyegue

Sommaire

LISTE DES SIGLES ET ABREVIATIONS

APEN	Administration Pénitentiaire
CEACR	Commission des Experts pour l'Application des Conventions et des recommandations
CRS	Catholic Relief Services
CRTV	*Cameroon Radio Television Corporation*
DAPEN	Direction de l'Administration Pénitentiaire
ENAM	Ecole Nationale de l'Administration et de la Magistrature
ENAP	Ecole Nationale de l'Administration Pénitentiaire
IDH	Indice de Développement Humain
JOC	Journal Official du Cameroun
JOCF	Journal Officiel du Cameroun Français
L.G.D.J.	Librairie Générale de Droit et de Jurisprudence
MINAS	Ministère des Affaires Sociales
MINAT	Ministère de l'Administration Territoriale
MINEPAT	Ministère de l'Economie, de la Planification et de l'Aménagement du Territoire
MINJUS	Ministère de la Justice
OIP	Observatoire International de Prisons
OIT	Organisation Internationale du Travail
ONU	Organisation des Nations Unies
PNUD	Programme des Nations-Unies pour le Développement
Pulim	Publication de l'Université de Limoges
s.éd.	sans édition
s.d	sans date
SPSR	Service Pénitentiaire Spécialisé pour la Réinsertion
SSR	Service à Salaire Réduit
UVF	Unités de Vie Familiale

Préface

Tout travail de thèse est une lourde tâche, mais celui mené par Régine Ngono Bounoungou sur la réforme du système pénitentiaire au Cameroun mérite plus encore que d'autres cette qualification. Bien sûr il y a eu le courage et l'abnégation d'une auteure devant combiner de multiples activités pour parvenir à dégager le temps nécessaire à l'aboutissement de sa recherche, mais peut être n'était-ce pas là les difficultés les plus grandes. Celles-ci résidaient peux être surtout dans les trois tentations auxquelles il fallait résister pour produire le travail qui nous est proposé. A celle d'abord de l'engagement militant, de l'indignation naturelle face à des situations humaines dramatiques afin de ne pas céder au risque de l'émotion et réunir les conditions de nature à interroger scientifiquement la question de la réforme pénitentiaire dans le contexte de certains Etats africains ; à celle ensuite, toute aussi naturelle, de conférer à un tel travail un caractère prescriptif et normatif en adressant à l'Etat camerounais une forme d'injonction réformatrice ; enfin à celle enfin de l'ethnocentrisme en empruntant notamment au modèle européen une grille de lecture *a priori* du sens nécessaire de toute réforme pénitentiaire. Et chacune de ses tentations l'auteure parvient à y résister dans cet ouvrage en nous offrant une analyse qui repose notamment sur le souci permanent d'une recontextualisation tant historique que sociologique et institutionnelle de son objet.

Mais nécessairement alors une telle entreprise intellectuelle ne pouvait que se heurter à la difficulté d'une ré-conciliation entre le paradigme moderne de la pénalité et les conceptions traditionnelles de la sanction en Afrique. Car si c'est bien là, à l'instar de ce qu'ont mis en évidence les travaux d'Etienne Le Roy sur la question, que se situe l'enjeu fondamental de la réforme de la justice en Afrique, dans cette capacité à penser un entre-deux au croisement de deux héritages, force est aussi souvent de constater les limites d'une réflexion théorique qui achoppe souvent sur la capacité à proposer des solutions réelles et pratiques de nature à lui donner corps. Et de ce point de vue encore, Mme Ngono Bounoungou se montre très courageuse en ouvrant notamment le débat sur le pluralisme judiciaire au Cameroun et en essayant de faire un ensemble de propositions concrètes de réformes, tout en ayant conscience du caractère toujours périlleux d'un tel exercice. On ne pourra donc que saluer un travail qui contribue à la fois à renforcer les connaissances relatives à la question pénitentiaire en Afrique et à ouvrir des perspectives renouvelées d'analyse de cette dernière en faisant notamment appel aux théories du pluralisme.

Jean-Charles Froment,
Professeur des Universités,
Directeur de l'Institut d'Etudes Politiques de Grenoble.

Introduction

Analyser la réforme du système pénitentiaire revient à interroger la nature de son fonctionnement et à évaluer l'efficacité de sa mission de défense sociale. Cette remise en question est d'autant plus pertinente lorsque l'insécurité sévit dans une société au sein de laquelle ce système pénitentiaire est appelé à être appliqué comme c'est le cas habituel au Cameroun.

En effet, *« L'insécurité s'intensifie à Yaoundé... »*,[2] ou encore *« En plein jour, les gangs sèment la terreur dans tous les quartiers... »*.[3] Tels sont les titres peu réjouissants qui font, au quotidien, la une des journaux télévisés et écrits au Cameroun. De nombreux entretiens menés sur le terrain, auprès des diverses catégories sociales[4] révèlent que le malaise règne au sein de la collectivité camerounaise : l'insécurité est sans cesse grandissante. Selon les responsables du Comité de vigilance[5] de Messa-Mendongo - Yaoundé : *« Il devient difficile de prendre un taxi à une certaine heure du soir sans avoir "la peur au ventre" de ne pouvoir arriver à destination. Impossible de rester en toute quiétude les portes ouvertes chez soi, comme dans le bon vieux temps, sans douter d'un éventuel cambriolage. De jour comme de nuit, surtout dans les grandes agglomérations, chacun doit prendre soin de bien protéger son porte-monnaie ou son sac à main, de peur qu'on se le fasse arracher sans scrupule au vu et au su de tout le monde. »*[6] Ces mêmes propos reviennent tout au long des entretiens et enquêtes réalisés sur le terrain.

Cette situation d'insécurité engendre un autre phénomène, celui de la vindicte populaire. En effet, pour lutter contre l'insécurité, les

---

[2] Journal quotidien *Cameroon Tribune*, juin 2009

[3] Le journal des faits divers de la CRTV de Bamenda en 2005

[4] Pour plus détails voir annexe 7

[5] Le comité de vigilance est une structure mise en place par les habitants dans certains quartiers des grandes villes du Cameroun avec pour mission la lutte contre l'insécurité.

[6] Ceci est un extrait des entretiens réalisés auprès des responsables du Comité de Vigilance du quartier Messa-Mendongo –Yaoundé. Voir annexe 7

Camerounais sont obligés de recourir à des solutions pragmatiques, mais dangereuses, sous la couverture de la légitime défense.

Certaines réactions plus raisonnables consistent dans le fait que, dans certains quartiers de grandes agglomérations, les habitants forment des comités de vigilance[7] et se donnent un code pour signaler un danger imminent sur les différents téléphones portables ou bien ils utilisent des sifflets pour provoquer, ainsi, une réaction solidaire et commune. Là encore, tout dépend des quartiers. Certains sont plus conciliants que d'autres pour remettre l'auteur de l'infraction aux services de police.

D'autres réactions populaires sont atroces et cruelles. La vengeance populaire s'installe. Selon les témoignages,[8] *« le voleur malchanceux, attrapé en flagrant délit, se voit lynché, lapidé, massacré sans remords à coup de pierres, de bâtons, voire de toutes sortes d'objets solides pouvant engendrer des douleurs sur le malheureux. Généralement, les services de police arrivent trop tard, la mort ayant déjà fait son œuvre. »* Fabien NJOCK BEN, témoin impuissant décrit l'une des scènes devenues habituelles en ces termes : « *... quelques hommes armés de gourdins, de machettes et autres objets redoutables entouraient deux hommes couchés et agonisant, sauvagement mutilés.* »[9] Par ailleurs, le Journal télévisé, rubrique INFOS, ne cesse d'attirer l'attention de tous, pour une prise de conscience. Selon son reportage diffusé en 2010 : *« Les populations se sont muées en justicier pour participer à la lutte contre le banditisme. Par semaine, les Camerounais sont battus, brûlés à vif, parfois sous les regards des forces de l'ordre désemparées. »*[10] « Les spectacles ci-dessus relatés, sont devenus récurrents dans les villes camerounaises et plus particulièrement à Douala.

Malgré de nombreux rappels à l'ordre et des répressions sévères envers les auteurs de cette vengeance populaire, la situation reste la même. Une des raisons de cette obstination vient du fait que, selon l'opinion

---

[7] Exemple du Comité de vigilance de Messa-Mendongo – Nkol-Mekung à Yaoundé

[8] Propos recueillis à vif auprès des Camerounais au carrefour de Mvog-Mbi et du marché en plein air de Mokolo, quartiers de Yaoundé

[9] La scène, décrite par NJOCK BEN Fabien, se déroule en 2009 dans le quartier Bonadjo à Douala.

[10] Reportage de Jean Jacques ZE et de Roméo NANKO ; montage : Samuel YETNA O., CRTV Douala, 2010.

publique,[11] dans la majorité des cas, les victimes de la vindicte populaire ne sont que les repris de la justice. Pourtant, les prisons camerounaises, comme nous le verrons plus loin, connaissent une surpopulation inégalée. Mais, la raison la plus plausible, selon Hippolyte SANDO,[12] est que : *« La rupture de confiance entre les Camerounais et les institutions en charge de la sécurité et de la justice serait à l'origine de la vindicte populaire.»*[13]

Au regard de ces deux situations inquiétantes, il y a lieu de s'interroger, non seulement sur l'efficacité de la peine d'emprisonnement, devenue la clé de voûte dans l'arsenal pénal camerounais, mais également sur sa mission de défense sociale. Mais alors, comment permettre à celui-ci de jouer son rôle de garant de la protection de la société ? D'où la réflexion sur une éventuelle réforme du système pénitentiaire camerounais.

Pour l'opinion publique, le terme pénitentiaire renvoie à la prison. Dans son sens restreint, la prison est considérée comme « un lieu de détention, un établissement clos aménagé pour recevoir des délinquants condamnés à une peine privative de liberté ou des prévenus en instance de jugement. »[14] Ce milieu clos a fait, et fait encore, l'objet de multiples études, toutes très intéressantes. Nos recherches, quant à elles, se donnent pour ambition d'élargir le plus possible le champ d'analyse en considérant le terme pénitentiaire dans son sens le plus large. Ce qui implique une prise en compte de tous les éléments susceptibles d'influencer, de près ou de loin, de manière directe ou indirecte, l'exécution de la peine privative de liberté.

A partir de ce point de vue, nous nous proposons d'analyser le système pénitentiaire camerounais dans sa globalité. Ce qui nous amène à proposer la définition du système pénitentiaire comme étant un ensemble de mesures qui entourent, en amont comme en aval, l'exécution d'une peine. Ces mesures devraient aller du prononcé de la sanction jusqu'au processus de réintégration du détenu dans la société, en passant par

---

[11] Voir les entretiens : annexe 7

[12] H. SANDO, membre du Comité Justice et paix de l'Archidiocèse de Douala et militant chevronné de la cause des détenus, auteur de : *Derrière les murs, l'enfer : l'univers carcéral en question,* Douala, Catholic Relief Services, 2005, 175 p.

[13] Pour plus de détail voir en annexe 7

[14] Dictionnaire Le Petit Robert pour tous, Paris 1994

l'exécution de la peine proprement dite. Le délinquant devient ainsi le sujet d'une réformation, et le système pénitentiaire, un instrument de cette recherche de l'amendement de celui-ci. Cependant, il y a lieu de souligner ici qu'il existe deux manières de concevoir cette recherche de l'amendement et de combattre ainsi la récidive, soit par la sanction uniquement, soit par une approche éducative appropriée. La deuxième conception semble être d'actualité. Dès lors, « l'institution pénitentiaire doit être pensée comme un système de discipline dont le régime doit permettre de redresser les "rameaux tordus" de l'arbre social ».[15]

Néanmoins, il ne faudrait pas perdre de vue que la mission première et traditionnelle de tout système pénitentiaire, est d'assurer la sécurité de la population. Cette sécurité se définit, entre autres, comme un « état d'esprit confiant et tranquille d'une personne qui se croit, se sent à l'abri du danger »[16]. Probablement, c'est pour la sécurité des Camerounais que l'Etat camerounais maintient ce système pénitentiaire, hérité de son passé colonial.

Avant de jeter un regard synoptique sur le système pénitentiaire camerounais, une présentation préalable du Cameroun s'avère nécessaire. Nous procéderons par la suite à la justification de notre sujet de recherches. Ce qui nous permettra d'exposer la méthodologie de celles-ci ainsi que le plan de travail pour une lecture progressive de l'environnement pénitentiaire camerounais.

Section I :- Le Cameroun[17] dans son contexte historique et socio-culturel

Présentation générale :- Pays d'Afrique centrale et occidentale[18], le *Kamerun* est un ancien protectorat allemand[19] confié à la France et au Royaume-Uni après la Première Guerre mondiale par la Société des

---

15 J. O. MBOCK, *La prison camerounaise*, Université de Yaoundé, Thèse de doctorat inédite, 1989, p. 13

16 Dictionnaire Le Robert pour tous, Paris, 1994

17 Carte du Cameroun en annexe 1

18 Le Cameroun est situé entre le Nigeria à l'Ouest, le Tchad au Nord, la République Centrafricaine à l'est, le Gabon, la Guinée équatoriale et la République du Congo au sud et le golfe de Guinée au sud-ouest

19 Le mot "protectorat" est sciemment utilisé au regard d'un accord passé entre les chefs indigènes camerounais et les Allemands comme nous le verrons *infra*.

Nations. Le 1er janvier 1960, le territoire sous l'administration française accéda à l'indépendance. Rejoint par une partie du territoire sous administration britannique en 1963, les deux territoires français et britannique forment ainsi la République fédérale du Cameroun, renommée République unie du Cameroun le 20 mai 1971, puis République du Cameroun[20] depuis 1985.

Avec une superficie de 475 442 km^2, le Cameroun se présente comme un grand triangle divisé en 10 Régions.[21] Il occupe, selon le Rapport sur le Développement humain (RDH)[22], la 150ème place sur 187 pays en 2011 avec un Indice de Développement Humain (IDH)[23] égal à 0,486.

En 2010, sa population, estimée à 19 406 100 habitants environ, ressemble à une mosaïque de tribus, à des cultures traditionnelles diverses et variées, mais avec plusieurs points communs dont l'un concerne la finalité de la répression et de la peine. En effet, la cohabitation paisible d'environ 280 tribus nécessitait et nécessite encore de nos jours des mesures spécifiques compte tenu de son particularisme sociétal. Chaque répression ou chaque sanction trouve ainsi tout son sens dans la restauration de la paix et dans la recherche de la cohésion sociale de toutes ces tribus appelées à répondre sous le vocable de Camerounais. Il y a lieu de scruter les traditions culturelles camerounaises en la matière.

Les traditions culturelles camerounaises en matière de répression :- Parler des traditions culturelles camerounaises dans une étude sur les prisons, et plus spécialement sur le système pénitentiaire, semble, *a priori*, n'avoir pas sa raison d'être. Cette réflexion est d'autant plus

---

[20] En anglais : *Republic* of *Cameroon*

[21] Depuis le décret du 12 novembre 2008, les Provinces de la République du Cameroun sont désormais appelées "Régions" : Adamaoua, Centre, Est, Extrême-Nord, Littoral, Nord, Nord-Ouest, Ouest, Sud et Sud-Ouest.

[22] Le Rapport sur le Développement humain (RDH) a été présenté au Cameroun le mercredi 7 décembre 2011 par le Ministre Délégué de l'Economie, de la Planification et de l'Aménagement du Territoire (MINEPAT) et le Représentant Résident du Programme des Nations Unies pour le Développement (PNUD).

[23] L'indice de développement humain (IDH) est un indice créé par le Programme des Nations unies pour le développement (PNUD) en 1990 pour évaluer le niveau de développement humain des pays du monde. L'IDH se fonde sur trois critères majeurs : l'espérance de vie, le niveau d'éducation et le niveau de vie.

pertinente dans la mesure où *« on ne trouve nulle part dans l'Afrique du XIXe siècle d'outils pénaux comparables aux prisons »*[24] d'une part, et d'autre part, revenir sur des traditions dans un monde où règnent les effets de la mondialisation et de la modernité, serait, de prime abord, une aberration.

Néanmoins, l'association de deux mots – traditions et cultures – dans notre étude n'est pas le fait du hasard. Ces deux termes nous renvoient à l'ensemble des valeurs, des normes et des institutions que chaque peuple, chaque société nourrit en son sein et qui sont les composantes de la culture spécifique de ce peuple. Pour imposer ses normes, chaque culture a des méthodes de sanctions qui varient avec l'importance de la norme et de la valeur mise en jeu. Sans toutefois faire fi de différentes définitions de la culture, et qui reflètent les théories diverses, les sociologues la définissent comme ce qui est commun à un groupe d'individus et comme ce qui le soude. Ces individus transmettent ainsi, de génération en génération, ces valeurs, ces normes et ces institutions qui forment leur culture. Celles-ci deviennent une tradition culturelle. Car, la tradition désigne la transmission continue d'un contenu culturel à travers l'histoire. Au regard de ce qui précède, il est certain qu'à la période précoloniale, les Camerounais avaient des valeurs, des normes et des institutions qui constituaient leur culture et qui étaient transmises de génération en génération. Des recherches approfondies seraient nécessaires pour leur adaptabilité éventuelle dans la mise en place d'un système pénitentiaire au Cameroun.

Section II :- Le système pénitentiaire camerounais

Ses origines :- La mise en place du système pénitentiaire n'a pas été automatique au Cameroun. Son histoire s'inscrit dans une succession de méthodes de répression et de sanctions différentes les unes les autres. Différents régimes de répression antinomiques au service de la politique de conquête, seront appliqués. Sera ainsi soumis au régime du code d'indigénat, le territoire administré par la France alors que le Cameroun devait bénéficier du régime de mandat. Ce code d'indigénat privilégiait, entre autres, l'internement administratif dont le régime était évidemment soustrait de la compétence législative et judiciaire. Quant au territoire

---

[24] F. BERNAULT, *Enfermement, prison et châtiments en Afrique. Du 19e siècle à nos jours*, Paris, Karthala, 1999, p. 13

administré par les Britanniques, du fait du système de gouvernement *indirect rule*, les traditions en matière de répression continuaient à s'appliquer. Néanmoins, la Grande-Bretagne se réservait un droit de regard sur la gestion du territoire.

Il a fallu plusieurs années pour que la peine privative de liberté puisse obéir à un régime plus ou moins défini. Cependant, depuis sa mise en place jusqu'à nos jours, le système pénitentiaire camerounais reste le domaine exclusif de l'Exécutif.

Le régime pénitentiaire pendant la période coloniale :- Comme nous le verrons ultérieurement en détail, les différents textes organiques coloniaux, d'essence différente, instituèrent les prisons au Cameroun et préconisèrent des politiques pénitentiaires antinomiques. En effet, deux régimes de répression et de sanction étaient appliqués aux Camerounais du fait de la double colonisation de la France et de la Grande-Bretagne, selon que le Camerounais se trouvait soit du côté oriental soit du côté occidental du pays. Chacun des deux empires coloniaux avait son régime pénitentiaire propre.[25]

Le régime des centres pénitenciers du Cameroun occidental, d'essence anglo-saxonne, fut mis en place par un Arrêté du 30 mai 1916 : "*Prisons Regulations*"[26]. Par cet Arrêté, les Britanniques placèrent certaines prisons sous la surveillance des autorités coutumières : les *"Native authority prisons"*, grâce au principe de *Indirect Rule*.

Quant au territoire du Cameroun oriental français, le régime carcéral fut organisé par l'Arrêté du 8 juillet 1933[27]. Celui-ci n'était que le prolongement de l'internement administratif prévu par le code de l'indigénat. L'exécution des peines privatives de liberté demeurait essentiellement administrative et discriminatoire.

---

[25] Qu'il nous soit permis de souligner à ce niveau que, bien que le Cameroun ait été d'abord une colonie allemande, chacun de deux nouveaux maîtres – France et Grande-Bretagne - a voulu effacer toutes traces laissées par l'Allemagne et a imprégné ainsi son propre régime de répression. De ce fait, le système de répression allemande n'a pas affecté la mise en place du système pénitentiaire camerounais actuel. D'où l'exclusion de l'Allemagne dans l'étude du système pénitentiaire camerounais.

[26] Laws of Nigeria and Lagos Vol. IX, p. 1857-1915

[27] Décret du 8 juillet 1933 in J.O.C., 1933, p. 386

En l'absence totale de l'œuvre du législateur en la matière, cette antinomie va imprégner l'évolution du système pénitentiaire camerounais.

Ces méthodes d'enfermement des corps, ignorées en Afrique en général, et au Cameroun en particulier étaient l'apanage des différents Exécutifs coloniaux. Les indépendances[28] n'ont pas pu ouvrir le chemin des établissements pénitentiaires au Législatif. Bien au contraire, l'Exécutif a conservé le monopole de la gestion de l'exécution de la peine privative de liberté.

Le régime pénitentiaire après les indépendances :- Au lendemain des indépendances, l'Exécutif a maintenu les deux systèmes pénitentiaires coloniaux. Dès lors, le régime pénitentiaire se caractérise par une ambivalence textuelle. L'Exécutif réalise, pour la première fois, par décret du 11 décembre 1973,[29] une réforme partielle en faisant preuve d'un éclectisme trop poussé dans son choix : emprunt au régime anglophone et au régime francophone. Encore une fois, l'ambivalence des textes et des régimes d'origine opère une difficile cohérence dans la logique réglementaire en matière carcérale, puisqu'il n'y a eu changement ni sur le fonctionnement ni sur les objectifs poursuivis. L'Exécutif réorganise à nouveau l'institution carcérale camerounaise par le décret n°92/052 du 27 mars 1992.[30] L'ensemble des dispositions réglementaires contenues dans ce décret et des moyens mis en œuvre pour la réalisation de l'objectif poursuivi devraient être organisés, cohérents et sans ambiguïtés. Là encore malheureusement, les caractéristiques coloniales qu'incarne le système pénitentiaire camerounais favorisent difficilement la mission de l'administration pénitentiaire.

La situation de l'Administration pénitentiaire (APEN) :- Longtemps sous la compétence du Ministère de l'Administration Territoriale (MINAT),

---

[28] L'indépendance pour le Cameroun oriental en 1960 et pour le Cameroun occidental en 1962

[29] Décret n° 73/744 du 11 décembre 1973 portant régime pénitentiaire au Cameroun

[30] Le décret de 1992, encore en vigueur de nos jours, sera la source principale de notre étude quant à sa mise en application et son impact sur le fonctionnement des établissements pénitentiaires sans toutefois oublier les "pensionnaires" de ces milieux fermés. (Annexe 2)

l'administration pénitentiaire est désormais rattachée, depuis 2004 au Ministère de la Justice (MINJUS). Elle a pour mission la gestion des prisons camerounaises. Ces dernières ont pour rôle de priver de liberté les individus ayant commis des crimes ou certains délits et de tenir, à la disposition de la justice, des personnes en attente de jugement. Par conséquent, les détenus au Cameroun devraient être : soit des condamnés, purgeant la peine de prison à laquelle ils ont été condamnés ; soit des personnes en détention provisoire, en attente ou en cours de jugement.

Les incidences des pratiques judiciaires sur le fonctionnement des prisons au Cameroun :- *« La prison est la face maudite de la justice. »*[31] Cette réflexion d'Etienne LE ROY cadre bien avec le fonctionnement des prisons au Cameroun qui subissent, de plein fouet, les pratiques des magistrats et des juges. En effet, le rattachement de l'administration pénitentiaire au MINJUS[32] n'a pas l'air de changer les pratiques judiciaires peu favorables au fonctionnement des prisons. Les juridictions de jugement utilisent systématiquement la peine privative de liberté. Les prisons camerounaises sont pleines à craquer. Elles souffrent d'un surpeuplement carcéral inégalé, au mépris de leurs capacités d'accueil initiales.

Les capacités d'accueil initiales des établissements pénitentiaires :- 123 prisons camerounaises structurées en prisons centrales au niveau des Régions, en prisons principales au niveau des Départements, en prisons secondaires au niveau des Arrondissements. La capacité d'accueil ne répond plus aux nombreuses sollicitations judiciaires. En juillet 2008, le nombre des personnes détenues dans les prisons centrales du Cameroun s'élevait à 24.514 pour une capacité d'accueil initiale de 10.070 places.[33]

Les conditions de détention :- Il est difficile de croire au bon fonctionnement des établissements pénitentiaires avec une telle surpopulation écrasante. Sans aucun doute, les conditions de détention

---

[31] E. LE ROY, *Les Africains et l'Institution de la Justice. Entre mimétismes et métissages*, Paris, Dalloz, 2004, p. 206

[32] Jusqu'à cette date, l'administration pénitentiaire était rattachée au Ministère de l'Administration Territoriale (MINAT).

[33] Direction de l'Administration Pénitentiaire, citée par *Cameroon* Tribune du 27/08/2008

dans cette promiscuité sans pareille qui seront analysées, ne peuvent, en aucun cas, ni favoriser l'amendement des détenus, ni faciliter leur resocialisation, bien au contraire. Les effets néfastes et déplorables de la promiscuité corruptrice indescriptible sont connus de tous.

La situation des prévenus :- Il est à noter que, si les établissements pénitentiaires camerounais sont scandaleusement surpeuplés au regard du dépassement de la capacité d'accueil, la situation est plus alarmante lorsque la prison devient, non pas une peine en soi, mais une peine avant la peine dans la mesure où la majorité de personnes détenues ne le sont qu'à titre provisoire. Les personnes en attente de jugement sont largement majoritaires, soit au total 14.881 prévenus sur 24.514 pensionnaires[34]. Cette proportion dépasse tout entendement.

Section III : La problématique et la notion de réforme

La problématique :- Elle se structure en des questionnements multiples se situant à trois niveaux.

D'abord, au regard de l'ampleur que prennent l'insécurité et la justice populaire, et compte tenu de la surpopulation carcérale, l'institution pénitentiaire actuelle semble ne pas être en mesure de répondre aux attentes des Camerounais en matière de sécurité. De même, elle n'est pas adaptée aux cultures traditionnelles des Camerounais. Ne serait-il pas raisonnable d'étudier les traditions culturelles en matière de répression afin de mieux adapter les systèmes pénitentiaire et judiciaire camerounais actuels ? Il ne s'agit, pour reprendre l'idée de Yves BRILLON,[35] ni de se transformer en musée ni de se jeter vers un modernisme sans garde-fou, mais de trouver, un système pénitentiaire né de la tradition, fécondé par l'héritage laissé par la colonisation tout en restant attentif aux attentes d'un peuple appelé à évoluer au regard de la modernité.

Ensuite, au vu du monopole de la sphère pénitentiaire par l'Exécutif avec, au final, le fonctionnement chaotique des établissements pénitentiaires, ne serait-il pas urgent de réorganiser ce système

---

[34] Ensemble des effectifs dans les prisons principales selon la Direction de l'Administration Pénitentiaire, citée par *Cameroon* Tribune du 27/08/2008 ; voir à cet effet les tableaux de l'annexe 4.

[35] Y. BRILLON, *Ethnocriminologie de l'Afrique Noire*, Paris, Y. VRIN, 1980, p. 63

pénitentiaire en faisant entrer le droit et la loi dans ces milieux clos ? La loi doit-elle s'arrêter aux portes des prisons camerounaises ? Quel est donc le rôle du législateur dans la phase de l'exécution de la peine privative de liberté ?

Enfin, la situation dramatique du monde carcéral camerounais laisse croire à une frénésie d'emprisonnement. L'Etat camerounais, à travers ses institutions judiciaires, utilise systématiquement la prison comme sanction pour résoudre, entre autres, le problème de l'insécurité. Une question peut être posée, celle de savoir si le législateur camerounais prévoit des peines alternatives à l'emprisonnement. Si oui, pourquoi le non- recours à cette possibilité de sanction autre que la privation de liberté, afin, non seulement de désengorger les prisons, mais aussi de lutter contre la récidive ? Par ailleurs, comment faire en sorte que la prison soit plutôt un lieu prévu pour purger sa peine, et non pas un lieu d'attente de jugement, étant donné que l'administration pénitentiaire est désormais rattachée au MINJUST. Ceci appelle une gestion judicieuse de la justice moderne qui pourra être secondée par la justice traditionnelle.

Les réponses éventuelles à toutes ces interrogations qui deviennent, au quotidien, les inquiétudes des Camerounais, peuvent constituer un catalyseur de réforme de ce système pénitentiaire.

La notion de réforme :- La prison s'est imposée comme un modèle universel de sanction sociale et d'isolement d'individus présumés dangereux. Peut-on cependant différencier les recours à cette solution punitive selon les contextes culturels et les conjonctures politiques ? Cette question, que se posent Philippe ARTIERES et Pierre LASCOUMES, dans *Gouverner, enfermer…*, s'est imposée à nous. Il est vrai que *« les réformes carcérales sont le plus souvent mues par des visées progressistes : améliorer les conditions de détention, promouvoir la réinsertion du condamné, abolir tel ou tel type de traitement jugé "dégradant" ou "inadmissible" »* etc.[36] Mais, dans un contexte particulier, et au regard d'une structure sociétale comme celle du Cameroun, peut-on envisager l'émergence de modèles institutionnels et juridiques produits par les forces sociales ? Comment appréhender cette réforme ?

---

[36] G. CHANTRAINNE, in *Gouverner et enfermer. La prison, un modèle indépassable ?* de Philippe ARTIERES, Pierre LASCOUMES (dir.) Paris, Presses de Sciences PO, 2004, p. 41-59

La mission de protéger la société, que la totalité des Etats accordent au système pénitentiaire, ne devrait pas se résumer à la seule mise "hors d'état de nuire" des criminels, des délinquants. Le fonctionnement ou la mise en œuvre du système pénitentiaire ne devrait pas être statique, ni faire l'objet d'un " copier-coller ". L'accomplissement de cette mission traditionnelle, somme toute indispensable, devrait tenir compte des besoins et des attentes d'un peuple appelé à évoluer, ainsi que des particularités d'une société au sein de laquelle cette mission est exercée.

Il est à souligner que la meilleure protection de la société devrait passer par la combinaison de plusieurs actions. Il serait inopérant, de nos jours, d'appliquer la sanction tout en négligeant la réinsertion sociale du délinquant. La sanction et la resocialisation du délinquant devraient être des actions principales dans toute mission de sécurité publique. Elles devraient être le fil conducteur de la mise en œuvre de tout système pénitentiaire. La sanction est l'un des éléments essentiels pour assurer la sécurité publique au même titre que la resocialisation du délinquant. Si la protection de la société exige que celui qui a mis le reste de la collectivité en danger du fait de son comportement fautif soit puni, sanctionné, cette sanction ne devrait pas être appliquée au détriment de la réinsertion sociale du coupable. La sanction s'accompagne du dispositif de resocialisation. La conciliation de ces deux entités est, certes, difficile. Mais il est à remarquer que la manière de sanctionner peut compromettre la réinsertion sociale du délinquant ou mettre en échec toute mesure de réintégration, et par voie de conséquence, compromettre la sécurité même de la société. La mission de protection de la collectivité fait donc appel à ces deux facteurs : sanction + réinsertion sociale = sécurité publique.

Ainsi, pour que le facteur "resocialisation" puisse s'accommoder à la peine privative de liberté, le système pénitentiaire ne devrait pas se résumer au seul milieu fermé, même s'il est vrai que la prison, considérée comme telle (milieu clos), reste et demeure le lieu privilégié permettant d'apprécier à juste titre les valeurs pratiques d'un système pénitentiaire. Ceci est d'autant plus pertinent que la prison est le lieu où s'exécutent les décisions judiciaires, en l'occurrence la privation de liberté. Toutes les techniques qui s'ajoutent pour mieux gérer la période de privation de liberté à l'intérieur des pénitenciers ne sont que complémentaires. Car, *« la marge par laquelle la prison excède la détention est remplie en fait par des techniques de type disciplinaire. Et ce supplément disciplinaire par rapport au juridique, c'est cela, en somme, qui s'est appelé le "pénitentiaire" »*[37]. Ces suppléments pénitentiaires ont pris des formes diverses à travers les mondes et les siècles. Les plus persistants sont au nombre de trois à savoir : le principe d'isolement cellulaire de jour comme de nuit ; le système d'emprisonnement en commun, jour et nuit ; les deux systèmes mixtes : auburnien et progressif. Ces techniques pénitentiaires permettent, à des degrés différents, de tendre à l'amendement et à la resocialisation des détenus. Chaque Etat ou chaque pays opte pour l'une ou l'autre forme, en fonction du niveau de l'insécurité et des attentes des citoyens concernés.

La notion de réforme peut être définie comme l' *« action de réformer ou le résultat de cette action. La réforme d'une institution signifie le changement qu'on apporte dans la forme d'une institution afin de l'améliorer, d'en obtenir de meilleurs résultats »*[38]. La réforme sera donc envisagée, dans le domaine carcéral, comme la prise de conscience de l'inefficacité ou de l'inadaptabilité du système.

Concernant la réforme du système pénitentiaire, on peut même aller plus loin, avec Jacques VANDERLINDEN en précisant que les Camerounais : *« ... doivent retrouver la saveur des produits juridiques et pénaux de leurs terroirs, même si occasionnellement, le produit importé, passé au four à micro-ondes, peut être utile comme "roue de secours" temporaire. »*[39]

Le même auteur poursuit en précisant que *« tout en accordant un intérêt majeur aux différents modèles occidentaux d'Etat de droit, aussi séduisants les uns que les autres, il est souhaitable de partir à la recherche d'un type idéal qui correspondrait aux spécificités socioculturelles du pays »*[40]

---

[37] M. FOUCAULT, *Surveiller et punir : la naissance de la prison*, Paris, Gallimard, 1975, p. 251

[38] A. REY et J. REY-DEBOVE (dir.) *Petit Robert : dictionnaire alphabétique et analogique de la langue française,* nouvelle édition, Paris, Dictionnaire LE ROBERT, 2003

[39] J. VANDERLINDEN, *op. cit.*, p. 12

[40] *Ibid.* p. 19

L'étude de la réforme du système pénitentiaire camerounais implique donc une étude de faisabilité et d'adaptabilité effective par rapport aux systèmes étrangers tout en tenant compte des traditions culturelles de la société au sein de laquelle le système s'appliquera.

Section IV : La présentation de la méthodologie de recherches

Partir des effets aux causes et non de cause à effet, ce schéma nous a permis de mieux déceler les facteurs de dysfonctionnement du système pénitentiaire camerounais. Pour ce faire, nous avons exploité trois pistes : d'abord, la réalisation des enquêtes sur le terrain, ensuite l'analyse des différents documents et textes réglementaires et législatifs, et enfin, une approche comparative de la finalité de la peine avant, pendant et après la colonisation.

I. La nécessité des enquêtes sur le terrain

Cette piste de recherche a consisté en la réalisation des entretiens et des enquêtes au sein des établissements pénitentiaires, dans un premier temps, et, dans un deuxième temps, en la réalisation des enquêtes auprès des différentes catégories sociales.

A. La réalisation des entretiens au sein des prisons

Le travail, à l'appui des différents documents internes, nous a amené à bien discerner l'opinion des acteurs principaux du service public pénitentiaire camerounais quant à la légitimité des prisons et, par de-çà, du système pénitentiaire en général.

Démarche :- Des séjours au Cameroun ont été nécessaires pour pallier la carence documentaire. Après une prise de contact en 2006 avec le Vice-Premier Ministre, Ministre de la Justice, Garde des Sceaux, chargé de l'administration en la personne de AMADOU ALI, une autorisation spéciale[41] nous a été donnée pour effectuer les recherches au sein des prisons camerounais. Elle nous a permis ainsi d'entrer en contact avec l'univers carcéral. C'est ainsi que nous avons pu rencontrer les principaux acteurs de ce système : détenus et prévenus (tous sexes

---

[41] Voir l'autorisation annexe 3

confondus), gardiens et personnels des prisons. Durant le temps d'investigations sur le terrain, la majorité d'entre elles a eu lieu au sein des prisons de : Douala, Yaoundé, Mbalmayo, Ebolowa, Sangmélima, Monatélé, Mfou, Sa'a, où nous étions obligés de passer des journées entières afin de toucher du doigt le quotidien carcéral camerounais.

1. Entretiens avec les acteurs directs des établissements pénitentiaires : personnel pénitentiaire et détenus

Objectif :- Cette démarche était entreprise dans le but de voir de près, grâce aux entretiens individuels, le vécu quotidien des acteurs principaux du service public pénitentiaire à savoir : le personnel de l'administration pénitentiaire (gardiens de prisons, régisseurs, intendants de prisons, etc...) et les détenus eux-mêmes, toutes catégories confondues. Le seul regret est que nous n'avons pas eu accès aux quartiers réservés aux condamnés à mort et aux condamnés à vie pour des raisons de sécurité. Néanmoins, plusieurs entretiens ont été menés en toute confiance et l'accès aux différents registres des bureaux de greffes respectifs s'est effectué sans restrictions avec pour seule recommandation de ne pas dévoiler certaines informations délicates.

Le personnel pénitentiaire :- L'anonymat du personnel pénitentiaire a été, pour certaines déclarations et réflexions, l'une des conditions pour leur recueil. De nombreuses aspirations ont été, à l'occasion, exprimées. Ce compromis préalable nous a permis, à partir des données statistiques[42] et du quotidien des principaux acteurs, de mieux appréhender de l'intérieur, en dehors des textes législatifs et réglementaires en la matière, certains facteurs spécifiques du dysfonctionnement du système pénitentiaire camerounais. L'une des causes la plus flagrante est cette surpopulation carcérale écrasante qui, malgré la bonne volonté des autorités pénitentiaires du terrain, ne peut qu'anéantir tout effort d'amélioration des conditions de détention. Ce surpeuplement inégalé de ces milieux clos révèle une évidente distorsion entre les différentes dispositions en la matière et le vécu quotidien des détenus et de ceux qui sont chargés de les appliquer.

---

[42] Voir en annexe 4

De plus la formation reçue à la base ne correspond pas aux exigences de la nouvelle mission du service public pénitentiaire, en l'occurrence la resocialisation des détenus. Le manque de moyens mis à la disposition de ce personnel constitue l'une des raisons de recours à des méthodes et pratiques peu légales à l'exemple de l'utilisation des « supers-détenus » ou les « anti-gangs » pour mettre l'ordre et la sécurité dans les prisons.

Les détenus, bénéficiaires directs du service public pénitentiaire :- La prison est considérée comme un cimetière, les gens meurent chaque jour. Le prisonnier est livré à lui-même et à la merci des magistrats.

- La promiscuité et la pénurie de places :- *« Un local, prévu pour 12 personnes, reçoit actuellement 52 détenus avec une superficie de 3 mx4 m. Les détenus n'ont pas tous un endroit pour dormir. Il faut payer pour avoir un lit ou une place. »*[43] Les locaux sont tellement exigus, et le nombre des détenus augmente de jour en jour. *« Il faut monnayer. Tout est payant, même la place pour dormir. Les détenus doivent payer une place pour dormir dans les prisons camerounaises. Pour être affecté dans un quartier chic de la prison de Kondengui, par exemple avoir une cellule spéciale réservée pour les grands, il faut payer 100.000 FCFA. Dans les quartiers réservés aux détenus démunis, il faut 5.000 FCFA pour une couchette, ou 1.500 FCFA dans les quartiers des condamnés pour acheter le lit appelé « mandat »*. La somme est remise aux chefs de cellule qui sont des mandataires du personnel. Parfois, même avec les moyens, tout le monde ne peut pas trouver une place parce qu'il y a plus de détenus que de couchettes.[44]

La surpopulation carcérale aurait pour principales causes les multiples renvois des procès, soit pour cause d'absence, soit pour cause de retard des détenus à l'audience, parce que plusieurs prisons ne disposent pas de véhicules en bon état pour acheminer les appelants à l'audience. Il y a souvent le problème de transport de détenus pour le palais de Justice.

- La ration dans les prisons camerounaises :- En général, les hommes reçoivent leur repas, une fois par jour. Pour les femmes

---

[43] R. M. TSIMI, détenu depuis le 4 juin 1971, décrit son local 120 du quartier n° 9

[44] Ce sont les propos recueillis lors des entretiens avec les détenus, voir les détails en annexe 5

détenues, la préparation des repas est laissée à leur soin. Les denrées alimentaires, qu'elles se partagent, leur sont distribuées mensuellement.

2. La collecte des données statistiques

Objectifs :- Si le principal objectif était de comparer les effectifs avec la surpopulation carcérale, l'autre objectif était de mieux mesurer le parallélisme entre les infractions commises, objet de privation de liberté, et l'insécurité au Cameroun.

Démarche :- L'analyse des documents internes, - règlements internes, circulaires administratives –, a été faite au prix des nombreux séjours dans les prisons. Beaucoup n'étant accessibles que par consultation sur place, il était difficile d'en détenir une copie pour raison de secret professionnel ou de confidentialité. Tout au moins, grâce à l'autorisation obtenue préalablement de la hiérarchie, les registres des greffes des prisons ont été mis à ma disposition pour leur exploitation. Quelques fiches des statistiques,[45] données par les responsables du bureau des greffes respectifs, permettent de rendre compte de la problématique carcérale relative à la capacité d'accueil et au statut des "pensionnaires" des établissements pénitentiaires au Cameroun.

Résultat :- Les valeurs en chiffre sont effarantes en plus de la surpopulation constatée sur le terrain et déjà mentionnée. En outre, les statistiques révèlent une fourchette des infractions très peu variable. Nous les avons classé en catégories : atteinte à la personne et aux biens ; atteinte aux mœurs ; atteinte aux biens publics. Des statistiques de la prison centrale de Mbalmayo,[46] nous ont servi d'exemple. Pour arriver à ce résultat, vu les effectifs élevés des pensionnaires, au regard du traitement manuel des données, nous avons limité les investigations sur une catégorie de pensionnaires à savoir : les prévenus de plus de 6 mois au 1er janvier 2007. Ainsi, sur 59 répondant à ce critère, 47 prévenus étaient inculpés pour vol simple ou aggravé, pour assassinat (meurtre ou tentative de meurtre).

A l'analyse de ces différents motifs de la privation de liberté, la majorité des détenus ont porté atteinte aux personnes et à leurs biens. Les

---

[45] Etat des effectifs des prisons : annexe 4

[46] Pour plus de détails voir annexe 6

statistiques, à une échelle très limitée, montrent le degré d'insécurité que vivent les Camerounais au quotidien. D'où la réaction de la légitime défense sous forme de la justice populaire comme nous avons annoncé plus haut.

B. La réalisation des entretiens auprès des membres de la collectivité

Démarche et objectif :- Nos investigations ne devaient pas seulement s'arrêter à l'intérieur des établissements pénitentiaires camerounais. Ainsi, nous avons estimé que la meilleure façon de garder toute l'objectivité possible était de nous intéresser à toutes les catégories sociales susceptibles de nous donner des informations utiles. Il fallait une analyse des prisons, vues de l'extérieur. Cette piste de recherche a consisté en l'audition des différentes catégories sociales camerounaises : homme de la rue, habitants des quartiers "dits sensibles", responsables des comités de vigilance des quartiers, chefs traditionnels, chefs de l'Eglise catholique, ex-détenus, quelques personnalités. Cette approche nous a permis d'obtenir des entretiens tant collectifs qu'individuels.

Résultat :- L'opinion publique nous a été d'un grand apport.

- D'abord sur l'insécurité :- L'insécurité est sans cesse grandissante. Au vu de l'impuissance des services de police qui interviennent tardivement ou pas du tout en cas d'atteinte à la personne ou à ses biens, les habitants des quartiers sont obligés d'assurer, eux-mêmes, leur sécurité et celle de leurs familles. D'où la mise en place des comités de vigilance. Et en l'absence de toute organisation, la personne surprise en flagrant délit mérite une correction immédiate au vu et su de tout le monde afin de décourager toute éventuelle imitation.

- Ensuite sur le fonctionnement des prisons :- Le fort taux de surpeuplement des prisons camerounaises rend impossible tout respect de la dignité du détenu. Les conditions minimales légales de détention sont difficilement repérables par le fait de la surpopulation carcérale.

Certains comportements ne méritent pas d'être retenus comme motifs de détention. Les petits délits, comme les petits vols, doivent être gérés par les sous-préfets. Car la détention d'une personne provoque d'autres maux : infidélité, vagabondage, enfants sans scolarité, etc....

II. La nécessité d'analyse des textes juridiques en vigueur et la collecte de la littérature grise

A. Les textes juridiques en vigueur

Objectif et démarche :- L'analyse des différents documents principaux en vigueur - les textes juridiques, les documents internes de l'administration pénitentiaire - était indispensable, sinon primordiale, afin de déceler les objectifs poursuivis par l'Exécutif camerounais à travers cette institution pénitentiaire.

Nous nous sommes cependant heurtés à des difficultés multiples quant à la rareté des documents et leur ésotérisme. On a l'impression que l'oralité n'a pas totalement disparu. En plus, les quelques textes relatifs au système pénitentiaire sont d'une telle généralité qu'il faut être très minutieux pour décrypter le but poursuivi.

Résultat :- L'institution pénitentiaire, depuis les indépendances, a connu deux grands décrets portant régime pénitentiaire au Cameroun. Ces deux principaux textes régissent le fonctionnement de l'administration pénitentiaire en général et celui des établissements pénitentiaires en particulier. Aucune loi pénitentiaire n'est intervenue pour réglementer le régime des prisons camerounaises. Le code pénal et le code de procédure pénale font très peu allusion aux conditions de l'exécution de la peine privative de liberté.

La réalité carcérale constatée sur le terrain lors de nos nombreux séjours dans les différents établissements pénitentiaires ne correspond pas au contexte des divers textes réglementaires. Le personnel pénitentiaire rencontre de nombreuses difficultés quant à leur application. Il existe une énorme dichotomie entre la réalité carcérale et les textes officiels. Ces derniers deviennent, non seulement obsolètes, mais inopérants au regard de l'état actuel des prisons camerounaises. L'objectif poursuivi par l'Etat camerounais dans la mise en œuvre du système pénitentiaire devient indiscernable. Il a été difficile pour nous, après l'analyse du dernier décret en date, celui du 27 mars 1992,[47] de dégager, avec précision, les fondements de ce cadre réglementaire.

Par ailleurs, le travail des détenus, caractérisé de corvée, occupe une place importante, sinon primordiale dans la gestion des établissements pénitentiaires au Cameroun. Les détenus sont ainsi cédés à des concessionnaires et à des particuliers pour effectuer des corvées de toute nature. Cette pratique peut être assimilée à la chosification de la personne en détention, parce que corvéable à merci, et en l'absence de toute finalité resocialisante.

B. La littérature grise

Objectif :- La formation du personnel pénitentiaire était au cœur de cette démarche. L'idée était de voir dans quelle manière l'accent était mis sur la mission de défense sociale que les acteurs principaux du service public pénitentiaire étaient appelés à accomplir.

Démarche :- Nous avons procédé à la consultation des mémoires de fin d'année de l'Ecole Nationale de l'Administration et de la Magistrature (ENAM), ainsi que de quelques thèses de doctorat de l'Université de Yaoundé I relatives à la gestion des prisons au Cameroun.

L'Ecole Nationale de l'Administration Pénitentiaire (ENAP) se situant au Sud-Ouest du Cameroun, la distance n'a pas permis de faire un voyage pour une consultation des différents documents. Pourtant, les informations sur la qualité de formation et le contenu des programmes des matières dispensées nous auraient été d'une grande utilité pour une étude comparative entre la mission aujourd'hui exigée du personnel pénitentiaire et leur formation de base. Néanmoins, cette carence a été palliée à moitié grâce à un entretien avec une des autorités du service public pénitentiaire qui avait eu l'amabilité de s'y étendre.

Résultats :- Il en ressort d'une façon générale que l'accent est mis sur la formation "militarisée" avec pour principal objectif : la sécurité à l'intérieur des prisons. Du moins, quelques progrès ont été signalés quant à l'amélioration des programmes de la formation. En plus des principales

---

[47] Décret du 27 mars 1992 (annexe 2)

matières comme le régime et la science pénitentiaire, une ouverture a été faite par l'introduction des cours de droits de l'homme, des cours de psychologie, de sociologie et de procédure pénale. Le regret de ce représentant était l'absence de la formation continue pour les anciens personnels qui utilisent encore l'ancienne méthode du maintien de l'ordre et de la sécurité au sein des établissements pénitentiaires.

III. Approche comparative de la finalité de la peine avant, pendant et après la colonisation

Le premier travail, dans cette rubrique, a consisté à rapprocher des situations déjà énoncées et qui semblent mettre en question l'efficacité du système pénitentiaire camerounais. Nous avons donc observé la réaction de la population, face à l'insécurité qui la menace au quotidien, et ses effets pervers. La vengeance populaire est parfois, sinon toujours, cruelle et démesurée, de sorte qu'elle provoque des ramifications quant au règlement de compte par l'entourage du "lynché". Ceci est d'autant plus regrettable que la population ne trouve plus, en son sein, les structures traditionnelles de règlement de conflit et de cohésion sociale, et qu'elle se croit obligée de se réfugier derrière le terme "moderne", et à la mode, de "la légitime défense". De plus, s'intéressant de près au sujet lynché, on constate, le plus souvent, que le délinquant pris en flagrant délit n'est qu'un ancien prisonnier ou l'élève fidèle de ce dernier. De plus, le regard sur le fonctionnement et l'état des prisons camerounaises plonge, dans un désarroi total, tout observateur avisé. Ce qui suscite des interrogations sur les effets intimidants ou d'amendement que devrait provoquer le système pénitentiaire au Cameroun.

- <u>Approche socio-anthropologique de la répression et de la peine avant la période coloniale</u> :- Dans l'impossibilité de les comparer avec le système pénitentiaire actuel, objet de notre étude, nous ne ferons que souligner leur existence, en nous attardant plus amplement sur la philosophie qui sous-tendait les mécanismes et méthodes de punition dans les traditions culturelles au Cameroun précolonial. Dans ce sens, la justice traditionnelle, indissociable de la sanction et de l'exécution de celle-ci, nous interpellera plus, dans la mesure où elle était au centre de tout processus de répression. Elle jouait un rôle primordial dans le maintien de la cohésion sociale, indispensable pour la protection de la communauté.

A partir des définitions que nous donnent Le Petit Robert et Le Larousse, la "cohésion sociale" désigne l'état d'une société ou d'un groupe social où les liens sociaux sont intenses. Caractérisée par une solidarité forte, cette cohésion sociale favorise l'intégration des individus, leur attachement au groupe ainsi que leur participation à la vie sociale. C'est dans ce souci de cohésion sociale, tout en partageant les mêmes valeurs que sont la sécurité et la paix, que les populations camerounaises utilisaient les méthodes de répression.

Malheureusement, la colonisation avait fait fi de cette cohésion sociale en imposant des formes de répression exogènes, aux finalités diamétralement opposées à celles traditionnellement admises. De plus, cette finalité recherchée dans la mise en œuvre des méthodes et mécanismes traditionnels de répression n'est pas prise en compte par l'actuel système pénitentiaire camerounais.

- La finalité de la peine pendant la période coloniale :- Le recours aux archives nationales pour une analyse des documents datant de l'époque coloniale avait pour but de mieux appréhender le but poursuivi par les administrateurs coloniaux dans la mise en place des différents systèmes pénitentiaires au Cameroun.

L'infime partie du Cameroun occidental britannique, (soit 1/5e), bénéficiait d'un régime pénitentiaire resocialisant. Dans les 4/5e du territoire oriental camerounais, l'organisation de la vie derrière les murs était essentiellement dominée par l'idée que la privation de liberté doit être aussi pénible que possible afin d'accabler le délinquant pour qu'il ne soit plus en mesure, dans tous les sens du terme, de commettre une nouvelle infraction. L'emprisonnement était ainsi caractérisé par l'économie de violence et le non-souci de la réintégration. Il suffisait en effet de disposer d'un bâtiment de construction assez forte, solide, pour prévenir l'évasion des "pensionnaires" et assez sombre pour que la volonté de ceux-ci soit anéantie. De même, leur alimentation n'était là que pour assurer un minimum vital, tant en qualité qu'en quantité. Tout servait à accabler les délinquants. La sévérité du régime était en fonction de la gravité de l'infraction commise. Le travail forcé était intimement lié à la peine privative de liberté.

• La finalité de la peine depuis les indépendances jusqu'à nos jours :- A l'analyse des textes réglementaires actuels, la cohésion sociale n'est plus considérée comme finalité de la peine. La resocialisation des détenus à la sortie des prisons n'est pas non plus une préoccupation des instances compétentes dans la gestion du service public pénitentiaire. Il ressort que la peine revêt un caractère rétributif avec tout ce que cela implique comme pratiques.

Résultat :- La rupture brusque de la conception traditionnelle de la répression et de la peine n'a pas favorisé la réception de nouvelles méthodes de répression imposées pendant la période de conquête. Une institution pénitentiaire qui ne tient pas compte des éléments nécessaires au maintien de la structuration sociétale camerounaise ne peut que mettre ses membres dans une situation d'insécurité. Le système pénitentiaire est ainsi mis en place avec des bases qui sont à l'opposé des cultures camerounaises. Cette distorsion entre les besoins de la sécurité et les institutions mises en place pour assurer la sécurité constitue à notre avis un facteur historique du dysfonctionnement actuel du système pénitentiaire camerounais.

En définitive, toutes ces investigations nous permettent d'en rendre compte de façon objective. Elles nous conduisent à placer au centre de nos préoccupations un vif désir, celui de proposer une réforme du système pénitentiaire applicable au Cameroun, en analysant ses origines coloniales et en s'appuyant sur les méthodes et objectifs traditionnels en matière de sanction et de sécurité de la société.

Le résultat de notre travail s'articulera donc autour de trois parties qui permettront de mieux cerner les contours de la problématique et de suggérer une piste de réforme.

Section V : Le plan de travail

La première partie retrace en filigrane les différents régimes de répression qui ont été appliqués de façon discontinue au Cameroun. Ces différents régimes étaient fondamentalement antinomiques dans leur politique, dans leur logique comme dans leur finalité. Par cette succession de différents régimes répressifs, il s'est opéré une discontinuité dans la conception de la répression et de la peine. Celle-ci constitue, comme nous l'avons dit précédemment, un facteur historique du dysfonctionnement du système pénitentiaire actuel, qui est loin d'être la résultante d'un compromis de deux régimes préexistants : régime traditionnel et régime colonial.

La deuxième partie analyse le dysfonctionnement du système pénitentiaire camerounais du fait de la carence d'une vision pénitentiaire d'ensemble d'une part, et d'autre part, du fait de l'inadéquation fonctionnelle des prisons. En effet, les prisons camerounaises, telles qu'elles fonctionnent, n'ont rien de commun avec l'opinion universellement favorable quant aux conditions de détention et quant aux objectifs poursuivis. Les méthodes de répression coloniale ont laissé des marques indélébiles dans le domaine de la répression du crime, au détriment des méthodes de répression traditionnelle. Cela se traduit par l'omniprésence d'un système axé sur l'emprisonnement et fondé seulement sur une logique rétributive.

La troisième partie suggère la nécessaire adaptabilité du système pénitentiaire au contexte socioculturel, au regard du particularisme sociétal camerounais. Car l'un des plus grands défis que pose le bien-fondé ou la légitimité du système pénitentiaire au Cameroun est sans doute de lui permettre d'être en harmonie avec les attentes de la société camerounaise. Cela passe nécessairement par un pragmatisme pénal qui ne peut venir que des Camerounais eux-mêmes. Comme nous l'avons déjà énoncé, les Camerounais *« doivent retrouver la saveur des produits juridiques et pénaux de leur terroir, même si occasionnellement, le produit importé passé au four à micro-ondes, peut être utile comme "roue de secours" temporaire. »*[48]

Loin d'être prétentieux, nous sommes pleinement conscients des incertitudes de notre entreprise. Nous savons que beaucoup de points que nous essayerons de développer, dans notre étude, ne seront pas à l'abri de toute critique et de toute réserve. Nous savons aussi que certaines de nos analyses pourront paraître d'un apport peu original pour de nombreux lecteurs avertis. Nous sommes enfin conscients du déséquilibre dont souffre notre étude. Notre corpus documentaire est beaucoup plus limité en ce qui concerne la première partie, consacrée aux traditions en

---

[48] J. VANDERLINDEN, *op. cit.*, p. 12

matière de répression et à l'instauration du système pénitentiaire au Cameroun. Elle n'a pas pu manquer de se trouver en déséquilibre par rapport aux deux dernières parties, faute d'éléments d'information suffisants et spécifiques.

PARTIE I

Les facteurs historiques du dysfonctionnement du système pénitentiaire camerounais : discontinuité dans la conception de la répression et de la peine

« Dans toutes les sociétés humaines, les institutions ne peuvent être parfaitement compréhensibles que si on les ramène aux logiques qui les produisent et les sous-tendent dans le temps et dans l'espace. »[49]

[49] J. J. NAMBO, « Quelques héritages de la justice coloniale en Afrique noire », in *Droit et Société n°51-52/2002*, p. 332

Le Cameroun a un passé historique particulier du fait de la triple colonisation qu'il avait subi : colonisations allemande, française et britannique, comme nous l'avons déjà mentionnée dans l'introduction. C'est dans ce contexte colonial que l'institution pénitentiaire du Cameroun a été moulée pendant de longues années. Cependant, il est à noter ici que le système de répression allemande n'a pas influencé la mise en place de l'actuel système pénitentiaire camerounais. Par conséquent, deux grandes puissances, française et britannique, ont été à l'origine de ce système de répression. Néanmoins, bien qu'héritier de ce double passé colonial, la logique de répression française a eu un impact beaucoup plus accentué tant sur le régime que sur la structure organisationnelle du système pénitentiaire camerounais, avec pour mission la protection de la société en mettant hors d'état de nuire les individus asociaux.

Pourtant, dans la société traditionnelle, la paix et la sécurité étaient maintenues non pas par l'application d'un code de lois rigidement préétablies et écrites, mais par des mécanismes et méthodes traditionnels de règlement de différends. Ces différentes méthodes de répression et la peine avaient pour but la restauration du tissu social "que le délit a endommagé", et la réintégration du coupable dans la communauté. L'exclusion sociale du délinquant était exceptionnellement pratiquée comme châtiment.

Par l'introduction de la peine d'emprisonnement, la colonisation vient rompre avec ces pratiques et conception traditionnelles de la peine. Elle introduit un système d'enfermement dont la logique obéit plus à la politique de conquête et de l'ordre colonial. Ce système multiforme, appliqué par les colonisateurs, consistait à instaurer une discipline par tous les moyens et à exclure de la société tous ceux qui n'épousaient pas les idées inculquées, au détriment de la structure même de la société traditionnelle et de ses réalités.

Une rupture de la conception de la répression et de la peine s'opère de façon brusque. Sans transition, la conception coloniale de répression et de la peine supplante la conception traditionnelle. Cette absence de période transitoire, nécessaire à l'adaptabilité structurelle et conceptuelle, constitue un facteur majeur de dysfonctionnement de l'actuel système pénitentiaire camerounais. Ainsi, aucune réflexion sur la réforme des méthodes d'emprisonnement au Cameroun ne peut faire l'impasse sur cette dualité historique. La méthode de répression traditionnelle et la méthode de répression coloniale étaient diamétralement opposées dans leur but comme dans leur mise en pratique.

L'analyse de chacune de ces méthodes nous aidera à mieux cerner les logiques qui sous-tendaient les différentes politiques de répression. Utilisées comme moyens de réinstauration de la cohésion sociale pendant la période précoloniale, la répression et la peine deviennent des instruments de conquête pendant la colonisation.

TITRE I

La répression et la peine comme moyens de réinstauration de la cohésion sociale dans les cultures traditionnelles camerounaises

Chaque peuple, chaque société établit certaines normes permettant la cohésion du groupe indiqué. La transgression des normes ainsi établies constitue souvent l'une des causes de la déstabilisation du groupe concerné. Pour remettre les choses en l'état, les membres du groupe adoptent certaines attitudes afin de "enrayer" le mal, générateur du trouble social. Les Camerounais ne font pas exception à cette logique universellement approuvée. Mais, il est clair et normal que les méthodes peuvent et même doivent être différentes en fonction de l'objectif collectif poursuivi - le bien-être, l'euphorie de tous -, en tenant compte des principes et des usages de chaque société.

C'est dans cette logique des choses que les Camerounais, avant la période coloniale, estimaient que, de par la structuration sociétale camerounaise, ce "bien-être" de tous, résultant d'une sécurité réelle, ne pouvait être obtenu que par la sauvegarde de la cohésion sociale. Celle-ci passe nécessairement par la restauration du tissu social en cas de commission d'un acte antisocial fragilisant les liens sociaux entre différents membres du groupe. La répression, - voire la peine - revêt ainsi une connotation particulière obéissant à une conception socio-anthropologique de celle-ci dans les traditions culturelles camerounaises.

Et lorsque la paix était rompue du fait d'antagonismes apparemment irréductibles, les Camerounais recouraient à des méthodes traditionnelles de répression permettant de retrouver la paix et de réinstaurer la cohésion sociale. Après la répression, certaines procédures particulières étaient nécessaires avec pour finalité la réintégration du coupable dans sa communauté. Nous aborderons ainsi deux axes de réflexion pour mettre en lumière cette logique traditionnelle de répression et de la peine.

Une approche socio-anthropologique de la répression et de la peine constituera le premier axe, ce qui nous permettra par la suite de présenter, d'une façon moins exhaustive, les différents mécanismes et méthodes employés dans le processus de la restauration du lien social.

Chapitre I

Approche socio-anthropologique de la répression et de la peine dans les cultures traditionnelles camerounaises

Les Camerounais avaient, avant la période coloniale, une conception propre de la répression et de la peine en rapport avec leurs traditions et leurs cultures. Il ne s'agissait pas simplement de punir, mais aussi de préserver l'équilibre sociétal, le tissu social. De nos jours, les considérations sur la peine et la répression marquent un écart important, voire une nette différence, avec la conception traditionnelle, du fait d'une transposition de la conception exogène importée.

En effet, en droit pénal français[50] par exemple, la peine est définie comme *« une sanction édictée par le législateur et appliquée par les différentes juridictions dans un but d'exemplarité et de réadaptation du délinquant à la vie sociale. »*[51] C'est ainsi que la France, dans son répertoire de sanctions efficaces, a inscrit la prison comme une méthode de répression par excellence lui permettant d'atteindre les buts poursuivis, à savoir l'exemplarité et la réadaptation du coupable.

Si, de nos jours, ces objectifs empruntés des méthodes de répression exogènes sont d'actualité au Cameroun, on ne peut perdre de vue le fait que, avant la période coloniale, les Camerounais envisageaient la répression et la peine par rapport à d'autres objectifs bien précis. Ces objectifs ne pouvaient être atteints que dans la mesure où étaient prises en compte la culture du "vivre-ensemble" et la structuration de la société camerounaise. Car, ces dernières constituaient les bases de conception de la répression dans les traditions camerounaises avant la période coloniale.

---

[50] Le droit pénal français a été appliqué dans le Cameroun oriental pendant toute la période d'occupation. Même après les indépendances, le Cameroun réunifié n'a pas pris de recul par rapport à ces dispositions pénales. Et même de nos jours, le droit national en général est très influencé par le droit français. Une vraie adaptabilité pénale aux réalités locales s'avère nécessaire afin que le droit pénal réponde aux besoins du peuple camerounais.

[51] Le Nouveau Petit Robert de la langue française 2008, Paris

I. Les bases de conception de la répression avant la période coloniale

La répression, et plus précisément, la peine comme sanction, est une réponse de la communauté face à tout comportement susceptible de fragiliser la cohésion sociale. Néanmoins, cette réponse répressive, par souci d'efficacité, doit correspondre à un but bien précis, à une exigence ou à un besoin que la collectivité estime indispensable pour sa survie.

Les Camerounais, de par la particularité de la structuration sociétale, - un assemblage de groupes ethniques – avaient développé des méthodes de répression susceptibles de sauvegarder la cohésion sociale. C'est ainsi que la culture du "vivre-ensemble" devient un principe sans lequel la structuration sociétale camerounaise serait en perpétuelle anomie.

La structuration sociétale camerounaise

Il n'est pas facile de comprendre les traditions et les cultures d'un pays sans comprendre le découpage des ethnies et les relations qu'elles entretiennent. Il serait également regrettable de faire l'impasse sur le passé historique d'un peuple si son présent et son avenir sont en jeu, surtout lorsque le domaine de la sécurité de ce peuple se trouve en ligne de mire.

Raison pour laquelle il nous semble indispensable de jeter un regard succinct sur la diversité ethnique qui caractérise la société camerounaise. Ceci nous permettra également de comprendre l'enchevêtrement dans lequel se trouvent les diverses ethnies et qui trouve sa raison d'être dans le jeu d'alliance et de liens de sang que les Camerounais continuent à privilégier.

1. La diversité d'ethnies et les structures communautaires

Il est difficile de reconstituer la trame des migrations qui ont donné ses hommes au Cameroun. Mais l'histoire contemporaine présente le Cameroun comme une véritable mosaïque, un melting-pot de plusieurs ethnies en plus de sa diversité climatique. C'est pour cette raison que le

Cameroun est souvent considéré comme "l'Afrique en miniature"[52]. De nos jours, plus de 279 ethnies différentes peuplent le territoire camerounais, avec chacune sa langue, plus ou moins distinctes des autres selon leur proximité géographique.

Selon les études menées par l'Université Laval,[53] dix (10) principaux groupes ethniques composent la société camerounaise. Ces différents groupes sont classés par leur importance numérique.

---

[52] Le Cameroun est souvent présenté comme une "Afrique en miniature" de par son extrême variété ethnique, linguistique, climatique, écologie, ethnique, religieuse et linguistique. On a l'impression que le Cameroun le condensé des caractéristiques africaines.

[53] L'Université Laval est la toute première université francophone, fondée au Québec (Canada) en 1663 par Mgr François de MONTMORENCY-LAVAL. Le baccalauréat spécialisé en anthropologie sociale et culturelle que délivre cette Université ainsi que sa collaboration internationale notamment avec l'Afrique francophone permettent de découvrir et de comprendre la diversité des sociétés et des cultures humaines, et leurs interrelations.

a. Principaux groupes ethniques camerounais[54]

Nombre	Les différentes ethnies	Pourcentage
1	Fang ou Beti (Eton, Ewondo, Bulu, Manguissa)	19,6 %
2	Bamiléké et Bamoun	18,5 %
3	Douala, Lundu, et Bassa	14,7 %
4	Peuls	9,6 %
5	Tikar	7,4 %
6	Mandara	5,7 %
7	Maka	4,9 %
8	Chamba	2,4 %
9	Mbum	1,3 %
10	Haoussa	1,2 %

[54] Ibid.

b. Organigramme de la structure sociétale camerounaise[55]

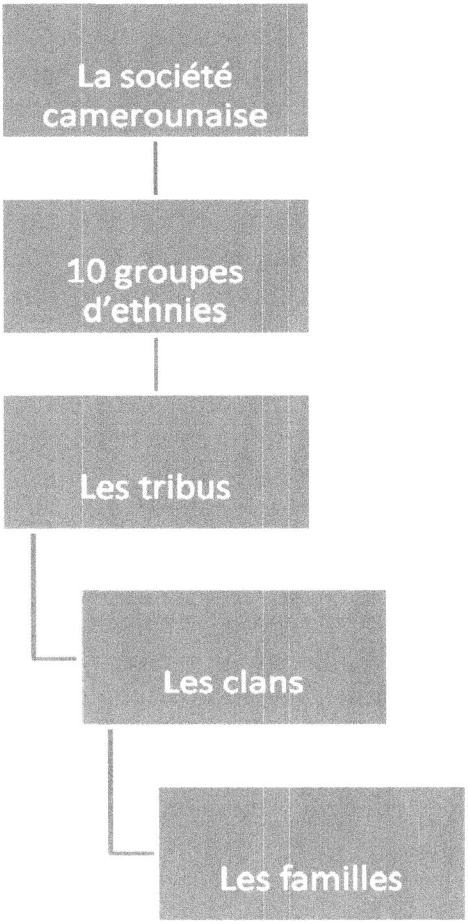

[55] La structuration sociétale camerounaise présentée par les notables du village de Ngomedzap.

Il est à souligner au passage que cette structure coutumière a été mise à l'épreuve depuis l'occupation européenne. Car la conception des valeurs humaines basée sur la primauté de l'individu bouleverse les conceptions traditionnelles qui privilégiaient les liens sociaux et parentaux sans lesquels toutes les mesures de sécurité étaient inopérantes. La mentalité des jeunes générations se transforme, surtout dans les villes. L'intérêt personnel prime et souvent au détriment de l'intérêt du groupe, du clan, de telle sorte que, lorsque les différents intérêts personnels sont divergents et même incompatibles, la cohésion sociale perd toute sa valeur. Néanmoins, hormis ce bouleversement comportemental de portée néfaste limitée pour le moment, les Camerounais tiennent encore à cette structuration sociétale qui leur est si chère et dont ils ne sont pas près de se défaire. Cet attachement se traduit de nos jours par le constant enchevêtrement des ethnies qui peuplent le sol camerounais.

L'histoire commune des Camerounais et l'enchevêtrement ethnique par le jeu d'alliances consolidé au fil du temps, imposent un mode de vie qui implique la culture du "vivre-ensemble".

2. L'enchevêtrement ethnique

On peut se demander pourquoi ce métissage ethnique ou pourquoi cette structuration sans pareille au Cameroun et qu'on ne trouve pas en Occident. Il y a à affirmer que la structuration de la société camerounaise vient de son passé mouvementé. Un coup d'œil rétrospectif sur son histoire permettra de mieux comprendre les liens sociaux qui unissent les différents groupes ethniques ainsi que le jeu d'alliance qui a permis leur brassage.

a. Les données historiques et leur influence

L'histoire du Cameroun montre que bon nombre d'éléments, qui ont été à l'origine de la structuration de la population camerounaise, n'ont rien d'intrinsèque à sa culture.
D'une part, d'après les données historiques, le nom de Cameroun serait venu de *Rios dos Camarões* qui signifie "rivière aux crevettes", en raison de l'abondance de ces crustacés que les portugais avaient constatés dans

le fleuve Wouri.[56] Le mot *Camarões* a donc subi des transformations : d'abord en portugais *Camarones*, puis sous la colonisation allemande en Kamerun, pour enfin trouver son appellation actuelle : Cameroon en anglais et Cameroun en français. Ce dénominateur commun, qui est désormais le leur, constitue un levier dans la recherche de la cohabitation paisible des multiples tribus appelées à former une seule entité : les Camerounais.

D'autre part, la présence d'un peuple très complexe quant à la diversité ethnique nécessitait, à la longue, des compromis pour une cohésion harmonieuse. Selon la théorie linguistique de Joseph Harold GREENBERG,[57] la zone couvrant le sud-ouest de l'actuel Cameroun et le sud-est du Nigeria aurait été le berceau des peuples bantous dès le premier millénaire avant notre ère. Les Tikar, les Bamoun et les Bamiléké s'installèrent ensuite sur les hauts plateaux camerounais. Au Nord, la civilisation des Sao s'était développée dans le bassin du lac Tchad. Cette région passa au XVIe siècle sous le contrôle de l'empire de Kanem-Bornou. Cet État, premier de la région, se développa autour du lac Tchad à partir du IXe siècle. Il imposa sa souveraineté à la majeure partie du territoire camerounais. Mais il se heurta à la résistance des peuples et des petits royaumes camerounais, notamment les royaumes des Kotoko et des Mandara.

Plusieurs ethnies se sont mises en groupes plus au moins grands formant ainsi des sous-entités. Afin de mieux comprendre leur enchevêtrement, il nous paraît méthodique de classer ces groupes humains en trois catégories : les ethnies du Nord, les ethnies du Sud et les ethnies de l'Ouest.

D'abord, le Nord du Cameroun, qui s'étend du lac Tchad à la province de l'Adamaoua, comprend trois Régions : l'Extrême-Nord, le Nord et l'Adamaoua. Celles-ci sont dominées par les Peuls musulmans appelés Foulbé, principaux propagateurs de l'islam. Des populations animistes

---

[56] Wouri est un fleuve camerounais de 32 Km de longueur dont l'estuaire est situé à Douala, ville portuaire, et qui se jette dans l'océan Atlantique.

[57] D'après l'Encyclopédie libre Wikipédia, Joseph Harold GREENBERG (né à New York le 28 mai 1915) était un linguiste américain connu par son travail en classification et typologie linguistique à l'Université Stanford. Il a élaboré une nouvelle classification des langues africaines.

dites kirdi –païennes - ont généralement échappé à l'islamisation. On trouve également dans ce "Grand Nord" les Arabes Choa, les Kotoko, les Kapsiki, les Massas, les Mousgoum, les Toupouri, les Mafa, les Guiziga, les Koma, les Mboum, les Fali, les Sara, les Haoussa, les Baya.

Ensuite, le Sud est le pays des ethnies bantoues : les Douala, les Beti, les Eton, les Bassa, les Bafia, les Boulou. On trouve quelques communautés de pygmées dans les régions forestières du Sud-Est. À la différence du Nord et de ses puissantes chefferies, le Sud n'a pas connu de grandes organisations politiques, mais une fragmentation de l'autorité se trouve à l'échelon des familles, des lignages et des clans.

Enfin, dans l'Ouest, on trouve surtout les Bamoun et les Bamiléké.

C'est dans ce monde tripartite et très complexe que se formèrent les principales langues véhiculaires camerounaises : le Foufouldé ou peul qui est en usage dans tout le Nord, à l'exception du Logone et Chari où domine l'arabe ; le beti et le bassa dans le Centre-Sud, le boulou dans le Sud et le pidgin-english dans l'Ouest et sur le Littoral, Régions francophones de l'Ouest et du Littoral comprises.

Actuellement, on recense encore plus de 200 langues vernaculaires au Cameroun malgré ce regroupement linguistique. Parmi celles-ci, on trouve l'Ewondo, le Douala, le Bassa, le Peul ou Foufouldé, les langues Bamiléké composées de plusieurs sous-ensembles comme le Fe'fe' ou nufi (Bafang), le Ghomala' (Baham, Bandjoun, Batié, Bandenkop), le Medumba (Bangangté), le Yemba (Dschang) et bien d'autres. C'est un enchevêtrement de langues des familles nigéro-congolaises, nilo-saharienne, bantoues et chamito-sémitiques.

Cette mosaïque d'ethnies et de langues appelle la recherche d'une cohabitation pacifique sans laquelle le Cameroun serait un perpétuel champ de bataille. Afin de favoriser cette cohabitation pacifique, la culture de la paix devient le mot d'ordre et la cohésion sociale le principal objectif. La sauvegarde et le maintien de celle-ci se fait par le système de brassage.

b. Le brassage des ethnies

La présence de multiples ethnies sur le sol camerounais a été l'un des facteurs non négligeable dans le processus du panachage ethnique. Les structures communautaires sont bien vivantes. Equilibrées par le jeu de groupes – famille, clan, tribu, ethnie – ces différentes structures constituent le soubassement de la société camerounaise tout entière.

A la base, la structure sociale se définit par l'existence de la famille élargie, regroupant toutes les personnes ayant des liens de parenté par le sang et par l'alliance. Au-dessus de la famille, prône le clan qui se définit comme un groupe d'individus reconnaissant leur parenté comme un signe de ralliement. L'ensemble des clans forme une tribu. Rassemblées, ces tribus forment à leur tour différentes ethnies qui constituent la société camerounaise.

Afin de préserver la paix au sein de cette mosaïque d'ethnies, les populations camerounaises avaient instauré le "système" d'alliance par le lien de mariage entre tribus.[58] Le but était de rechercher d'abord un compromis en cas de conflits d'intérêts entre les tribus concernées et de réinstaurer les liens fragilisés. Parce que, par le lien du mariage, il s'est tissé un lien de parenté entre les deux tribus. Le proverbe beti selon lequel : « on ne dirige jamais le gourdin contre soi-même », explique bien le contexte que crée ce jeu d'alliance et le lien de sang établi. C'est dans ce même contexte structurel et familial que la répression devait aller au-delà de la simple punition en cas de la commission d'une infraction. La restauration du lien social et la recherche permanente du "vivre-ensemble" devaient être prises en compte.

<u>La culture du "vivre-ensemble" dans les traditions camerounaises</u>

La population camerounaise a vécu une longue histoire de structuration. Et de par leur enchevêtrement, de nombreuses ethnies camerounaises ont partagé un ensemble de convictions convergeant vers un idéal commun :

---

[58] Au Cameroun, les différentes traditions veulent que les mariages se fassent entre les tribus et les clans. Interdiction formelle au sein des clans. Et lorsqu'un différend éclate entre les clans unis par le lien de sang en raison d'un mariage, la première solution à trouver s'impose, celle de la recherche de la paix et la restauration des liens fragilisés par le différend.

le "vivre-ensemble". Celui-ci s'est imposé à elles jusqu'à devenir une culture sans laquelle ni la cohabitation, ni la cohésion des ethnies au Cameroun ne sauraient être envisageables. A partir de cette culture, se sont développées les bases de conception de la répression et de la peine qui prenaient elles-mêmes racine dans une valeur anthropologique africaine appelée "union vitale".

1. Le concept de l'union vitale pour le "vivre-ensemble"

Une vie humaine solitaire dans la société traditionnelle camerounaise n'avait ni sens, ni valeur, puisqu'elle n'existait pas. Le "cogito ergo sum" (je pense, donc je suis) de Descartes est un postulat vide de contenu pour l'homme camerounais. Car celui-ci considère la vie humaine comme un phénomène de groupe. La cohésion de celui-ci est, de ce fait, indispensable pour sa survie.

Dans l'anthropologie africaine en général, et celle des Camerounais en particulier, un être humain n'existe que par rapport aux autres. Je suis "moi" parce que je peux dire "tu", parce qu'un autre, en relation avec moi, existe. Le souffle de vie et les fondements de mon existence me viennent des autres. Ainsi une famille et même toute une tribu forme un tout. Cette vision de la vie humaine est fondée essentiellement sur "l'union vitale". Celle-ci se conçoit comme une loi universelle de la vie de l'homme, si bien qu'un théologien belge a pu écrire : *« La vérité la plus étrange de l'homme : il a besoin des autres pour être lui-même. On n'est soi que grâce aux autres. Solitaire, nous ne nous connaissons pas, nous ne nous aimons pas, nous devenons étrangers à nous, tant que nous sommes autres. L'homme est un être poreux : il est organisé pour l'échange, il ne subsiste que par la solidarité avec son milieu. La respiration, la nourriture signifient que l'univers nous est fraternel, assimilable, nécessaire. Mais elles ne sont que l'image d'autres échanges infiniment plus vitaux, les échanges humaines »*[59].

C'est dire que, selon l'auteur de ce qui précède ci-dessus, le besoin des autres pour être soi-même est un besoin vital commun à tout être humain, sans exception ni de race ni de lieu ou de pays. Il est évident que, même

---

[59] L. EVELY, *Oser parler, Désir et Peur de communiquer ?* Paris, Centurion, 1982, p. 16

si cette réflexion est de moins en moins vérifiable de nos jours, surtout dans les pays où l'individualisme a atteint son apogée, il n'en reste pas moins que l'union vitale demeure encore pour l'homme camerounais, la dimension sociale la plus appréciée.

« Le membre de la famille, de la tribu, du clan sait qu'il ne vit pas sa vie propre, mais celle de la communauté. Il sait que, détaché de la communauté, il n'aurait plus moyen d'exister. Il sait surtout que sa vie est une participation à celle des autres descendants... »[60]. Il est à souligner ici que cette participation de chacun à la vie commune amènera certains auteurs à considérer les sociétés traditionnelles en général comme fonctionnant *« par l'association et la coordination d'une multitude de foyers de vie commune »* fondés sur *« un vouloir être ensemble et un vouloir vivre ensemble ».*[61]

Il s'en suit que l'anthropologie camerounaise fonde l'existence humaine sur les bases de l'unité et de la fraternité. De telle sorte que la vie des Camerounais n'est concevable qu'en communauté où la priorité est donnée à l'amitié, à "être-ensemble", au coude à coude fraternel, où la fragilité est surveillée avec la plus grande bienveillance. C'est du "vivre en harmonie" avec les autres que découle la cohésion sociale.

2. L'importance de la cohésion sociale

L'extrême nécessité du "vivre-ensemble" se manifeste à travers l'importance de la cohésion sociale dans les cultures traditionnelles camerounaises. La cohésion du groupe social implique certainement des exigences plus ou moins contraignantes. Par contre, les contraintes inhérentes au "vivre-ensemble" ont pour corollaires la solidarité et la sauvegarde des liens sociaux indispensables à la vie des sociétés camerounaises. Ainsi : *« L'art de vivre,* écrit Alexandre NANA, *est d'être en étroite solidarité avec les autres. (....). Toute la morale, le sens et la valeur de la vie humaine trouvent leur fondement dans la qualité de la relation de l'homme avec les autres hommes. Là où règnent de bonnes*

---

[60] V. MULAGO, *Les éléments fondamentaux de la religion africaine,* cahiers de Religions africaines, Vol. XI, n° 21-22, p. 44

[61] E. LE ROY et M. WANE, « La formation des droits non-étatiques », in *Encyclopédie générale de l'Afrique*, T.1, l'Etat et le droit, Dakar, Nouvelles éditions africaines, 1982, p. 353-391

relations humaines, la vraie vie existe. Un effort particulier doit se déployer quotidiennement pour la maintenir. »[62]

C'est sur la base de ces principes prédominés par l'idée d'appartenance, de liaison au groupe, que tous les problèmes sociaux sont gérés dans le dialogue, ayant pour objectif le maintien, en parfait état, de l'union fraternelle du groupe, de la cohésion sociale. Pour cette raison également, en cas de conflits, les procédures judiciaires traditionnelles se terminaient, presque toujours par une réconciliation publique des antagonistes qui participaient au sacrifice afin de calmer le courroux des dieux et des ancêtres.

C'est ainsi que, dans les cultures traditionnelles camerounaises, toute forme de répression avait des finalités ayant pour base, la conception de la peine par rapport à la cohésion sociale.

II. Les finalités de la répression

Dans les sociétés précoloniales du Cameroun, le contrôle social du groupe s'exerçait directement et avec efficacité sur les membres. Ce qui limitait au maximum les agissements antisociaux. Et, en cas d'une infraction ou d'un acte jugé antisocial, il était nécessaire de sauvegarder la cohésion sociale. Le système répressif précolonial au Cameroun avait donc pour objectif cette sauvegarde du tissu social, condition sans laquelle la paix et la sécurité de la population camerounaise devenaient hypothétiques. Tout le mécanisme judiciaire traditionnel, dans l'application de divers modes de sanctions, était imprégné de ce souci.

Quelle que soit la forme des systèmes judiciaires traditionnels, nombreux sont les observateurs[63] qui admettent que la finalité première de la justice était partout la même : rétablir l'équilibre rompu et faire disparaître la cause du conflit. Il s'agissait de la réinstauration de la cohésion sociale et de la réintégration sociale du coupable.

---

[62] A. NANA, *Anthropologie Beti et sens chrétien de l'homme*, Paris, L'Harmattan, 2010, p. 79

[63] A ce sujet, voir Jean Godefroy BIDIMA *dans : La palabre, une juridiction de la parole*, Paris, Michalon, 1997, 126 p. ; voir aussi Etienne Le ROY dans : *Les Africains et l'Institution de la Justice. Entre mimétismes et métissages*, Paris, Dalloz, 2004, 284 p.

La réinstauration de la cohésion sociale

Si en temps de paix, la cohésion sociale était entretenue par la culture du "vivre-ensemble", ce n'en était pas évident lors d'un différend. Les aspirations à la paix avaient conduit les Camerounais à développer des méthodes de répression dont l'un des objectifs était de sauvegarder la cohésion sociale. Le calme et l'harmonie au sein de la société et entre les différentes communautés étaient si appréciés qu'il existait et existe encore, dans chaque groupe ethnique, autant de structures pour préserver ces valeurs traditionnelles en l'occurrence les lignages, les clans, la parenté.

C'est dans ce sens que nous pouvons affirmer avec Yves BRILLON,[64] que les relations "multiplexes" reliaient et relient encore aujourd'hui les lignages et les clans. La parenté, fondement de la structure sociale camerounaise, s'étend, non seulement au groupe familial élargi, mais elle sert de moule dans lequel se coulent les relations d'amitié, de voisinage. Les rapports sociaux sont mis en danger lorsqu'il y a un différend entre deux individus appartenant à la même famille, au même village, au même clan ou tribu. Ainsi, *« tout conflit à l'intérieur de la société menace l'équilibre social, et partant, la survie du groupe en tant que tel, qu'il est indispensable que l'autorité reconnue porte remède ».*[65]

Dès lors qu'il y a un différend entre deux individus, qu'ils appartiennent à la même famille, ou à des segments de tribus, les rapports sociaux sont mis en danger. Le devoir de l'autorité traditionnelle est de rétablir l'équilibre pour éviter l'éclatement d'entités sociales complémentaires. Là où il n'y a pas d'autorité statutaire, on fera appel à une autorité informelle pour ramener la paix et l'ordre dans la communauté. Le but est donc de ramener la paix entre des familles en litige en proposant une solution équitable, apte à redresser les torts et acceptable pour l'ensemble de la population.

La palabre apparaît alors tout au long des siècles comme le cadre idoine de résolution des conflits dans la société traditionnelle camerounaise. Elle (la palabre) constitue ainsi l'expression la plus évidente de la vitalité

---

[64] Y. BRILLON, *Ethnocriminologie de l'Afrique Noire*, Paris, J. VRIN et Montréal, PUM, 1980, p. 124
[65] *Ibid.* p. 33

d'une culture de paix. A travers la palabre, la société traditionnelle camerounaise *« recherchait la paix non seulement comme condition de la sécurité des personnes et des biens, mais comme condition de la cohésion sociale. »*[66] Cette paix qui ne peut être possible que par le rétablissement d'un équilibre entre les composantes de la société.

Selon la conception traditionnelle de la répression, l'enjeu n'était pas d'appliquer la justice en faveur d'un individu ou d'infliger une peine contre l'auteur d'une faute, mais de restaurer l'harmonie au sein d'une communauté. Car comme l'écrit Benoît ATANGANA : *« l'ordre social a été ébranlé, même par l'innocent, par celui qui a raison. »*[67] Cette conception de la répression guidait la procédure de la palabre et les vengeances excessives et sans fin étaient ainsi évitées.

C'est pour toutes ces raisons que les procédures judiciaires se terminaient, presque toujours par une réconciliation publique des opposants. Elle se matérialisait par la participation des opposants à un sacrifice pour calmer les esprits et enterrer la hache de guerre afin d'inaugurer une nouvelle ère de paix entre les ex-adversaires. Elément prépondérant dans le maintien de la cohésion sociale, la réconciliation permettait ainsi la réhabilitation et la réintégration sociale du coupable.

<u>La réintégration sociale du coupable dans sa communauté</u>

La sanction pénale est, dans sa forme fondamentale, une réaction communautaire contre l'action d'un membre qui a porté préjudice à un sentiment moral profond et a produit des "effets dysphoriques" dans la communauté. Il est donc important de permettre, non seulement à ladite communauté de retrouver l'euphorie compromise, mais également, de réintroduire dans son sein celui qui s'en est écarté par le fait d'un comportement asocial.

Mais, en toute légitimité, on peut se demander, comment "réintégrer socialement le coupable" par le moyen de la sanction. Il y a là un *« paradoxe puisqu'on tente de conjuguer un facteur positif* (réintégration sociale) *à un autre qui, au moins sous son aspect pénal, est répressif* (la

---

[66] E. LE ROY, *Les africains et l'Institution de la Justice. Entre mimétismes et métissages*, Paris, Dalloz, 2004, p. 82
[67] B. ATANGANA, « Actualité de la palabre ? », *Etudes*, n°324, Paris, 1966, p. 462

sanction). »[68] Il est évident que la tâche sera difficile si on se place du côté d'une justice distributive qui ne se soucie pas vraiment de la réhabilitation en punissant. Car la justice distributive, celle qui répartit les récompenses et les peines, privilégie plus l'égalité que l'honneur par le système de l'indemnisation.

Mais, lorsque la société considère la sanction comme un moyen de garder en son sein un membre qui "s'égare" de par son comportement asocial, la justice devient réhabilitante au lieu d'être distributive.

Par ailleurs, une société, un peuple ne doit son existence qu'à travers ses membres. Il est indispensable d'éviter, dans toute la mesure du possible, l'exclusion "sociale" qui occasionne, non seulement l'étiolement du tissu social, mais aussi un impact négatif sur le culte de vivre-ensemble. Il devient donc du devoir de la société de mettre tout en œuvre afin de réhabiliter les "brebis galeuses" de la communauté.

C'est pour répondre à cette finalité que les Camerounais avaient instauré des procédures spéciales, comme nous l'étudierons dans la partie consacrée à la procédure de réintégration sociale du coupable.

---

[68] Nous empruntons ici l'idée et le questionnement d'Etienne LE ROY, dans son ouvrage : *Les Africains et l'Institution de la Justice. Entre mimétismes et métissages*, Paris, Dalloz, 2004, p. 138

Chapitre II

La restauration du lien social par les mécanismes et les méthodes traditionnels de répression

Ubi societas, ibi jus[69]

La répression, du mot latin *repressum,* de *reprimere,* peut être définie comme une action d'exercer des contraintes graves, des violences, sur quelqu'un ou un groupe, afin d'empêcher le développement d'un désordre. Ce désordre peut être la résultante d'un crime.

Le crime, écrit A. E. FATTAH, est *« un acte* (ou omission) *antisocial grave qui cause assez d'inquiétude à une société pour que celle-ci se trouve dans l'obligation de se défendre contre l'auteur de ce comportement par des mesures spéciales visant à la fois la protection de la société et la resocialisation du coupable. »*[70] Il ressort de cette définition que chaque peuple, chaque société, est appelé à mettre sur pied des méthodes de répression afin de protéger les valeurs qui assurent la sécurité de ladite société. C'est dans cette visée que, tout en tenant compte de leurs traditions et cultures, les Africains en général, et les Camerounais en particulier, avaient développé certaines méthodes de contrainte afin de réprimer des comportements qui mettraient en péril la cohésion sociale. Malgré la présence de formes complexes de contrainte, on ne trouve nulle part au Cameroun précolonial d'outils pénaux comparables aux prisons.

Les pratiques traditionnelles de punition et de contrôle social étaient d'abord fondées, comme nous l'avons déjà souligné, sur la réparation et la conciliation. Toutefois, afin de retrouver l'harmonie et l'euphorie au

---

[69] Il n'y a pas de société sans droit.

[70] A. E. FATTAH, « La criminologie, sa nature, son avenir ». Revue Critère, n° 4, Montréal, cité par Yves BRILLON dans *Ethnocriminologie de l'Afrique Noire*, Paris, J. VRIN, 1980, p. 65-66

sein de la communauté, le recours à certaines mesures spécifiques de répression prises par une juridiction traditionnelle connue en Afrique sous le vocable de “ Palabre ” était nécessaire. Etant donné que *« la structuration des entités sociales,* selon la réflexion d'Yves BRILLON, *commande des procédures qui ont davantage un caractère qui s'apparente au droit civil qu'au droit pénal »*[71], des procédures particulières étaient prévues au Cameroun afin de permettre la réintégration du coupable repenti dans sa communauté.

I. La palabre : une juridiction traditionnelle de répression et de cohésion sociale

A l'époque contemporaine et selon la conception occidentale, le mot palabre est susceptible de renvoyer à une situation qui déborde largement le cadre juridique. Les finalités dans la mise en œuvre de cette "activité" sont souvent ignorées.

Ce vocable connaît des controverses, surtout lorsqu'il s'agit de le placer dans un contexte précis, celui des traditions en Afrique précoloniale et de s'interroger sur son fonctionnement. Un détour par l'étymologie du terme “palabre” s'avère utile à son appréhension.

Les définitions controversées du terme "palabre"

La définition du terme "palabre" s'avère d'autant plus périlleux que, d'une part, les définitions officielles revêtent une connotation plus ou moins nette et ne considèrent pas la palabre comme une institution judiciaire à part entière, et que, d'autre part, la notion est contingente puisqu'elle varie selon les lieux, les époques, les cultures et les buts escomptés.

1. La complexité intrinsèque du terme "palabre"

Le mot palabre, en lui-même, revêt une complexité intrinsèque. « *Palabre,* explique Etienne Le ROY, *est un terme hermaphrodite qui possède des principes masculin et féminin, les deux emplois étant l'un et l'autre spécifiques par leurs fonctions, mais aussi interpolés dans leurs*

[71] Y. BRILLON, *op. cit.* p. 46

usages. »[72] Selon lui : « *Le féminin, la palabre, est utilisée pour désigner de manière plus précise une réunion générale ou importante réunissant différents acteurs pour négocier. (...).* »[73] Le masculin, « *le palabre est dans le contexte colonial français, une réunion judiciaire ou administrativo-judiciaire, organisée pour régler un différend plus ou moins grave sur la base d'un mode de dialogue et non d'un mode autoritaire et imposé. Il s'agit de prendre en considération l'ensemble des points de vue et tenter d'aboutir à une solution acceptable pour tous même si elle ne l'est pas par tous, donc ne résulte pas d'un consensus.* »[74]

Quoi qu'il en soit, le mot palabre revêt toujours, dans certains esprits, un sens péjoratif. Trouvant sa source espagnole dans le mot "palabra", la palabre a le sens de paroles, de discussion, de conversation longue et oiseuse. Et donc, qui ne sert à rien, ne mène à rien. C'est dans ce même sens que Maurice BRIAULT écrit : « le palabre est en lui-même sa fin propre (…). Il est rare qu'un palabre vienne à une conclusion nette et prompte ; (…) »[75]

Afin de lui donner une vision plus complète, nous devons nous appuyer sur ceux qui ont eu l'audace, combien encourageante, de se pencher sur "la palabre africaine".

2. La vision plus complète du terme "palabre"

Du côté de la recherche et des spécialistes, aucun consensus n'existe quant à la délimitation du concept de palabre. Toutefois, une tendance se dégage. Les différentes appréciations donnent une définition extensive, sociologique et plus ou moins juridique. Pour Jacques VAROQUI, « *le palabre est quelque chose de très sérieux en Afrique. C'est une institution juridique informelle qui n'a rien à voir avec le juridisme formel*

---

[72] E. Le ROY, *op. cit.*, p. 42

[73] *Ibid.* p. 43

[74] *Ibid.* p. 43

[75] M. BRIAULT, *in* Livre de lecture du CM2 du Frère Macaire, Saint Paul, France, 1961, cité par NANA Alexandre, " Anthropologie Beti et sens chrétien de l'homme ", Thèse de doctorat, Strasbourg, 2004, p. 80

occidental, mais dont l'efficacité est redoutable. »[76] Pour Benoît ATANGANA, *« Palabre veut dire : débat, affaire, conflit. C'est en fait la réduction d'un conflit par le langage, c'est la violence prise humainement dans la discussion, soumise à l'action efficace de la toute-puissance du verbe.* »[77]

Pour d'autres, *« la palabre est un outil, humain, thérapeutique, fédérateur, mais aussi, il permet d'unir des points de vue qui sont au début contradictoires* (dialectiques) *et qui deviennent au fur et à mesure homogènes pour une prise de décision avec plus de justesse. Elle permet également de retrouver un avenir et un monde commun tout en préservant la diversité de chacun.* »[78]

Mais, qu'en est-il du concept " palabre " dans le contexte des traditions africaines ?

Le concept de palabre dans le contexte de l'Afrique traditionnelle

Le concept de "palabre" dans le contexte traditionnel africain n'est pas le plus simple à définir. Mais, contrairement à la conception occidentale où il évoquerait une rencontre oiseuse et inutile, le palabre a non seulement, dans les traditions africaines, un fond juridique, mais également constitue une instance productrice d'un "vivre-ensemble". C'est un facteur de cohésion sociale. Il fait donc écho à un ensemble très complexe destiné à traduire en même temps, ses finalités et son fonctionnement.

Au regard de toutes les définitions et réflexions qui précèdent, il ressort que le terme "palabre", en Afrique, renferme des rôles multiples, mais qui, tous, convergent vers deux points principaux : le règlement des différends et le "vivre-ensemble".

---

[76] J. VAROQUI, Théologien habilité et anthropologue au Centre de coopération et de formation au développement de Strasbourg, s'exprime dans *Point de vue* du12 juin 2006 sur Le " palabre " ivoirien. Voir aussi *La Croix* n° 36508 du 17 avril 2003, p. 27

[77] B. ATANGANA, « Actualité de la palabre ? », in *Etudes* avril 1966, p. 461

[78] C'est la réflexion et la synthèse d'un intervenant au débat privé du 25 juillet 2007 sur le thème : la palabre africaine, un outil politique d'avenir.

1. La palabre, une juridiction traditionnelle de conciliation

Considérer la palabre comme une juridiction peut, de prime abord, heurter certains esprits, surtout dans le concept occidental du pouvoir de rendre la justice. Cet état de choses peut se comprendre si on considère la juridiction, entre autres, comme le *« pouvoir de juger, de dire le droit, de rendre la justice. »*[79] Cette considération est d'autant plus embarrassante tant il est vrai que la justice traditionnelle africaine ne s'accommode pas du jugement au sens occidental du terme. Il existe une nette différence entre les deux conceptions de justice : la conception occidentale d'une part, et la conception traditionnelle africaine d'autre part.

Dans la conception occidentale, la justice consiste à trancher le litige, en se basant sur les lois et règlements en vigueur. Le juge rend froidement ses décisions après considération de toutes les dispositions juridiques relatives à l'affaire traitée, ainsi que l'écrit G. C. Van Den BERGH : *« l'essence de la justice est qu'elle gouverne les yeux bandés sans tenir compte des individus. »*

Dans les sociétés africaines précoloniales, la justice consistait plutôt à chercher la conciliation. La préoccupation de l'institution judiciaire dans l'univers traditionnel, c'est d'éviter les déchirures sociales. Jean CHABAS affirme que l'idée de conciliation domine l'organisation de la procédure civile africaine. Le juge est, dans tous les tribunaux indigènes, avant tout un organe conciliateur.

Cette différence est bien exprimée dans la réflexion d'un vieux prêtre d'Afrique lorsqu'il dit : *« La palabre des Blancs vise à établir une justice, la palabre des Noirs cherche à rétablir l'harmonie et l'unité. »* C'est dans ce sens que la palabre est essentiellement orientée vers la réalisation de l'objectif principal poursuivi par la justice ancestrale. Cet objectif est, avant tout, de rapprocher les points de vue contraires, de réconcilier les parties en conflit, de dissiper les ressentiments, d'instaurer au sein de la communauté un climat d'union, d'équilibre et d'harmonie.

Il ressort de cette conception traditionnelle de la palabre que, *« plutôt que de trancher un litige à la manière de rendre la justice, les Africains*

[79] Le Petit Larousse illustré, Dictionnaire, Paris, 2008

préféraient utiliser le temps (la palabre), la parole, afin de trouver une solution équilibrée acceptable par tous, parties intéressées et autres membres du groupe. »[80] C'est dans ce sens que Jean Godefroy BIDIMA intitulera une de ses œuvres : *« La Palabre. Une juridiction de la parole ».*[81] En analysant cette dernière, ZE BELINGA explique : « *elle* (la palabre) *réduit en partie le conflit, sa durée, ses déchirures, par les mots, pour éviter la violence, la rupture définitive.* »[82]

Dans ce souci constant de maintenir la cohésion du groupe, il importe d'apporter à chacun, lors de la résolution des conflits, un minimum de satisfaction. *« Attachée à la paix sociale et à son maintien,* (la palabre) *renvoie la vérité factuelle à un plan inférieur, non négligeable, mais subordonné à l'impératif de réconcilier, recoudre le lien. »*[83] Cette volonté procède de la nécessité de renforcer les liens qui rattachent entre eux les individus au sein du groupe.

La prise en compte de toutes ces raisons nous conduit à considérer la palabre comme une juridiction particulière puisqu'elle permet de régler un contentieux sans que les protagonistes ne soient lésés. Le terme de juridiction de règlement de conflit est utilisé ici à bon escient du fait de cette particularité.

En définitive, *« la palabre africaine est une véritable institution traditionnelle. Elle a pour finalité d'amener les membres de la communauté villageoise à un accord global relatif à un problème précis. Son intérêt fut en même temps de constituer un cadre dans lequel pouvaient s'éliminer les tensions sociales. La palabre africaine permet de tempérer les conflits réels ou potentiels par le moyen de leur expression publique. »*[84]

---

[80] J. J. NAMBO, « Quelques héritages de la justice coloniale en Afrique noire », in *Droit et société 51/52*, 2002, p. 330

[81] J.-G. BIDIMA, *La Palabre. Une juridiction de la parole*, Paris, Michalon, 1997, titre de l'ouvrage.

[82] ZE BELINGA, « La palabre, à-venir de la cité ? », in Afrikara. Regards alternatifs sur les mondes d'hier, d'aujourd'hui et demain, 2002

[83] *Idem*

[84] A. E AUGÉ, *Le recrutement des élites politiques en Afrique subsaharienne. Une sociologie du pouvoir au Gabon*, Paris, L'Harmattan, 2005, p. 149

2. La palabre : une instance productive d'un "vivre-ensemble"

Dans le contexte traditionnel africain, l'ensemble de la vie sociale est fortement influencé par les liens tissés à travers le réseau parental, clanique et ethnique. L'organisation et la dynamique sociales sont généralement fonction des rôles sociaux joués par chaque sujet. Pour que l'harmonie règne au sein du groupe, la palabre devient une coutume de rencontre et de création ou de maintien de lien social. Vue sous cet angle, la palabre apparaît comme une véritable institution sociale à laquelle participe tout ou partie de la communauté d'un village…

Dans une situation d'enchevêtrement des relations sociales et familiales, chaque dérapage, chaque dérive, volontaire, ou non peut mettre en péril les valeurs fondamentales de ladite société et fragiliser ainsi les relations entre ses membres. Il devient donc impératif d'adopter, par le groupe concerné, des mesures adéquates pour sauvegarder les liens sociaux et l'euphorie au sein de la collectivité. Toutes les mesures prises obéissent au principe d'un "vivre-ensemble". Cette vision de la palabre en Afrique est bien illustrée dans l'intervention de ZE BELINGA lorsqu'il livre sa pensée sur le thème *« La palabre, à-venir de la cité ? »*. L'auteur écrit : *« La finalité de la palabre se dessine derrière l'obligation de renouer les relations, opposant à une vision démocratique bien arrêtée du "surveiller et punir", celle du "discuter et du racheter" ».*[85] Il fonde son analyse sur l'obligation, pour la palabre, de renouer les relations fragilisées par la commission d'un acte asocial.

Il apparaît, au regard de ce qui suit, qu'au niveau social, ce qui rentre en ligne de compte dans le déroulement de la palabre, c'est la relation qui unit l'individu à la communauté. De manière générale, la palabre vise l'unité des membres de la communauté.

Après cette saisie conceptuelle, voyons à présent comment fonctionne cette juridiction traditionnelle chez les Béti. Rappelons ici que les Béti font partie du groupement ethnique Fang ou Bantou que nous avons présenté dans la structuration sociétale.

---

[85] ZE BELINGA, « La palabre, à-venir de la cité ? » afrikara.com/index.php?page=contenu&art=126.., 2002.

Le fonctionnement de la palabre dans les traditions culturelles camerounaises : exemple *d'Essié* chez les Beti

Les Beti, comme nous l'avons présenté dans la structuration sociétale, font partie d'un ensemble ethnique Bantou ou fang. Les Beti forment donc un groupe ethnique présent au Cameroun, comprenant entre autres les Eton, les Ewondo et les Manguissa. Le nom Beti dérive de *Nti* dont il constitue le pluriel. *Nti* signifie seigneur. Les Beti sont donc une société de seigneurs, située principalement dans les actuelles Régions du Centre et du Sud.

Les Beti avaient développé la culture de la paix, du vivre-ensemble à tel point que, l' "Essié"[86] - palabre agonistique - était devenu l'un des mécanismes le plus privilégié permettant de maintenir la concorde au sein des communautés. Les délits ne restaient pas pour autant impunis même si l'absence générale de confinement correctif est probable chez les Beti. Car, ils administraient une justice qui dédommageait les victimes plus qu'elle ne punissait les fautifs. Les sanctions, issues de l'Essié, avaient un but particulier, celui de la restauration des liens sociaux fragilisés par le délit. Afin de réaliser ces objectifs, l'Essié devait obéir à des règles relatives à son organisation structurelle et à son bon déroulement.

1. L'organisation structurelle de l'Essié

Ainsi, les Beti – une société acéphale - n'ayant pas connu un gouvernement de type centralisé, avaient un rapport plus lâche quant à la procédure de la palabre, alors que les sociétés à Etat en avaient une approche très rigoureuse, en l'occurrence les Bamiléké de l'Ouest Cameroun. Avant d'arriver à la tenue d'une assemblée, la tribu "Béti" respectait certaines étapes plus ou moins obligatoires et selon le type de conflit.

[86] La palabre est désignée sous plusieurs vocables dans les différentes langues camerounaises en fonction des ethnies ou tribus. Essié est donc l'appellation de la palabre chez les Beti.

a. L'assemblée coutumière et sa compétence

Selon les cas, la compétence de l'assemblée coutumière dépendait soit des critères géographiques, soit des critères anthropologiques. La première compétence - la compétence *rationae loci* - pouvait couvrir l'étendue d'un village ou de toute une contrée. La deuxième concernait plus un lignage, un clan ou l'ensemble de la tribu. Il est à noter que ces compétences dépendaient plus du système de parenté que de la coercition politique.

Il est important de souligner ici que, en règle générale, le droit de punir appartient pour la plus grande partie aux chefs de familles ou de lignages. Ce principe s'applique dans des cas où le conflit ne concerne que les membres de la même famille ou du même lignage. Ce qui exclut les conflits les plus complexes. L'intervention de l'assemblée coutumière devient donc nécessaire. La décision finale était prise de façon collective.

Et pour se faire, la compétence revenait aux chefs de familles, de village ou de clan, aux plus âgés dans une classe d'âge.

b. La composition du groupe des "sages" ou jury

Même si la décision était toujours celle du groupe, il revenait à un groupe de "sages" de la rendre exécutoire.

Le groupe de "sages" était composé des chefs de familles, de villages ou de clan, et des plus âgés dans une classe d'âge donnée. Les vieillards, symboles de la sagesse, jouent un rôle privilégié. Leur éthique et divers tabous liés à leur âge les invitent plutôt à la pondération et au compromis.

2. La procédure judiciaire de la juridiction traditionnelle : Essié

Quand survient un problème, celui-ci est d'abord débattu au sein des instances parentales (village, lignage, clan et éventuellement tribu) afin de prendre une solution qu'on estime la meilleure pour la cohésion et l'avenir du groupe. A ce stage de conflit, le *"mbémé adzo"* était d'usage chez les Beti du Cameroun. Par contre, lorsque le conflit atteignait une proportion hors cadre interne, la tenue d'un Essié devenait nécessaire, voire indispensable pour la sauvegarde de la cohésion sociale.

a. "Mbémé adzo" et la pré-palabre

Le *"mbémé adzo"* est donc une sorte de plainte qui signale l'existence d'un conflit, d'un dommage imminent provoqué par un tiers. Il était une phase nécessaire avant toute instruction. C'est une mise en garde que le chef saisi doit faire savoir au prévenu. Le *"mbémé"* déclenche automatiquement la pré-palabre. De nos jours, il sera question de "médiation" qui ne met pas en évidence le contexte dans lequel se déroulait la pré-palabre chez les Beti avant la période coloniale.

Toutefois, la pré-palabre est un moment durant lequel les personnes s'estimant lésées s'ouvrent à un tiers jouissant d'une influence aussi bien reconnue par l'accusateur que par la personne mise en cause. Souvent, une enquête discrète est diligentée par des médiateurs qui, par ruse et par expérience, arrivent à recueillir des informations des deux côtés.

Cette pré-palabre, très fréquente dans la plupart des cas, n'était pas nécessaire en présence d'un flagrant délit. Il en était de même lorsque les actes fautifs se répétaient ou si l'auteur ne faisait pas disparaître la cause du trouble après la tenue de la pré-palabre. Dans toutes ces hypothèses, le chef saisi devait convoquer le peuple pour la tenue de l'assemblée coutumière : *l'Essié.*

b. La convocation et la tenue de l'*Essié* proprement dit

Chaque fois que le chef de famille, du village, de la tribu ou bien de la contrée était saisi par la supposée victime, il devait convoquer la palabre, à la demande de la victime ou en accord avec elle.

« Le nkul (tambour fait d'un tronc d'arbre évidé) annonce à tous les villages environnants, la tenue de la palabre (ekwaa ayôn). Les émissaires sont envoyés dans les contrées plus éloignées. »[87] L'assemblée réunit les familles concernées ou non, les membres de villages, de clan ou tribu. Tout dépendait de la gravité de la faute et des règles communautaires transgressées, ou bien, si plusieurs membres de la communauté étaient concernés ou touchés en tant que victimes

---

[87] T. BAH, « Les mécanismes traditionnels de prévention des conflits en Afrique noire », in Les fondements endogènes d'une culture de la paix en Afrique : Mécanismes traditionnels de prévention et de résolution des conflits, ONU, S.d., p. 15

collatérales. Une hiérarchie et un protocole dans l'intervention des principaux acteurs sont à observer.

Les "faiseurs de paix" qui, auparavant, avaient procédé à des investigations, présentent les parties en conflit et les amènent à s'expliquer. Au cours des assises, les individus exposent les faits et s'empoignent verbalement, maniant le mépris et l'insulte.

Il était parfois autorisé aux antagonistes de se munir de porte-parole de confiance. Lesdits porte-parole avaient pour mission d'adoucir leur colère pour ne dire que ce qui devait être dit. L'assemblée était souvent prise à témoin par les différents intervenants. Mais, il revenait à l'assemblée d'approuver, ou non, ce qui était dit.

Il s'ensuit un débat qui s'enrichit de tout ce qui est dit, afin de décanter les arguments des parties en conflit.

La palabre, par son aspect rhétorique et théâtral, s'apparente à une vaste juridiction où toute personne présente a droit à la parole afin d'éclairer le groupe des "sages". En principe, elle est ouverte à tous, ce qui fait d'elle un cadre d'expression sociale et politique de grande liberté. Etienne Le ROY écrit à ce sujet que *« la palabre institue un espace public de discussion. »*[88] Toute parole exprimée lors de la tenue de l'assemblée méritait d'être écoutée, puisque, selon le proverbe Beti, *"Ebuk mod essiki mongo"* (littéralement : il n'y a pas de parole jeune). Ce qui veut dire que, indépendamment de son âge, la parole de l'intervenant doit être écoutée. Avec le souci d'éclairer tous les aspects du conflit, la palabre peut durer une heure ou plusieurs jours.

Par ailleurs, la parole dispensée au cours de la palabre n'est pas ordinaire; elle est riche et puissante, fondée sur les expériences vécues et conceptualisées par la société. A travers des proverbes, - paraboles, contes, généalogies - se dégagent des leçons, des mises en garde et des recommandations qui prônent la pondération, le compromis et la concorde.

---

[88] E. Le ROY, *op. cit.*, p. 44

Il est à souligner que, dans l'assemblée, se trouve toujours assis un patriarche influent, reconnu pour son intégrité. Il porte chez les Beti le nom de *"Vindi"*. Sans prendre part aux débats en tant que tel, il suit attentivement les diverses interventions. Son avis sera cependant prépondérant au moment de la délibération.

Il faut souligner ici l'esprit ou, en empruntant des termes modernes, "la philosophie pénale", qui devait habiter tout membre de l'assemblée. Des principes de cohésion de la communauté et la réintégration du coupable guidaient l'opinion de l'assemblée. Plusieurs proverbes étaient utilisés afin d'éviter tout dérapage ou tout règlement de compte puisque, même la demande d'une compensation exagérée, de la part de la victime, pouvait se retourner plus tard contre elle ou sa parentèle en créant entre les deux familles en présence, un précédent qui s'inscrivait dans un processus de réciprocité. Ainsi *"Nlan akud wa dzudzogbe eza asu aba, he adzal emod ane ai waa"* (quel que soit le degré de folie du fautif, il restera toujours l'un des nôtres). D'où la tolérance.

Par ailleurs, il n'est pas anodin d'insister ici sur le fait que le but même de toute palabre était la pacification et la réconciliation beaucoup plus que la justice en tant que telle. Ainsi, se retrouvent, tout au long de la procédure judiciaire traditionnelle, le sens et la portée de la justice au sein de la société camerounaise, impliquant un consensus dans la prise de décision. Et *« en ce qui concerne l'exposé des faits,* écrit Philippe LABURTHE-TOLRA, *l'approbation des assistants est toujours requise, et il en va de même, au moins formellement, pour la sentence »*.[89] Il ajoute : *« l'unanimité donnait à tous, le sentiment d'être en communauté également avec les esprits des ancêtres, (à qui on réservait une place sur le terrain), et c'est à eux qu'on pensait en disant : "les Ewondo" ou "les Benë ont parlé" »*[90]. Une décantation des divers arguments aboutit à un consensus public.

[89] P. LABURTHE-TOLRA, *Les seigneurs de la forêt – Essai sur le passé historique, l'organisation et les normes éthiques des anciens Béti du Cameroun*, Paris, L'Harmattan, 2009, p. 347

[90] *Ibid.*, p. 347

c. Le prononcé de la sentence par l'assemblée coutumière

La sentence est prononcée après une longue délibération par le jury ou groupe de "sages". Celui qui prononce la sentence est, soit le chef, soit le grand rhéteur appartenant à la classe d'âge des plus âgés du lignage ou encore un notable connu pour sa droiture. Ainsi chez les Beti, c'est au *"ntsig ntol"* (l'aîné-trancheur) que revient cette charge.

Avant l'annonce de la décision finale des "jurés", l'aîné-trancheur, doit user de sa compétence de grand rhéteur pour apaiser les esprits et faire accepter la décision à toute l'assemblée. Pour ce faire, il emploie la sagesse des ancêtres à travers divers proverbes. Sa parole est souvent ésotérique et sous forme de paraboles *(minkana)*. Elle revêt des allures à la fois symbolique et rythmique. En s'appuyant sur quelques proverbes, l'aîné-trancheur appelle à la tolérance dans la prise de décisions : *"mod enye ane akuma"* (la richesse, c'est l'homme). Donc il ne faut pas le perdre ou l'anéantir ; ou encore *"Manyan mot anë meki me oyem"* (littéralement : un frère ressemble au sang qui coule d'une langue blessée, on crache une partie, et on en avale l'autre). En clair, il est difficile de cracher tout le sang qui coule de la langue, on est obligé, d'une façon ou d'une autre, d'en avaler une partie, qu'on le veuille ou non. Ce qui suppose que, quelle que soit la faute commise, ou le comportement asocial d'un membre de la communauté, cette dernière doit toujours se souvenir que le fautif reste toujours un frère. Et que par conséquent, la punition, à lui octroyée, doit avoir pour but, sa réintégration dans sa cellule familiale et communautaire.

La plupart du temps, la peine consiste en une reconnaissance publique de la faute par le coupable, appuyée de blâmes, de reproches et de recommandations circonstanciés, également publics. L'expression solennelle d'un regret sincère et du serment de non récidive, comme nous l'avons déjà étudié, sont exigés du coupable, pour mériter le pardon qu'en retour, les offensés se doivent de lui accorder sans réserves. *« Avec ce mode informel de règlement de conflit*, écrit Etienne Le ROY, *on restaure la dignité du sujet, ce dernier saura ce qui lui est reproché. De plus, la résolution des conflits par la palabre consolide une sorte de pédagogie sociale ; [...] l'importance n'étant ni dans l'exécution d'une obligation, ni dans l'expiation d'une peine, mais dans la préservation des rapports qu'ils pourront avoir ultérieurement. C'est la relation qu'il faut sauver et non la vengeance qu'il faut assouvir. La palabre est l'entretien au double sens de causerie et de ce qui fait tenir ensemble. Celle-ci consiste moins à humilier qu'à préserver l'honneur. »*[91]

II. Les différentes sanctions dans les traditions camerounaises et leurs finalités particulières

A l'époque précoloniale, la prison n'avait pas de place dans l'éventail des peines prononcées. *« Malgré des aspects qui ont scandalisé les premiers colons, de par leur barbarisme et leur sauvagerie, la justice coutumière (camerounaise) était très éloignée, dans sa philosophie pénale, de la seule idée de vengeance et de rétribution. »*[92] Ainsi le confirme également Thierno BAH dans un article sur les mécanismes traditionnels de prévention et de résolution des conflits en Afrique noire. Il écrit : *« la palabre n'a pas pour finalité d'établir les torts respectifs des parties en conflit et de prononcer des sentences qui conduisent à l'exclusion et au rejet. La palabre apparaît plutôt comme une logothérapie qui a pour but de briser le cercle infernal de la violence et de la contre-violence afin de rétablir l'harmonie et la paix. »*[93] Ainsi, sous la mouvance des liens de sang et de fraternité entre les hommes qu'il ne faut jamais détruire, la palabre africaine évolue vers un consensus.

Le rétablissement de l'harmonie et de la paix dans la société camerounaise ne peut être réalisé ou réussi que si la sanction permet de ramener le "bien-être", "l'euphorie" au sein de la collectivité, afin que celle-ci puisse reprendre ses activités dans un climat de sécurité et de concorde. Et quelle que soit la qualification d'atrocité attribuée à certaines sanctions, celles-ci devaient être appliquées afin d'atteindre cet objectif principal. A ce niveau du souci de restauration, les différentes sanctions devaient avoir une fonction restitutive ou une fonction répressive. Présenter les différentes fonctions de la sanction de cette manière peut susciter des interrogations. Nous nous permettons de refaire allusion à des assemblées coutumières. Ainsi, étant entendu que la palabre connaissait indistinctement des affaires civiles ou criminelles, les sanctions qu'elle prononçait avaient plusieurs fonctions convergeant vers un seul but unique : la cohésion de la société camerounaise.

---

[91] E. LE ROY, *op. cit.*, p. 45
[92] Y. BRILLON, *op. cit.*, p. 135
[93] T. BAH, *op. cit.*, p. 17

Si dans la société traditionnelle camerounaise, la compensation ou la réparation était la règle, plusieurs sanctions étaient prévues, soit pour rétablir l'équilibre fragilisé ou rompu du fait d'un acte asocial, soit pour faciliter la réintégration du coupable dans sa communauté. La sanction infligée dépendait de la gravité du délit ou de sa nature, du degré de responsabilité de l'auteur et des circonstances atténuantes ou aggravantes.

Les sanctions visant le rétablissement de l'équilibre social

Comme nous l'avons déjà souligné, la structuration sociétale au Cameroun est fondée sur le lignage. La solidarité du lignage et la complexité des relations sous le jeu des alliances, à l'époque précoloniale, rendaient plus responsable les membres de la société. Et lorsqu'une faute était commise, les relations – liens sociaux – étaient fragilisées. Il était donc du devoir des chefs des familles considérées d'y remédier.

Pour que l'équilibre rompu soit rétabli, il est indispensable que l'exécution de la sanction prononcée ramène la paix entre les familles en litige, qu'elle enterre la hache de guerre et inaugure une nouvelle ère de paix entre les ex-adversaires. Ainsi, à cause d'imbrication constante des sous-groupes dans les petites collectivités, il y a beaucoup moins de normes soutenues par la coercition physique. Il s'ensuit que deux catégories de peines étaient envisageables : les peines "restitutives" et les peines "répressives".

1. **Les peines "restitutives"**

La plupart des témoignages sur les sanctions les plus fréquentes dans les sociétés traditionnelles insistent sur le caractère plus compensateur que répressif. Le souci de l'équité envers la partie lésée était ancré dans les mœurs de la société camerounaise précoloniale. Et le fait de causer préjudice à un membre de la société camerounaise nécessitait une réparation, une compensation, le but premier étant " la remise des choses en l'état ". Il fallait remettre de l'ordre, combler le vide ou le manque, conséquence d'un délit. La punition du coupable, proprement dite, venait en deuxième position, en fonction de la gravité du délit et le danger que courait la collectivité du fait de cette faute.

Dans cette optique, la sanction était de nature patrimoniale. Les Camerounais estimaient que la transaction efface l'infraction plus que le châtiment. Ce qui explique l'exceptionnel recours au châtiment. La réparation devait être proportionnelle au préjudice subi. Tant qu'il est vrai qu'une réparation outrancière n'est pas une chose facile à oublier. L'expérience aidant, la réparation appelait à une certaine modération lors du règlement de conflit.

Il est à mentionner que, dans certaines traditions, la réparation pouvait être faite par la restitution physique des personnes. Ainsi, lorsque la famille se trouvait appauvrie, privée d'un soutien par le décès d'un de ses membres du fait d'autrui, cette perte devait être remplacée ou compensée. L'auteur de l'homicide, volontaire ou non, était astreint soit à payer le prix du sang, soit à remplacer la victime. Il était permis de remplacer la victime, soit en donnant, en accord avec sa parentèle, un membre du lignage du fautif, soit en se livrant lui-même au clan lésé pour lequel il devait travailler. Il devenait ainsi un objet de propriété. Le "substitut" devait assumer les charges auxquelles le disparu devait faire face et subvenir aux besoins de la famille de ce dernier s'il était chef de famille. Le remplacement physique était une manière de compenser le vide que crée la disparition ou la perte d'un membre de la famille lésée. Les Camerounais évitaient, par là même, la vendetta, en réduisant aussi l'insatisfaction ressentie par la victime.

2. Les peines "répressives"

Afin de neutraliser le délinquant, certaines sanctions étaient prévues, allant des peines corporelles à l'élimination pure et simple de l'individu, en passant par son éloignement.

a. Les peines corporelles

La bastonnade, le pilori, les coups de fouets formaient la panoplie des peines corporelles usuelles. Ces sanctions laissaient des marques indélébiles rappelant à qui les voyait le caractère asocial de l'individu. Il fallait tout de même que les actes considérés soient jugés graves par l'opinion publique pour qu'on s'en prenne à l'intégrité physique du coupable. Car la stigmatisation sociale avait des conséquences extrêmement importantes et permanentes, non seulement sur le concerné, mais aussi sur les membres de la communauté et leur famille qui la subissaient.

b. L'exclusion nécessaire du coupable pour la disparition de la cause du conflit

Contre les crimes graves, en sus des exécutions publiques, l'exclusion est sans doute le trait marquant de ce style pénal. *« L'exil détache celui qui a rompu la loi de sa communauté d'origine, le place dans un espace hostile, le soumet à la pérégrination géographique et sociale infamante et dissolvante. Le délinquant majeur est frappé par l'obligation d'entrer dans l'espace ouvert, mais profondément néfaste. »*[94]. L'exil et le bannissement constituaient des peines exceptionnellement utilisées en cas de récidive.

Le coupable condamné à l'exil voit ses droits réduits. Il ne pourra jamais plus jouir entièrement de la propriété foncière. Il a toutefois la faculté de retour chez lui après un certain temps fixé par l'assemblée coutumière et selon certaines conditions. C'est pour cela que, chez les Bantu en général, et les Beti en particulier, l'exil se faisait toujours chez les oncles maternels. Ces derniers, dans la coutume Beti, étaient symboles de la protection et de l'autorité même. D'abord symbole de protection parce que l'oncle maternel avait l'obligation et le devoir de protéger la progéniture de sa sœur contre tout prédateur. Ensuite l'oncle maternel était aussi symbole de l'autorité parce qu'il avait le pouvoir d'intervenir dans les affaires qui concernaient ses neveux. Enfin, il était le dernier recours lorsque tous les mécanismes de réintégration du déviant – son neveu ou nièce – étaient épuisés. Il avait donc seul, autorité pour recueillir l'exilé, son neveu. Il fera tout pour la réhabilitation de ce dernier. Ainsi le proverbe Beti : *« mòn akad ki sò mbim a dzan »*[95].

Quant au bannissement, il était une mesure qui débarrassait la collectivité d'un élément indésirable. Par cette sanction, la collectivité évitait de confronter deux familles et d'enclencher le processus de la vendetta. Il exclut le coupable du "droit au tombeau", de la succession et de la vie

---

[94] F. BERNAULT, *op. cit.*, p. 22

[95] Ce proverbe beti signifie que, quel que soit l'état alarmant – physique ou psychique – de leurs neveux ou nièces, les oncles maternels ont le devoir et même l'obligation d'assurer leur survie.

communautaire. Une telle décision nécessitait qu'un élément déviant soit jugé irrécupérable, résistant à toute censure collective. Le bannissement était ainsi considéré comme une peine de mort sociale afin d'éviter l'exécution de l'irrécupérable. Et par cette sanction, le peuple évitait de "verser" le sang pour ne pas souiller la terre des ancêtres.

c. L'élimination pure et simple du coupable

Il s'agissait de la peine de mort. Yves BRILLON précise que celle-ci *« n'était qu'une mesure employée " in extremis " pour sanctionner les crimes qui, par l'horreur de leur nature, de leur exécution ainsi que par leurs motifs, soulevaient la colère et le blâme unanime du groupe. Dans la majorité des cas, l'exécution se faisait avec l'approbation du clan de celui qui devait être exécuté. »*[96] Si tel était le constat de l'auteur en ce qui concerne l'Afrique en général, il est à remarquer que parfois, au Cameroun, quand la peine de mort était requise, on substituait à la personne à exécuter, ses animaux et ses biens qui devaient, de ce fait, être sacrifiés.

<u>Les sanctions visant la réintégration du coupable dans sa communauté</u>

La réintégration du coupable dans son milieu exige une double entrée qui se complète : réparation et pardon. L'une ne peut aller sans l'autre. C'est ainsi qu'en réparant le mal causé, le coupable s'amende et il est accepté et réintégré dans sa communauté. La victime, en acceptant l'indemnisation, pardonne l'offense et ne peut plus nourrir, envers le délinquant, une inimitié qui serait préjudiciable à la cohésion du groupe. C'est l'aboutissement et le but visé par la palabre à travers la conciliation. Mais cela n'empêche pas que le peuple exige un certain effort de la part du coupable pour que cette réintégration soit mieux appréciée par lui.

Ainsi, il arrivait que cette conciliation, nécessaire à la réintégration sociale du coupable, n'intervienne qu'après l'exécution de certaines sanctions. Ces sanctions avaient pour mérite de mettre le coupable dans une position lui permettant de se remettre en question. Et c'est à cette fin que l'assemblée traditionnelle lui infligera quelques peines en

---

[96] Y. BRILLON, *op.cit.*, p. 125

l'occurrence la restriction de sa mobilité ou tout simplement une peine psychologique.

1. Les peines psychologiques ou infamantes

Dans une société où le culte du "vivre-ensemble" est de principe, l'insertion et l'acceptation sociale deviennent plus que vitales pour l'individu. Certaines punitions psychologiques exercent ainsi une influence coercitive et répressive aussi forte sinon plus efficace que les châtiments corporels. C'est sous cet angle qu'Yves BRILLON écrit : *« L'évitement, la mise à l'écart, le ridicule constituent les réactions de la part du groupe qui, quoique très subtiles et informelles, possèdent une force contraignante parfois plus puissante qu'une peine physique. »*[97] De plus, la pression du groupe sur l'individu était d'autant plus forte qu'elle venait parfois de sa propre famille dont la réputation et l'honneur avaient été éclaboussés par son comportement anti-social.

Dans cet ordre d'idées, être mis en quarantaine ou être sans cesse l'objet de quolibets rendait très vite la vie intenable au sein de la société traditionnelle camerounaise. Il fallait faire face à la honte, au blâme, à la dérision et aux moqueries. Le délinquant, se voyant dans l'obligation de se faire oublier et pardonner, devait, en conséquence, adopter un comportement exemplaire qui, seul, à la longue, permettait sa réintégration sociale totale. Il devait se réhabiliter.

Tout concourait à éviter la récidive. Celle-ci était sanctionnée en général par un châtiment plus grave ou par la restriction de la mobilité ou des rapports du coupable avec le reste de la communauté.

2. La restriction de la mobilité et des rapports sociaux du coupable

Les restrictions de la mobilité du fautif ne prenaient pas la forme d'enfermement systématique, mais d'une sorte d'isolement de la parentèle. Elles ne sont pas assimilables à une forme de réparation de délits. Dans les sociétés dites lignagères, la réclusion n'est qu'un moment temporaire d'isolement. Cette réclusion sert à amender le coupable pour

---

[97] Y. BRILLON, *op.cit.*, p. 40

une future réintégration sociale. Dans ce sens, Thierno BAH souligne que *« dans la société Bamiléké*[98] *traditionnelle, le chef disposait d'une case secrète où il "incarcérait", pour une durée indéterminée, des personnes susceptibles de crimes divers. Le détenu était laissé seul, dans une case, entouré de divers fétiches aptes à provoquer la frayeur tandis qu'on attendait de lui des aveux. »*[99] Il y a lieu de préciser sans se tromper que, en général, la restriction des rapports avec le reste de la communauté n'était pas pour sanctionner la faute, mais un mécanisme permettant au coupable de s'amender et d'être réhabilité.

Toutefois, en cas de graves troubles que provoquait un comportement délictueux au sein de la collectivité, les Camerounais imposaient au coupable une restriction de sa mobilité. Celle-ci prenait la forme d'un ostracisme. L'ostracisme consistait à interdire au fautif, de par son isolement, l'exercice de certains droits communautaires. Cette sorte d'isolement, pouvant être analysée aujourd'hui comme une forme de privation de liberté, n'a rien de comparable avec l'emprisonnement, hérité de la colonisation et pratiqué actuellement au Cameroun.

a. Les différentes formes d'ostracisme

La société camerounaise précoloniale appliquait plusieurs sortes d'ostracisme selon les critères géographique et anthropologique et selon l'importance du préjudice causé. Par ailleurs, les mécanismes d'ostracisme mis en œuvre différaient selon les ethnies. Mais, d'une manière générale, on peut en recenser trois sortes, à savoir : l'isolement au sein de la famille, du village, d'une contrée ou d'une tribu ou d'un clan. Ces trois degrés d'isolement chez les Beti avaient comme appellation : *mimbok mi nda bot ; mimbok midza ; mimbok mi nnam.* Il s'agissait tout simplement du degré ou du niveau de "prison" en milieu ouvert qui pouvait se limiter soit au niveau de la famille restreinte, soit au niveau du village, soit encore au niveau de la contrée.

---

[98] Les Bamiléké forment une ethnie majoritairement implantée à l'Ouest du Cameroun et qui contrairement aux Beti, formaient une société centralisée et fortement hiérarchisée.

[99] T. BAH, « Captivité et enfermement traditionnels en Afrique occidentale », in *Enfermement, prison et châtiments en Afrique du 19e siècle à nos jours*, de Florence BERNAULT, Paris, Karthala, 1999, p. 79

D'une façon générale, dans les cultures traditionnelles camerounaises, l'ostracisme ou (*mimbok*) - prison en milieu ouvert - consistait à interdire au coupable de mener une activité publique à caractère économique ou social. Celui qui était frappé d'ostracisme n'assistait pas aux réunions secrètes ou familiales, aux funérailles, aux marchés périodiques, etc.... Il lui était interdit de prendre la parole en public ou d'avoir un rapport de quelque nature que se soit avec le reste des membres de la collectivité. Parfois, il lui était défendu de s'éloigner de sa concession et de surcroît de son village ou de sa contrée, et de recevoir des visiteurs.[100] Et quiconque ne respectait pas ces dispositions était frappé du même isolement. Ainsi, cet isolement complet, respecté par tous, était une sorte d'interpellation adressée à l'incriminé, parce que la communauté ne voulait pas le perdre. Dans son isolement, le concerné devait prendre conscience de l'importance d'une vie en société et solidaire, ainsi que celle du vivre-ensemble.

b. La matérialisation de l'ostracisme

La matérialisation de l'ostracisme différait selon les traditions spécifiques de chaque groupe ethnique. Les ethnies en structure lignagère se caractérisaient toutes par l'absence de "maison d'arrêt". Et pour immobiliser un "prisonnier", on lui plaçait de solides entraves en bois au niveau du tibia, système connu chez le groupe ethnique Bassa sous le nom de " *ndi-keng* ". Dans d'autres ethnies comme les Bandjou, on plantait autour du domicile du coupable, des piquets de bois entrelacés de "*toun*" (plante aux effets maléfiques et à caractère dissuasif). Personne n'osait franchir une palissade garnie de *toun*.

Comme nous l'avons déjà souligné, la sanction pénale dans les traditions camerounaises avait pour fonction de ramener le "bien-être", l'"euphorie" au sein de la collectivité afin que celle-ci puisse reprendre ses activités dans un climat d'harmonie.

Tous ces modes de sanctions traditionnelles étaient considérés, pendant la période coloniale, comme des actes de " barbarie " et donc interdits par les colonisateurs qui n'avaient pas le souci de rechercher la philosophie pénale que sous-tendaient ces modes de sanctions.

---

[100] T. BAH, *op. cit.*, p. 79

III. La procédure de réintégration du coupable

De prime abord, il est important de souligner que toutes les sanctions infligées au coupable ne nécessitaient pas une procédure particulière de sa réintégration dans la communauté. La procédure de réintégration était primordiale lorsque la sanction avait pour effet l'exclusion du fautif de la collectivité. Il s'agissait donc soit de l'exil temporaire, soit de l'ostracisme – prison en milieu ouvert.

Puisque l'un des buts de la palabre traditionnelle était la récupération de celui qui avait succombé, un suivi devait être instauré après la palabre. Ainsi, tout ne finissait pas avec la tenue de l'assemblée traditionnelle. *L'Essié* devait continuer. Car selon la sagesse Beti[101] : *"mod enya ane akuma"*. Traduit littéralement : *« la richesse, c'est l'homme ". Et quelle que soit la faute commise, la communauté ne doit pas le perdre. " Raison pour laquelle, après la palabre, l'on désignait quelques membres de la classe d'âge des plaignants et accusé pour vérifier si la paix existe effectivement ».*[102]

Les différentes interventions

Dans les traditions beti, deux sortes d'intervention étaient possibles selon le caractère de la sanction, après son exécution. Ainsi, les oncles maternels pouvaient intervenir dans le cadre familial tandis que toute la communauté le devait dans un cadre plus extensif.

1. L'intervention des oncles maternels dans le cadre familial

En règle générale, l'exilé était appelé à s'éloigner de sa communauté. Il était livré à lui-même, sans défense, dans un cadre hostile. N'importe qui pouvait attenter à sa vie. Et pour se protéger des prédateurs divers, l'exilé trouvait refuge chez ses oncles maternels. Et le proverbe beti, déjà évoqué, selon lequel : *"moñ akad ki sò mbim a dzang"* c'est-à-dire, "le fils qui trouve refuge dans la famille d'origine de sa mère a la vie sauve" trouve ici toute sa signification et son importance.

---

[101] Beti est l'une des ethnies camerounaises. Elle est majoritaire du point de vue peuplement

[102] J.-G. BIDIMA, *op. cit.*, p. 21

L'oncle maternel, dans la tradition Beti, exerce une influence sur la progéniture de sa sœur – neveux, nièces. Et dans plusieurs cas, l'assemblée peut décider d'envoyer le déviant chez ses oncles maternels. Là, comme nous le soulignons dans la partie qui traite les différentes peines, l'exilé voit ses droits réduits. Mais cette disposition d'exil, avec pour possibilité le retour "au bercail", montre le souci de ne pas perdre le déviant. Et lorsque, avec l'accord de l'incriminé incorrigible, l'assemblée coutumière fait appel aux oncles maternels comme dernier recours, ceux-ci doivent mettre tout en œuvre afin de "récupérer l'irrécupérable"

Si les oncles maternels estiment, après une certaine durée, que leur neveu ou nièce récidiviste s'est amendé, ils demandent au chef, auteur de la décision, de déclencher le processus de réintégration. A la date fixée, les oncles accompagnent leur "protégé". Le rapport et la "parole donnée" des oncles maternels sont pris en compte. L'assemblée réunie suit la procédure normale de réhabilitation : serment – pardon - conciliation. Suivent les cérémonies d'accueil et de festivité.

2. L'intervention de la communauté dans le cadre plus élargi

Au terme de l'exécution de l'isolement ou de la sanction d'exclusion, il revient au responsable de la parentèle du coupable de faire une démarche auprès de "l'Aîné-trancheur" pour que celui-ci convoque à nouveau la palabre aux fins de réhabiliter l'isolé.

La tenue de l'assemblée coutumière pour la réintégration se déroule de la même manière que celle qui a prononcé la peine. A la seule différence que, cette fois, il n'y a plus de plaignant, ni de victime, mais seulement de l'intéressé qui demande sa réhabilitation.

Le rhéteur demande le rapport sur le déroulement de l'exécution auprès de ceux qui étaient chargés de son contrôle. Un rapport positif ouvre les cérémonies de réintégration par une déclaration solennelle de la levée de la peine. Celui qui était frappé d'ostracisme est présenté à toute l'assemblée. Quelques termes spécifiques sont alors employés par le rhéteur qui invite toute la communauté à intégrer à nouveau le "retrouvé " en son sein. Par exemple : " notre fils s'est égaré, il a retrouvé le chemin de la sagesse ". Le futur "réintégré" remercie l'assemblée. Les

ovations de l'assemblée attestent son approbation et ouvrent les festivités qui resserrent les liens sociaux.
Il est à noter au passage que le rapport peut mentionner le non-respect des consignes pendant la période de l'ostracisme. Ce qui conduit inéluctablement à la non-réhabilitation, et donc la reconduite de la peine.

L'exigence d'une réconciliation

La réconciliation est un élément indispensable afin de renouer les relations rompues par le conflit. Et pour aboutir à la réintégration du coupable dans sa communauté, la réconciliation exige la réparation préalable du préjudice causé et la conciliation, au sens des cultures traditionnelles camerounaises.

1. La réparation

Dans la culture traditionnelle camerounaise, une justice réhabilitait à chaque fois le sujet en lui faisant comprendre qu'il était plus grand que son acte malheureux. La réparation, dans cette logique, permettait au groupe de survivre après le traumatisme du conflit. Cette réparation revêt un autre sens que l'indemnisation que prévoit la justice moderne.

L'essentiel de la réparation n'était ni dans le nombre d'objets mis en jeu pour réparer, ni dans leur importance, mais dans la démarche et l'initiative du sujet ayant causé le tort. Ce qui était fondamental se situait dans la réhabilitation de l'autre. C'est ainsi qu'une réparation pouvait se faire avec de petites choses. Bien souvent l'objet qui symbolisait la réparation était peu de chose en comparaison avec le tort causé.

Et c'est dans cette même philosophie que la procédure de la palabre – juridiction traditionnelle - ne s'arrêtait pas après la sentence. Le tout n'était pas de dédommager la victime ou de sanctionner le coupable, mais de renouer les liens sociaux fragilisés. Car seule la réparation ne guérit pas les plaies occasionnées par une infraction.

L'insatisfaction des victimes, dans leurs diverses déclarations à l'issue d'une audience, démontre que la condamnation du coupable à des amendes ou à une peine de prison est insuffisante. Il y a de fortes raisons de penser que la victime ne souhaiterait pas croiser à nouveau l'auteur de ses souffrances même après que celui-ci ait purgé sa peine et payé sa dette à la société. La resocialisation devient difficile parce que l'on se retrouve face à une simple machine judiciaire, à une justice distributive qui ne va pas au cœur des besoins de la société. Cette insatisfaction des victimes n'est pas l'apanage des Camerounais. Très souvent, en France par exemple, la majorité des victimes auraient souhaité, de la part du couple, un simple reconnaissance de faute ou bien un simple demande de pardon qui soulagerait leur peine. Et si la réparation – emprisonnement ou amende - ne suffit pas pour remettre les choses en l'état dans les pays les plus développés où l'individualisme, depuis belle lurette, a droit de cité, elle serait encore inefficace pour permettre la réintégration du fautif dans une société où le "vivre-ensemble" est la règle.

Raison pour laquelle, dans les traditions culturelles camerounaises, la réparation, démarche indispensable à la réintégration du coupable dans sa communauté, devait obligatoirement être suivie par la conciliation si le peuple voulait retrouver son "vivre-ensemble".

2. La conciliation

Larousse définit la conciliation, entre autres, comme une " action qui vise à rétablir la bonne entente entre des parties qui s'opposent " ou encore comme une " intervention d'un juge ou d'un conciliateur auprès de personnes en litige ". Pour les Camerounais, la conciliation va encore plus loin et nécessite une exigence très précise. C'est la combinaison du pardon demandé et du pardon donné. Dans cette démarche de conciliation, on est tenu dans un lien ténu, fragile. *« L'enjeu, en effet n'est pas la justice à appliquer en faveur d'un individu, mais l'harmonie à instaurer au sein d'une communauté [...]. Elle* (la communauté) *assure une justice qui va au-delà du juridique, de la lettre du droit ».*[103]

Il est à souligner que, dans la procédure de conciliation, le fautif doit prêter serment. Ce serment exprime un engagement existentiel. Il vise également à garantir la paix pour le futur. Ce n'est qu'à la suite du serment que le fautif peut demander pardon. Mais pour qu'il ne soit pas humilié, le gagnant « relève son frère tombé »[104] en demandant, lui aussi,

---

[103] B. ATANGANA, « Actualité de la Palabre ?» in *Etudes*, n° 324, paris 1966, p. 462

[104] Ceci est la tradition littérale d'une expression la plus souvent utilisée et qui explique que, lorsqu'un membre de la communauté a fait un faux pas, il revient à l'autre membre

pardon à l'assistance. Car l'ordre social a été ébranlé même par l'innocent, par celui qui a raison. Le pardon n'est pas ici une activité destinée à abaisser l'homme, mais à le réinsérer dans la relation avec l'autre. Le pardon n'implique pas le repli d'une conscience culpabilisée qui rentre en son for intérieur, mais ce qui ouvre à l'autre, ce qui extériorise et rétablit le lien avec l'immanence.[105]

La paix, la réconciliation et la réintégration du coupable dans la communauté sont toujours célébrées et scellées par un repas de communion. Des chèvres sont immolées et partagées selon une logique tenant compte des préséances et des alliances. Des boissons (vin de palme ou de raphia) sont distribuées à profusion, créant ainsi une ambiance de gaieté. Dans certaines régions, les noix de kola sont partagées, symbolisant l'entente retrouvée. Chez les Bamiléké, l'assistance agite les feuilles de nkeng ou yap nfeguem "arbre de paix". Tandis que la magni (mère de jumeaux) parcourt le lieu de la palabre, tenant une branche de nkeng à la main. Symboliquement, le nkeng, censé réparer les fautes commises est un gage sûr de bonne moralité, de vérité et de paix. En pays Bassa, pour célébrer la paix retrouvée, des groupes de danse et de musique se produisent en brandissant les rameaux d'écosystème. Les Bamun entonnent toujours un refrain célèbre comme support important d'un vouloir-vivre en paix, dans la joie : " la femme préfère un lâche vivant à un héros mort ".

En définitive, même si la vision de la palabre est aujourd'hui diluée dans la modernité mal maîtrisée, il serait opportun, pour les Camerounais, de repenser leurs systèmes judiciaire et pénitentiaire à la lumière de leurs cultures, dans le but de préserver la sécurité de tous. Il ne s'agit pas d'un retour inconditionnel à la tradition, mais de la réappropriation de cette juridiction traditionnelle dans l'actuel contexte pénal camerounais. Car, comme le dit ZE BELINGA : *« L'intégration ou la réintégration de la palabre comme instance productrice d'un "vivre-ensemble" revigoré appelle à une réappropriation critique de l'institution pour la philosophie de la primauté relative du lien social sur la vérité des faits. »*[106]

---

qui en a subi un préjudice d'aider son frère à retrouver le vrai chemin. Telle est aussi la signification du pardon donné par la victime.

105 J.-G. BIDIMA, *op. cit.*, p. 21

106 *ZE BELINGA, op. cit., afrikara.com/index.php?page=contenu&art=126...*

Dans cette optique, même si les sanctions sont très diversifiées, elles auront toujours, comme à l'époque précoloniale, pour seuls objectifs la restauration du tissu social et la réintégration sociale du coupable.

Titre I - Conclusion

Les populations de l'Afrique traditionnelle, en général, et au Cameroun en particulier, avaient su mettre en œuvre des logiques de domestication des actes asociaux. Comme l'explique si bien Yves BRILLON dans son ouvrage *Ethnocriminologie de l'Afrique noire* : *« La justice coutumière cherchait en premier lieu à réparer les torts et à effacer les sentiments de haine et de vengeance qu'avait fait naître entre deux familles la commission d'un délit ou d'un crime. Les parties opposées recherchaient une solution de compromis, équitable et rapide, une solution compensatoire qui assurait à la victime une réparation. Cette réparation permettait de réconcilier les familles antagonistes. »*[107]

L'objectif primordial des mécanismes de répression dans les traditions culturelles camerounaises était la sauvegarde du tissu social (lien social).

---

[107] Y. BRILLON, *op. cit.*, p. 14

Titre II

La répression et la peine, instruments de conquête coloniale

> « L'ignorance du passé ne se borne pas à nuire à la connaissance du présent, elle compromet, dans le présent, l'action même. »[108]

L'histoire de la politique d'un pays permet de mettre en lumière la logique qui a présidé à l'instauration, l'organisation et l'évolution de ses institutions. Ces institutions ne peuvent être parfaitement compréhensibles que si elles sont ramenées à la logique qui les produit et les sous-tend dans le temps et dans l'espace.

Les éléments structurels qui configurent[109] les institutions pénitentiaires des pays africains en général et du Cameroun en particulier ont été construits à partir d'une logique coloniale européenne. Il devient donc difficile, voire impossible, de comprendre cette institution chargée de punir et de remettre les coupables sur le bon chemin, en faisant abstraction de cette logique coloniale de répression qui, elle aussi, ne peut être comprise que par rapport à la politique de la colonisation. Car chaque répression, même coloniale, ne naît pas de façon abstraite. Le professeur Louis NGONGO met en exergue cette logique dans son ouvrage lorsqu'il dit : *« Une institution n'est pas un météorite : elle naît quelque part, à un moment donné, pour un objectif. Il faudra donc*

---

[108] J. LE GOFF, in *Apologie pour l'histoire ou Métier d'historien* de BLOCH Marc, Paris, Armand Colin, 1997, p. 20

[109] La configuration du système pénitentiaire camerounais sera analysée dans la partie II de notre étude. Nous pouvons déjà ici souligner l'un des caractéristiques peu louables de ce système à savoir : l'intervention exorbitante de l'Exécutif en la matière face à la "démission" du pouvoir législatif.

respecter certains points essentiels de la méthode historique ».[110] A l'appui de ce qui précède, tout système de répression prend inévitablement son origine dans un contexte social bien déterminé. Cette logique n'épargne pas les méthodes de répression mises en place au Cameroun pendant la période de la colonisation.

Pour autant, les difficultés épistémologiques relatives à la répression au Cameroun pendant la colonisation sont multiples et complexes. De ce fait, il nous a semblé nécessaire d'élargir le cadre de référence en faisant appel à une histoire plus globale, à une problématique plus politique. Cette démarche s'impose et paraît importante, d'autant plus qu'il subsiste des controverses sur les objectifs de la politique coloniale, qu'on ne peut supposer connaître ce qui est trop mal connu. Il s'ensuit que la meilleure méthode pour aborder la répression pendant la période coloniale au Cameroun n'est certainement pas de décrire ou d'occulter seulement ses méthodes et ses objectifs. Il faut aussi avoir recours à l'histoire, non seulement celle de l'institution pénitentiaire, mais aussi, d'une façon non exhaustive, à l'histoire de la colonisation du Cameroun.

Le premier problème théorique est de savoir ce qu'est une colonisation. Georges BALANDIER[111] donne des éléments descriptifs principaux qui permettent de distinguer une situation coloniale d'une autre. En résumé, il définit la colonisation comme « une situation qui naît d'une conquête. Elle met aux prises deux civilisations. Elle se traduit par une emprise matérielle (contrôle de la terre, de la démographie, de l'économie), une emprise politique et administrative (contrôle des autorités locales, de la justice, de la vie politique), et une emprise idéologique (tentatives de dépossession religieuse, enseignement importé, transmission de "modèles" culturels, etc.) ». Cette définition cadre bien avec les multiples conquêtes du Cameroun. Car l'histoire du Cameroun est une cascade de colonisations, différentes selon le contexte du moment : occupation étrangère fondée sur les relations économiques, colonisation, sous mandat, sous protectorat.

---

110 L. NGONGO, *Histoire des Institutions et des faits sociaux du Cameroun*, Tome I, Nancy, Berger-Levrault, 1987, p. 9

111 G. BALANDIER, *sens et puissance*, Paris, P.U.F., 1971 rééd. Quadrige, 1986, Sociologie de la dépendance, p. 151-168

La première période est marquée par une conquête commerciale par les Portugais dès 1472. Malgré les rapports de forces en présence, le duel dominants/dominés ne se posait pas avec acuité. La seconde période, celle de la colonisation allemande de 1884 à 1916, est fondée sur la base des traités avec les chefs autochtones.[112] L'œuvre sociale allemande mettra l'accent d'une part sur l'organisation du travail des indigènes [113] à travers *« un véritable Code du travail, tel qu'on en rencontre rarement dans les colonies »*[114], et d'autre part sur l'organisation judiciaire : *« tribunal de 1ère instance pour les indigènes créé en 1892 ; ordonnance du 7 avril 1900 déterminant les infractions, les peines disciplinaires et correctionnelles ; ordonnance du 25 décembre 1900 ; ordonnance du 28 juillet 1895 pour le travail forcé comme peine ; contre le commerce des esclaves. »*[115]

La troisième occupation, celle de la France et de la Grande Bretagne de 1916 à 1960, qui se partagent l'ancienne colonie allemande par le fait de la guerre, est de loin la plus difficile. Les difficultés de cette période coloniale viennent du fait que cette occupation s'imposait aux autochtones camerounais. Surtout que : « Lorsque prend possession du Cameroun en 1916, la France trouve au Cameroun une multitude d'ethnies dotées, chacune, d'une organisation sociopolitique, et *a fortiori*, de systèmes juridiques reposant soit le droit musulman, soit sur les coutumes animistes. Ces systèmes traditionnels se sont maintenus pendant la période allemande, et le colonisateur d'alors s'était préoccupé d'organiser la justice indigène. En vertu du mandat qui lui est confié par la Société des Nations (SDN), puis par l'Organisation des Nations Unies (ONU), (…), la France est autorisée à appliquer sa propre législation au Cameroun. »[116] Il n'y a d'accords ni tacites ni explicites de la part des Camerounais. Tout se passe et se décide dans un pays lointain, aux mœurs exogènes aux Camerounais.

---

112 Traité Germano-Douala, voir annexe 9

113 L'arrêté du 4 mars 1908 et l'ordonnance du 24 mai 1909 mettent en place un vrai code de travail

114 L. NGONGO, *op. cit.*, p. 59

115 *Ibid.*, p. 61-63

116 B. A. NGANDO, « Cinquantenaire de l'indépendance camerounaise : Regard sur le sens de la présence coloniale au Cameroun en matières juridiques », in *quotidien mutations.info* du 12 janvier 2010

Personne n'a besoin de décrire l'atmosphère que génère une pareille circonstance. N'importe quel être humain peut imaginer, dans une telle situation, les réactions diverses et controversées : des mécontentements, des révoltes et des subversions d'un côté, et de l'autre, l'utilisation de méthodes fortes à la hauteur de l'objectif poursuivi. De-là, une politique de répression s'impose. Forcément, cette politique de répression respectera difficilement les dispositions législatives et judiciaires des métropoles respectives. Les raisons d'être de la répression épouseront les exigences de la domination coloniale.

Deux parcours nous permettront de mieux cerner la problématique de l'emprisonnement, devenu clé de voûte dans le système pénal et répressif camerounais. Le premier met en exergue l'influence de la politique de conquête sur le régime de répression pendant la période coloniale. Le second retrace la transformation progressive des régimes et des méthodes de répression coloniale en institution carcérale au Cameroun.

Chapitre I

L'influence de la politique de conquête sur le régime de répression pendant la colonisation : l'exemple dans le Cameroun oriental français

En droit pénal, les fondements principaux de la répression résident dans le dommage causé, dans l'infraction commise, dans la responsabilité morale ou dans la dangerosité de l'agent. Evidemment, lorsqu'il s'agit d'appliquer un régime d'exception comme celui de la colonisation, ces fondements sont très peu, ou pas du tout retenus.

En politique, la répression désigne le fait de réprimer et de prendre des mesures punitives vis-à-vis des attitudes contrevenant aux lois ou aux options d'un pouvoir politique en place, empêchant, par contrainte ou par violence, toute protestation et tout soulèvement collectif. De cette approche définitionnelle, et par rapport à la politique coloniale, s'impose l'analyse des fondements de la répression au Cameroun pendant la période de domination, ainsi que la législation mise en place par l'empire colonial français dans le Cameroun oriental.

Le choix du Cameroun oriental français sur lequel porte l'étude de ce chapitre obéit à l'hypothèse selon laquelle, pendant l'occupation, la quasi-totalité de la population camerounaise avait été plus au moins confrontée à la politique répressive exercée par la puissance coloniale française.

En effet dès février 1916, avant la fin des hostilités et le traité de paix, l'Angleterre et la France mènent des négociations secrètes quant au partage et à l'administration de l'ancienne colonie allemande. En 1918, la France et le Royaume-Uni se partagent la colonie : la partie orientale est dévolue à la France, tandis que la zone occidentale revient au Royaume-Uni. Le traité de Versailles (1919) fixe les conditions de paix. Il entérine par là même le partage du *Kamerun*. Le Cameroun occidental (le 1/5e du territoire) fut intégré au Nigeria en tant que colonie anglaise, tandis que le Cameroun oriental, quant à lui, (soit les 4/5e du territoire) fut administré comme une colonie française ordinaire.[117] La politique et les méthodes coloniales de répression furent ainsi appliquées à ces populations camerounaises censées bénéficier d'un régime spécial, celui du mandat. La France, tout en supprimant toutes traces de la colonisation allemande, instaura un régime de répression pour assurer l'ordre colonial français.

Afin de mieux cerner le régime de cette répression coloniale, il importe de parcourir le contexte socio-politique qui conditionnait son application ainsi que la législation pénale qui servait de référence à l'emprise coloniale française.

I. Le contexte socio-politique de la répression pendant la colonisation

En 1900, les conditions de la répression appliquées dans toutes les colonies françaises étaient déjà dominées par la politique de la conquête et de la domination. En effet, lors du congrès international de sociologie coloniale, Albert BILLIARD, rappelle avec fermeté, précision et clarté, à l'assemblée de toutes les colonies, les intérêts qui doivent conduire toute politique coloniale. De longues ovations accompagnent ses déclarations : *« Ce qu'elles* (les nations civilisées) *recherchent avant tout, ce sont évidemment des débouchés pour la surabondance de leurs produits, des placements rémunérateurs pour les capitaux sans emploi, de nouveaux champs d'action pour leurs énergies inoccupées. Elles ne sauraient admettre dans leurs colonies des institutions politiques susceptibles de faire obstacle directement ou indirectement, [...].»*[118]

---

[117] A. GIRAULT, professeur d'économie politique à l'université de Poitiers et membre de l'institut colonial international, dans son ouvrage : Principes de colonisation et de législation coloniale, T. I, aligne le Cameroun sur la liste des colonies françaises, en dépit du régime de mandat dont celui-ci devait bénéficier. Voir chapitre III : population, ressources et avenir des colonies françaises, p. 124 et 149 ; voir aussi la table des matières : situation actuelle des colonies françaises. Leur population, leurs sources et leur avenir, p.801. Il considère ainsi le Cameroun comme une colonie française, en dépit du régime de mandat que celui-ci devait bénéficier.

[118] A. BILLIARD, « Etude sur la condition politique et juridique à assigner aux indigènes des Colonies », in *Congrès international de la sociologie coloniale*, août 1900, T.2, Mémoires soumis au Congrès, Paris, Arthur Rousseau, 1901, p. 14.

De cette opinion généralement et officiellement partagée, parler de la répression pendant la colonisation en faisant abstraction de la logique qui sous-tendait la politique coloniale serait, à notre avis une aberration. Puisque d'abord, la corrélation qui existe entre ces deux termes – répression et colonisation – met en évidence l'influence que le second avait sur le premier. Ensuite, la colonisation impose d'autres critères d'appréciation quant aux fondements de la répression. Et enfin, le concept de la répression pendant la période d'occupation repose sur un ensemble d'éléments qui la justifient et la légitiment.

Malgré la "mission civilisatrice" attribuée à l'œuvre coloniale et proclamée officiellement dans la métropole française, les réalités dans les colonies offrent un tableau différent, celui de l'omniprésence de la logique de conquête dans l'exercice de répression.

La prédominance de la politique de conquête

Pour garantir les *« intérêts primordiaux »* des nations civilisées, *« il leur faut nécessairement conserver sur les peuples conquis un droit supérieur de souveraineté, avec les moyens d'action indispensables pour que ce droit ne devienne jamais illusoire. »*[119] Cette déclaration d'Albert BILLARD, concernant les intérêts devant conduire la politique coloniale, à l'ouverture du congrès international de sociologie coloniale, donne un aperçu général sur le sort réservé aux populations des colonies françaises en général, et au peuple camerounais par la suite. Et comme *« la fin poursuivie – la défense de la "présence française" - justifie tous les moyens »*[120], il faut assujettir les indigènes afin d'affirmer la domination de l'empire colonial français.

1. Affirmer la domination de l'empire colonial français

La domination de tout Etat occupant commande une répression qui suit la logique de la politique en présence. Toute la théorie du droit pénal va se résumer dans la défense de l'ordre public colonial français. Les visées de répression coloniale vont automatiquement à l'opposé des finalités de la

---

[119] A. BILLIARD, op. cit., p. 14.

[120] O. LE COUR GRANDMAISON, *De l'indigénat. Anatomie d'un « monstre » juridique : le droit colonial en Algérie et dans l'Empire français*, Paris, La Découverte, 2010, p. 8

répression traditionnelle. Un changement radical s'opère dans une société où la répression avait une autre fonction, celle de la cohésion sociale, et comme principale méthode de sanction : la réparation. La répression coloniale française apporte donc un bouleversement total quant au but recherché. Le vivre-ensemble, si précieux aux populations camerounaises, est relégué au dernier rang des finalités de répression, ou devient même inexistant. De multiples déclarations des hommes influents de l'époque coloniale expliquent clairement cette préoccupation. Albert BILLARD précise : *« La première condition que doit remplir tout régime politique applicable aux indigènes, c'est donc de constituer et d'assurer en droit et en fait, la solide hégémonie des Métropoles. »*[121] Jules HARMAND abonde dans le même sens lorsqu'il dit : *« Le "premier devoir" du conquérant est "de maintenir sa domination et d'en assurer la durée : tout ce qui peut avoir pour effet de la consolider et de la garantir est bon, tout ce qui peut l'affaiblir et la compromettre est mauvais. »*[122] Ainsi : *« La fonction principale des dispositions répressives du code de l'indigénat sont de "frapper" et de "réprimer" pour maintenir notre domination" et "assurer la sécurité des colons". »*[123] Ce code d'indigénat, considéré comme un *« Monstre Juridique »* par Olivier LE COUR GRANDMAISON, devient instrument de domination le plus précieux entre les mains des *« Empereurs sans sceptre »*[124] des colonies françaises.

William B. COHEN n'hésite pas à souligner avec conviction : *« Malgré les beaux discours prononcés à propos des affaires coloniales, tous les régimes français depuis la révolution essayèrent de maintenir leur domination sur leurs possessions d'outre-mer. Selon l'expression si exacte de Robert W. July, le colonialisme français fut toujours "un mélange unique de démocratie théorique et d'autocratie dans les faits". »*[125] Telle est désormais la ligne de conduite qui sous-tend la législation coloniale, et plus encore la répression dans les colonies françaises sans exception. L'auteur de "De l'indigénat" le précise

---

[121] A. BILLIARD, *op. cit.*, p. 14

[122] Jules HARMAND, « Domination et *Colonisation* », Paris, Flammarion, 1910, p.170, in *De l'indigénat* d'Olivier LE COUR GRANDMAISON p. 16

[123] O. LE COUR GRANDMAISON, *op. cit.*, p. 80

[124] W. B. COHEN, *Empereurs sans sceptre, Histoire des Administrateurs de la France d'outre-mer et de l'Ecole Coloniale*, Paris, Berger-Levrault, 1973

[125] *Ibid.*, p. 234

clairement lorsqu'il dit : « *Il* (le droit colonial) *est ravalé au rang de pur moyen mis au service d'une fin précise : assurer la domination de la République impériale sur les populations d'outre-mer.* »[126]

C'est dans ce même ordre d'idées que Georges BROUSSEAU affirme : « *L'intérêt politique doit avant tout primer tous les autres* »[127] intérêts. Il s'appuie à cet effet sur les rapports du général GALLIENI. Selon ce dernier : « *Dans une colonie..., l'intérêt supérieur de la domination française doit primer le souci que peuvent avoir les magistrats d'appliquer la loi et la procédure métropolitaine, ...* ».

Toutes ces déclarations de personnalités imminentes de l'Etat français à l'époque coloniale dévoilent sans ambiguïté la prédominance de la politique de conquête. Celle-ci ne peut s'accompagner que des méthodes de répression à la hauteur de l'intérêt poursuivi. Ce qui commande forcément des comportements juridiquement condamnables comme l'assujettissement des autochtones.

Cette politique d'assujettissement ne pouvait pas épargner les camerounais, car la même politique coloniale fut appliqué d'une manière générale sans exception à d'autres pays colonisés.

2. Assurer l'assujettissement des indigènes

La politique de conquête au Cameroun se caractérise entre autres par l'assujettissement des populations autochtones, désormais soumises à la souveraineté française. L'assujettissement est fondé sur l'idée selon laquelle la relation coloniale ne peut reposer que sur la seule prise en compte des droits et intérêts de la mère patrie. Dans cette optique, le régime de répression mis en place est appelé à remplir l'une des fonctions à lui assignées : assujettir le peuple vaincu. L'auteur de « *De l'Indigénat* » *le dira sans ambages :* « *La fonction (du droit colonial) n'est pas de libérer et de rendre égaux ceux qu'il vise, conformément aux principes du jus naturalis subjectif et moderne, mais d'assujettir et de*

---

[126] O. LE COUR GRANDMAISON, *ibid.* p. 80

[127] G. BROUSSEAU, « Note sur la Condition juridique des Indigènes au Congo », in *Congrès international de sociologie coloniale*, Paris ARTHUR Rousseau, 1901, T. II, p. 148

discriminer les autochtones en les plaçant au plus bas de la hiérarchie politique, sociale et juridique érigée dans l'empire. »[128]

L'assujettissement doit évidemment passer par les actes. Ernest RENAN dira : *« Ce n'est pas la force des gouvernements absolus, mais la dépression des sujets qui maintient les peuples dans l'assujettissement. »*[129] Cette dépression, qui peut être de l'ordre physique, psychique voire économique, s'accompagne de crainte. Le travail forcé devient un élément indispensable dans le processus d'assujettissement des indigènes.

Le travail forcé infligé aux hommes libres pendant la période de conquête, revêt une connotation d'inutilité pour la vie de l'être humain. Pendant la colonisation, le travail forcé devient, non seulement un moyen de soumission des peuples autochtones, mais aussi une peine. Albert BILLIARD, pendant son allocution devant l'Assemblée du congrès de 1900, insiste *« sur l'efficacité du travail comme moyen de correction de races généralement indolentes. »*[130] La France fit un très large usage du travail forcé au Cameroun et institutionnalise le procédé comme l'un des moyens de répression. Utilisé comme un instrument coercitif de répression par l'administration coloniale, les conditions de ce travail forcé étaient effroyables et remplissaient leur fonction d'assujettissement des populations camerounaises : travail forcené et démesuré, discipline de fer et usage intempestif de la chicote, hygiène et nourriture plus que défaillantes. Dans la mémoire collective camerounaise, le travail forcé apparaît comme le symbole de la colonisation, sous son aspect le plus dépravant et barbare. Le principe même était contraire à l'idéal d'humanitarisme et de "mission civilisatrice" dont la nation française, auteur de la Déclaration des Droits de l'Homme, se voulait porteuse. Le travail forcé perpétuait, sous couvert des besoins de la communauté et du mythe de la mise en valeur, l'esclavage aboli au siècle précédent. Dans les métropoles, le débat sur la question fut incessant, et le BIT (Bureau International du Travail) dut intervenir à partir des années 1930 pour limiter l'usage du travail forcé.

---

[128] O. LE COUR GRANDMAISON, *op. cit.*, p. 17
[129] E. RENAN, *L'avenir de la science*, Paris, Flammarion, 1890, p. 356
[130] A. BILLIARD, *op. cit.*, p. 53

Malgré tous ces éléments faisant prédominer la politique de conquête, la mère patrie ne cesse de proclamer la "mission civilisatrice" de l'expansion française.

La « mission civilisatrice » aux antipodes des réalités de la colonisation

L'idéologie de « la mission civilisatrice » était donnée par les différents acteurs de la colonisation comme l'une des priorités, sinon la priorité, de celle-ci. A cet effet, la France avait pris pour auxiliaire de sa marche un des plus puissants moyens de civilisation : l'assimilation. C'est ainsi que *« la spécificité du "génie" colonial français trouve son expression la plus caractéristique dans la théorie de l'assimilation, équivalent colonial de la théorie républicaine de l'intégration. »*[131]

Malheureusement, le processus de civilisation, par le biais de l'assimilation des colonies à la mère patrie, rencontre des obstacles, sinon de farouches oppositions. Ce rejet a des conséquences majeures sur les colonisés, ravalés au rang de « sujets », privés des droits et libertés démocratiques élémentaires, et soumis à des dispositions répressives et discriminatoires. L'incompatibilité du facteur humain aggravera le sort des colonies françaises.

1. Le projet de l'assimilation controversé

A l'opposé de la Grande-Bretagne qui a adopté, dans la conduite de ses colonies, la politique d'association ou d'administration indirecte, la métropole française s'est orientée vers une politique d'assimilation ou d'administration directe qui visait à faire des indigènes des citoyens français à part entière. L'assimilation constitue, en effet, la voie spécifiquement française de la colonisation que la France avait prétendu pratiquer dans ses colonies, dans l'accomplissement de sa "mission civilisatrice".

Dans son essence, "assimiler" signifie « rendre semblable ». Pratiquée depuis le XIXe siècle, la politique d'assimilation française signifie aussi étendre le principe de l'intégration républicaine au territoire colonial.

---

[131] COSTANTINI DINO, *Mission civilisatrice, le rôle de l'histoire coloniale dans la construction de l'identité politique française*, Paris, La Découverte, 2008, (troisième partie)

Dans cette politique, la loi doit être unique et s'appliquer uniformément à tous les membres de la nation. Toutes les lois approuvées par la mère patrie doivent s'appliquer aussi dans les colonies. Cela suppose donc que colons et habitants de la mère patrie soient traités théoriquement de la même manière, aient les mêmes droits, le même statut. Cette politique, en dépit de la promesse d'un statut identique à celui des métropolitains n'en est pas moins confrontée à des obstacles. L'un des obstacles majeurs c'est la segmentation entre indigènes et citoyens.

L'assimilation, souvent présentée comme la marque distinctive d'une colonisation "à la française", réputée généreuse et soucieuse d'élever les peuples dont le pays avait la charge, est condamnée avec vigueur et abandonnée par la majorité des contemporains au tournant du siècle. *« La générosité intentionnelle dont semble s'inspirer la théorie de l'assimilation s'affaiblit et se ronge les ailes au contact de la réalité. »*[132] Ce constat pittoresque est de Louis NGONGO au vu des différentes opinions soutenues dans des milieux divers par les hommes influents de la Métropole française.

En effet, la politique de l'assimilation des colonies et des colonisés est officiellement rejetée par les pouvoirs publics comme une chimère dangereuse pour la stabilité et l'intégrité de l'empire. Albert BILLIARD recommande avec vigueur la *« Renonciation sincère à toutes visées assimilatrices, non seulement dans le présent, mais encore pour l'avenir ; soumission définitive des indigènes à un régime d'exception... »*[133] Les arguments ne manquent guère. D'ailleurs, ils sont suivis par des propositions allant de la discrimination pure et simple à la répression à hauteur du rejet de l'assimilation des Camerounais aux citoyens français. Ce qui va à l'encontre même de la "mission civilisatrice" tant proclamée par la France. Une ligne de conduite se dégage. *« La plupart de ceux qui défendent les possessions de la "Plus Grande France" (...) sont convaincus que l'esprit et la lettre de la Déclaration du 26 août 1789 ne peuvent ni ne doivent être étendus aux autochtones de l'empire en raison de leur arriération. »*[134] Pourtant, la métropole française, considérant que les droits de l'Homme étaient applicables partout, avait érigé l'assimilation en doctrine officielle.

---

[132] L. NGONGO, *op. cit.*, p. 112
[133] A. BILLIARD, *op. cit.*, p. 52
[134] O. LE COUR GRANDMAISON, *op. cit.*, p. 37

Malgré cette doctrine, certaines grandes figures, animées par le zèle colonialiste, soutiennent le contraire. La politique de conquête prédomine et influence inexorablement le régime de répression. Olivier LE COUR GRANDMAISON met en exergue les solutions proposées par Arthur GIRAULT au Congrès international de sociologie coloniale. Selon lui : *« Aux peuples avancés d'Europe (...), conviennent les bienfaits de la démocratie, de l'État de droit et des longues procédures destinées à garantir les prérogatives civiles et civiques de leurs membres. Aux peuples " arriérés" ou "mal" civilisés d'Afrique, (...) »*[135]. Cet auteur ne laisse pas sa pensée inachevée. D'ailleurs, il la conclut avec affirmation dans ces termes : « *il faut imposer d'autres institutions et une justice qui, débarrassée des subtilités découlant de " la séparation des autorités administratives et judiciaires ", pourra ainsi sanctionner promptement les " indigènes" en leur rappelant que les "Européens sont [...] les maîtres". »*[136]

Le souci de sauvegarder le prestige du colonisateur s'impose. Il commande par le même fait, la manière de réprimer les indigènes des colonies, y compris des pays sous mandat de France injustement assimilés aux colonies. La répression devient rude. Elle doit épouser la politique de conquête qui a comme maîtres mots : domination et assujettissement. Dans une telle logique coloniale, les finalités de la répression dans les traditions des populations camerounaises deviennent préoccupation sans objet. Seul le prestige des Blancs occupe le devant de la scène répressive, la ligne de conduite ayant été donnée officiellement pendant le congrès international par le spécialiste des sciences coloniales, puisque : *« Il faut réprimer impitoyablement les délits commis par les natifs à l'égard des colons pour sauvegarder le prestige de l'Européen. »*[137] La réciprocité n'est d'ailleurs pas respectée dans le cas inverse.

Le régime de répression imposé déroge aux lois fondamentales de la République française. Les discriminations juridiquement sanctionnées sont établies. Pour des crimes identiques, les peines étaient appliquées

---

[135] O. LE COUR GRANDMAISON, *op. cit.*, p. 10

[136] *Idem*

[137] A. GIRAULT, *Principes de colonisation et de législation coloniale*, 2e Partie, T.I, Paris, Recueil Sirey, 1922, p. 510

différemment selon qu'il s'agissait des Camerounais ou des citoyens français de la colonie. Comme le souligne Olivier LE COUR GRANDMAISON : *« Deux législations civiles et pénales, deux justices et deux systèmes de sanction sont établis sur des fondements ouvertement raciaux. »*[138] Il poursuit : *« Voilà un même délit puni de deux manières différentes, suivant qu'il est commis contre un Européen ou contre un indigène ; nos idées égalitaires sont forcément choquées de cette anomalie »*[139] au regard des principes et des valeurs de 1789. C'est la consécration d'une flagrante inégalité dans la justice coloniale.

2. L'incompatibilité du facteur humain avec la pseudo « mission civilisatrice »

De 1916 à 1959, la présence française au Cameroun a impliqué plusieurs acteurs poursuivant, certes, des buts différents, mettant ainsi en question la « mission civilisatrice » de la colonisation française. Si la divergence des objectifs dans l'œuvre coloniale avait eu pour effet de compromettre l'action civilisatrice dans les colonies françaises en général, une politique dans le choix du facteur humain n'avait non plus favorisé cette mission envisagée.

Le facteur humain est un concept qui intervient dans l'étude de l'interaction des comportements humains avec leur environnement. Il est évident que, non maîtrisé, le facteur humain peut avoir des conséquences très néfastes en termes de qualité et de rendement. Le facteur humain peut être la meilleure ou la pire des choses. Il ne peut pas être bridé. Les tentatives dans ce sens sont souvent contreproductives.

La métropole fixait des buts assez vagues à la mission civilisatrice de la France sans se soucier de la qualité ou des compétences des administrateurs coloniaux chargés de cette mission. Déjà, Arthur GIRAULT soulignait l'importance de la qualité du facteur humain : vecteur de la mission envisagée. Selon lui : *« Le choix des fonctionnaires coloniaux est d'une importance capitale. Les administrateurs que l'on envoie dans les possessions d'outre-mer devraient être des fonctionnaires d'élites, soigneusement triés et préparés à leur tâche par*

---

138 O. LE COUR GRANDMAISON, *op. cit.* p. 77
139 *Ibid.*, p. 70

un entraînement spécial. »[140] Malheureusement, nombreux étaient ceux qui n'avaient ni la carrure d'administrateur colonial, ni même les compétences nécessaires à une mission humanitaire. Paul TISSEYRE, dit ANANKE-Hel dira : *« Un coiffeur, un vendeur de cacahuètes, un terrassier, ayant des relations utiles (par exemple le concierge d'un administrateur en congé, le garçon de bain, l'ami, etc.) peut être nommé commis des affaires indigènes sans que nul ne se soucie de ses capacités, de son intelligence, de ses dispositions ou de ses aptitudes. »*[141] Ainsi, *« un jeune homme qui ne possédait qu'une instruction élémentaire et dont la profession consistait à soigner les chevaux dans l'armée, fut nommé agent en 1904 en raison de ses relations importantes. »*[142]

Albert GIRAULT fait presque le même constat lorsqu'il dit : *« Les colons se recrutent au contraire généralement parmi les caractères indépendants et aventureux, difficiles à manier. »*[143] Le même auteur déplore cette situation en précisant : *« La sélection s'opérait à rebours. On envoyait un fonctionnaire aux colonies parce qu'on ne lui reconnaissait pas des titres et des mérites suffisants pour servir dans la métropole où sa nomination aurait probablement fait scandale. Quelquefois encore on trouvait dans cet exil volontaire un moyen commode de se débarrasser d'un individu gênant ou compromettant. »*[144] Le gouverneur du Sénégal déplorait déjà en 1879 ce manque de fonctionnaires coloniaux compétents. Selon lui : *« La colonie attirait "des gens qui, s'ils n'étaient pas compromis en France, étaient pour le moins incapables d'y créer de la vie". » « Les seuls hommes tentés par l'administration coloniale française,* notait-il, *étaient "les enfants perdus de la mère patrie". Durant presque le demi-siècle à venir, l'administration coloniale française continua d'attirer des hommes qui étaient le rebut de la société, ceux qui étaient incapables de poursuivre une carrière d'avenir en France, soit en raison d'un manque*

---

140 A. GIRAULT, *op. cit.*, p. 346

141 P. TISSEYRE, dit ANANKE-Hel, *L'Assiette au beurre coloniale* [11e édition], précédé d'une biographie de l'auteur signée « Henri MARTINVILLE », Paris, A. Messein, 1911, p. 34

142 W. B. COHEN, *op. cit.*, p. 40

143 *Ibid.*, p. 346-347

144 A. GIRAULT, *op. cit.*, p. 347

d'instruction, soit pour tout autre motif. En certains cas même, les recrues étaient des gens qui avaient violé la loi. »[145]

Les conséquences de cette incompétence notoire des administrateurs coloniaux en la matière sont souvent irréversibles. Cette carence se fait le plus sentir dans le domaine de la répression. Les populations colonisées subissent alors les assauts de tous les mécontentements et frustrations de ces colons exilés ou refoulés de la métropole. C'est la répression arbitraire à outrance. Dans son œuvre, *Empereurs sans sceptre...* William B. COHEN nous peint le triste tableau d'un événement qui s'est produit en Côte d'Ivoire. *« Des hommes incompétents et parfois brutaux furent admis dans le corps. En 1898 un agent de la Côte-d'Ivoire qui avait reçu l'ordre "d'infliger une punition sévère" aux assassins de deux officiers français, décida d'anéantir tout le groupe ethnique auquel ils appartenaient. Il rendit compte en ces termes au gouverneur : "J'ai ordonné les mesures suivantes : la complète destruction de cette tribu en tuant tous les mâles adultes et l'absorption des femmes et des enfants par les tribus voisines". »*[146]

On ne peut ignorer l'étroite corrélation qui existe entre les capacités humaines et la qualité de la mission confiée, surtout lorsqu'il s'agit d'une mission humanitaire. Selon William B. COHEN, un gouverneur dépeint *« un administrateur qui avait naguère servi comme officier de marine : comme "un vieux loup de mer qui comprend difficilement qu'on ne peut commander un cercle de la même façon qu'un navire". »*[147] *« Nombre d'anciens officiers devenus administrateurs instauraient,* notait-il, *une discipline militaire dans leurs territoires ; ils étaient souvent brutaux et excessivement durs dans leur manière de traiter les populations locales. »*[148]

---

145 Propos du gouverneur du Sénégal cité par W.B. COHEN dans : Empereurs sans sceptre, Histoire des Administrateurs de la France d'outre-mer et de l'Ecole Coloniale, Paris, Berger-Levrault, 1973, p. 30

146 W. B. COHEN, *op. cit.*, p. 48

147 *Ibid.*, p. 46

148 *Ibidem*, p. 46

II. La législation pénale juridiquement particulière : le régime de l'indigénat[149]

Institué au Cameroun par l'arrêté du 14 mars 1917, le régime de l'indigénat constitue *« un ensemble de textes législatifs et réglementaires dont la fonction fut d'organiser dans les colonies françaises, le contrôle et la répression des populations dites indigènes. »*[150] Cette répression prenait tout son sens dans un contexte d'occupation et d'exploitation des colonies. Georges BROUSSEAU, en invoquant les conditions juridiques des indigènes du Congo, estimait que *« ... l'action politique doit avant tout primer l'action judiciaire ».*[151] La position de l'auteur de cette réflexion met en exergue la logique générale qui sous-tend la législation pénale appliquée dans les colonies françaises en général, et en particulier, dans les pays sous mandat français comme le Cameroun. Arthur GIRAULT le précise dans son ouvrage : *« Les dispositions législatives concernant les territoires occupés du Togo et du Cameroun sont inspirées des règles suivies dans les colonies voisines. En fait, il était impossible de faire autrement. »*[152]

Il nous semble donc nécessaire de parcourir succinctement les principales caractéristiques de cette législation pénale qui était destinée aux indigènes en général et aux Camerounais en particulier pendant la colonisation. Quel genre de juridictions répressives étaient réservées aux pays colonisés ? Quels étaient les mécanismes et les méthodes dont se servait la puissance coloniale française afin de réprimer les populations vaincues ? Telles sont les deux questions auxquelles nous tenterons de répondre dans cette partie du chapitre.

<u>Les juridictions répressives d'exception</u>

Les officiers coloniaux français dirigeaient le peuple camerounais avec une poigne de fer. Ils imposaient aux gens toutes sortes de lois et ceux

---

[149] Le régime de l'indigénat est institué au Cameroun par un Arrêté du 14 mars 1917.

[150] I. MERLE, « Un code pour les indigènes. Le redécouvrir fait scandale : la justice n'était pas la même pour les indigènes », *L'Histoire n° 302*, octobre 2005, p. 44

[151] G. BROUSSEAU, Note sur la Condition juridique des Indigènes au Congo, in *Congrès international de sociologie coloniale*, Paris, Arthur Rousseau, 1901, T.II, p. 150

[152] Arthur GIRAULT, op. cit., p. 196

qui y contrevenaient étaient arrêtés, battus et gardés en prison sans jugement. Tel est le témoignage général recueilli lors de mes entretiens sur le terrain au Cameroun avec des personnes âgées, ayant encore frais dans leur mémoire, le souvenir amer de la colonisation.

Dans l'application de cette logique, l'ensemble des dispositions qui régissaient la répression sur tout l'empire colonial français s'instrumentalisent par le code dit de l'indigénat. Ce « monstre juridique », comme le surnomme Olivier LE COUR GRANDMAISON, initialement instauré en Algérie en 1875, avait servi de matrice à partir de laquelle d'autres codes du même type furent élaborés, puis appliqués dans le reste des colonies françaises : Afrique Occidentale Française (AOF) et Afrique Equatoriale Française (AEF). Ce "code" dont se servaient les acteurs coloniaux, originaires du pays des Droits de l'Homme, pour réprimer les indigènes, était en contradiction avec les valeurs intrinsèques de la Déclaration de 1789. Et en dépit du régime de mandat dont devaient bénéficier les populations camerounaises, le code de l'indigénat leur fut appliqué sans restrictions.

L'analyse de ce témoignage montre d'emblée les défaillances de la justice coloniale française appliquée au Cameroun. Il est regrettable de constater que la législation établie par un pays civilisé bafoue les principes de la bonne justice tant proclamée comme garant des droits fondamentaux. Ni le principe de séparation des pouvoirs, ni la procédure judiciaire ne sont appliqués. Qu'en est-il ?

1. La confusion du pouvoir administratif et du pouvoir de juger : une exception judiciaire en permanence

Le pouvoir de juger s'inscrit juridiquement dans le domaine d'intervention du juge judiciaire par opposition au pouvoir administratif exercé par l'autorité administrative. La concentration de ces deux pouvoirs au profit de l'administration répond à un problème d'extrême urgence. Cette situation doit nécessairement être exceptionnelle. Louis NGONGO donne une distinction : *« L'exception en droit pénal vise, définit et qualifie des infractions que ne prévoient pas les lois ordinaires. L'exception en droit constitutionnel apparaît dans le fait que ce n'est pas le juge, mais l'administrateur qui connaît et juge de ces infractions alors que les peines sont prononcées par le gouverneur suprême du*

Territoire. »[153] Il est à remarquer que l'exception que consacre le code d'indigénat englobe à elle seule l'exception en droit pénal et en droit constitutionnel. L'auteur de : *Histoire des Institutions de des faits sociaux du Cameroun*, tire une conclusion troublante pour des personnes avisées. Il dit : *« La séparation des pouvoirs, chère aux régimes démocratiques modernes est ainsi méconnue »,*[154] au Cameroun pendant la colonisation.

Olivier LE COUR GRANDMAISON nous dit que le professeur GONIDEC écrit avec justesse, après la Seconde Guerre mondiale, qu'une *« caractéristique fondamentale du système juridictionnel* [des colonies] *était la confusion du pouvoir administratif et du pouvoir de juger. C'est peu de dire que le principe traditionnel du droit français de la séparation des autorités administratives et judiciaires subissait des atténuations. »*[155] C'est le règne des "administrateurs-juges".

Cette situation juridique n'est ni le fait du hasard, ni un fait passager, et n'est justifiée par aucune urgence. Plusieurs éminentes personnalités, spécialistes en sciences coloniales, soutiennent et recommandent formellement la dérogation au principe de séparation soutenu jadis par Montesquieu[156], et approuvé comme l'un des principes fondamentaux de la démocratie. Malheureusement, les populations des colonies n'ont pas le droit d'en bénéficier. Arthur GIRAULT déconseille fortement : *« Il n'est pas désirable d'établir, pour rendre la justice aux indigènes en matière pénale, une autorité judiciaire distincte de l'autorité administrative ».*[157] Tel fut le vœu soumis au congrès international de sociologie coloniale par Arthur GIRAULT, professeur de Droit de l'Université de Poitiers. Le même auteur précise : *« L'autorité judiciaire ne doit pas être séparée de l'autorité administrative. »*[158] Malheureusement, il n'est pas le seul à soutenir cette idée de confusion

---

[153] L. NGONGO, *op. cit.*, p. 145

[154] *Ibid.*, p. 145

[155] P.-F. GONIDEC, « droit d'outre-mer », Paris, Montchrestien, 1959, p.169, cité par O. LE COUR GRANDMAISON, *op. cit.*, p. 75-76

[156] Montesquieu dans son ouvrage, l'Esprit de lois (XI, 6) : « Si la puissance de juger était jointe à la puissance exécutoire, le juge pourrait avoir la force d'un oppresseur ?

[157] A. GIRAULT, « Condition des indigènes au point de vue de la législation civile et criminelle et de la distribution de la justice », in *Congrès international de sociologie coloniale, T.I, rapports et procès-verbaux des séances*, Paris, Arthur Rousseau, 1901, p. 71

[158] *Ibid.*, p. 69

des pouvoirs de juger et d'administrer. En effet, dans ses conclusions, Albert BILLIARD soutient : *« Pour la justice répressive, dérogation formelle au principe* (radicalement faux en pays barbare) *de la séparation des pouvoirs ».* Il propose la *« délégation à l'autorité administrative : du droit de répression directe (...) ; de l'exercice de l'action publique et de l'instruction en matière de délits et de crimes ; de la présidence et de la direction des débats correctionnels et criminels. »*[159]

Il va sans dire, *« la séparation de la justice et de l'administration est une base essentielle des libertés publiques. »*[160] *« Partout, on admet que le juge et l'administrateur doivent être des personnes distinctes. Pourquoi donc priver ceux que nous prétendons civiliser d'une garantie considérée comme essentielle dans tous les pays civilisés ? »*[161] Cette question, qui est d'Arthur GIRAULT, n'a rien à voir avec la défense du principe de la séparation des pouvoirs bien au contraire. Pour autant, malgré la conviction de ses propos, il n'en est pas moins vrai que certains participants du congrès les récusent. C'est le cas de François Le HENAFF,[162] par exemple, qui propose au Congrès un vœu diamétralement opposé à celui d'Arthur GIRAULT : *« Il est désirable, pour rendre la justice aux indigènes en matière pénale, d'établir une autorité judiciaire distincte de l'autorité administrative. »*[163] Pour défendre sa position, il poursuit son raisonnement en ces termes : *« Nous considérons dans la métropole qu'il est inadmissible de confondre ces deux fonctions, parce que cela conduit à l'oppression. Est-ce moins vrai aux colonies ? C'est dix fois plus vrai peut-être, parce que l'administrateur est moins surveillé par le pouvoir central ; ... "sous les tropiques, l'Européen devient facilement nerveux et irritable". »*[164] Et encore, les administrateurs coloniaux exerçaient le métier de juge malgré

---

[159] A. BILLIARD, « Etude sur la condition politique et juridique à assigner aux indigènes des colonies », in *Congrès international de la sociologie coloniale, août 1900*, T.2, Mémoires soumis au congrès, Paris, Arthur Rousseau, 1901, p. 53

[160] O. LE COUR GRANDMAISON, *op. cit.*, p. 67

[161] A. GIRAULT, *Principes de colonisation et de législation coloniale*, 2e Partie : les colonies françaises depuis 1815, Tome I, 4e édition, Paris, Recueil Sirey, 1922, p. 509

[162] François Le HENAFF, membre du congrès, avocat à la Cour d'appel, 3, place de Palais-Bourbon (Paris)

[163] *Congrès international de sociologie coloniale*, Tome 1er, rapports et procès-verbaux des séances, Paris, Arthur Rousseau, 1901, p. 260

[164] *Ibid.* p. 261

leur compétence. D'ailleurs, l'un d'entre eux le faisait remarquer dans une lettre adressée à son frère : *« Me voici donc à la tête d'une vaste région, et de plus je suis juge de paix à compétence étendue [...]. Je te vois t'exclamer : Juge de paix sans aucune connaissance juridique ! C'est ainsi, j'ai bien quelques gros bouquins, mais je ne les ai pas encore ouverts. »*[165]

La négation absolue du bénéfice du principe de séparation des pouvoirs aux indigènes va jusqu'à confier le pouvoir législatif aux administrateurs coloniaux, puisque : *« Le chef de l'exécutif dispose de la compétence législative pour les territoires coloniaux. »*[166] Louis NGONGO précisera qu'au Cameroun, étaient détenteurs de ces pouvoirs *« tous les administrateurs des colonies, du gouverneur au chef de subdivision. »*[167] Cette confusion du pouvoir administratif et du pouvoir de juger n'est pas sans conséquences néfastes sur la répression des indigènes. Les administrateurs coloniaux disposant de pouvoirs exorbitants deviennent des *« vrais chefs de l'Empire. »*[168]

2. Le régime de répression juridiquement exceptionnel

Les pouvoirs judiciaires des administrateurs coloniaux étaient exceptionnels, non seulement parce qu'ils étaient exorbitants, mais encore, parce que les populations des colonies étaient assujetties à un régime de répression spécial. Cette exception juridictionnelle de ce régime de répression se caractérisait par des sentences sommaires, arbitraires et expéditives. Olivier LE COUR GRANDMAISON le notera avec justesse : *« ... les "indigènes" furent soumis à une justice d'exception, sommaire, expéditive et soucieuse de châtier promptement ceux qui avaient affaire à elle. »*[169]

---

[165] Albert NEBOUT, *Passions africaines, récit*, Genève, 1995, (Cinquième séjour à la Côte d'Ivoire, Korhogo, juin 1895)

[166] A. BIENVENU, « Le législateur colonial », in *Revue du droit public et de la science politique en France et à l'étranger*, avril-mai-juin 1929, T XLVI, n°2, p. 225, cité par O. LE COUR GRANDMAISON, *op. cit.*, p. 22

[167] L. NGONGO, *op. cit.*, p. 147

[168] W. B. COHEN, *op. cit.*, p. 94

[169] O. LE COUR GRANDMAISON, *op. cit.*, p. 65

a. Le régime judiciaire arbitraire

Les gouverneurs coloniaux avaient entière latitude de faire appliquer ou non les lois de la métropole. Nombreux étaient des droits refusés aux indigènes en cas d'inculpation. En l'occurrence, les droits de la défense, le bénéfice de la présomption d'innocence n'étaient pas l'apanage du régime de l'indigénat. Albert BILLIARD dira aux membres du Congrès international : *« Dans un pays barbare et encore hostile, la présomption doit être renversée : c'est l'intérêt de l'ordre et de la sécurité publique qui doit primer les droits de l'individu ».*[170]

« Les administrateurs coloniaux visaient avant tout à une répression immédiate et efficace [...], sans se soucier des principes du droit ni de la forme qui est la garantie la plus essentielle des droits de la défense. »[171] Lors du cinquantenaire de l'indépendance camerounaise, Blaise Alfred NGANDO souligne que : *« Les administrateurs pouvaient, en vertu des dispositions autorisant l'indigénat, infliger des sanctions disciplinaires. [...], leurs décisions ne pouvaient faire l'objet d'aucun recours devant le Conseil du contentieux administratif, encore moins devant le Conseil d'Etat. »*[172] Cette absence de recours est une entorse au droit de la défense et au préjudice des camerounais, surtout que ces sanctions disciplinaires infligées par les administrateurs-juges allaient jusqu'à l'emprisonnement. De plus, un indigène ne peut organiser sa défense en s'appuyant sur les témoignages en faveur de son innocence. Les différents témoignages de ses congénères sont jugés d'emblée mensongers. Arthur GIRAULT considère que : *« les témoignages* (des indigènes) *offrent peu de garantie ».* Il l'affirme avec certitude lorsqu'il dit : *« La plupart des indigènes mentent avec une facilité lamentable. Les amis de l'accusé affirment son innocence et ses ennemis le chargent avec une égale impudence. »*[173] Le même auteur conclut ses propos par un

---

[170] A. BILLIARD, *op. cit.*, p. 47

[171] A. GIRAULT, *Principes de colonisation et de législation coloniale*, 2e éd., T.II, Paris, Librairie de la société du recueil général des lois et des arrêts, 1904, p. 514

[172] B. A. NGANDO, « Cinquantenaire de l'indépendance camerounaise : Regard sur le sens de la présence coloniale française au Cameroun en matières juridiques », in *Quotidien mutations.info*, 12 janvier 2010

[173] A. GIRAULT, « Condition des indigènes au point de vue de la législation civile et criminelle et de la distribution de la justice », in *Congrès international de sociologie coloniale, Tome 1er, rapports et procès-verbaux des séances*, Paris, Arthur Rousseau, 1901, p. 73

vœu soumis au Congrès : *« Le législateur peut abandonner aux juges suivant les circonstances le soin de fixer eux-mêmes la procédure à suivre en matière pénale à l'égard des indigènes. »*[174] Heureusement, plusieurs membres du Congrès avaient émis des objections trouvant que le fait de laisser au juge la latitude de fixer lui-même la procédure à suivre en matière pénale à l'égard des indigènes relevait de l'arbitraire. François Le HENAFF, avocat à la Cour d'appel de Paris, dira avec vigueur : *« C'est la justice à la turque. Nous n'en voulons pas. »*[175]

Ce régime de répression arbitraire se manifestait par ailleurs, par le fait que *« aucune liste de ces actes n'est* a priori *définie, ni la forme des peines, ce qui laisse au gouverneur une très large marge d'appréciation. »*[176] Pourtant, *« beaucoup de ces actes pouvaient effectivement constituer des délits. Mais l'absence d'une procédure juridictionnelle régulière, pour statuer sur le bien-fondé de l'application des peines relatives à la gravité des infractions commises, rendait les sanctions de l'indigénat arbitraires. »*[177] De plus, les autorités administratives n'avaient pas à se justifier devant l'autorité judiciaire lorsqu'elles frappaient les sujets de sanctions pénales.

Cet état de choses venait accentuer une autre caractéristique de la justice répressive à l'égard des indigènes. Pour les administrateurs coloniaux, les sanctions devaient être rapides et sommaires.

b. Le régime juridique expéditif et sommaire

« Pour permettre à la "justice" d'être rapide, le règlement des délits dans les territoires français se faisait en dehors de toute cour, sans aucun jugement, par simple décision de l'administration. »[178] La majorité des Camerounais était soumise aux peines disciplinaires sommaires infligées par les administrateurs français. Ce système arbitraire était susceptible de beaucoup d'abus comme le souligne Victor T. LE VINE :

---

174 A. GIRAULT, *op. cit.*, p. 74

175 *Congrès international de sociologie coloniale, Tome 1er, rapports et procès-verbaux des séances*, Paris, Arthur Rousseau, 1901, p. 272

176 S. NKEN, L'UPC, de la solidarité idéologique à la division stratégique, 1948-1962. Essai d'Analyse Historique, Paris, Anibwe, 2010, p. 49

177 S. NKEN, *op. cit.*, p. 49

178 ELIKIA M'BOKOLO, *Afrique Noire. Histoire et civilisations du XIXe siècle à nos jours*, 2e éd. Paris, Hatier-AUF, 2004, p. 360

« ... n'importe quel Administrateur colonial pouvait infliger des peines sommaires, extrajudiciaires, pour une liste d'offenses vaguement définies et différenciées. (...) des pouvoirs discrétionnaires souvent excessifs étaient confiés à des fonctionnaires subalternes qui étaient fréquemment trop éloignés de leurs supérieurs pour se soucier des garanties de révisions ».[179]

Bien évidemment, la sauvegarde du prestige du colonisateur français primait sur les garanties que devait offrir toute procédure judiciaire, par le respect des droits des parties au procès. Cet intérêt fondamental de la conquête commande une justice expéditive. Il faut absolument simplifier les formalités procédurales afin d'atteindre le but escompté. A. BILLIARD dira : *« Les formalités judiciaires doivent être simplifiées et les délais restreints, de façon à obtenir une répression énergique, surtout rapide, au besoin, sommaire. »*[180] Et *« Pour permettre à la "justice" d'être rapide, le règlement des délits dans les territoires français se faisait en dehors de toute Cour, sans aucun jugement, par simple décision de l'administration. »*[181] Il n'y a plus à se demander si les droits indigènes étaient réellement respectés. D'ailleurs, la préoccupation primordiale consiste à savoir si les indigènes avaient des droits.

Il s'agit d'analyser le maintien formel de la liste des sanctions disciplinaires qui sert de fourre-tout judiciaire. Cette liste sert d'alibi judiciaire aux administrateurs coloniaux qui y trouvent le moyen de justifier tous les abus, et la négation des droits des indigènes. Le rapport annuel concernant le Sénégal en 1934 confirme cette opinion coloniale sur le maintien absolu des sanctions disciplinaires. William B. COHEN donne l'esquisse de ce rapport : *« On devra maintenir encore longtemps la sanction disciplinaire qui nous permettra de punir d'une manière rapide et spectaculaire des actes incompatibles avec l'ordre public et d'autres qui ne justifient pas le recours à un tribunal. »*[182]

Par ailleurs, l'octroi des droits aux indigènes fait peur à bon nombre de fonctionnaires coloniaux, puisque, évidemment, les sanctions sommaires

---

[179] V. T. LE VINE, *Le Cameroun du mandat à l'indépendance,* Paris, Présence Africaine, 1984, p. 135
[180] A. BILLIARD, *op. cit.*, p. 47
[181] ELIKIA M'BOKOLO, *ibid.*, p. 360
[182] W. B. COHEN, *op. cit.*, p. 174

et expéditives ne trouveront plus leur raison d'être. Et même, les auteurs risqueraient des poursuites judiciaires. Il n'est pas difficile de comprendre leur inquiétude lorsqu'il est exprimé que *« Il peut être inopportun et même dangereux de leur accorder tous les droits politiques et les libertés individuelles à la jouissance desquels ils ne sont pas préparés. »*[183] La même inquiétude envahit certaines personnalités de la mère patrie : *« On doit avant tout éviter l'erreur que les Anglais ont commise aux Indes, en reconnaissant aux indigènes les mêmes droits qu'aux conquérants ; agir ainsi équivaut clairement à préparer l'éviction de l'élément colonisateur. »*[184] Cet avertissement formulé par le Conseil supérieur des colonies, composé d'experts, en 1925, s'il concernait au premier abord les droits politiques et civils des populations des colonies, ne pouvait éviter leur implication dans la sphère juridictionnelle.

Rien d'étonnant à ce que cette négation des droits fondamentaux des indigènes contribue solidement au maintien du régime de répression juridiquement exceptionnel au Cameroun pendant la période coloniale.

Les peines exceptionnelles et exorbitantes

N'étant pas prononcées par un tribunal contre les indigènes, les peines *« sont exorbitantes parce qu'elles servent le plus souvent à réprimer des faits qui ne sont point nettement définis* (et) *échappent complètement aux classifications des peines généralement admises : on ne peut les faire rentrer ni parmi les peines criminelles, correctionnelles ou de simple police, ni parmi les peines politiques ou de droit commun, ni parmi les peines perpétuelles ou temporaires. »*[185]

Les différents textes qui codifient l'indigénat au Cameroun, s'étalant de 1924 à 1946, étaient établis au jour le jour. Se dégage alors une des dispositions qui met en évidence le caractère exceptionnel et arbitraire des peines appliquées à la population camerounaise : *« Devant les faits ou manœuvres susceptibles de troubler l'ordre public, mais non prévus*

---

[183] H. SOLUS, *Traité de la condition des indigènes en droit privé. Colonies et pays de protectorat non compris l'Afrique du Nord et pays sous mandat, 1927*

[184] W. B. COHEN, *op. cit.*, p. 193

[185] E. LARCHER et G. RECTENWALD, « Traité élémentaire de législation algérienne », Paris, Rousseau & Cie éditeurs, 1923, p. 529, 475 et 484, cité par Olivier LE COUR GRANDMAISON dans *De l'Indigénat*, p. 99

par la loi pénale, le gouverneur est habilité à imposer internement ou pénalités collectives. »[186] Il en ressort que le code de l'indigénat consacrait la culpabilité sans faute ni responsabilité ; l'emprisonnement par la procédure administratrice, ainsi que de multiples peines présumées disciplinaires.

1. De la culpabilité sans faute ni responsabilité sévèrement sanctionnée

Les administrateurs coloniaux peuvent réprimer des faits qui ne sont point nettement définis. Certaines sanctions sont étendues à des tiers innocents, car *« elles frappent non seulement les individus mais aussi des groupes entiers dans le cadre de la responsabilité collective jugée contraire au principe de l'individualité des peines ».*[187] Dans l'arsenal répressif en vigueur dans les colonies françaises, les indigènes peuvent être collectivement tenus pour responsables et être astreints à une amende en l'absence de toute culpabilité.

a. La responsabilité collective

Par le seul fait d'appartenir à la même tribu que le supposé coupable, les innocents peuvent être sanctionnés pour des faits auxquels ils sont absolument étrangers. Toute la réflexion d'Olivier LE COUR GRANDMAISON sur la raison d'être de ces peines collectives vaut la peine d'être retranscrite. Pour lui : *« Aux yeux des colonisateurs, [...] "l'indigène" est, par définition sinon par essence, présumé coupable; il doit donc payer pour les fautes de ses semblables quand bien même il parviendrait à apporter la preuve qu'il ne pouvait commettre les actes qui lui sont reprochés. »* [188]

D'après l'auteur : *« [...], ces* dispositions *témoignent de la disparition, dans le droit colonial, des concepts d'individu et d'homme, au profit d'une sorte de masse indistincte composée de colonisés désindividualisés, et pour cela absolument interchangeables, sur lesquels*

[186] L. NGONGO, *op. cit.*, p. 146
[187] O. LE COUR GRANDMAISON, *op. cit.*, p.11
[188] O. LE COUR GRANDMAISON, « L'exception et la règle : sur le droit colonial français », *Diogène*, 2005/4 n° 212, p .62-63. DOI : 10.3917/dio.212.0042

pèsent des mesures d'exception permanente. » [189] Olivier LE COUR GRANDMAISON dira même : ces « *Mesures qui les visent non comme des personnes, qu'il faudrait identifier pour s'assurer de leur implication dans les délits commis, mais en tant qu'ils sont membres d'une communauté "raciale" sur laquelle ils sont constamment rabattus afin de les rendre solidaires les uns des autres, c'est-à-dire aux yeux des législateurs français, toujours coupables. L'ensemble est soutenu par un nouveau concept juridique, inédit à notre connaissance : celui d'une culpabilité sans faute ni responsabilité.* » [190]

b. L'amende collective

« La notion même d'amende collective est contraire aux principes les plus discutables de notre droit pénal, notamment, le principe de la personnalité des peines. »[191] notent LARCHER et RECTENWALD en 1923. Pour autant, depuis longtemps et sanctionnée par les textes législatifs français, l'amende collective n'en fut pas moins intégrée dans le code de l'indigénat.

Le gouverneur général conservait tous les pouvoirs et une liberté d'action que rien ne restreignait. Il lui suffisait seulement de prendre un arrêté en conseil de gouvernement pour que l'amende collective soit applicable à un groupe d'individus ou à toute une tribu, ce qui est pourtant contraire au principe de l'individualité des peines. Afin de faire appliquer cette amende collective, le gouverneur est investi d'un pouvoir discrétionnaire et sa liberté d'action est totale. Il peut donc user de cette peine comme bon lui semble, et en vertu de considérations politiques dont il est le seul juge puisque c'est lui qui en apprécie l'opportunité, la nécessité et le montant.

D'abord, utilisée pour sanctionner des tribus dont certains membres s'étaient livrés à des actes d'hostilité envers le pouvoir colonial, ses représentants ou les Européens, l'amende collective fut plus tard étendue aux crimes et aux délits commis en groupe, et aussi appliquée dans le cas

---

[189] *Ibid.*

[190] O. LE COUR GRANDMAISON, « L'exception et la règle : sur le droit colonial français », *Diogène*, 2005/4 n° 212, p.62-63. DOI : 10.3917/dio.212.0042

[191] O. LE COUR GRANDMAISON, *op. cit.*, p. 116

où le coupable présumé n'était pas livré aux autorités françaises par sa tribu ou par son douar d'origine.

Les conséquences sont importantes et attentatoires aux droits fondamentaux des indigènes. Olivier LE COUR GRANAMAISON fait une analyse pertinente sur les conséquences de l'utilisation abusive de cette peine. Selon lui : *« L'amende collective substitue à la présomption d'innocence la présomption de culpabilité. Elle ruine en même temps le principe de l'individualité des peines. » [...] « Les principes majeurs, considérés comme indissociables du respect des droits fondamentaux de la personne, sont violés de façon substantielle et durable. »*[192] C'est une dérogation à tous les principes de l'individualisation de la peine.

Il est d'autant plus regrettable qu' *« aucun texte n'indique le maximum et le minimum de l'amende. Le gouverneur la détermine, pour chaque affaire, dans la plénitude de son arbitraire absolu. Les motifs entraînant l'amende collective sont des plus fantaisistes. Exemples : mutisme ayant empêché la découverte des incendiaires ; attitude non satisfaisante, malveillance ; mauvaise volonté dans la lutte contre le feu ; abstention considérée comme une preuve de culpabilité ; concours insuffisant ; arrivée tardive sur les lieux de l'incendie. »*[193] Le régime de l'indigénat institue, pour les indigènes, selon l'expression d'Olivier LE COUR GRANDMAISON, un *« nouveau concept juridique inédit du principe de la culpabilité sans faute ni responsabilité »*.

2. De l'internement administratif

« L'internement est une peine spéciale aux indigènes qui se présente sous la forme d'une mesure administrative prise par le gouverneur général. C'est d'ailleurs une mesure purement arbitraire, [...] »[194] Il est loisible de constater que l'un des brillants spécialistes des sciences coloniales considère que l'internement constitue une mesure arbitraire. Il aurait été souhaitable que ce constat fût suivi de la condamnation de cette peine à la hauteur de l'influence de l'auteur de cette réflexion, ce qui, malheureusement, n'a pas été le cas.

---

[192] O. LE COUR GRANDMAISON, *op. cit.* p. 118-119

[193] H. CARTIER, *Comment la France « civilise » ses colonies*, Paris, Les Nuits rouges, 2006, p. 126-127

[194] A. GIRAULT, *op. cit.*, p. 516

De nombreuses critiques à l'encontre de l'internement appliqué dans les colonies, se faisaient de plus en plus écho. Donnons la parole à Emile LARCHER : *« Nous n'avons pas, dans notre droit français, de peine comparable à l'internement ». « Elle se met en contradiction avec tous les principes. Elle réprime tous les faits, qu'ils tombent ou non sous le coup d'un texte, qu'ils mettent en danger la fortune privée des citoyens, la sécurité publique ou notre domination. » « Elle se contente d'une procédure plus que sommaire. Elle affecte les formes les plus diverses, n'exigeant pas toujours un lieu de détention, s'exécutant hors de l'Algérie aussi bien que dans l'intérieur. Elle n'a point de durée fixe : on sait quand elle commence, mais non quand elle finit. » « Singulière peine ».*[195]

Le même auteur poursuit en précisant : *« Aucun texte ne détermine les faits pour lesquels l'internement peut ou doit être prononcé. Aussi intervient-il dans des cas très variés. Il joue un rôle important dans la répression des crimes et des délits de droit commun. »*[196] Dans le même sens, Henri CARTIER dira : *« Les faits qui donnaient lieu à l'internement n'étaient indiqués nulle part, et la peine était aussi indéterminée que le délit. »*[197]

Par ailleurs Arthur GIRAULT dira : *« Aucun texte ne donne au gouverneur général le droit de prononcer l'internement des indigènes. On peut citer sans doute des arrêtés du gouverneur général qui organise la peine, une dépêche ministérielle qui en reconnaît l'existence ; mais au point de vue légal, cela est évidemment insuffisant. »* [198] Pour lui, tout est arbitraire en cette matière, aucune procédure organisée, offrant une garantie quelconque, seul un ordre du gouverneur général suffit. C'est la porte ouverte à tous les abus, d'autant plus que : *« La durée de la peine est indéterminée : elle se prolonge jusqu'à ce que le gouverneur général veuille bien y mettre fin. »*[199] Emile LARCHER considère que *« Chaque*

---

[195] E. Larcher, cité par O. LE COUR GRANDMAISON, p. 100
[196] *Ibid.* p. 101
[197] H. CARTIER, *op. cit.*, p. 120
[198] A. GIRAULT, *Principes de colonisation et de la législation coloniale*, Tome II, Paris, Librairie de la Société du Recueil Général des Lois et des Arrêts, 1904, p. 516
[199] *Ibid.* p. 517

arrêté d'internement constitue à n'en point douter un attentat des plus caractérisés de la liberté individuelle. »[200]

3. Des peines « présumées » disciplinaires

L'exploitation intensive de la colonie camerounaise rencontre la résistance des populations encore mal soumises. Ce qui provoque une répression rigoureuse de la part des administrateurs coloniaux. De telle sorte que, les atteintes aux normes politiques coloniales étaient sévèrement sanctionnées. Tel n'était pas le cas lorsque les normes sociales des indigènes étaient transgressées.

De ce fait, les nouvelles règles du jeu répressif furent établies en opérant un grand changement pour les Camerounais. En effet, des interdits nouveaux apparaissent, sans rapport apparent ni avec le quotidien des indigènes, ni avec leur conception de la répression et de la peine. De plus, les fautes commises n'étaient plus sanctionnées par une simple réparation vis-à-vis de la victime, mais par une punition du coupable, ce qui, jusqu'alors n'avait pas été partout le cas. Le châtiment prenait des aspects inédits, tel que l'emprisonnement : le principe du système pénitentiaire marqua les esprits.[201]

Comme les peines mentionnées plus haut, les sanctions « présumées » disciplinaires ne rentrent dans la classification ni parmi les peines criminelles, correctionnelles ni même parmi les peines de simple police. De plus, il n'y a pas de définition de ces infractions. Dans l'impossibilité de donner un qualificatif à certaines infractions méritant une sanction, le témoignage d'un Camerounais peut nous venir en aide. Ecoutons : *« Le tutoiement de mépris à l'endroit du Noir était monnaie courante. Je n'oublierai jamais cette mise à pied de huit jours pour avoir osé répondre par le tu à la secrétaire blanche qui m'avait tutoyé. La lettre de mise à pied était rédigée ainsi : "Tu t'es rendu coupable d'impolitesse grave en tutoyant Madame Alain, secrétaire blanche qui de plus est l'épouse de mon adjoint direct. Nous émettons le vœu que ce comportement désinvolte puisse ne plus se répéter. Une récidive serait de*

---

[200] E. LARCHER, « Traité de législation indigène », cité par CARTIER, p. 120
[201] ELIKIA M'BOKOLO, *op. cit.*, p. 360

nature à mettre en danger ton avenir et ton existence dans notre société. »[202]

Ainsi la sentence est claire. L'intéressé « s'est rendu coupable d'impolitesse grave en tutoyant Madame Alain, secrétaire blanche ». Des sanctions disciplinaires exorbitantes de ce genre ne manquaient pas.

Il arrivait que certains actes irrespectueux à l'égard d'un représentant de l'autorité, ou le départ d'une circonscription administrative sans avis préalable des autorités coloniales, constitutifs d'infractions, soient sanctionnés par les châtiments physiques et la contrainte corporelle. Les bastonnades à coups de corde étaient parfois mortelles par le fait que les bourreaux n'observaient plus l'ancienne règle consistant à ne frapper qu'avec l'avant-bras. Bénéficiant d'une large impunité, certains colons privés perpétuaient des exécutions expéditives restées seulement dans la mémoire des colonisés. Ils usaient et abusaient de la bastonnade et de la chicote. Cette fameuse peine de la chicote, coups administrés à l'aide d'un fouet en nerf de bœuf par l'agent de la Force publique, était si répandue qu'elle est devenue synonyme de la colonisation dans les représentations artistiques contemporaines. Frapper ses subordonnés est largement toléré.

En définitive, le régime de répression pendant la période coloniale dans le Cameroun oriental français a été à la hauteur de la logique qui sous-tendait la politique de colonisation, en dépit du régime sous mandat dont bénéficiait le Cameroun. Au fil des ans, malgré la mainmise permanente de l'autorité administrative dans ce domaine, une amélioration s'est produite grâce à de nombreux textes internationaux. Cette amélioration a été davantage ressentie dans l'évolution de la répression "tous azimuts" vers l'institutionnalisation de l'enfermement.

---

[202] Th. ATEBA YENE, *Cameroun, mémoire d'un colonisé*, Paris, L'Harmattan, 1988, p. 55

Chapitre II

La transformation progressive des régimes et des méthodes de répression coloniale en institution carcérale

> « Ceux qui volent, on les emprisonne, ceux qui violent, on les emprisonne, ceux qui tuent, également. D'où vient cette étrange pratique et le curieux projet d'enfermer pour redresser... »[203]

Avant la fin du XIXe siècle, la peine d'emprisonnement était inconnue dans la société antique camerounaise. L'Etat camerounais utilise aujourd'hui cette peine malgré ses incohérences et son efficacité peu certaine comme nous l'analyserons dans la Partie II de notre étude. Il y a des raisons de s'interroger comme Michel FOUCAULT : *« D'où vient cette étrange pratique et le curieux projet d'enfermer pour redresser..., »* [204] les "déviants" au Cameroun ?

Chercher à comprendre les origines ou les causes de l'incarcération nécessite une analyse globale des circonstances, si lointaines soient-elles, qui ont favorisé l'introduction de l'enfermement au Cameroun. Notre analyse s'appuie sur le constat si bien formulé par Florence BERNAULT : *« De l'Afrique ouverte à l'Afrique fermée ».*[205] Ce constat si pertinent, fait naître de multiples questionnements. Quand, pourquoi et comment l'Afrique a–t-elle été enfermée ? Quelles conséquences cet enfermement a-t-il produit dans le quotidien des Africains ? Ces

---

203 M. FOUCAULT, *Surveiller et punir : Naissance de la prison*, éditions Gallimard, 1975, couverture

204 *Ibid.* couverture

205 F. BERNAULT, « De l'Afrique ouverte à l'Afrique fermée : comprendre l'histoire des réclusions continentales », in *Enfermement, prison et châtiments en Afrique, du 19e siècle à nos jours*, Paris, Karthala, 1999, p. 15-64

conséquences ont-elles un rapport avec les systèmes pénitentiaires largement utilisés en Afrique en général et au Cameroun en particulier ? Ce qui est sûr, c'est que la colonisation a joué un rôle déterminant dans la mise en place du système de contrainte qui enclot les corps des délinquants ou des déviants en Afrique.

L'enfermement colonial, un terme imprécis sciemment employé ici, reflète son caractère débordant le cadre pénal pour embrasser toutes les formes de privation de liberté utilisées pendant la période coloniale. Mis en place en Afrique en général et au Cameroun en particulier, la complexité de ses fonctions nous mène à explorer le contexte lointain dans lequel il tire ses racines afin de mieux comprendre sa logique. La sagesse camerounaise nous le recommande par un proverbe Ewondo : *« babebe ki avom baku, babebe avom basende »*. Littéralement : lors d'une chute après une glissade, il ne faut pas regarder le lieu de la chute pour comprendre le pourquoi. On doit regarder là où on a glissé. Forts de cette sagesse beti, nous voulons connaître les origines de l'enfermement instauré en Afrique de façon générale.

Nous avons déjà évoqué, dans le chapitre précédant, l'utilisation de l'internement administratif qui revêtait un caractère moins juridique, mais prévu par une législation spéciale, celle du code de l'indigénat. Hormis cette entorse législative et judiciaire, plusieurs causes semblent être à l'origine de l'enfermement colonial de l'Afrique ouverte.[206] De nombreuses questions restent posées. Existerait-il un quelconque lien entre esclavage et enfermement colonial ? Autrement dit, l'abolition de la traite négrière[207] et de l'esclavage[208] a-t-elle favorisé une autre forme de privation de liberté ?

[206] F. BERNAULT, *Enfermement, prison et châtiments en Afrique, du 19e siècle à nos jours*, Paris, Karthala, 1999, couverture

[207] La traite négrière désigne le commerce d'êtres humains, considérés comme esclaves dont ont été victimes, par millions, les populations de l'Afrique subsahariennes durant plusieurs siècles.

[208] L'esclavage c'est « le fait d'exercer sur une personne l'un quelconque ou l'ensemble des pouvoirs liés au droit de propriété... » Article 7, al. 2, c) du Statut de Rome de la Cour pénale internationale, cote A/CONF.183/9 du 17 juillet 1998, entré en vigueur le 1er juillet 2002.

I. De l'abolition de la traite négrière et de l'esclavage à l'enfermement colonial

Pour certains, l'esclavage est considéré comme *« un attentat contre la dignité humaine »*[209]. Pour d'autres et de façon plus générale, *« le commerce connu sous le nom de Traite des nègres d'Afrique ... [est considéré] comme répugnant aux principes d'humanité et de morale universelle »*[210] En sus de toutes les qualifications données à cet « infâme commerce » par les contingents de tout bord, malgré la controverse d'opinions, les considérations au niveau des grandes instances européennes ont abouti à une même conclusion : l'abolition de la traite négrière et de l'esclavage. Mais, il serait trop simpliste de croire à l'adhésion générale et immédiate de toutes les couches sociales.

Quelques méandres de l'abolition de la traite négrière méritent d'être relevés avant de vérifier son apport dans l'introduction de l'enfermement en Afrique par le phénomène de la colonisation.

<u>Les méandres de l'abolition de la traite et de l'esclavage</u>

L'abolition de l'esclavage consiste à interdire juridiquement la pratique esclavagiste. De façon très simple, il s'agit de l'interdiction du commerce des esclaves qui a fait et fait encore couler beaucoup d'encre. Il ne peut être question ici d'analyser *« les circonstances particulières auxquelles ce commerce* (la traite négrière) *a dû sa naissance et ce qu'il y avait d'odieux dans sa conservation »*,[211] ni même de tracer l'histoire de la lutte contre ce commerce d'esclaves. Mais, il convient tout simplement de situer quelques points de repère de l'abolition qui ont plus ou moins influencé la mise en place d'une autre forme d'esclavage : celle de l'enfermement colonial.

A la lecture des arguments pour l'abolition de la traite négrière et de l'esclavage, malgré de multiples objections, nombreux sont les éléments

---

[209] Décret relatif à l'abolition de l'esclavage dans les colonies et les possessions françaises du 27 avril 1848, préambule

[210] Déclaration du Congrès e Vienne en date du 8 février 1815 au sujet de l'abolition de la traite des nègres d'Afriques ou du commerce des esclaves.

[211] Déclaration du Congrès de Vienne en date du 8 février 1815 au sujet de l'abolition de la traite des nègres d'Afrique ou du commerce des esclaves.

qui ont contribué à son avènement. Victor SCHŒLCHER, un abolitionniste chevronné, *« saura faire valoir auprès de son ministre de la Marine, François ARAGO, à la fois le soutien de l'opinion publique, les intérêts économiques de la France et le risque de révolte des esclaves dans les colonies si l'émancipation n'est pas votée. »*[212] De là, le déclenchement du mouvement abolitionniste se heurte à de nombreux enjeux économiques et politiques.

1. Le déclenchement

« Dzé, ye mene olö ». Encore une expression régulièrement employée chez les Beti du Cameroun. Signification : « pourquoi, suis-je un esclave, (pour ne pas être libre de .....?). La personne réplique avec révolte lorsqu'elle ne veut pas obtempérer à un ordre ou même à un conseil contraignant tout en faisant un lien entre l'esclavage et la privation de liberté. Pourtant la personne n'est pas enfermée entre les quatre murs. La question est de savoir pourquoi ce sentiment de privation de liberté, que les Camerounais expriment à travers des termes : esclave, esclavage, revêt une connotation d'enfermement. Sûrement, les traitements réservés aux esclaves avaient déclenché révolte et revendications.

a. La révolte des esclaves des colonies

« L'abolition serait ainsi une mesure venue de l'extérieur des colonies, une initiative généreuse et humanitaire prise par un gouvernement républicain qui recevrait la reconnaissance et l'hommage des populations coloniales. »[213] Raisonner ainsi serait nier l'apport des concernés : les esclaves eux-mêmes. ELIAKA M'BOKOLO dira : *« Le désir de liberté et la liberté elle-même ne sont pas venus aux Africains de l'extérieur, des philosophes des Lumières, des agitateurs abolitionnistes ou de l'humanitarisme républicain ; ils sont venus de l'élan propre des sociétés africaines. »*[214] Ces sociétés africaines sont, bien sûr, celles des

---

[212] J.-F. ZORN, *L'abolition de l'esclavage : le cas français*, voir site : www.protestants.org

[213] N. SCHMIDT, *Abolitionnistes de l'esclavage et Réformateurs des colonies : 1820-1851*, Analyse et documents, Paris, Karthala, éd. 2001, p. 6

[214] ELIAKA M'BOKOLO, cité par Jean-François ZORN, in L'abolition de l'esclavage : le cas français, voir site : www.protestants.org

colonies. Il serait donc moins facile de faire abstraction de leur contribution déterminante dans le mouvement abolitionniste.

Il y a lieu de mentionner ici quelques dates qui affirment la participation active des esclaves des colonies à leur libération. La première abolition en France était arrachée par les esclaves eux-mêmes en août 1791. A cette date, une insurrection d'esclaves éclate à Saint Domingue avec tout ce que cela peut avoir comme conséquences. Suite à cette insurrection, la France abolit l'esclavage à Saint Domingue le 29 août 1793. L'abolition sera étendue aux autres colonies françaises - Guadeloupe et Guyane - le 4 février 1794. Malheureusement pour eux, la situation n'était pas irréversible. Le Premier Consul Napoléon rétablit l'esclavage le 20 mai 1802. Ce rétablissement provoque à nouveau une révolte d'esclaves à Saint Domingue et en Guadeloupe. Saint Domingue gagne alors son indépendance le 1er janvier 1804, sous le nom d'Haïti. Mais : *« il semble bien, nous dit Nelly SCHMIDT, que l'esclavage eût pu subsister ainsi plus d'une décennie encore dans les colonies françaises si les événements révolutionnaires de février 1848 n'étaient pas survenus. »*[215]

Les révoltes des esclaves se multipliaient, créant ainsi une situation moins confortable tant pour les esclaves que pour les planteurs et colons des colonies. Victor SCHŒLCHER dira : *« Il y avait mille fois plus de danger à différer l'abolition qu'à la donner. Les colonies ont été sauvées par l'émancipation. Tout délai eut porté les Nègres à la révolte... le gouvernement provisoire n'a pas été imprévoyant, il s'est bien rendu compte de tout, il a agi avec un louable empressement, mais sans légèreté, et c'est pour sauver les maîtres qu'il a émancipé les esclaves. »*[216]

Si les révoltes des esclaves ont été un élément déterminant dans le déclenchement de l'abolition, les revendications de nombreuses personnalités et de divers mouvements abolitionnistes ont été, somme toute, un grand catalyseur.[217]

---

[215] N. SCHMIDT, Abolitionnistes de l'esclavage et réformateurs des colonies, 1820-1851, Analyse et documents, Paris, Karthala, éd. 2000, p. 331

[216] V. SCHŒLCHER, *Esclavage et Colonisation*, textes choisis et annotés par Emile TERSEN, PUF, 1848

[217] Il serait difficile d'aligner, dans le cadre de cette étude, tous les noms et associations qui ont mené une lutte sans merci, parfois au prix de leur sang, contre la traite négrière et l'esclavage. Mais quelques noms nous permettent de nous assurer que les Français et

b. Les revendications des abolitionnistes

L'interdiction et la répression de la traite négrière étaient les principales revendications des abolitionnistes. L'exemple et l'apport des abolitionnistes britanniques ont servi d'impulsion aux différents mouvements abolitionnistes de France. Nelly SCHMIDT dira : *« qu'il est vain de chercher à comprendre l'histoire du courant de pensée abolitionniste français et de le suivre dans tous ses méandres sans recourir aux sources britanniques. »*[218] Cette réflexion est pertinente dans la mesure où la Grande-Bretagne menait déjà une lutte acharnée contre les bâtiments négriers sur les côtes africaines. D'après Nelly SCHMIDT : *« La lutte contre la traite négrière entreprise par les Britanniques dès le début du XIXe siècle leur donna un avantage considérable. Les mesures qu'ils prirent pour la répression de la traite puis le vote de l'Abolition Bill de 1833 leur conférèrent un quasi-droit de regard sur les autres courants abolitionnistes, européens... ».*[219]

De là, des revendications abolitionnistes se multiplient de plus en plus. Diverses associations anti-esclavagistes britanniques et françaises se forment avec pour objectif : L'abolition de la traite. Même si la traite négrière et le système esclavagiste sont étroitement liés dans les faits, la suppression de l'esclavage est considérée comme mesure ultime, puisque le mal sera extirpé à la source. Ainsi le but final de lutte contre la traite, selon Jean-François ZORN, était : *« L'abolition de la condition d'esclave elle-même.* (Les abolitionnistes) *espèrent qu'en tarissant l'esclavage à la source, on obligera les maîtres à mieux traiter les esclaves puis à les affranchir afin de combler le déficit de main-d'œuvre provoqué par l'arrêt de la traite. »*[220] Cette stratégie abolitionniste devait affronter l'opposition très vivace des planteurs des colonies d'autant plus que divers intérêts étaient en jeu.

---

les Européens n'ont pas été indifférents, bien au contraire, ils ont pris sur eux la cause des esclaves. Victor SCHŒLCHER ; Joseph-Elzéar MORENAS ; Abbé GREGOIRE ; Cyrille BISSETTE ; Société Française pour l'Abolition de l'Esclavage ; Société de la Morale Chrétienne ; Abolitionniste français

[218] N. SCHMIDT, *op. cit.*, p. 6

[219] *Ibid.* p. 6

[220] J.-F. ZORN, « L'étrange destin de l'abolition de l'esclavage », in *Persée*, Année 1989, V.22, numéro 22, p. 54-55

2. Les enjeux de l'abolition de la traite

Pour mieux comprendre le phénomène de la traite négrière ainsi que son abolition, il est difficile, voire impossible de faire abstraction des enjeux économiques et politiques qui alimentaient les débats pour ou contre la traite négrière et l'esclavage.

a. Les intérêts économiques

L'action britannique est de loin déterminante dans le processus de l'abolition du commerce des esclaves d'Afrique, même si les intérêts économiques avaient eu plus d'influence sur les différentes positions politiques en France.

Directement touchés par le projet d'abolition, des planteurs sucriers des colonies françaises ne manqueraient pas d'objections. Ils devaient défendre leurs intérêts économiques. Puisque déjà, les mesures politiques contenues dans de nombreux décrets d'émancipation des esclaves avaient ébranlé la confiance en leur toute puissance économique et sociale. Pour eux : *« La suppression du système esclavagiste mettait (...) en péril une organisation économique pluriséculaire sans certitude de prospérité... ».*[221] Cette menace des intérêts économiques, par l'abolition de l'esclavage, provoqua diverses réflexions des Colons et planteurs.

Sans toutefois entrer dans la polémique trop dense pour dire à qui profitait la traite des Nègres d'Afrique, nous pouvons tout au moins remarquer que les planteurs sucriers défendaient, bec et ongles, leurs intérêts. Ils étaient prêt à tout, jusqu'à corrompre les fonctionnaires les plus hauts placés afin que le traitement cruel infligé aux esclaves et la poursuite de la traite ne soient révélés à qui de droit. Le *Journal de la Société de la Morale Chrétienne* faisait déjà écho des collusions dénoncées par Joseph-Elzéar MORENAS dans son ouvrage : *« Ici, dans les bureaux du ministre de la Marine, commentait le compte rendu des travaux de MORENAS, dans d'autres administrations, il existe des hommes payés par les colons pour empêcher les plaintes d'arriver, pour travailler sans relâche à perpétuer un ordre de choses qui coûte chaque*

[221] N. SCHMIDT, *op. cit.*, p. 23

année la liberté et la vie à plusieurs milliers de Noirs, pour l'avantage de quelques Blancs paresseux et entêtés ».[222]

A travers toutes ces manœuvres dilatoires, il paraît très limite, voire simpliste d'avancer les arguments que veut nous faire admettre l'abolitionniste britannique Thomas FOWELL BUXTON, en 1840 : *« Rien ne m'ôtera la ferme conviction que l'Afrique peut trouver dans ses ressources propres de quoi compenser largement la perte du commerce des esclaves. »*[223]

Loin de mettre en doute les bonnes intentions, - nous l'espérons - que ces déclarations font apparaître, il aurait été judicieux et exact, au regard du bénéfice économique que tiraient les négriers et planteurs occidentaux par rapport aux Africains "complices de cet infâme négoce" que l'illustre BUXTON formule sa pensée de la façon suivante : Rien ne m'ôtera la ferme conviction que l'Europe peut trouver dans les ressources du continent africain de quoi compenser largement la perte du commerce des esclaves.

Cette dernière formule est acceptable à plus d'un titre. D'une part, dans les instances internationales où le sort du continent africain était mis en jeu, nulle part, il n'est mentionné la position des Africains. D'ailleurs, ces Africains – soit disant complices - n'avaient pas droit à la parole pour donner un quelconque point de vue sur la perte - ou non - économique qu'ils subissaient du fait de l'abolition de la traite. Aucun historien ne le mentionne. D'autre part, dans toutes les discussions relatives à l'abolition de la traite et de l'esclavage, il est question, comme argument, de la crainte de la perte de l'économie de la France et des planteurs européens des colonies. De telle sorte que les révoltes des esclaves des colonies, contre le joug qui pesait sur eux, étaient une menace pour les intérêts économiques des colons, et pas le contraire. D'ailleurs, Joseph-Elzéar MORENAS le dit avec précision : *« L'abolition de la traite ne porte préjudice qu'aux négriers et à ces colons qui ne savent faire travailler*

[222] J.-E. MORENAS, « Précis historique de la traite des Noirs et de l'esclavage colonial contenant l'origine de la traite, ses progrès, son état actuel et un exposé des horreurs produites par le despotisme des Colons », in *Journal de la Société de la Morale Chrétienne*, T.IX, 1828, pp.246-250, cité par Nelly SCHMIDT, Abolitionnistes de l'esclavage et réformateurs des colonies… p. 42

[223] T. FOWELL BUXTON, *De la traite des esclaves en Afrique et des moyens d'y remédier*, Paris, A. Bertrand, 1840, p. 318-319

leurs noirs que le fouet à la main. »[224] Dans cet avantage pluriséculaire et protéiforme de la traite, dont il est question, domine l'aspect économique des colonies.

Certes, les planteurs ne sont pas les seuls à privilégier cet aspect, quelles que soient les limites économiques qu'offre le commerce d'esclave comme le souligne Jean-François ZORN. *« Les économistes libéraux démontrent (...) que si l'esclavage pouvait être une nécessité dans une optique économique mercantiliste, il est aujourd'hui dépassé. Le travail servile est inutile dans le cadre d'une économie de marché ouverte. »*[225] Quoique jugé inutile, les économistes ne peuvent pas s'empêcher de faire prévaloir les intérêts économiques.

Le laxisme dont font preuve les instances politiques quant à l'abolition de l'esclavage témoigne de l'influence des intérêts économiques.

b. Le laxisme ou l'hésitation des politiques

Lors du Congrès de Vienne du 8 février 1815, la timidité avec laquelle les Plénipotentiaires des puissances annoncent le désir d'abolir la traite négrière, fait naître un espoir infime aux yeux des personnes avisées. D'une part, le premier paragraphe, émis dans des termes pleins de diplomatie "conformes" à l'esprit du siècle, reflète difficilement leur conviction personnelle. De ce paragraphe comme entrée en matière, il est ainsi écrit : *« ayant pris en considération que le commerce connu sous le nom de Traite des nègres d'Afrique a été envisagé par les hommes éclairés de tous les temps, comme répugnant aux principes d'humanité et de la morale universelle »*[226]

---

[224] J.-E. MORENAS, *Précis historique de la traite des Noirs et de l'esclavage colonial contenant l'origine de la traite, ses progrès, son état actuel et un exposé des horreurs produites par le despotisme des Colons*, Paris, Chez l'Auteur et Firmin Didot, 1828, p. 377

[225] J.-F. ZORN, « Abolition de l'esclavage et colonisation », in *Le XIXe siècle. Science, politique et tradition*, d'Isabelle POUTRIN (dir), Paris, Berger-Levrault, 1995, p. 422

[226] Déclaration du Congrès de Vienne en date du 8 février 1815 au sujet de l'abolition de la traite des nègres d'Afrique ou du commerce des esclaves (Archives), voir aussi, site : http://www.le-prince-de-talleyrand.fr/traitenoirs.html ; voir aussi dans Karl MARTENS (Freiherr VON), Ferdinand DE CORNOT CUSSY (baron de), Recueil manuel et pratique de traites, conventions et autres actes divers Etats souverains du globe, depuis l'année 1760 jusqu'à l'époque actuelle, Leipzig, F. A. Brockhaus, 1846, volume III, p. 175

Ces termes semblent les décharger de toute responsabilité en cas d'éventuelles difficultés. Puisque la traite a été tout simplement envisagée par d'autres personnes et non par eux-mêmes.

D'autre part, après avoir émis *« le vœu de mettre un terme à un fléau qui a si longtemps désolé l'Afrique, dégradé l'Europe, et affligé l'humanité »*,[227] les délégués plénipotentiaires laissent à chaque Puissance, le soin d'envisager le terme le plus convenable pour l'abolition définitive du commerce des nègres. C'est donc en rang dispersé que la mission d'une telle envergure devrait être réalisée. Il n'est pas exclu que, en dehors de cet effet de mouvement d'ensemble, certains représentants émettraient une opinion contraire.

On comprend bien. La déclaration d'un congrès de cette envergure n'a ni force contraignante, ni d'application directe dans les pays concernés. Chaque Etat devrait intégrer, dans son droit positif, les dispositions internationales. Il n'y a pas à en douter. Il existe des "mauvais élèves" à tous les niveaux. En ce qui concerne la France : *« plus par stratégie diplomatique à l'égard de l'Angleterre que par conviction philanthropique,* (elle) *décrétait l'interdiction de la traite négrière le 29 mars 1815. »*[228] Toute une série de décrets,[229] d'ordonnances[230] et des lois[231] vont voir le jour. Toutes ces dispositions législatives françaises n'ont qu'une portée limitée. Puisque, en juin 1820, pour le sort du Sénégal, Joseph-Elzéar MORENAS[232] réclamait *« au nom de l'humanité, l'exécution des lois qui abolissaient la traite des Noirs, violées jusqu'à ce jour avec impunité, au mépris de la parole sacrée de sa Majesté et malgré les promesses des ministres »*.[233]

---

[227] Déclaration du Congrès de Vienne en date du 8 février 1815 au sujet de l'abolition de la Traite des nègres d'Afrique ou du commerce des esclaves, archives
[228] N. SCHMIDT, *op. cit.*, p. 39
[229] Décret du 20 novembre 1815 : Interdiction de la traite à partir des ports français
[230] Ordonnance royale du 8 janvier 1817 relative à la confiscation de tout bâtiment et l'emploi des captifs dans les colonies à des travaux d'utilité publique.
[231] Lois du 15 avril 1818 et du 25 avril 1827 répriment la traite à la mer.
[232] J.-E. MORENAS, ex-membre de la commission d'exploitation de la colonie du Sénégal
[233] Cité par Nelly SCHMIDT, in Abolitionnistes de l'esclavage et réformateurs des colonies, 1820-1851, analyse et documents, Paris, Karthala, 2000, p. 39

Sans aucun doute, le manque de fermeté dans la prise de position des Plénipotentiaires et l'absence d'une date butoir fixant *« l'époque où ce commerce doit universellement cesser »*[234] n'ont fait qu'aggraver le sort des esclaves. L'activité de la traite, ayant doublé, avait atteint son apogée.

Nelly SCHMIDT présente à ce sujet des réflexions fort justes : *« Les circuits de traite, loin de s'être réduits et atténués, s'étaient au contraire amplifiés dans certaines régions côtières africaines. »* [235] Le même auteur poursuit son analyse des faits : *« Les résolutions prises lors du Congrès de Vienne n'eurent pas d'effet concret quant à la diminution du trafic, ils se contentèrent par contre, en France, de la législation d'interdiction (1817, 1827 et 1831), sans trop se soucier de sa réelle efficacité. Ils n'évoquèrent d'ailleurs plus qu'exceptionnellement la poursuite illégale de la traite par la suite, au profit de propositions d'aménagement ou de suppression progressive de l'esclavage. »* [236] Pour autant, le Gouvernement provisoire français considère, entre autres : *« que l'esclavage est un attentat contre la dignité humaine ; qu'en détruisant le libre arbitre de l'homme, il supprime le principe naturel du droit et du devoir ; qu'il est une violation flagrante du dogme républicain : Liberté, Egalité, Fraternité. »*[237]

Toutes ces déclarations et interdictions, les négriers trouvent des moyens pour les contourner. Une alternative à la traite sera mise en place, celle de l'incarcération.

L'incarcération coloniale : une alternative à l'abolition de la traite

Un écart sépare les textes sur l'abolition, souvent de simples déclarations d'intention, et la réalité politique. Ces textes, très tôt vidés de leur sens, créent des situations imprévues et illégales. La nature n'aimant pas le vide, les vieilles habitudes de domination reprennent le dessus. Les puissances européennes, par leurs convoitises, non seulement vont

---

[234] Déclaration du Congrès de Vienne en date du 8 février 1815 au sujet de l'abolition de la Traite des nègres d'Afrique ou du commerce des esclaves, archives
[235] N. SCHMIDT, *op. cit.*, p. 40
[236] *Ibid.*, p. 37-38
[237] Décret relatif à l'abolition de l'esclavage dans les colonies et possessions françaises du 27 avril 1848

poursuivre dans l'illégalité le commerce des esclaves, mais également, vont instaurer une autre forme de contrainte : l'enfermement.

Cet enfermement a d'abord été officieusement pratiqué sous forme d'incarcération d'esclaves en dehors de toute infraction pénale, avant d'être officialisé par la colonisation à la suite du partage du continent africain.

1. L'incarcération officieuse des esclaves, sans faute ni infraction

Du point de vue strictement légal, l'incarcération - du latin *in*, dans, et *carcere*, prison - est une mesure préventive ou répressive, suivant qu'elle a lieu avant ou après la condamnation. L'incarcération répressive - c'est-à-dire après la condamnation - a pour but de punir et de corriger le détenu. Elle suppose une responsabilité pénale qui entraîne *« l'obligation de répondre des infractions commises et de subir la peine prévue par le texte qui les réprime. »*[238] Or, les esclaves, du fait de la traite négrière illégale, sont incarcérés dans des hangars, sans faute ni infraction qui leur soit imputable.

La déclaration commune, signée à Vienne le 8 février 1815, mal acceptée par les Français, rencontre l'opposition sur les ports atlantiques (Bordeaux, Nantes) qui espèrent reprendre le fructueux négoce, interrompu par le blocus britannique depuis 1793 grâce au laxisme volontaire des autorités locales.[239] Les négriers vont continuer ce commerce dans l'illégalité durant des dizaines d'années et de façon clandestine. Nelly SCHMIDT n'hésite pas à le mentionner dans son ouvrage : *« Malgré des différents lois, règlements et circulaires français, la traite se poursuivra toutefois clandestinement, pour le compte d'autres pays, au-delà même du décret d'abolition de l'esclavage de 1848. »*[240] De multiples contrôles britanniques sur les côtes africaines ne restreignent pas la liberté et la poursuite dudit commerce dans l'illégalité.

---

[238] G. CORNU (dir.) et Association Henri Capitant, Vocabulaire juridique [détail des éditions] (OCLC 469313788), « Responsabilité pénale »

[239] Sont volontairement très laxistes et encouragent la poursuite du commerce d'esclaves : le Ministre de la Marine de 1819 à 1821, le comte Portal, ancien armateur bordelais, et de 1824 à 1827, le comte Villèle, premier ministre et parent de planteurs de l'Ile Bourbon (La Réunion)

[240] N. SCHMIDT, *L'abolition de l'esclavage. Cinq siècles de combats, (XVIe siècle – XXe siècle)*, Paris, Fayard, 2005, p. 159

Mais il faut cacher cette marchandise humaine. Les négriers ne manquent pas d'imagination pour assouvir leur soif commerciale. La réflexion de Florence BERNAULT traduit avec véracité ce phénomène : *« L'abolition de la traite force les marchands à construire hangars et barracons pour cacher leur marchandise humaine. »*[241] De là, s'installe une méthode de contrainte par corps qui n'obéit à aucune règle pénale. L'idée sera donc d'enfermer les esclaves en attente. Seront alors construits, poursuivra avec pertinence le même auteur : *« Les barracons (du portugais barracão, grande cabane ou hangar), enclos où sont parqués les esclaves sur les routes du commerce intérieur, puis sur la côte surveillée par les escadres navales françaises et anglaises à l'issue des traités d'abolition. »*[242]

Le même constat sera fait par E. BOUËT-WILLAUMEZ, capitaine de vaisseau dans le chapitre premier de son rapport intitulé *Achat et incarcération des esclaves dans des foyers de traite* : *« Les esclaves, une fois vendus aux traitants négriers, sont enfermés par ces derniers dans de vastes cases de paille et de bambou nommées barracons, où les malheureux sont enchaînés et surveillés avec soin ».*[243]

Les Africains – hommes, femmes, enfants – qui n'ont jamais été enfermés entre quatre murs ; qui n'ont jamais été privés de leur liberté d'aller et venir dans une Afrique ouverte, les voilà subitement séquestrés, entassés comme du bétail dans des hangars. Maltraités sans raison ni faute de leur part, ils n'ont droit à rien, même pas à leur vie. Cette situation dramatique avait interpellé le capitaine de vaisseau E. BOUËT-WILLAUMEZ qui écrira : *« Ce sont des jeunes gens, des jeunes filles, des enfants, arrachés violemment à leur famille, à leur pays natal, ou livrés même par des parents, des amis dépravés, ce qui est plus affreux encore, et qu'on incarcère d'abord dans un hangar de paille, en butte à des tortures de tout genre. »* [244] Cette incarcération des esclaves, en dehors de toute responsabilité pénale, n'est qu'un présage de ce qui

---

[241] F. BERNAULT, *op. cit.*, p. 18

[242] F. BERNAULT, *op. cit.*, p. 23

[243] E. BOUËT-WILLAUMEZ, « Commerce et traite des Noirs aux Côtes occidentales d'Afrique », Paris, Imprimerie Nationale, 1er janvier 1848, in Nelly SCHMIDT, *« Abolitionnistes de l'esclavage et réformateurs des colonies, 1820-1851, analyse et documents »*, Paris, Karthala, 2000, p. 439

[244] *Ibid.* p. 441

attend les Africains en général et les Camerounais en particulier quant à la généralisation de l'enfermement.

L'abolition de la traite négrière et de l'esclavage concourait ainsi, d'une manière indirecte, à la mise en place d'un système d'enfermement, celui de la colonisation de l'Afrique avec toutes les conséquences inhérentes à la conquête. Il n'est pas exclu de dire comme Jean-François ZORN : *« Quant aux abolitionnistes, certains d'entre eux eurent très tôt l'intuition que la colonisation constituait l'alternative à l'esclavage. »*[245] Les grandes puissances ne se contentent plus de coloniser l'Afrique en la vidant depuis les côtes par l'infâme négoce, mais il faut aller à la source et coloniser à l'intérieur du continent africain. La stratégie efficace est d'enfermer l'Afrique comme l'illustre bien les propos de Florence BERNAULT : *« De l'Afrique ouverte à l'Afrique fermée : comprendre l'histoire des réclusions continentales »*[246]

2. L'incarcération officialisée ou l'enfermement de l'Afrique

L'intérieur du continent africain, souvent difficile d'accès, n'a pas intéressé les puissances européennes jusque-là. Elles se contentaient tout simplement d'y établir des escales ou des comptoirs de commerce. Mais, *« la lutte contre l'esclavage permit aux puissances coloniales de justifier leur pénétration du continent noir. »*[247]

Hormis les idées, somme toute, généreuses des philanthropes et des abolitionnistes, les Grandes Puissances devaient tirer leur épingle du jeu abolitionniste avec de sous-jacentes idées de profit économique. La bonne foi de nombreux abolitionnistes, par leurs initiatives, ouvrit ainsi la voie à la ruée des Grandes Puissances européennes pour s'emparer du continent africain. *Le discours sur l'Afrique de Victor HUGO* illustre bien ces initiatives : *« Déjà les deux peuples colonisateurs, qui sont deux grands peuples libres, la France et l'Angleterre, ont saisi l'Afrique ; la*

---

245 J.-F. ZORN, « Abolition de l'esclavage et colonisation», in *Le XIXe siècle. Science, politique et tradition,* d'Isabelle POUTRIN (dir), Paris, Berger-Levrault, 1995, p.421

246 F. BERNAULT, « De l'Afrique ouverte à l'Afrique fermée : comprendre l'histoire des réclusions continentales », in *Enfermement, prison et châtiments en Afrique. Du 19e siècle à nos jours*, Paris, Karthala, 1999, p. 15-64)

247 Abolition de l'esclavage. (2011, juillet 11). *Wikipédia, l'encyclopédie libre.* Page consultée le 11 :48, août, 2011 à partir de http://fr.wikipedia.org/w7index.php?title=Abolition_de_1 %27esclavage&oldid=67353848)

France la tient par l'Ouest et par le Nord ; l'Angleterre la tient par l'Est et par le Midi. Voilà que l'Italie accepte sa part de ce travail colossal. »[248]

Le même orateur n'hésite pas à poursuivre : *« Allez, Peuples ! Emparez-vous de cette terre. Prenez-là. A qui ? A personne. Prenez cette terre à Dieu. Dieu donne la terre aux hommes. Dieu offre l'Afrique à l'Europe. Prenez-la. »*[249]

Cet accaparement s'intensifie par des visées colonisatrices européennes en Afrique. Par cette *« ruée coloniale vers 1870. (...), les nations européennes conquièrent l'Afrique dans sa quasi-totalité, au point que la guerre risque d'éclater entre puissances rivales. »*[250] Mais l'assaut européen sur le continent africain provoque des luttes coloniales entre les grandes puissances. La conférence de Berlin de 1885 servit d'arbitre pour conjurer le péril et édicter les règles officielles de colonisation. Ainsi, l'Acte final fixa, entre autres, les règles de la colonisation de l'Afrique.

L'engagement pris solennellement par *« toutes les Puissances exerçant des droits de souveraineté dans les territoires africains »*[251] et qui intervient lors de la conférence ayant pour objectif de fixer les règles de colonisation de l'Afrique, n'a rien d'anodin. Il paraît tout à fait logique de *« veiller à la conservation des populations indigènes et à concourir à la suppression de l'esclavage et surtout de la traite des noirs »*[252] dans un territoire duquel on devient le maître absolu. Il faut donc enfermer les populations indigènes. Puisque, vider le continent par le commerce humain porterait un préjudice aux nouveaux maîtres.

La question reste posée sur les effets de l'abolition de la traite négrière et de l'esclavage : *« Les individus luttant pour la disparition de la traite, guidés par des principes évangéliques (en Grande-Bretagne) ou inspirés par la mystique des Droits de l'Homme (en France) étaient-ils conscients*

---

[248] V. HUGO, « Le discours sur l'Afrique », in *Actes et Paroles,* T.III, Depuis l'exil, Paris [1870-1885], Paris, Albin Michel, 1940 ; voir aussi Isabelle POUTRIN (dir.), Le XIXe siècle, Science, politique et tradition, Paris, Berger-Levrault, 1995, p. 435

[249] *Ibid.* p. 435

[250] J.-F. ZORN, *op. cit.*, p. 432-433

[251] Acte final de la conférence de Berlin, 1885, Article 6.

[252] *Ibid.* Article 6

qu'ils ne faisaient que substituer un mode de domination à un autre ? »[253]

Quelles que soient les nuances qui peuvent influencer la réponse à ce point d'interrogation, qui demande, par surcroît, une réflexion approfondie, la position de Jean-François ZORN nous est exposée. D'après lui : *« Ni naïfs, ni cyniques, les abolitionnistes ne pouvaient espérer objectivement mettre fin à la domination de l'Occident sur ces territoires et ces populations. Dès lors que le combat abolitionniste était le fait des anciens oppresseurs et que ceux-ci s'abstenaient de quitter le territoire africain, il ne pouvait qu'ouvrir la voie à de nouvelles formes de domination. »*[254]

Celle de l'enfermement colonial.

Puisque : *« Les bâtiments temporaires aidèrent, par la suite,* nous dit Florence BERNAULT, *à contraindre et à soumettre les Africains au travail forcé et à l'impôt obligatoire.* (Rapidement, ils) *sont remplacés par un maillage serré de prisons permanentes, partie intégrante du décor colonial et de ses techniques répressives. »*[255] Il faut donc enclore les corps pour permettre l'exploitation intensive des nouvelles colonies. Pour ce faire, le gouvernement colonial institua des lois à cette fin, en l'occurrence la loi sur le vagabondage (départ d'une circonscription administrative sans avis préalable des autorités)[256] et les travaux forcés. Ces dispositifs avaient un point commun : la contrainte par corps allant jusqu'à l'enfermement. L'enfermement devient un outil coercitif, tirant sa légitimité des pouvoirs discrétionnaires des autorités administratives coloniales. Il joua ainsi, dès les premières années de la conquête coloniale, un rôle central dans le contrôle de la population, pour les intérêts politiques et économiques des puissances coloniales.

En définitive, même si le Cameroun n'a pas subi, de plein fouet, la traite négrière et l'esclavage, il sera en proie aux conséquences de leur

---

[253] J.-F. ZORN, *L'abolition de l'esclavage : le cas français*, voir site www.protestants.org

[254] *Ibid.* voir site www.protestants.org, voir aussi « Abolition de l'esclavage et colonisation » in Isabelle POUTRIN (dir.) *le XIXe siècle, Science, politique et tradition*, Paris, Berger-Levrault, 1995, p. 436

[255] F. BERNAULT, *op. cit.*, résumé de la couverture

[256] Arrêté du gouverneur du Cameroun en date du 4 octobre 1924

abolition du fait de cette colonisation généralisée. L'analyse du phénomène actuel des prisons en Afrique en général et au Cameroun en particulier, ne peut être située que dans la stricte continuité du phénomène plus ancien qu'est la traite négrière.

II. De la mise en place du système carcéral colonial

Le traité signé le 12 juillet 1884 avec les chefs indigènes,[257] place le Cameroun sous protectorat allemand. Le roi AKWA, avec l'accord et au nom des autres chefs indigènes du Cameroun, transféra leur souveraineté aux Allemands avec certaines réserves, parmi lesquelles figure le respect des coutumes locales, des usages, ainsi que la propriété privée. [258] A partir de cet accord, il est certain que la mise en valeur de ce territoire, par les nouveaux maîtres allemands, ne pouvait pas avoir la même connotation que la colonisation classique. Par conséquent, les traditions culturelles en matière de répression n'avaient subi que des bouleversements inhérents au contact de civilisations différentes, d'autant plus que les coutumes locales devaient être respectées selon le traité.

Malheureusement, après la première Guerre Mondiale, les Grandes Puissances française et britannique se partagent le Cameroun comme un butin de guerre. Les nouveaux maîtres coloniaux vont employer des méthodes de répression protéiformes qui épousent les politiques de conquête et de domination. Au bout d'un certain temps, les Français et Britanniques veulent donner à l'enfermement un caractère institutionnel. L'incarcération coloniale trouve ainsi un cadre réglementaire malgré l'influence de la conjoncture politique et économique coloniale.

Le cadre réglementaire de l'incarcération coloniale : la coexistence de régimes pénitentiaires antinomiques

La double tutelle coloniale introduira une dualité qui s'incarnera, sans exception, dans toutes les structures institutionnelles mises en place au Cameroun. De ce fait, les Camerounais étaient soumis à deux régimes carcéraux d'essence différente selon qu'ils se trouvaient soit dans la

[257] Le roi AKWA conduit la délégation des indigènes, voir annexe, Traité Germano-Douala du 12 juillet 1884
[258] Traité germano-douala du 12 juillet 1884, voir annexe

partie orientale française, soit dans partie occidentale britannique du Cameroun.

En effet, à la fin de l'année 1915 et après la défaite de l'Allemagne, les Britanniques et Français se partagent le Cameroun par un accord en date du 4 mars 1916. Cet arrangement, réitéré en 1922 par la Société des Nations, place les deux parties du Cameroun sous mandats B[259] : le territoire occidental sous administration britannique et le territoire oriental sous administration française. Cette situation politique dualiste aura un impact, entre autres, sur les méthodes de répression et précisément sur la peine privative de liberté.

De cette dualité administrative, différents textes organiques préconisèrent des politiques pénitentiaires diamétralement opposées : la réhabilitation par le régime pénitentiaire du Cameroun occidental britannique et la rétribution par le régime pénitentiaire du Cameroun oriental français.

1. La politique pénitentiaire réhabilitative du Cameroun occidental britannique

Dès sa prise de pouvoirs, la Grande-Bretagne engagea l'organisation du Cameroun occidental. Elle la divisa en deux régions administratives (le Nord et le Sud). Le Cameroun du sud s'étendait de la côte jusqu'à Nkambe et le nord commençait à la frontière de Nkambe jusqu'au lac Tchad. Les Anglais employèrent le système du gouvernement indirect pour administrer le Cameroun occidental. L'influence de certains chefs traditionnels, indispensable à l'*Indirect Rule*, contribua au bon fonctionnement de la justice. Des Tribunaux d'Autorité Indigènes sont mis en place : le tribunal coutumier, la cour d'appel coutumière et la cour de district. Le système d'incarcération va aussi retenir l'attention particulière des Britanniques. Pour eux, la peine d'emprisonnement doit atteindre le but de la répression et de la peine recherché dans les traditions culturelles camerounaises, celui de la réintégration de

[259] Les mandats dits de classe B, prévus par le paragraphe 5 de l'article 22 du Pacte de la Société des Nations, étaient les anciens *Schutzgebiete* de l'empire colonial allemand en Afrique de l'Ouest et centrale, dont on estimait nécessaire un niveau de contrôle mandataire plus important (Plus particulièrement, il y avait des restrictions militaires et un principe d'égalité commerciale).

l'individu dans sa communauté. Ce souci sera manifeste à plusieurs niveaux.

D'une part, l'immédiateté avec laquelle le législateur britannique intervient, dans un domaine où les droits de l'homme risquent être compromis, prouve son souci de faire obstacle à l'arbitraire en matière pénitentiaire. Dès 1916, le texte préconisait déjà, dans la mesure des moyens de la colonie, la rééducation des détenus. Ce régime, d'essence anglo-saxonne, était systématisé par l'acte dénommé "*Prisons Regulations*" du 30 mai 1916,[260] modifié en 1933 et 1946.

D'autre part, le système de gouvernement *Indirect Rule* mis en place par les Britanniques tiendra compte des traditions camerounaises en matière de répression. Les administrateurs coloniaux n'intervenaient que pour freiner les abus de pouvoir ou pour supprimer les condamnations trop lourdes et non proportionnelles à l'infraction. Dans cette partie du Cameroun Occidental, l'originalité du système pénitentiaire est remarquable. Les prisons sont placées sous la surveillance des autorités coutumières appelées *« Native authority prisons »*. Ces établissements pénitentiaires recevaient aussi bien des délinquants condamnés par les tribunaux traditionnels que par les tribunaux modernes. On peut citer notamment la prison de Mubi pour les condamnés à une peine inférieure ou égale à trois ans, Yola pour ceux dont le quanta de la peine était inférieur ou égal à deux ans et l'institution des *« Borstals Institute »* de Buea spécialement réservée aux mineurs.

A travers le régime pénitentiaire mis en place dans ces prisons du Cameroun occidental, les Britanniques poursuivaient un objectif précis, comme nous l'avons déjà souligné, celui de la réhabilitation et de la réinsertion sociale des détenus. Ainsi, en plus de la spécificité dans le classement des prisons, certains dispositifs sociaux, économiques et familiaux étaient privilégiés. Les prisons deviennent alors des grands pôles de développement économique à l'exemple de *Upper Farm* et de *Lower Farm*. On y trouve des ateliers de couture, d'artisanat, de cordonnerie. La pratique de l'élevage de bétail, des cultures agricoles et maraîchères faisait partie du programme dans ces centres pénitenciers. Des prisons-école étaient aussi créées pour dispenser des enseignements

---

[260] Laws of Nigeria and Lagos Vol. IX, p. 1857-1915

techniques et professionnels - menuiserie, mécanique, maçonnerie, artisanat, etc. -aux mineurs délinquants en âge scolaire.

Par ailleurs, la législation pénitentiaire institua la libération conditionnelle. Ce qui permettait au condamné dont la conduite était exemplaire (bonne) de bénéficier d'une réduction de peine de 1/3. La même législation prévoyait aussi la libération sous caution *« Release on bail »*, mesure tendant à ne pas priver quelqu'un de liberté avant qu'il ne soit reconnu coupable.

La politique pénitentiaire entreprise dans cette zone anglophone était caractérisée par le traitement des délinquants, avec pour objectif : *Resocialisation, Rehabilitation.* Une grande différence s'opère avec la politique pénitentiaire préconisée dans la partie orientale du Cameroun.

2. La politique pénitentiaire rétributive du Cameroun oriental français

Les 4/5e de la partie du Cameroun, revenus à la France par accord en 1916, sont mis sous mandat français par les SDN en 1922. Malgré le régime du mandat, la législation appliquée ne s'y conforme pas. De 1916 à 1933, une incertitude juridique et législative règne dans cette partie du Cameroun oriental français. Le code de l'indigénat devient une pratique avant d'être codifié dans plusieurs textes - arrêtés et circulaires, privant ainsi de liberté les Camerounais par simple voie disciplinaire. Le recours au travail forcé devient systématique, bien que celui-ci soit interdit selon les termes du mandat.

L'incertitude juridique de cette période est récurrente en matière de privation de liberté. En effet, introduit au Cameroun en 1924, le code de l'indigénat des colonies françaises donne aux administrateurs coloniaux un pouvoir sans limite sur les indigènes. En plus des différentes circulaires, le décret du 8 août 1924 détermine les pouvoirs disciplinaires. De ces dispositions, se dégagent, nous dit Louis NGONGO, des règles mettant en exergue le caractère exceptionnel et arbitraire du pouvoir disciplinaire des administrateurs coloniaux du Cameroun oriental. Ainsi : *« Il appartient au gouverneur d'interdire aux indigènes non citoyens français des manifestations ou activités non prévues par la loi pénale et de sanctionner ces prescriptions par des pénalités allant jusqu'à quinze jours de prison... Ces pénalités, prévues par arrêtés et circulaires ne sont pas prononcées par les tribunaux, mais par les agents administratifs, gouverneur ou simples administrateurs.* »[261] De plus, écrit le même auteur : « *Devant des faits ou manœuvres susceptibles de troubler l'ordre public, mais non prévus par la loi pénale, le gouverneur est habilité à imposer internement ou pénalités collectives.* »[262]

Lorsque l'on imagine que tout Camerounais, dont les faits ou manœuvres (peuvent éventuellement) troubler l'ordre public, encourt une peine d'emprisonnement, il y a lieu de parler du despotisme à outrance. D'autant plus que le gouverneur qui sanctionne, est le même qui est habilité, par arrêté du en date du 4 octobre 1924, à déterminer ces infractions réprimées par voie disciplinaire.[263]

Ce n'est qu'après 18 années d'incertitude juridique et pénale que le législateur colonial français pensa à organiser les prisons. Les centres pénitenciers de cette partie du pays Oriental seront enfin dotés d'une législation pénitentiaire par un Arrêté en date du 8 juillet 1933.[264] Ce dernier fût complété par un autre Arrêté du 15 septembre 1951 qui créa une colonie pénitentiaire à Edéa.[265] Pour autant, l'exécution des peines privatives de liberté demeura essentiellement administrative. Puisque toute la théorie du droit pénal se résumait dans la seule défense de l'ordre public colonial.

Un régime pénitentiaire rétributif était ainsi appliqué aux détenus du Cameroun oriental français. Il se caractérisait, entre autres : par l'absence de tout objectif de resocialisation des condamnés ; par l'emploi excessif de la main-d'œuvre pénitentiaire et par un traitement carcéral discriminatoire. Ces caractéristiques feront l'objet d'une analyse détaillée dans la section ci-dessous réservée à l'influence de la conjoncture politique et économique coloniale. Il nous semble opportun de le faire par le fait que, la plus grande partie des populations était soumise à ce

---

[261] L. NGONGO, *op. cit.*, p. 146

[262] *Ibid.* p. 146

[263] Trente-trois infractions sont retenues par l'arrêté du 4 octobre 1924. Les principales sont énumérées par Louis NGONGO, *Histoire des Instituions et des faits sociaux du Cameroun*, Tome I : 1884-1945, Nancy, Berger-Levrault, 1987, p. 148

[264] Décret du 8 juillet 1933 in Journal Officiel Camerounais, 1933, p. 386

[265] Chef-lieu de la Sanaga Maritime, Province du Littoral

régime, d'une part, et d'autre part, que l'actuel système pénitentiaire camerounais est la conséquence directe de ce régime rétributif.
L'influence de la conjoncture politique et économique coloniale

Dans son ouvrage, *Jalons historiographiques pour une histoire des prisons en Afrique francophone,* Jean-Pierre ALLINNE fait une remarque pertinente : *« La prison coloniale n'a pas eu, ou peu, de vocation réhabilitative, contrairement au modèle utilitariste européen issu de BECCARIA et BENTHAM. »*[266] Si par ailleurs, Florence BERNAULT souligne une *« grande diversité dans les fonctions de la prison coloniale »*[267], Ibrahim THIOUB, quant à lui, met l'accent sur deux fonctions récurrentes. Selon lui, *« L'enfermement carcéral visa dans un premier temps à éradiquer la résistance politique à l'ordre colonial, animée par les élites autochtones déchues du pouvoir et dans un second temps, à satisfaire, au moindre coût, les demandes de main-d'œuvre de l'administration coloniale et des entreprises privées. »*[268] Ces deux fonctions de l'enfermement colonial - éradication de la résistance politique et satisfaction des demandes de la main-d'œuvre - caractérisèrent avec acuité le régime pénitentiaire du Cameroun oriental français.

1. Eradiquer la résistance politique à l'ordre colonial

Pendant la période allant de 1916 à 1946, la protestation la plus récurrente des Camerounais était due, entre autres, aux rigueurs du régime de l'indigénat, au regard du non-respect du régime du mandat dont ils devaient bénéficier. Cette dénonciation de la politique coloniale française était un motif suffisant pour considérer les auteurs comme individus dangereux. Les traitements répressifs spécifiques leur étaient réservés.

---

[266] J.-P. ALLINNE, « Jalons historiographiques pour une histoire des prisons en Afrique francophone », in *Revue électronique d'histoire du droit*, Clio@Thémis, numéro 4

[267] F. BERNAULT, « De l'Afrique ouverte à l'Afrique fermée : comprendre l'histoire des réclusions continentales », in *Enfermement, prison et châtiments en Afrique. Du 19e siècle à nos jours*, Paris, Karthala, 1999, p. 15-64 de Florence BERNAULT

[268] I. THIOUB, « Sénégal : la prison à l'époque coloniale. Significations, évitement et évasions », in *Enfermement, prison et châtiments en Afrique. Du 19e siècle à nos jours*, Paris, Karthala, 1999, p. 287 de Florence BERNAULT

La stratégie de musellement des forces politiques au Cameroun sous l'administration française était multiforme. La plus récurrente était les détentions politiques, en plus des détentions administratives du régime de l'indigénat qui n'avaient pas tout-à-fait disparu.

a. Des détentions politiques arbitraires

« Les détentions politiques étaient une arme de surveillance, d'isolement et de neutralisation des Camerounais qui contestaient la domination coloniale française. La détention est une politique (...), de contrôle et de conservation de pouvoir ».[269] Rien de surprenant. La philosophie qui sous-tendait la répression coloniale était clairement exprimée en 1900 par GIRAULT Arthur. L'autorité coloniale doit punir avec promptitude et sévérité les indigènes pour garder l'hégémonie de la race blanche. Puisque « *le droit de punir donne à l'homme un prestige énorme.* »[270]

A partir de cette philosophie, les motifs étaient des moins clairs comme on peut lire dans les archives nationales : *« Les motifs d'incarcération des détenus politiques étaient arbitraires, car dans la plupart des cas, les dossiers (trop rares) des déportés politiques ne comprenaient pas de motifs de condamnation. »*[271] C'est ainsi qu'à la suite d'une demande de libération formulée par BELIBI NOAH, chef traditionnel Manguissa, interné à Poli en 1942, la subdivision de cette localité s'étonnait du fait qu' *« il n'existe au dossier du requérant aucune pièce faisant connaître la nature du délit au du crime ayant motivé la sanction prise à son encontre ».*[272]

Et encore, pendant le règne des Arrêtés des gouverneurs généraux et des décisions des administrateurs coloniaux, *« le gouverneur pouvait, en ce qui concerne les indigènes, prendre des Arrêtés et les sanctionner par*

---

[269] IDRISSOU ALIOUN, *Les prisons au Cameroun sous administration française, 1916-1960*, Thèse de doctorat, Ph. D en histoire, Université de Yaoundé, 2004-2005

[270] A. GIRAULT, *Principes de colonisation et de législation coloniale*, Tome II, Paris, Librairie de la Société du Recueil Général des Lois et Arrêts, 1904, p. 232

[271] Archives Nationales de Yaoundé (ANY), Archives Politiques et Administratives (APA), 10459/B : *Condamnés politiques, résidences obligatoires, internements, 1930-1947*

[272] Archives Nationales de Yaoundé (ANY), Archives Politiques et Administratives (APA), 10459/B : *Condamnés politiques, résidences obligatoires, internements, 1930-1947*

des peines allant jusqu'à quinze jours de prison…, sans avoir besoin de les faire convertir en décret. »[273] L'auteur de l'ouvrage *Principes de colonisation et de législation coloniale*, Arthur GIRAULT dira : *« C'est une exception à la règle d'après laquelle la conversion en décret est exigée toutes les fois que les peines édictées par l'arrêté sont supérieures à cinq jours de prison. »*[274] Cette exception à la règle obéissait à la conjoncture politique coloniale qui consistait à contrôler les populations autochtones. Pour Robert KPWANG K. : *« Les cas des détentions administratives démontrent que les autochtones étaient surveillés et quelle que soit la nature de l'acte posé par eux contre les autorités françaises, celui-ci pouvait être réprimé sévèrement, non seulement dans l'intérêt du maintien de l'ordre, mais surtout pour servir d'exemple. »*[275] La détention politique n'était que le prolongement de l'internement administratif au regard des objectifs poursuivis. D'ailleurs, on y retrouve les mêmes caractéristiques.

D'une part, non seulement la détention administrative était arbitraire, mais également, elle obéissait, selon l'expression d'Olivier LE COUR GRANDMAISON, à un *« principe de la culpabilité sans faute ni responsabilité »*.[276] L'internement s'étendait à des innocents. *« On interne pendant la durée de l'instruction les parents et les amis de l'accusé de peur qu'ils n'entravent l'œuvre de la justice, on interne le criminel qui a été acquitté faute de preuve. »*[277] Malheureusement, les détentions politiques n'échappent pas cette description d'arbitraire.

D'autre part, de caractère politique, l'internement *« permettait de frapper le chef indigène hostile à la domination françaises »*[278] De même, les puissances coloniales utilisent massivement l'enfermement carcéral pour éliminer tout ce qui entrave la réalisation de leurs objectifs. Il fallait éradiquer la résistance politique par tous les moyens. Le système carcéral servait donc à instaurer l'ordre colonial et donc à exclure de la société tous ceux qui n'épousaient pas les idées inculquées, même si ces dernières étaient au détriment de la structure de la société traditionnelle

---

273 A. GIRAULT, *Ibid.* p. 629

274 *Ibid.* p. 629

275 R. KPWANG K., *La chefferie traditionnelle dans les sociétés de la grande zone forestière du Sud-Cameroun (1850-2010)*, Paris, L'Harmattan, 2011, p. 293

276 O. LE COUR GRANDMAISON, *op. cit.* p. 62-63

277 A. GIRAULT, *op. cit.* p. 517

278 *Ibid.*, p. 516

camerounaise et de ses réalités. Ibrahima THIOUB est clair sur la fonction de la prison à l'époque coloniale au Sénégal : *« L'objectif (de la prison coloniale) était de briser la force d'inertie des populations, entrave majeure à la réalisation des points de vue de l'autorité coloniale. »*[279] Ainsi, malgré les décrets relatifs à l'organisation du système carcéral au Cameroun, la pratique pénitentiaire ainsi que les motifs de diverses détentions n'obéissaient pas, ou très peu, à la législation pénale.

En effet, les magistrats devaient intégrer, dans leur procédure, la politique coloniale. Puisque : *« C'est en somme*, disait A. GIRAULT, *une occasion qu'il* (le juge) *doit saisir de purger le pays. C'est au point de vue subjectif plutôt qu'au point de vue objectif qu'il convient de se placer. »*[280] A travers ces directives, on comprend bien que l'objet de la sanction en général, et l'enfermement colonial en particulier n'était pas la réhabilitation. Bien au contraire, le régime de l'enfermement pénal préconisait la rétribution comme témoigne la violence à l'intérieur des murs.

b. Une violence protéiforme à l'intérieur des murs

En développant le culte de la violence à l'intérieur des murs, la prison, au mieux l'enfermement carcéral colonial, devient l'instrument d'implantation des puissances autoritaires auxquelles il fallait obéir au doigt et à l'œil. Si cette violence carcérale est multiforme, les plus récurrentes méritent d'être soulignées à savoir : les châtiments et le ségrégationnisme pénitentiaire.

❖ Les châtiments et traitements dégradants

Au nom de la discipline, l'administration coloniale reproduit et consolide le culte de la violence à l'intérieur de ses murs. Cette violence se matérialise par des châtiments corporels, prévus par le régime de

---

[279] IBRAHIMA THIOUB, « Sénégal : la prison à l'époque coloniale. Significations, évitement et évasions », in *Enfermement, prison et châtiments en Afrique. Du 19e siècle à nos jours* de Florence BERNAULT, Paris, Karthala, p. 285

[280] A. GIRAULT, *op. cit.*, p. 73

l'indigénat,[281] abusivement appliqués aux condamnés en sus des autres châtiments inhérents à l'incarcération. De prime abord, les objectifs de l'enfermement pénal étaient loin d'être autre chose que : intimidation, répression, torture, voire élimination physique pure et simple. Les buts poursuivis justifiaient les conditions de détention déplorables réservées aux détenus politiques et de droit commun. Les administrateurs coloniaux vont ainsi marquer leur pouvoir et leur domination par le recours à la peine d'emprisonnement en utilisant des techniques archaïques.

En effet, les bastonnades à coups de corde persistent, parfois mortelles par le fait que les bourreaux n'observent plus l'ancienne règle consistant à ne frapper qu'avec l'avant-bras. De façon générale, la fameuse peine de la chicote - coups administrés à l'aide d'un fouet en nerf de bœuf par l'agent de l'administration pénitentiaire - est si répandue qu'elle est devenue synonyme de la colonisation et de la prison dans les représentations mentales et artistiques camerounaises contemporaines. En effet, bien que la loi de la colonie française ramène le maximum de coups autorisés à cinquante (50), originellement fixé à cent (100), certains administrateurs coloniaux, bénéficiant d'une large impunité, usent et abusent de la chicote et de la bastonnade, voire perpétuent des exécutions expéditives restées seulement dans la mémoire des colonisés. Frapper les prisonniers était largement toléré, voire encouragé par l'administration coloniale. Pour eux, *« de simples coups de rotin, en nombre plus ou moins grand, ne seraient-ils pas dans bien des cas un châtiment tout à fait approprié au délit ? »*[282] *« Les peines corporelles, supprimés en droit, continuent à fonctionner en fait sans mesure et sans garantie. »*[283] Ces châtiments, aussi cruels que dégradants, constituaient une peine humiliante. Ils touchaient la personne indigène dans sa dignité humaine.

Par ailleurs, non seulement, ces châtiments corporels étaient d'usage dans tous les lieux privatifs de liberté, mais également, les peines prononcées pouvaient être plus ou moins longues et parfois plus rigoureuses selon les

---

[281] Le régime de l'indigénat, institué dans les colonies françaises à partir de 1887 (A0F) et 1910 (AEF) est instauré au Cameroun par l'arrêté du 14 mars 1917. Il est à noter qu'avant cette date, le code de l'indigénat y était déjà en vigueur.
[282] A. GIRAULT, *Principes de colonisation et de législation coloniale*, 2e partie : les colonisations françaises depuis 1815, T.I, 4e édition, Paris, Recueil Sirey, 1922, p. 517
[283] *Ibid.*, p. 517

humeurs des autorités coloniales. Par exemple : la voie de fait envers un fonctionnaire de l'administration coloniale ou un surveillant était punie de mort, le refus de travail après sommation par la réclusion cellulaire.[284] Le cachot,[285] prévu par le décret du 8 juillet 1933 était devenu systématique.

Quant à la situation des détenus politiques, elle était loin d'être enviable. *« La détention politique au Cameroun français s'effectuait dans les locaux pénitentiaires et dans les centres d'internement ou de mise en résidence obligatoire. »*[286] Les détenus "politiques" purgeaient leurs peines dans les locaux au mépris des dispositions prévues à cet effet. Le recours systématique à la détention politique obligea l'administration coloniale française à créer des prisons spécialisées dont la première fut la Maison de Force de Mokolo.[287] Cette Maison de Force apparaît comme la prison "choisie" par les autorités coloniales françaises pour les détenus politiques de 1935 à 1948,[288] Le traitement carcéral infligé aux détenus politiques était plus qu'inhumain. Enfermés jour et nuit, entassés à plus de 50 dans une cellule sans aération, coupés des autres détenus, la mort des prisonniers politiques, survenue après plusieurs semaines d'agonie, faisait des ennemis politiques de moins.[289]

Outre ces châtiments, et traitements inhumains et dégradants, infligés aux prisonniers indigènes, s'ajoute le ségrégationnisme pénitentiaire au profit des détenus européens.

---

[284] Articles 6 et 7 du décret du 8 juillet 1933, in *Journal Officiel Camerounais*, 1933, p. 386

[285] *Ibid.*, Articles 14 à 34

[286] R. KPWANG K., *La chefferie traditionnelle dans les sociétés de la grande zone forestière du Sud-Cameroun (1850-2010)*, Paris, L'Harmattan, 2011, p. 293

[287] Archives Nationales de Yaoundé (ANY), Archives Politiques et Administratives (APA), 10459/B : *Condamnés politiques, résidences obligatoires, internements, 1930-1947*

[288] Archives Nationales de Yaoundé (ANY), Archives Politiques et Administratives (APA), 10113/B : *Maison de Force de Mokolo*

[289] Archives Nationales de Yaoundé, Archives Politiques et Administratives, 10459/B, *Condamnés politiques, résidences obligatoires, internements, 1930-1947*

❖ **Le ségrégationnisme pénitentiaire**

Alors que la loi - pénale - doit être la même pour tous et applicable à tous sans distinction, une différenciation flagrante de traitement s'affiche entre prisonniers européens et prisonniers indigènes, quand bien même leurs infractions seraient identiques, comme nous l'avons déjà souligné dans le chapitre précédent. Pour les prisonniers indigènes, le travail pénal est institué et peut s'effectuer soit en corvée payante, soit en cession de la main-d'œuvre pénale. Les conditions de détention sont plus que déplorables pour les indigènes camerounais. La logique de l'hégémonie des colons, même fautifs, refait surface. Puisque, selon la politique coloniale : *« Les institutions pénitentiaires applicables aux condamnés indigènes des colonies doivent être sensiblement plus dures que leurs similaires métropolitaines pour produire le même degré de puissance intimidatrice. »*[290] L'auteur des propos relevés ci-dessus recommande, à cette fin, une *« organisation, dans chaque colonie* (française), *de régimes pénitentiaires spéciaux, ... »* [291] réservés aux indigènes.

La liste des aberrations et des cruautés subies par les prisonniers mériterait qu'on s'y attarde en détail. Malheureusement, les pratiques dans les pénitenciers coloniaux français étaient sans aucune référence au droit. Cette carence d'outils juridiques est un fort handicap pour la visibilité de l'analyse de la différence de régime concrètement appliqué. Quelques recherches sur le terrain nous ont permis de nous faire une idée sur le degré du ségrégationnisme pénitentiaire au Cameroun.

Néanmoins, la spécificité du régime pénitentiaire à l'égard des prisonniers indigènes, recommandé, jadis, par Albert BILLIARD, lors du Congrès international de sociologie coloniale à Paris,[292] donne libre cours à des pratiques qui vont à l'encontre de toute idée de réformation du délinquant. La différence de traitement, même de moindre importance est contraire au principe de l'égalité devant la loi. Elle donne une mauvaise image non seulement de la justice mais aussi de la loi pénale française. Bien que le souhait fût exprimé, celui de laisser au législateur le soin de

---

[290] A. BILLIARD, « Etude sur la condition politique et juridique à assigner aux indigènes des Colonies », in *Congrès international de sociologie coloniale*, tenu à Paris du 6 au 11 août 1900, Paris ARTHUR ROUSSEAU, 1901, Tome II, p. 52

[291] A. BILLIARD, *op. cit.*, p. 53

[292] *Ibid.*, p. 53

fixer la peine applicable à chaque catégorie d'infractions dans la colonie française en matière pénitentiaire, *« un régime différent, de celui qui est appliqué aux européens, s'impose. »*[293] Les conditions de vie matérielles des prisonniers indigènes sont plus que précaires, mais en est-il autrement dans les centres réservés aux prisonniers français ? Les familles des détenus devaient circuler avec une relative facilité dans ces lieux. Peut-on en déduire par-là que l'indigène est « un mal qui répand la terreur » pour que le traitement carcéral lui soit appliqué différemment ?

Olivier LE COUR GRANDMAISON peint le tableau du traitement carcéral discriminatoire dans les colonies françaises : *« Les détenus français couchent dans des lits avec paillasse, drap, oreillers, couvertures. Ils portent des vêtements blancs, gardent des boys à leur disposition, peuvent posséder des livres, "écrire quand il leur plaît, reçoivent des visites de leur famille, de leurs amis, ont une ou deux heures de récréation par jour. (...) »* [294] Il poursuit en ces termes : *« Les indigènes quant à eux, s'entassent dans des salles empuanties par des tinettes [...], couchent à même le parquet, sur des nattes, n'ont aucun droit à la cantine, point de visite, point de lecture. Les travaux forcés et les peines corporelles par exemple ne sont applicables qu'aux autochtones. »*[295]

Cette différenciation dans le traitement carcéral était de tradition dans toutes les colonies françaises. Les travaux extérieurs ou les corvées étaient réservés aux seuls détenus indigènes. Il fallait préserver le prestige français. Laurent FOUCHARD le souligne en ce qui concerne le quotidien carcéral en Haute-Volta lorsqu'il dit : *« Faire voir un Européen dans une condition similaire à celle d'un détenu de droit commun signifiait le rapprocher de la précarité africaine et abolir sa civilité. »*[296] Le même auteur s'appuie sur la correspondance du lieutenant-gouverneur de la Côte-d'Ivoire. Puisqu' *« Il serait immoral comme nuisible au prestige français de faire sortir de prison [les détenus européens] pour*

---

[293] A. GIRAULT, in *Congrès international de la sociologie coloniale*, tenu à paris du 6 au 11 août 1900, tome II, rapports et procès-verbaux des séances, Paris, Arthur ROUSSEAU, 1901, p. 74

[294] O. LE COUR GRANDMAISON, *op. cit.*, p. 76

[295] *Ibid..*, p. 76

[296] L. FOUCHARD, « La prison entre conservatisme et transgression : le quotidien carcéral en Haute-Volta, 1920-1960 », in *Enfermement, prison et châtiments en Afrique. Du 19e siècle à nos jours*, Paris, Karthala, 1999, p. 266

les envoyer travailler sur les chantiers publics ».[297] Il y a lieu de conclure comme dans la fable de Jean DE LA FONTAINE : *« Selon que vous serez puissant ou misérable, les jugements de cour vous rendront blanc ou noir. »*[298]

Depuis lors, l'Etat camerounais arrive difficilement à oblitérer l'héritage colonial français dans ce domaine pénitentiaire. Il est regrettable de constater que l'économie de violence, ainsi que la différence de traitement des détenus au Cameroun selon qu'ils sont riches ou pauvres, se poursuivent de nos jours, peut-être d'une manière différente, après plus de cinquante ans d'indépendance, dans les établissements pénitentiaires camerounais. Les recherches effectuées dans les prisons révèlent cette anomalie de traitement carcéral telle que nous la présentera le chapitre consacré au dysfonctionnement des prisons. Cette reproduction du traitement discriminatoire colonial mérite d'être mise en question par une réforme globale approfondie, sans toutefois oublier l'utilisation abusive de la main-d'œuvre pénale instaurée par la colonisation.

2. Satisfaire les demandes de main-d'œuvre de l'administration coloniale et des entreprises privées

« Fournir des travailleurs gratuits à l'administration et aux entreprises privées par l'emploi systématique de la main-d'œuvre pénale »[299] était l'un des objectifs principaux de la prison à l'époque coloniale. L'obligation de travailler, imposée aux prisonniers, fut introduite dans les prisons camerounaises par le législateur colonial par un Arrêté de 1933.[300] L'exploitation intense de la main-d'œuvre carcérale engendre un autre phénomène, puisque : *« Cette dernière fonction,* poursuit-il, *participa largement à l'accroissement des effectifs de la*

[297] ANCI FF 6835, « Correspondance du lieutenant-gouverneur de la Côte-d'Ivoire au gouverneur général, 28 août 1929 », in *Enfermement, prison et châtiments en Afrique. Du 19e siècle à nos jours*, Paris, Karthala, 1999, p. 266

[298] J. DE LA FONTAINE, *Les animaux malades de la peste*, Recueil II, livre VII, fable 1

[299] I. THIOUB, « Sénégal : la prison à l'époque coloniale. Significations, évitement et évasions », in *Enfermement, prison et châtiments en Afrique. Du 19e siècle à nos jours* de Florence BERNAULT, Paris, Karthala, p. 285

[300] Trois modalités de travail des détenus. On distinguait ainsi : la corvée, la cession de la main-d'œuvre pénale et les camps de détenus.

population carcérale de la colonie en un temps relativement court ».[301] L'exécution des travaux pénibles et malsains devient l'apanage des prisonniers au Cameroun pour un but économique au détriment de leur resocialisation.

a. L'exécution des travaux pénibles et malsains

L'exécution des travaux pénibles, par les condamnés à une peine d'emprisonnement dans les colonies françaises, a des origines très lointaines. Elle fut récurrente, voire systématisée à partir de l'interdiction des travaux forcés des hommes libres. Les administrateurs coloniaux, comme nous l'avons déjà souligné, avaient l'horrible habitude de recourir aux travaux forcés des hommes libres sous couvert de l'intérêt public.

Malheureusement pour les administrateurs coloniaux, le régime de mandat français sur le Cameroun, signé par la France et la Société Des Nations interdisait le recours au travail forcé. Selon l'article 4 paragraphe 3 du mandat : *« La Puissance mandataire devra : (...) interdire tout travail forcé ou obligatoire, sauf pour les travaux et services publics essentiels et sous condition d'une équitable rémunération. »*[302] La dernière condition qui tolère le recours au travail forcé – la rémunération équitable – ne permettait pas aux administrateurs coloniaux et entreprises privées de réaliser les bénéfices économiques escomptés. Il fallait à tout prix exécuter certains travaux à moindre coût. Le travail forcé va élire domicile dans des lieux privatifs de liberté de telle sorte que ce travail devient intimement lié au système pénal. Une façon intelligente d'atteindre le même objectif économique en contournant l'interdiction émise par la SDN et acceptée par la France. De là, même au prix de la vie des condamnés, tous les coups sont permis : exécution des travaux pénibles, malsains.

Cette visée pénale du travail des détenus était déjà prévue par Arthur GIRAULT : *« Aux colonies, la main-d'œuvre manque, mais les travaux malsains et pénibles à exécuter ne manquent jamais. Cependant, comme il faut que ces travaux se fassent, mieux vaut les infliger à des coupables*

---

[301] I. THIOUB, *ibid.*, p. 285-286

[302] Article 4 paragraphe 3, formule du mandat français sur le Cameroun par la Société Des Nations (SDN), Londres, le 20 juillet 1922

à titre de châtiment que d'y employer les habitants honnêtes. »[303] Telle fut la logique qui détermina le recours à des corvées.[304] La conception du travail fut ainsi détournée. Le travail devient un châtiment et non plus une utilité.

Par ailleurs, certains travaux, uniquement réservés et imposés aux condamnés, devenaient intimement liés au statut de prisonnier. Jean-Pierre ALLINNE dira : *« il s'opère très vite une osmose entre travail forcé, défrichements et population pénale. »*[305] La prison devient ainsi un "réservoir" de cette main-d'œuvre gratuite afin d'exécuter tous les travaux malsains et pénibles. Dépouillés de tout sens noble et utile, et de surcroît qualifiés de corvée, ces travaux ne pouvaient et ne peuvent produire qu'un effet négatif, dégradant et désocialisant. Peu importe, évidemment, pourvu que l'objectif économique soit atteint.

b. La contribution économique des prisons au détriment de la resocialisation des condamnés

La contribution économique des prisons justifie le recours excessif à la main-d'œuvre pénale. Au XIXe siècle, l'emploi de la main-d'œuvre des condamnés aux travaux forcés, dans les colonies, faisait l'objet de multiples décrets, suite à des modifications successives. Les raisons de ces nombreuses modifications n'étaient guère pour l'amélioration des conditions de travail des condamnés, mais, pour le profit que la main-d'œuvre pénale devait procurer. Les propos d'Arthur GIRAULT, à cet effet, confirment la préoccupation économique qui guidait l'élaboration de multiples décrets dans ce domaine. En effet : *« C'est au fond la question du taux de la redevance qui était la cause essentielle des*

---

[303] A. GIRAULT, in *Congrès international de la sociologie coloniale, tenu à paris du 6 au 11 août 1900, tome II, rapports et procès-verbaux des séances*, Paris, Arthur ROUSSEAU, 1901, p.75 ; voir aussi le même auteur : principes de colonisation et de législation coloniale, 2e partie : les colonisations françaises depuis 1815, Tome I, 4e édition, Paris, Recueil Sirey, 1922, p. 516

[304] Article 37 alinéa 2 et Ss de l'Arrêté de 1933. La corvée désignait l'ensemble de travaux effectués par les prisonniers tant à l'intérieur qu'à l'extérieur de la prison. A l'extérieur de la prison, le travail portait sur l'extraction des pierres, la coupe du bois de chauffage, la fabrication de la chaux, des briques, la culture vivrière dans les champs pénitentiaires. A l'intérieur de la prison, la corvée, spécialement réservée aux femmes et aux prisonniers dangereux, consistait dans le service d'entretien général.

[305] J.-P. ALLINNE, *op.cit.*, Clio@Thémis, in *Revue électronique d'histoire de droit*, numéro 4

diverses modifications apportées à la législation sur cette matière depuis 1891 »[306] Les décrets originels se préoccupent seulement de la contribution économique de la main-d'œuvre des condamnés. Pour plus de profit, il faut céder des prisonniers moyennant une redevance fixée par les autorités administratives.

La cession de la main-d'œuvre pénale[307] s'analysait comme une prestation de service à titre onéreux, résultant du travail des prisonniers au bénéfice des tiers. Au Cameroun, les services publics, les entreprises privées comme les particuliers pouvaient alors utiliser la main-d'œuvre pénale pour toute sorte de travail sans distinction. C'est ainsi que l'exploitation intensive des plantations de caoutchouc et d'huile de palme se fit au moyen des corvées exercées par les prisonniers au Cameroun, sous la direction des officiers coloniaux français. La prégnance de cette préoccupation ne manquait pas d'animer les différents débats des grandes instances de l'empire français. Il est à remarquer que, s'adressant avec insistance aux membres du congrès international de sociologie coloniale, Albert BILLIARD voulait absolument convaincre tous les acteurs coloniaux de la raison économique du travail pénal : *« Le travail des condamnés peut et doit avoir, dans les colonies, une portée économique considérable, s'il est exclusivement affecté à des œuvres d'utilité publique ; et, par cette expression, j'entends non seulement l'ouverture des voies de communication, le creusement et l'amélioration des cours d'eau et des ports, mais encore le défrichement préalable des terres offertes par l'Etat à la colonisation. »*[308]

Rien dans tout ce programme de l'utilisation des condamnés ne fait allusion ni à leur resocialisation ni à la culture du "vivre-ensemble" qui étaient les objectifs de la peine dans les traditions culturelles au Cameroun avant la colonisation. L'objectif économique de la main-d'œuvre carcérale est omniprésent dans tous les milieux coloniaux.

Malgré une timide amélioration prévue par l'Arrêté du 8 juillet 1933 qui institue des modes de travail pénal réservé aux mineurs condamnés, le pénitencier colonial du Cameroun oriental renonce à la vocation

---

[306] A. GIRAULT, *Principes de colonisation et de législation coloniale, T.II, Paris, Librairie de la société du Recueil général des lois et des arrêts*, 1904, p. 285

[307] Article 38 de l'Arrêté de 1933

[308] A. BILLIARD, *op. cit.*, p. 52

réformatrice pour se centrer sur le travail forcé des détenus. Les prisonniers indigènes camerounais deviennent corvéables à merci. Le travail des condamnés, pendant la période coloniale, n'avait pas un l'objectif resocialisant. Bien au contraire. Il était, à la limite, un instrument de négation des Droits de l'homme proclamés en métropole. La qualité et la nature des travaux réservés aux condamnés n'étaient pas les plus enviées. Ainsi l'appel était fait à la main-d'œuvre pénale pour les travaux durs, pénibles. Les détenus étaient considérés comme des "forçats". Dans certains cas, chez des particuliers, les détenus étaient des domestiques. Le Commissaire de la République avait la faculté d'entretenir des chantiers spéciaux d'utilité publique. Les camps de détenus étaient institués pour l'exécution des travaux dans ces chantiers. La prison coloniale était, de ce fait, intimement liée à la conservation et à la pratique du pouvoir de l'Empire totalitaire. Car la prison constituait un instrument du pouvoir, et de pouvoir.

En définitive

Le système d'incarcération colonial tire ses origines d'un événement très lointain : l'abolition de la traite négrière et de l'esclavage. Les armateurs et négriers, ne voulant pas sacrifier leur ressource économique trouvèrent une autre méthode leur permettant d'atteindre leur but économique. Sur les côtes d'Afrique, se construisent alors des hangars permettant de cacher leurs marchandises humaines.

L'incarcération officialisée supplante ainsi l'incarcération officieuse du fait de la colonisation généralisée et de l'exploitation à outrance des nouvelles colonies d'Afrique. Cette exploitation intensive des colonies rencontre la résistance des populations encore mal soumises, en plus de la législation particulièrement exceptionnelle appliquée par l'administration coloniale. Les méthodes de répression rigoureuse de la part des colonisateurs sont employées afin de briser l'inertie des indigènes autochtones au nom de l'ordre public colonial.

Au fil des années, prend forme l'incarcération pénale. Mais toujours est-il que la conjoncture politique et économique coloniale prend le dessus. Le recours à la main d'œuvre pénale sera fortement encouragé. Jean-Pierre ALLINNE ne manque pas de faire un résumé condensé de la problématique de la main-d'œuvre carcérale. *« L'enfermement colonial,* dit-il, *est d'abord un énorme réservoir de main-d'œuvre que l'on enferme dans des conditions de fortune le plus souvent pour une courte durée, ainsi une durée saisonnière au moment des travaux des champs. »*[309]

A supposer par ailleurs et par ricochet, que ce travail, qui fait désormais partie intégrante de la peine, ait un but resocialisant, la qualité même de ces travaux démentira toute tentative de recours à ce justificatif. Albert BILLARD n'a fait qu'énumérer quelques formes de ces travaux, sans toutefois déterminer les conditions dans lesquelles ils sont exécutés. N'importe quelle imagination humaine empreinte d'objectivité peut décrire le déroulement de leur exécution. *« Les logiques économiques et punitives de la prison tropicale*, selon Florence BERNAULT, *loin de tendre à la réforme des Africains, cachent en réalité ses fonctions politiques de reproduction d'un pouvoir colonial et circonscrit. »*[310]

---

[309] J.-P. ALLINNE, *op. cit.*, Clio@Thémis, in *Revue électronique d'histoire de droit*, numéro 4

[310] F. BERNAULT, *op. cit.*, p. 62

Partie I - Conclusion

« Au moment où les troupes européennes occupent (le Cameroun), *au moment où se pose le problème de savoir quelle loi pénale appliquer à ces populations dont on savait peu de choses, l'existence de traditions juridiques est indubitable. Il n'y a pas de société sans droit, ubi societas, ibi jus. Les anthropologues du droit n'ont fait que confirmer l'adage. »*[311] Malheureusement, les administrateurs coloniaux, non seulement avaient ignoré les traditions culturelles camerounaises en matière de répression, mais aussi avaient inhibé des méthodes traditionnelles de régulation sociale. Le Cameroun devenu une colonie de plusieurs puissances occidentales, rompt avec ses traditions. Dans ce sens, Etienne LE ROY expose l'impact que l'occupation étrangère a sur le territoire occupé. Selon lui : *« La notion de colonie connote une situation où, à la suite d'une conquête ou d'une occupation, un transfert de population et d'institutions s'exerce sans se préoccuper ou en niant plus ou moins totalement le caractère étranger du pays dans lequel on s'installe, donc l'existence d'une civilisation et de formes de cultures "autres" ».*[312]

Cette situation se vérifie dans le cas du Cameroun en matière de répression. En effet, pendant la période précoloniale, le peuple camerounais appliquait un système de sanction qui avait pour finalité la protection de la société et donc la sauvegarde du tissu social. Pour que cette finalité soit atteinte, les fonctions d'une sanction étaient la réparation, la réconciliation. Toute sanction, quel que soit son aspect répressif ou " cruel ", devait remplir cette mission.

Le discours colonial avait permis de mettre en exergue la relativisation d'un certain nombre de critères qui ont contribué à laisser apparaître la culture traditionnelle comme produit d'une histoire répétitive et

---

[311] H. BLEUCHOT, *Les cultures contre l'homme ? Essai d'anthropologie historique du droit pénal soudanais*, Presses universitaires d'Aix-Marseille, 1994, p. 104

[312] E. Le ROY, *op. cit.*, p. 148-149

révolue,[313] et par conséquent, à la négation même des méthodes traditionnelles de punition au Cameroun (ou en Afrique en générale). Au nom de la civilisation, les colonisateurs devaient imposer leurs propres législations. Ils ont ainsi implanté au Cameroun des systèmes de répression exogènes qui se sont superposés à des méthodes traditionnelles d'autorégulation jusqu'à leur inhibition. La prison s'installe, tant bien que mal au sein de la société qui l'ignore. Ce système colonial de répression *« a participé à la subversion des méthodes de répression autochtones. »*[314]

« Une certitude anthropologique s'impose : la réification de l'homme réduit au statut de bétail par l'enfermement ou esclavage était contraire aux traditions de liberté et de dignité personnelle dont jouissait l'Africain traditionnel protégé par son groupe clanique et par les frontières territoriales garanties par les puissants dont il relevait. »[315]

En monopolisant l'appareil judiciaire, le pouvoir colonial ne faisait que consacrer la contradiction totale entre deux univers aux logiques diamétralement opposées. L'univers colonial, moderne, est un univers où c'est l'État qui crée par la loi et les codes. La logique de la justice inspirée de la France, c'est d'écraser ceux qui vont contre l'intérêt général, même si ça provoque des déchirures puisque c'est l'État qui assure l'avenir.

Par la suite, le gouvernement camerounais s'est servi des mêmes arguments bien plus pour détribaliser le droit que pour "vraiment" l'humaniser.

Dans le système moderne, l'État a déjà pris des décisions, ce sont les codes, et c'est en fonction de la décision passée qu'on va régler les problèmes du présent. On a un problème d'accident, on le règle en

---

[313] La colonisation présentait à l'opposé à la culture occidentale comme produit d'une histoire supplémentaire. Cette approche sera longtemps illustrée par des caractéristiques suivantes : Civilisation de l'oralité, c'est-à-dire une culture sans écriture ; Civilisation à l'autosubsistance, c'est-à-dire sans machine ; Sociétés simples ou homogènes de par la simplicité de son organisation ; Sociétés complexes par rapport à la complexification des différentes formes d'organisations ; etc…

[314] F. BERNAULT, *op. cit.*, p. 285

[315] J.-P. ALLINNE, *op. cit.*, Clio@Thémis, *in Revue électronique d'histoire de droit*, numéro 4

fonction du code civil qui ne l'avait pas prévu, on ne part pas du concret. Dans le contexte colonial, on est dans un système tout à fait abstrait qui rattache le présent au passé, tandis que dans le cadre traditionnel, le présent engendre l'avenir. Que se passe-t-il alors quand on essaie d'introduire la coutume dans les codes ? Elle devient loi et cela supprime la responsabilité du groupe face aux problèmes de société qu'il réglait en son sein. On devra demander à un technicien (le juriste spécialisé) quelle loi s'applique. En établissant son emprise sur l'appareil judiciaire, l'État colonial a déresponsabilisé le groupe et c'est d'ailleurs là que se situe l'opposition fondamentale entre la coutume et la loi.

Avec la conception coloniale, la peine n'est plus perçue comme un moyen qui permet de recoudre, de renouer les liens sociaux. Elle devient uniquement une vengeance sociale, on a commis une faute, on est puni.

Le phénomène de la colonisation, qui a si profondément bouleversé les structures sociales traditionnelles, ne pouvait épargner les mécanismes traditionnels de répression camerounais. Une rupture brusque s'opère avec la conception traditionnelle de la répression et de la peine. Si toute rupture conceptuelle ou structurelle n'est pas forcément négative, il est, du moins, préférable que celle-ci soit le fait interne. Elle doit être intrinsèquement liée aux éléments qui composent la structure ou le domaine concerné.

La première analyse du Décret du 27 mars 1992 portant régime pénitentiaire au Cameroun permet de relever qu'il est assigné à la prison un triple objectif. Cette triple fonction apparaît comme révélatrice des incertitudes de fond qui tournent autour de la resocialisation des condamnés et de la défense de la société, deux pôles que le législateur camerounais n'arrive pas à concilier dans une synthèse satisfaisante.

PARTIE II

Les facteurs spécifiques du dysfonctionnement du système pénitentiaire camerounais

Tout système pénitentiaire devrait obéir à une politique pénale déterminée. Celle-ci peut s'entendre comme étant un ensemble de mesures législatives et réglementaires qui encadrent l'exécution de toute peine – peines alternatives par exemple - et non seulement la privation de liberté. Ces mesures doivent aller, dès le prononcé de la sanction par le juge, jusqu'à la réinsertion sociale du délinquant. Ce qui nécessite l'intervention de toutes les instances appelées à faire fonctionner le système pénitentiaire et donc une politique d'ensemble.

La politique pénale doit tendre à une finalité qui la distingue tout en définissant son champ d'action. Cette finalité doit être sous-tendue par une réflexion sur les fondements de la justice, la légitimité et les limites du droit de punir, et les devoirs de la société envers les délinquants quant à leur resocialisation, tant il est vrai, comme le souligne Gabriel MOUESCA, que *« toute personne condamnée est aussi "condamnée" à retrouver un jour le corps social, à le réintégrer ... »*.[316] Dans la mise en place d'une telle politique pénitentiaire, le législateur doit impérativement jouer un rôle prépondérant, afin de fixer un cadre légal tant au prononcé qu'à l'exécution des différentes peines. Cette prépondérance législative tient au fait que l'exécution des peines privatives de liberté peut entraver l'usage de certains droits fondamentaux inhérents à tout individu.

La République du Cameroun traîne avec elle une longue tradition coloniale en matière carcérale. En effet, la peine d'emprisonnement, introduite au Cameroun pendant la période coloniale, a toujours été l'œuvre de l'Exécutif, voire de l'Administration. Après plus d'un demi-

[316] G. MOUESCA, ancien président de l'Observatoire International des Prisons, section française, in *Messages*, novembre 2004, p. 7

siècle de domination systématique[317] et plus de quarante années d'indépendance, l'Etat camerounais semble toujours incapable de se défaire de la conception colonialiste d'enfermement. En effet, en parodiant BERNAULT,[318] la prison, avatar des pénitenciers occidentaux, sans dynamisme historique propre apparent, s'est installée, cahin-caha, au sein de la société camerounaise qui l'ignorait. On croirait à un *« retour de la loi [...] incarnée par les pouvoirs exorbitants des administrateurs coloniaux. »*[319]

Il est évident, le système pénitentiaire a énormément changé dans le sens de son amélioration. Cependant beaucoup reste à faire. On déplore cependant la difficile oblitération de la conception colonialiste de l'enfermement telle que nous la révèlent les dispositions législatives et réglementaires en matière pénitentiaire. Ce qui laisse entrevoir l'absence d'une véritable vision pénitentiaire d'ensemble. Dans un tel contexte, la mise en œuvre d'une politique pénale ne peut être qu'hypothétique et de ce fait, rendre inadéquat le fonctionnement des prisons camerounaises.

---

[317] En 1884, l'Allemagne établit peu à peu son autorité sur ce territoire et y investit largement. Les Allemands découpent de façon arbitraire une sorte de vaste triangle dont la pointe nord atteint le lac Tchad en zone sahélienne, et la pointe sud-est les rives de la Sangha en pleine forêt équatoriale. Le Cameroun est démantelé en 1918 et confié à la France (4/5e du territoire) et à la Grande-Bretagne (deux bandes de territoire le long de la frontière avec le Nigéria).

[318] F. BERNAULT, *op. cit.*, p. 17

[319] *Ibid.* p. 17

Titre I

L'absence d'une vision pénitentiaire d'ensemble

La liberté d'aller et venir étant un droit fondamental reconnu à tout être humain, elle ne peut souffrir de restriction que si la loi le prévoit. La loi, règle juridique suprême, générale et impersonnelle, est en principe prescrite par le Parlement, titulaire du pouvoir législatif, du pouvoir d'édicter les lois. La loi ayant pour synonyme la législation, celle-ci englobe le règlement qui fixe aussi des règles générales et impersonnelles dont l'auteur est le pouvoir exécutif. Ainsi, dans le domaine pénitentiaire, l'exécution de la peine privative de liberté doit être régie par les dispositions législatives et réglementaires. Afin d'éviter tout excès et de trouver le juste milieu dans l'exercice du droit de punir, les pouvoirs législatif et exécutif ne doivent pas travailler en rang dispersé.

En effet, depuis la période coloniale, l'exécution de l'emprisonnement demeure le domaine privilégié du pouvoir exécutif. Le système pénitentiaire camerounais, plus précisément l'exécution de la peine privative de liberté, continue à être l'apanage de l'Exécutif. L'organisation du régime applicable dans tous les établissements pénitentiaires camerounais repose essentiellement, sinon totalement, sur les dispositions réglementaires par le biais d'un décret présidentiel. Cependant, il ne faudrait pas nier l'intérêt qu'avait porté l'Etat camerounais, en 1992, sur la chose pénitentiaire. En effet, le pouvoir exécutif a voulu marquer une fois encore son désir d'améliorer le sort des citoyens privés de liberté. Ce décret, encore en vigueur de nos jours, est la principale source juridique qui réglemente la peine privative de liberté.

L'intervention sporadique du Législatif se traduit par sa portée très limitée en matière pénitentiaire. Cette carence rend malheureusement inopérant le régime pénitentiaire mis en place par l'Exécutif camerounais.

Chapitre I

L'œuvre exclusive de l'Exécutif camerounais traduite en un régime pénitentiaire inopérant : décret du 27 mars 1992

Le régime pénitentiaire peut être entendu comme un ensemble de dispositions légales qui régissent le fonctionnement des prisons. La légalité du régime est comprise comme le fait d'être conforme aux lois. La loi quant à elle, est définie comme une règle établie par l'autorité de l'État, définissant les droits et les devoirs de chaque citoyen, ou l'ensemble de ces règles. Toutes ces définitions extensives du terme "légalité" nous mènent à déduire que le régime pénitentiaire camerounais établi par l'Exécutif est en conformité avec le principe même du droit. Cette légitimité de l'Exécutif à agir en matière de la privation de liberté le conduit à prendre à bras le corps l'organisation du régime pénitentiaire au Cameroun. C'est ainsi que l'agencement de l'ensemble des dispositions dans ledit domaine pénitentiaire semble être l'œuvre privilégiée, voire exclusive, de l'Exécutif camerounais.

En effet le décret présidentiel du 27 mars 1992 réglemente, dans sa totalité, le régime applicable dans les établissements pénitentiaires camerounais. Ce décret ouvre des perspectives plutôt louables. Mais, malgré cette ouverture, le bilan de sa mise en œuvre reste mitigé. Il convient ici d'essayer de comprendre les raisons de ce relatif échec, puisque, en effet, au-delà de ces dispositions réglementaires, seuls les détails du régime pénitentiaire adopté donnent la véritable physionomie du système. Et c'est à l'examen de ces détails qu'apparaissent les paradoxes pénitentiaires camerounais. Paradoxes qui se révèlent comme une incertitude de fond qui continuerait de planer sur la fonction exacte et actuelle de la privation de liberté au Cameroun. La mise en place de ce décret nécessitait des ajustements importants : nouvelles méthodes de travail, adaptations de bâtiments, etc. Force est de constater qu'il existe un décalage entre la réalité et les principes émis dans le texte réglementaire.

L'étude ci-après n'a pas pour objet de décrire en détail tout le régime pénitentiaire camerounais. Elle vise à déceler les limites qui mettent en question l'efficacité du système pénitentiaire camerounais, et donc de l'exécution de la peine privative de liberté. Les dispositions réglementaires prévues par le décret de 1992 portant régime pénitentiaire présentent des équivoques qui le rendent inapplicable tout en favorisant l'institutionnalisation de l'insécurité juridique au Cameroun.

I. L'inapplication du régime pénitentiaire camerounais

L'environnement juridique qui sert de base à la mise en place du système pénitentiaire au Cameroun reflète l'histoire très mouvementée de ce pays qui n'a cessé de rechercher sa "propre identité juridique". Il s'ensuit que, dans une marche chancelante vers la "modernité" en matière de l'exécution de la peine privative de liberté, le pouvoir exécutif camerounais fait preuve d'un éclectisme laissant ainsi un vide idéologique quant à l'objectif poursuivi dans la mise en place du système pénitentiaire au Cameroun. En effet, d'un côté, il (l'Exécutif) ne veut pas abandonner complètement l'héritage colonial. Et de l'autre, il veut se mettre au même diapason que les autres pays développés sur la scène internationale. Malheureusement la seule volonté ne suffit pas. Il faut y associer les moyens adéquats.

Cette impasse réglementaire se traduit par l'ambiguïté de la fonction de la peine d'emprisonnement et par le manque d'objectivité quant à la classification des prisons. Et même si l'Exécutif partage le souci d'une classification objective des prisons, il faut néanmoins constater que, dans l'état actuel des choses, la concrétisation de ce régime pose un problème de moyens. On assiste donc à l'inadéquation du parc pénitentiaire qui limite l'application des règles de fonctionnement.

L'ambiguïté de la fonction de la peine privative de liberté

Bien qu'ayant pour but et finalité la protection de la société, la privation de liberté est d'abord une sanction qui a, dans l'immédiat, une double fonction découlant de sa nature propre. Elle sépare l'individu de la communauté des hommes libres, d'une part, et d'autre part, elle doit préparer le retour du condamné dans sa communauté. *« La peine a ainsi une double finalité puisque la privation de liberté est bien en soi une sanction, mais que, en même temps, on entend pendant la détention agir sur le condamné à des fins de resocialisation. »*[320] C'est dire que les deux fonctions, voire les deux missions, doivent aller de pair. Et donc l'une ne doit pas être privilégiée au détriment de l'autre. Sinon, on pourrait s'orienter, soit vers une politique dite rétributive, fondée sur l'idée de répression et d'élimination, soit vers la politique qui met en avant les idées de resocialisation et de traitement pénal.

Dans le même ordre d'idées, les Nations Unies, lors du Congrès pour la prévention du crime et du traitement du délinquant, déclaraient que : *« Le but et la justification des peines et mesures privatives de liberté sont en définitive de protéger la société contre le crime. Un tel but ne sera atteint que si la période de privation de liberté est mise à profit pour obtenir, dans toute la mesure du possible, que le délinquant, une fois libéré, soit non seulement désireux, mais aussi capable de vivre en respectant la loi et de subvenir à ses besoins. »*[321]

A la réflexion de tout ce qui précède, la question qui se pose aujourd'hui est de savoir quelle est la fonction exacte de l'incarcération au Cameroun ? Plus précisément quelle est la politique pénitentiaire mise en place ? La difficulté d'un choix radical d'un type précis de politique carcérale au Cameroun se traduit de façon éclatante. En effet, la volonté, pour l'Exécutif de 1992, de rechercher l'amendement du condamné n'apparaît que de façon subsidiaire par rapport à la discipline pénitentiaire qui bénéficie d'une surabondante réglementation. Il y a donc absence d'adaptabilité de l'institution carcérale à la fonction de resocialisation.

L'analyse du décret portant régime pénitentiaire camerounais du 27 mars 1992 révèle que les prisons camerounaises sont fondamentalement incapables de remplir d'autres fonctions que celles traditionnelles de garde et de sécurité. Ceci prête à une équivocité de la fonction de la peine

---

[320] A. Marc, *Les systèmes pénitentiaires en Europe occidentale*, Paris, La Documentation française, 1981, p. 19

[321] Article 58, *Ensemble de règles minima pour le traitement des détenus adopté* par le premier Congrès des Nations Unies pour la prévention du crime et du traitement des délinquants, tenu à Genève en 1955 et approuvé par le Conseil économique et social dans ses résolutions 663 C (XXIV) du 31 juillet 1957 et 2076 (LXII) du 13 mai 1977

privative de liberté du fait de la prédominance des mesures privilégiant la réalisation des fonctions classiques et dépassées.

1. La prédominance d'un système pénitentiaire rétributif

A l'origine et depuis des décennies, l'organisation de la vie carcérale était dominée par l'idée qu'elle devait être aussi pénible que possible, afin d'accabler le délinquant pour qu'il ne soit plus capable, ni physiquement, ni psychologiquement, de commettre une nouvelle infraction. La "fièvre" de l'insécurité commandait la politique de nombreux Etats. Ce n'est que dans ce sens qu'il faut comprendre Jean Charles FROMENT lorsqu'il nous dit *que « les préoccupations relatives au maintien de l'ordre public étaient dominantes. Dès lors, la fonction d'ordre public de la prison s'impose, et toute son organisation est structurée sur la base d'objectif d'ordre public. La référence sécuritaire donne sens à un ensemble de signes de détention. »*[322] Ces propos ont encore toute leur signification. Toutefois, cette fonction sécuritaire ne devrait pas être exercée au détriment de tout amendement et de resocialisation du détenu. *« La peine, dans ce cas constitue une vengeance réglée, mesurée, purgée de la haine qui vise à restituer l'honneur offensé, à compenser les crimes. »*[323] Force est de constater avec regret que le système pénitentiaire camerounais est régi par des règles d'infractions et de sanctions disciplinaires exorbitantes et que la formation et la fonction du personnel d'encadrement sont caractérisées par l'absence d'un programme à but resocialisant.

a. Des règles d'infractions et de sanctions disciplinaires exorbitantes

Il est évident que l'ordre et la discipline doivent être maintenus avec fermeté au sein de l'établissement pénitentiaire. Mais cette nécessité ne doit pas apporter plus de contrainte qu'il n'en faut pour le maintien de la sécurité et d'une bonne organisation de la vie en collectivité derrière les murs. Les listes d'infractions et de sanctions disciplinaires ne doivent pas dépasser la mesure, ni être excessive par rapport au reste des dispositions réglementaires. Malheureusement, le régime pénitentiaire camerounais

---

[322] J.-C. FROMENT, « Vers une prison de droit ? » in *Revue de Science criminelle et de droit pénal n° 3.537-560,* juillet-septembre 1997, p. 127

[323] J. O. MBOCK, *op. cit.*, p. 3

laisse entrevoir la prédominance des sanctions disciplinaires en plus de la privation de la liberté.

D'une part, à la lecture du titre IV du décret n° 92/052 du 27 mars 1992 consacré à la "discipline",[324] les quinze (15) articles ne concernent que les infractions et les sanctions disciplinaires à l'encontre des détenus, afin de garantir l'ordre et la sécurité à l'intérieur des établissements pénitentiaires camerounais. Les sanctions disciplinaires, qui sont pour autant indispensables, devraient être accompagnées des garde-fous législatifs afin que le personnel pénitentiaire ne tombe pas dans l'excessivité sécuritaire. Malheureusement, dans le titre consacré à la discipline, aucun article spécifique, comme c'est le cas des infractions et sanctions, n'est consacré aux droits des détenus. On ne peut que supposer, *a contrario*, les obligations des autorités pénitentiaires dans l'exercice de leur pouvoir disciplinaire. De plus, s'il est prévu que la sanction à infliger sera *« proportionnée à la gravité de la faute »,*[325] le caractère grave de la faute n'est, par contre, pas déterminé par le texte. La gravité de la faute disciplinaire est donc laissée à l'entière et totale appréciation de l'autorité pénitentiaire qui use de son absolu pouvoir discrétionnaire en la matière. Cette carence réglementaire, volontaire ou non, abandonne les citoyens privés de liberté à la merci de l'arbitraire et favorise en même temps le non respect des droits des détenus.

D'autre part, *« les détenus doivent observer les règles de discipline applicables dans les établissements pénitentiaires, sous peine de sanctions disciplinaires et éventuellement, de poursuites judiciaires. »*[326] Lorsqu'on sait que la discipline carcérale élabore et codifie sa propre pénalité, inclure un article[327] contenant à lui seul vingt-quatre (24) actes spécifiques, définis comme infractions disciplinaires traduit le caractère excessif de la mission rétributive de la peine privative de liberté. L'intérêt ici n'est pas seulement d'énumérer des infractions et des sanctions applicables, ni de montrer du doigt la préoccupation de l'Exécutif en matière d'ordre et de sécurité au sein des établissements pénitentiaires camerounais. Mais il faut aussi attirer l'attention sur le fait

[324] Titre IV : discipline, articles 36 à 50 du décret de mars 1992
[325] Article 46, 1er alinéa in fine du décret du 27mars 1992 portant *régime pénitentiaire camerounais*
[326] Article 43 du décret de 1992 portant régime pénitentiaire camerounais
[327] Article 44 du décret du 27 mars 1992

que l'individualisation de ces sanctions disciplinaires peut avoir un impact positif quant à la resocialisation des détenus. L'analyse critique de ces dispositions disciplinaires montre que l'Exécutif est soucieux de l'efficace exemplarité et de l'élimination, plus que la réinsertion sociale qui passe par le respect des droits humains en milieu carcéral. Ceci est d'autant plus pertinent que la gamme de sanctions prévues n'offre aucune variété nécessaire à l'individualisation de la sanction. On énumère seulement quatre catégories de sanctions disciplinaires : les corvées les plus pénibles ; la mise en cellule de correction pour une période de 15 jours maximum et par tranche de 5 jours suivie chaque fois d'un régime commun ; l'enchaînement dans la cellule de correction, ou en tout autre lieu, pour une durée de 15 jours aux mêmes conditions qu'à l'alinéa ci-dessus ; la suspension ou la suppression des visites. A cette gamme de sanctions ne correspond aucune infraction précise.

Tout reste donc à l'appréciation de l'administration pénitentiaire comme nous l'avons souligné plus haut. Lorsque la formation et la fonction du personnel pénitentiaire sont dominées par un souci autre que la resocialisation de ceux qui sont sous leur garde, il y a des fortes chances que la mission rétributive devienne prioritaire.

C'est dire, comme Jacques-Oberlin MBOCK, que *« la vision que le gardien a des détenus est conditionnée par la pratique institutionnelle»*[328], pratique caractérisée par l'accent militarisé mis sur la formation du personnel de surveillance. Il y a lieu de parler de l'absence d'un véritable programme à but resocialisant. Car, l'accent est principalement mis sur la fonction sécuritaire, imposée par le processus sociétal, de l'incarcération-exclusion.

b. La formation militarisée du personnel pénitentiaire

Il est admis que la fonction pénitentiaire s'articule aujourd'hui autour d'une double et délicate mission ; d'une part, le maintien de l'ordre et de la discipline dans les prisons, et d'autre part, la rééducation et la resocialisation des détenus. Le personnel de surveillance étant en contact quotidien et permanent avec les détenus, une formation appropriée doit l'amener non seulement à combattre le désordre et l'anarchie *intra muros*, mais aussi à habituer les détenus au respect de leurs obligations.

---

[328] J. O. MBOCK, *op. cit.*, p. 86

C'est dire que ce personnel doit assumer un rôle non négligeable dans l'accomplissement de cette double mission aujourd'hui attribuée à la prison. A ce titre, la réorientation de sa formation lui permettra d'exercer une "répression éducative". La formation doit en faire des "éducateurs spécialisés" étant donné que ce personnel est appelé à rendre effective la mission de resocialisation attribuée à la peine privative de liberté, donc à sa concrétisation. Dans la même lignée, les Règles pénitentiaires européennes soulignent l'importance que revêt la formation adéquate du personnel pénitentiaire. La règle 8 précise que : *« Le personnel pénitentiaire exécute une importante mission de service public et son recrutement, sa formation et ses conditions de travail doivent lui permettre de fournir un haut niveau de prise en charge des détenus. »*[329] L'extrait du commentaire explique que *« la règle 8 souligne la place centrale qu'occupe le personnel pénitentiaire dans l'ensemble du processus de mise en œuvre des règles et de développement d'un traitement humain des détenus. »*

Malheureusement, à la lecture des différentes dispositions textuelles qui réglementent le service public pénitentiaire au Cameroun, des inquiétudes peuvent être formulées sur la formation essentiellement militarisée. Il est également regrettable de constater que la formation de ce personnel ne soit pas l'affaire des psychologues, des psychiatres en plus des criminologues et pénologues. Si l'intervention de ces spécialistes du comportement humain est bien appréciée dans la société des hommes libres, elle s'avère encore plus indispensable dans le cadre de la formation du personnel d'encadrement comme en milieu fermé auprès des détenus.

c. La fonction sécuritaire *intra muros* du personnel de l'administration pénitentiaire

Selon les termes des textes en vigueur, la fonction des gardiens de prisons est essentiellement orientée vers la préservation de la sécurité au sein des établissements pénitentiaires. Il s'agit plus précisément du maintien de l'ordre et de la discipline dans les prisons et parmi les prisonniers ; de la surveillance de l'exécution des corvées et du contrôle des entrées et des sorties des détenus de la prison. L'accomplissement de ces tâches nécessite une attitude répressive et de distance envers le

---

[329] Règle 8 : Règles pénitentiaires européennes

condamné, pour une stricte application du règlement intérieur. En résumé, le rôle traditionnel du gardien de prisons se réduit, pour reprendre l'expression de Michel Foucault, à « surveiller et punir ».
La priorité accordée à la mission de sécurité a installé une culture de l'autorité, de la crainte et de la force. D'ailleurs, le décret portant statut spécial du corps de fonctionnaire de l'administration pénitentiaire est clair là-dessus, dans son article 2. *« Astreints au port d'armes et d'uniformes, les fonctionnaires de l'administration pénitentiaire font partie des éléments civils chargés du maintien de l'ordre au sein des établissements pénitentiaires. »*[330] Tel que stipulé, il n'y a pas de doute, la mission de réinsertion sociale des détenus est proscrite dans le champ de travail du personnel des établissements pénitentiaires camerounais. Les gardiens de prisons constituent donc un "corps civil de maintien de l'ordre". Et comme dans l'armée, ils ont pour mot d'ordre : la discipline et l'obéissance.

Il est souhaitable que le gardien des prisons devienne plus rééducateur que simple surveillant des détenus. Il est la personne la plus proche du condamné, et connaît ce dernier mieux que quiconque. Son rôle doit être élargi dans le sens de la réalisation de l'objectif poursuivi, en l'occurrence, la réintégration du détenu dans la société à sa libération. Comme le précise la CNCDH dans ses études : *« la fonction essentielle de ce dernier est la restauration du lien social, la préparation du détenu à sa libération tandis que les mesures de sécurité doivent être strictement limitées au nécessaire et non dans un esprit d'absolue primauté. »*[331] La reformulation des missions du service public pénitentiaire devrait faire l'une des priorités des autorités camerounaises.

d. La fonction de gardien des prisons

La fonction principale, pour ne pas dire primordiale, du personnel des établissements pénitentiaires au Cameroun est celle de garder les détenus, d'où leur désignation de gardiens des prisons qui persiste encore aujourd'hui. De par cette appellation de gardiens, il serait difficile de confier une mission autre que celle de garde avec tout ce que cela

[330] Article 2 du décret n° 92/054 du 27 mars 1992 portant statut spécial du corps des fonctionnaires de l'administration pénitentiaire
[331] CNCDH (les études de la), Sanctionner dans le respect des droits de l'homme, I. Les droits de l'homme dans la prison. Paris, La documentation française, 2007, p. 11-12

comporte en l'occurrence : le maintien de l'ordre, la prévention des évasions, etc.

Par ailleurs, étant donné que la mission de réinsertion sociale est dévolue aux services spécialisés du ministère des affaires sociales, les gardiens de prisons ne se sentent ni interpellés, ni concernés par la préoccupation de la réintégration des personnes à garder. L'Exécutif, dans l'article 64 du décret le prévoit dans des termes propres à décharger le personnel d'encadrement de cette mission. *« L'assistance sociale aux détenus*, précise-t-il, *est assurée sous l'autorité du régisseur par les services spécialisés du ministère des affaires sociales. Elle a notamment pour objet de contribuer au relèvement moral des détenus et à leur réinsertion sociale après libération. »*[332] A l'appui de ces dispositions réglementaires, les gardiens de prisons ne peuvent entretenir aucune relation avec des détenus dans le cadre de l'accompagnement social. De plus, ils sont totalement exclus du processus de socialisation et de réhabilitation morale des citoyens privés de liberté. Telle que cette fonction de garde s'exécute, le prisonnier ne peut avoir de ce personnel que l'image de bourreau, de tortionnaire.

L'intérêt pour que la fonction du personnel pénitentiaire soit adaptée aux exigences de la resocialisation des personnes privées de liberté n'est plus à démontrer. Pour que cet objectif soit atteint, il est indispensable et urgent que ce personnel reçoive une formation adéquate autre que la formation actuelle comme nous l'avons déjà souligné. L'aspect éducatif devrait être pris en compte au même titre que celui du maintien de l'ordre. Ainsi, l'Ecole Nationale de l'Administration Pénitentiaire (ENAP) devrait former, non seulement un personnel de gardiennage pur, mais aussi, un personnel socio-éducatif. Ceci est d'autant plus nécessaire que ce personnel est appelé à travailler au sein d'une structure dont l'une des missions est sociale, et donc plus proche que quiconque des citoyens privés de liberté. Si ce souhait est valable pour le personnel en cours de formation, la proposition doit être étendue à la formation continue et aux stages au sein du contingent du personnel "ancien" de l'administration pénitentiaire. Une motivation de la part des autorités publiques est précieuse dans ce domaine tant il est vrai que la culture de formation continue, possible à tout âge, entre difficilement dans les mœurs camerounaises.

---

[332] Article 64 du décret du 27 mars 1992 portant régime pénitentiaire au Cameroun

En définitive, l'inadéquation du militarisme pour assurer l'une des missions aujourd'hui reconnue à la privation de liberté, - la resocialisation - ne peut que produire des déviations. Tant que la formation du personnel ne tiendra qu'à la préservation de l'ordre et de la sécurité, la mission sociale des prisons sera difficilement atteinte.

2. La symbolique mission de resocialisation, parent pauvre du système pénitentiaire camerounais

La resocialisation des détenus est primordiale, sinon indispensable pour que l'objectif sécuritaire du service public soit atteint. Il ne s'agit pas seulement de l'intérêt du délinquant, mais encore plus de l'intérêt de la société tout entière. Pour que la société concernée soit protégée contre le crime et les actes asociaux, il est impératif que la resocialisation des détenus soit au cœur des préoccupations politiques des autorités publiques et pénitentiaires.

Le terme "resocialisation" de ceux qui ont commis des forfaits atroces interpelle les esprits sceptiques et soulève de nombreux questionnements. Ces questionnements provoquent souvent des inquiétudes qui ont certes toute leur légitimité, mais qui peuvent être un stimulant pour faire face à cette réalité qui s'impose à tous si nous voulons avoir une société où règne l'euphorie et un minimum de sécurité.

L'action de resocialisation des délinquants est très complexe et multiforme. Parfois, on ne sait par où commencer ni comment s'y prendre. Mais l'important est de garder à l'esprit que, quand bien même un programme de resocialisation serait bien tracé, la prise en charge individuelle selon la personnalité de l'individu concerné s'avère prioritaire. Cette prise en charge individuelle permet d'être sûr que l'objectif de resocialisation du détenu sera atteint. En s'appuyant sur les termes des Nations Unies, cet objectif de resocialisation sera atteint lorsque *« le délinquant, une fois libéré, est non seulement désireux, mais aussi capable, de vivre en respectant la loi et de subvenir à ses besoins. »*[333] C'est dire que le travail doit commencer avant la libération du détenu, c'est-à-dire, pendant la période de privation de liberté.

---

[333] Article 58, *Ensemble de règles minima pour le traitement des détenus Adopté* par le premier Congrès des Nations Unies pour la prévention du crime et du traitement des

Par ailleurs, étant donné que nous sommes en face de la déviance pénale, quand bien même le délinquant aurait des dispositions de s'amender, eu égard à la matérialisation de son cadre pénitentiaire du moment, il serait difficile au détenu, malgré ses bonnes résolutions, de reprendre le bon chemin sans l'aide des tiers. C'est donc à point nommé que l'assistance sociale des détenus devient une préoccupation de ceux qui croient à la resocialisation possible des citoyens privés de liberté. De nombreuses législations à travers le monde mettent au cœur de l'œuvre pénitentiaire des procédures et programmes susceptibles de faciliter la réintégration du détenu dans la société des hommes libres. Dans la prise en compte de cet objectif de resocialisation, les Règles pénitentiaires européennes précisent que : *« Les détenus condamnés doivent être aidés, au moment opportun et avant leur libération, par des procédures et des programmes spécialement conçus pour leur permettre de faire la transition entre la vie carcérale et une vie respectueuse du droit interne au sein de la collectivité. »*[334] La place que tient la resocialisation des détenus dans les objectifs poursuivis par le service public pénitentiaire ne doit laisser personne indifférent. C'est dans ce sens que Marc ANCEL s'exprime en ces termes : *« On proclame souvent que la resocialisation ou le reclassement du condamné est le but principal de la peine spécialement, bien entendu, de la peine privative de liberté. »*[335] Mais qu'en est-il des textes qui régissent l'exécution de la peine privative de liberté au Cameroun ? L'analyse de ceux-ci révèle leurs insuffisances, voire leurs limites, en matière de réinsertion sociale des détenus.

D'une part, le décret portant régime pénitentiaire au Cameroun, dans son article 64 précise que *« L'assistance sociale aux détenus est assurée sous l'autorité du régisseur par les services spécialisés du Ministère chargé des Affaires Sociales (MINAS). Elle a notamment pour objet de contribuer au relèvement moral des détenus et à leur réinsertion sociale après libération. »*[336] A contrario, l'objectif de réinsertion sociale des

---

délinquants, tenu à Genève en 1955 et approuvé par le Conseil économique et social dans ses résolutions 663 C (XXIV) du 31 juillet 1957 et 2076 (LXII) du 13 mai 1977

334 Article 107.1 des Règles pénitentiaires européennes

335 M. ANCEL (dir.), *Les systèmes pénitentiaires en Europe occidentale*, Paris, La Documentation française, 1981

336 Article 64 du décret n° 92/052 du 27 mars 1992 *portant régime pénitentiaire au Cameroun*

détenus ne fait pas partie des missions assignées à l'administration pénitentiaire.

La mission ainsi dévolue aux services spécialisés du MINAS met en avant le travailleur social qui devrait être plus proche du détenu. Ceci suppose que les assistants sociaux en service dans les prisons doivent soutenir le détenu pendant toute la période d'incarcération. *« Logiquement, tout nouveau détenu avant son entrée dans ce milieu fermé, devrait avoir un entretien dès son arrivée en prison avec le service social. Malheureusement l'insuffisance du personnel de ce service, rend non opérationnelle cette disposition. »*[337] De plus, derrière les inquiétudes liées à ce manque de personnel de l'assistance sociale, se cache une insuffisance criante des moyens. En réalité, il faut reconnaître qu'en terme d'efficacité, ce service, souffrant d'un manque crucial et perpétuel des moyens, ne peut véritablement jouer son rôle auprès des détenus. Les travailleurs sociaux se plaignent par ailleurs du manque d'intérêt que les autorités de l'administration pénitentiaire attachent à leur mission. Il y a lieu d'imaginer la difficile mission qui revient à ces services spécialisés pour sa réalisation.

D'autre part, toute politique visant à terme une future réinsertion sociale des détenus doit absolument tenir compte de la dimension de leur formation professionnelle. C'est dire que la préparation du retour du condamné à la vie libre nécessite une action socio-éducative spécifique. A ce sujet, l'article 12 du décret du 27 mars 1992 précise que *« placé sous l'autorité d'un chef de service, assisté d'un adjoint, le service de la discipline et des activités socio-culturelles et éducatives est chargé : [...] ; de la formation [...] des détenus... ».*[338] Cette disposition réglementaire, si plausible, reste malheureusement lettre morte. Sûrement, l'administration pénitentiaire avancerait le manque de moyens pour la mise en œuvre de cette disposition. La formation des détenus demeure concrètement inexistante.
Si déjà la mission de la peine privative de liberté prête à équivoque, qu'en est-il de la classification des prisons camerounaises ?

---

[337] H. SANDO, *Derrière les murs, l'enfer : l'univers carcéral en question*, Douala, Catholic Relief Services, 2005, p. 24
[338] Article 12 du décret du 27 mars 1992

La classification scientifique des condamnés qui va de pair avec la classification des prisons, selon la pénologie moderne, doit essentiellement tenir compte de leur personnalité et de la nécessité de leur traitement. Les critères pouvant être pris en compte sont autant multiples que variés. Ainsi, les éléments subjectifs - âge, sexe, état de santé, aptitude professionnelle ...- peuvent être pris en considération afin de répartir la population pénale. La nature de l'infraction ou de la condamnation ou même la durée de celle-ci peut aussi jouer un rôle important dans la classification des condamnés. La liste des critères de classification n'étant pas exhaustive, on peut néanmoins être guidé par la recherche d'une application individualisée de la peine, dans l'intérêt des condamnés.

L'Exécutif camerounais entend, à travers une classification diversifiée des prisons, mettre la priorité sur l'individualisation de l'exécution de la peine privative de liberté. Mais la classification des prisons, en cinq catégories suivant la nature de leurs activités,[339] d'une part, et d'autre part, en trois catégories suivant leur organisation,[340] peut laisser perplexes les pénologues modernes à plus d'un titre. Il est évident que cette double classification des prisons ouvre une brèche à des carences préjudiciables tant pour les "pensionnaires" de ces établissements pénitentiaires que pour les autorités pénitentiaires elles-mêmes. Ces carences peuvent se traduire, entre autres, par l'hypothétique fonctionnalité des prisons et par l'effectivité compromise des catégories des prisons énoncées.

1. La classification des prisons suivant leur organisation (art.9)

Il est reconnu que la classification des prisons opère en même temps la classification des détenus avec pour objectif l'individualisation de la peine permettant la réalisation de la finalité de la peine privative de liberté, en l'occurrence la resocialisation. Cette classification permet aussi d'attribuer des fonctions spécifiques à ces différentes catégories de prisons. En procédant à la classification des prisons suivant leur organisation, il y a lieu de se demander quelles sont les activités

[339] Article 2 du décret du 27 mars 1992 portant régime pénitentiaire au Cameroun
[340] Article 9 du décret du 27 mars 1992

effectives, voire les fonctions attribuées aux prisons de ces catégories : prisons centrales, prisons principales et prisons secondaires ? Rien n'est précisé dans les différents textes en vigueur quant à la fonction exacte desdites prisons en dehors de leur organisation. Et pourtant, elles doivent fonctionner de façon effective. L'Exécutif se baserait sur le seul fait des charges confiées aux différents personnels pénitentiaires pour en faire des catégories. L'objectif même de cette classification reste peu décelable à plus d'un titre. On peut se croire en présence des catégories de prisons "fourre-tout".

a. L'hypothétique fonctionnalité des prisons sans régime spécifique

A l'exemple des dispositions de l'article 2 du décret, la nature des activités doit être le fondement de la classification des différentes catégories des prisons et doit faciliter ainsi la gestion des régimes y afférents. La réalisation des différentes activités ainsi déterminées permet en même temps le bon fonctionnement de chaque catégorie de prisons dans le but d'atteindre l'objectif escompté. Les activités des différentes catégories conditionnent ainsi le fonctionnement des établissements pénitentiaires dans la mesure où leurs efforts doivent être canalisés aux fins de la réalisation des activités qui leur sont attribuées. Lorsque les activités ne sont pas précises, il est évident que les autorités pénitentiaires ne peuvent que s'adapter aux circonstances du moment.

Il y a lieu de se demander quelles sont les activités que doivent mener les détenus des catégories des prisons classées suivant leur organisation à savoir « les prisons centrales ; les prisons principales ; les prisons secondaires ». Ces catégories de prisons prévues dans l'article 9 du décret portant régime pénitentiaire au Cameroun désorientent quelque peu les non initiés. La question qui se pose alors est de savoir quelle est la fonction ou, plus précisément, quel objectif poursuivent ces prisons centrales, principales et secondaires. Le bien-fondé de cette question est que ces catégories de prisons ne reflètent ni des activités ni des régimes qui leur soient spécifiques. L'on se trouve toujours devant un amalgame d'explications peu convaincantes pour un citoyen moyen ou pour le petit peuple. C'est dire que ces prisons classées suivant leur organisation n'ont aucun objectif à atteindre en faveur de leurs "pensionnaires".

b. Les catégories des prisons "fourre-tout carcéral"

En principe, par le biais de la classification, les établissements pénitentiaires concernés ne doivent réunir qu'une catégorie spécifique de délinquants auxquels un ensemble de mesures analogues peuvent être appliquées. La classification des prisons faite suivant leur organisation n'indique pas la catégorie des détenus destinés à être pris en charge dans ces trois catégories de prisons centrales, principales, secondaires. Quoi qu'il en soit, il est constaté que cette classification s'articule autour des différents services spécifiques que les autorités pénitentiaires sont appelées à accomplir. La séparation et l'orientation des détenus deviennent donc sans objet. Et par simple nécessité, c'est l'envoi de toutes les femmes d'un côté et de tous les hommes de l'autre à cause du manque d'infrastructures adéquates. Il y a une omission quant aux activités que doivent mener les détenus de ces catégories de prisons.

Du fait de cette omission préjudiciable, les prisons - centrales, principales et secondaires -, connaissent un mélange de détenus qui ne permet pas la canalisation des efforts sur tel ou tel objectif. Ces prisons sans activités mentionnées par les textes réglementaires ni même législatifs deviennent ce qu'on nous appelons ici un "fourre-tout carcéral". Seule, la fonction de garde, comme nous l'avons déjà souligné, revient au galop. Et même la mission de resocialisation ne trouve plus sa place au sein de ces catégories de prisons classées seulement suivant leur organisation.

Il est donc impératif, si l'Exécutif veut atteindre un objectif précis, soit de confier une activité déterminée à ces trois catégories de prisons, soit de les supprimer en ne laissant que les catégories qui ont des activités à réaliser et des objectifs bien déterminés à atteindre.

2. La classification des prisons suivant la nature de leurs activités (art. 2)

Les prisons camerounaises étant aussi classées en cinq catégories suivant la nature de leurs activités, les détenus devraient se trouver au centre de la préoccupation de ce classement. Cela implique impérativement que la connaissance de la personnalité du condamné soit un élément déterminant dans l'orientation de celui-ci vers une prison appropriée, après une période d'observation. Tant il est évident que *« l'observation et la classification conduisent à la répartition des détenus dans les établissements pénitentiaires. Et la classification de ces établissements présente une importance pratique considérable. »*[341] Ceci peut permettre d'imaginer que cette finalité avait animé l'Exécutif de 1992 dans la double classification des établissements pénitentiaires. C'est avec regret que le constat dévoile que cette double classification jette plutôt la confusion qu'elle ne réalise l'objectif escompté. La double classification des établissements pénitentiaires au Cameroun n'est peut-être comprise que par les initiés. Et même là, la clarté incertaine de ces dispositions, après de nombreuses investigations sur le terrain, révèle que la spécialisation des prisons reste purement théorique.

a. La spécialisation des prisons purement théorique

Les dispositions textuelles et réglementaires organisant le système pénitentiaire camerounais donneraient une autre vision de cette institution si effectivement elles étaient appliquées. De prime abord, on peut déjà souligner ici que la non application de ces textes ainsi que les limites qui s'en dégagent constituent des causes de l'inefficacité du système pénitentiaire camerounais. S'ajoutent alors les insuffisances réglementaires dans la classification des prisons qui ne peuvent que rendre peu effectives certaines catégories de celles-ci. De plus, la spécialisation des prisons n'est possible qu'en présence d'une gamme d'établissements existants et du degré de spécialisation de ceux-ci. Cette spécialisation de certaines prisons est restée théorique.

❖ Les prisons écoles et les prisons spéciales (art. 6 et 7)

Tel que prévu dans le décret en vigueur, ces prisons devraient être des entités autonomes, donc construites à part. Malheureusement, ces prisons continuent, comme à l'époque coloniale, à prendre la forme des quartiers spéciaux à l'intérieur des prisons ordinaires accueillant ainsi les mineurs et les femmes.

On peut tout au moins souligner qu'un effort a été fourni et qui doit être encouragé, quant à la construction à Mfou d'une prison spéciale pour femmes et mineurs. Mais on peut regretter que, étant la seule de ce genre et destinée à accueillir la population féminine incarcérée, ainsi que les

[341] M. ANCEL, *op. cit.*, p. 21

mineurs, cette prison ait été très vite débordée. Cette situation vient du fait que cette prison spéciale soit la seule du genre sur tout le territoire camerounais et située dans la province du Centre. De plus, les mineurs qui s'y trouvent, une fois atteint l'âge adulte, ne sont pas transférés dans les autres prisons, faute de place.

Dans la pratique, ces prisons écoles ou spéciales prennent la forme des quartiers spéciaux à l'intérieur des prisons ordinaires.

- **Les prisons d'orientation ou de sélection (art 3)**

La classification des condamnés en groupes de traitement ne saurait intervenir qu'au terme de la période d'observation pratiquée au sein des prisons d'orientation comme dans un "centre de tri". L'article 3 du décret de 1992 le précise dans les termes suivants : *« les prisons d'orientation ou de sélection, (...) reçoivent les personnes condamnées à des peines d'emprisonnement dont la durée excède un an, avant orientation dans les prisons appropriées après une période d'observation ; ... ».*[342] Les prisons d'orientation ou de sélection ont donc pour activité prioritaire, l'observation des condamnés aux fins de les orienter dans des prisons appropriées.

Cette observation du condamné, qui est une phase d'application de la peine, importante et déterminante, devrait bénéficier de la présence d'un juge. Pour la simple raison première que des détenus ont aussi des droits à préserver, et que leur affectation ne doit pas seulement être dominée par le seul souci de maintien de l'ordre, de sécurité et de la capacité de travail. La préservation des liens familiaux par exemple, doit aussi entrer en ligne de compte afin de faciliter la réinsertion sociale du délinquant après libération. D'où la nécessaire présence du juge et d'autres spécialistes en la matière, à l'occurrence des assistants sociaux. Il est ainsi préférable que les modalités de l'observation et de transfèrement soient codifiées pour éviter tout dérapage arbitraire mettant à mal les droits fondamentaux des détenus.

Par ailleurs, telle que pratiquée, l'observation semble être détournée de son but, celui d'accorder une possibilité de réadaptation aux détenus par un traitement approprié, puisque cette observation semble avoir d'autres

[342] Article 3 du décret de 1992 portant régime pénitentiaire au Cameroun

buts. La réflexion de Jacques-Oberlin MBOCK dans ses travaux de recherche, allant dans le même sens, vaut la peine d'être mentionnée ici. D'après lui : *« L'observation telle que pratiquée dans des prisons semble tendre simplement à déterminer la capacité de travail des condamnés et leur adaptation à la seule vie carcérale. Elle est ainsi détournée de son but, conçue pour donner au détenu les chances d'une réadaptation par un traitement conséquent. Elle s'apparente aujourd'hui à un "dispatching" de la main-d'œuvre. »*[343] Cette analyse donne le résumé de ce que représentent les prisons d'orientation ou de sélection au Cameroun.

❖ **Les centres de relégation (art. 4)**

Les centres de relégation ne donnent pas une réponse claire quant à la question sur leur place exacte dans l'arsenal pénitentiaire camerounais. Réglementées par l'article 4 du décret en vigueur, ces prisons sont *« réservées aux personnes exécutant une peine de relégation sous le régime de travail et de réforme sociale. Ils peuvent aussi recevoir des condamnés que l'administration pénitentiaire estime irrécupérables ou trop indisciplinés pour les autres centres pénitentiaires. »*[344] Que devons-nous entendre par le terme "relégation" en matière pénitentiaire ?

Le législateur camerounais, à travers l'article 37, alinéa 1er du Code pénal, en donne une définition précise. *« La relégation est l'internement pour une durée de cinq à vingt ans sous un régime de travail et de réadaptation sociale pendant lequel les relégués sont, à défaut d'établissement spécial, séparés des condamnés qui exécutent leurs peines. »*[345] A l'analyse de cette définition, une déduction s'impose : ne seront envoyés dans ces centres ou quartiers spéciaux que les détenus récupérables pour un projet de "réadaptation sociale". Il existe de ce fait une contradiction quant aux critères de ceux qui doivent être considérés comme "relégués" : détenus récupérables pour le Législatif et irrécupérables pour l'Exécutif.

En effet, l'Exécutif précise entre autres, dans l'article 4 du décret de 1992 que *« les centres de relégation peuvent aussi recevoir des condamnés que*

---

[343] J.-O. MBOCK, *op. cit.*, p. 46
[344] Article 4 du décret du 27 mars 1992 portant régime pénitentiaire au Cameroun
[345] Article 37, alinéa 1er du Code pénal (Cameroun)

l'administration pénitentiaire estime irrécupérables... ».[346] Encore faut-il déterminer le caractère irrécupérable du détenu qui nécessite bien l'intervention des spécialistes. Or aucun critère de "l'irrécupérabilité" n'est énoncé. Cette absence de critères ouvre une brèche aux abus et à l'arbitraire de l'administration. De plus, ce critère de sélection des détenus devant être transférés dans ces centres de relégation fausse toutes les données quant à l'objectif poursuivi. Ce qui rend ineffective la fonction même de cette catégorie de prisons.

En définitive, le principe contenu dans l'article 3, a) du décret de 1992 et concernant l'orientation des personnes condamnées après une période d'observation dans des prisons appropriées est sans intérêt et reste par conséquent "lettre morte". Les incohérences des principes d'action sont à l'origine de ce détournement d'objectif. Lesdites incohérences remettent en question les principes proclamés.

b. Le transfèrement aléatoire des détenus

L'analyse de la spécialisation théorique des établissements pénitentiaires nous a permis de constater que la gamme actuelle des prisons camerounaises ne permet pas l'affectation judicieuse des détenus. Afin de pallier à cette carence, l'administration pénitentiaire a opté pour une solution aléatoire. Ainsi, les prisons camerounaises sont systématiquement divisées en quartiers. Et pour lutter contre l'influence corruptrice de la prison, les autorités pénitentiaires procèdent à des affectations, toutefois limitées, des détenus par catégories pénales. Il y a lieu de saluer ici les efforts faits par l'administration pénitentiaires quant à l'aménagement des cellules individuelles destinées aux détenus jugés dangereux et aux condamnés à mort. Toutefois, on peut déplorer le nombre limité de ces cellules compte tenu de l'importance de la population carcérale. C'est dire qu'il y a une promiscuité qui favorise la corruption. Une répartition qui tiendrait compte des délinquants primaires, des prévenus, des condamnés à temps et des condamnés à vie serait à même de lutter contre cette influence néfaste au sein des prisons camerounaises.

Par ailleurs, l'administration pénitentiaire prend soin de respecter la séparation selon les sexes. Est-ce pour suivre l'imagination délirante de

---

[346] Article 4 du décret du 27 mars 1992 portant régime pénitentiaire au Cameroun

Charles Lucas, qui, pour défendre sa théorie de classification des détenus suivant des sexes, parle de « l'incendie des sens par la présence des femmes » qui provoque « flammes dévorantes…, émanations d'amour ». Mais toujours est-il que les autorités chargées des prisons s'efforcent à respecter, tant bien que mal, cette séparation par sexe malgré le manque d'infrastructure.

En définitive, les mesures ou les principes tendant à l'humanisation de la privation de liberté trouvent difficilement un terrain favorable d'applicabilité. Ceci est probablement dû à des incohérences des principes d'action et au sous-équipement pénitentiaire. Le personnel pénitentiaire fait de son mieux pour sortir de cette misère carcérale qui est la conséquence de la difficile concrétisation des dispositions réglementaires, puisque ce personnel subit de façon indirecte les effets néfastes de cette promiscuité en milieu carcéral. Car, l'adage utilisé au Cameroun selon lequel "le garde prisonnier est un prisonnier" se vérifie ici. Ainsi, d'une façon ou d'une autre, cette misère carcérale a un impact sur le personnel pénitentiaire, plus précisément sur les gardiens de prisons appelés à côtoyer au quotidien les "pensionnaires" des établissements pénitentiaires camerounais.

L'inadéquation du parc pénitentiaire et les limites des règles de fonctionnement

La plupart des établissements pénitentiaires datent du temps de la colonisation. Souvent, il s'agissait de bâtiments préexistants, aménagés et convertis en prisons. Leur architecture ne répond pas, ou plus, aux conditions de sécurité et d'hygiène, notamment en ce qui concerne l'aération et l'éclairage. Ils sont majoritairement dans un état d'insalubrité, de vétusté, de dégradation et de délabrement avancé. Il est évident que l'on assiste à une inadaptabilité desdits bâtiments par rapport à la double classification des prisons prévue par les textes comme nous l'avons déjà souligné, à quoi s'ajoutent une obsolescence notoire de certaines dispositions réglementaires et une carence du matériel utilisé.

1. **L'inadaptabilité fonctionnelle des locaux pénitenciers**

Considérés comme des infrastructures "matérielles", les bâtiments pénitentiaires sont des supports non négligeables dans la réalisation de la fonction de la privation de liberté. Car, le cadre dans lequel s'exécute la privation de liberté est l'un des éléments à prendre en compte pour la concrétisation des principes législatifs en matière carcérale. Par conséquent, les mesures réglementaires tendant à la classification des prisons et à la répartition des détenus au sein de celles-ci ne doivent pas faire abstraction de l'extrême vétusté des bâtiments pénitentiaires, qui peut être un obstacle non négligeable à la mise en œuvre d'une véritable politique de resocialisation. En outre, l'intérêt de tout principe de classification ne peut se mesurer que dans la possibilité d'affectation des détenus. Une certaine adaptabilité et une variété d'établissements pénitentiaires ne feraient que faciliter l'effectivité des objectifs poursuivis.

Malheureusement, l'administration pénitentiaire se trouve confrontée à l'impossible adaptation des structures désuètes dans lesquelles évolue une population pénale écrasante. Les édifices pénitentiaires au Cameroun nous rappellent, à l'exception près,[347] une autre époque, celle de la domination coloniale française et britannique, voire allemande. Tout porte à croire que "le principe de moindre valeur" trouve ici son terrain d'application. L'architecture archaïque de la période coloniale de la plupart des bâtiments ne répond guère aux exigences d'un traitement pénitentiaire moderne. Et comme le dit Hyppolite SANDO dans son ouvrage *« le délabrement avancé des murs et des toilettes, des infrastructures sanitaires, font de certaines prisons au Cameroun de véritables passoires. »*[348] Pour décourager toute incitation à l'évasion, la seule solution radicale a consisté à quadriller tous les hauts des murs et toutes les parties trouées ou menaçant de l'être par des fils électriques appelés à électrocuter tous ceux qui tenteraient de s'en approcher.[349] Les bâtiments souffrent de l'usure du temps. La saison des pluies offre un spectacle assez désolant où l'eau s'infiltre dans les bureaux à travers les toitures tenant à peine. Les odeurs des égouts rendent la respiration difficile. La privation de liberté dans de pareilles conditions d'insalubrité a un impact sur le psychisme des détenus et constitue une entrave à tout relèvement moral tant prôné par l'Exécutif camerounais.

---

[347] Les efforts ont été faits quant à la construction de l'unique prison spéciale à Mfou, à l'aménagement de la prison de Kondengui, de Doukoula et de Bavenga.
[348] H. SANDO, *op. cit.*, p. 19
[349] A ce niveau, nous préférons ne pas citer nommément les prisons concernées.

L'analyse d'une situation comparable d'Emile DUBOURG dans son œuvre confirme l'effet néfaste de l'absence de fonctionnalité des locaux pénitentiaires. Reprenons ici son analyse. *« La plupart des prisons restent vétustes, dégradées et fonctionnellement inadaptées. L'absence de fonctionnalité de ces locaux entretient des conditions d'hébergement extrêmement difficiles pour les détenus, et partant, contribue à l'augmentation de la délinquance. Cet état des prisons ne permet pas des conditions sereines de vie et de travail, ni un traitement pénitentiaire utile à la société. Il entretient le désordre et un climat de violence à l'intérieur des prisons. »*[350] A cette désolante situation, s'ajoute l'existence des dispositions réglementaires qui n'ont plus leur raison d'être et qui, par surcroît, accentuent la distorsion réglementaire.

2. L'obsolescence des dispositions réglementaires et la carence du matériel

Les dispositions réglementaires ou législatives sont censées régir des situations concrètes dans la société. Afin de répondre aux besoins de la population en général ou d'une couche sociale en particulier, ces dispositions doivent être réactualisées en permanence. Elles ne doivent pas être figées surtout lorsqu'elles doivent régir un cadre de vie bien précis. Cette nécessité, voire cette exigence, est encore plus accentuée lorsque les dispositions concernent un domaine où la restriction du droit fondamental d'aller et venir est appliquée avec rigueur.

En effet en 1992, dans son décret portant régime pénitentiaire au Cameroun, l'Exécutif avait eu une préoccupation particulière quant à la vie des détenus *intra muros*. C'est ainsi que dans l'article 30 du décret, il avait prévu ce qui suit : *« Tout détenu condamné reçoit un uniforme qu'il est tenu de porter en public. Il dispose d'un lit garni d'une natte, d'une couverture et éventuellement d'un matelas et d'un traversin. La literie ayant servi à un détenu est désinfectée avant toute nouvelle utilisation ».*[351] La lecture synoptique de cet article, ne peut laisser aucun doute sur le souci, pour l'Exécutif camerounais, du bien-être physique de ceux qui sont privés de liberté. Mais, à bien lire ces dispositions, sans pour autant être pessimiste, on croit rêver et se tromper de milieu. Il est

---

[350] E. DUBOURG, *Aménager la fin de peine*, Paris, L'Harmattan, 2007, p. 23

[351] Article 30 al 1 et 2 du décret du 27 mars 1992 portant régime pénitentiaire au Cameroun

clair que le quotidien, mieux, le vécu carcéral, offre une autre figure. C'est le jour et la nuit entre le dire et le faire. Cet accueil sympathique réservé au détenu ne figure malheureusement que dans les textes. La réalité est tout autre.

Tout d'abord, il n'existe aucun uniforme propre aux détenus. L'Etat camerounais n'offre plus l'uniforme à chaque détenu, soit par manque de moyens, soit par simple principe pour ne pas stigmatiser les détenus. Mais quelle que soit la raison de la suppression de l'uniforme des détenus, toujours est-il que les dispositions concernant ledit uniforme figurent encore dans le dispositif pénitentiaire.

Ensuite, le problème commence dès le jour de l'entrée en prison par le manque de lits. Ce manque de lits est tel que des détenus couchent à même le sol – ciment -, parfois avec seulement des cartons ou un bout de tissu. Comme nous l'analyserons dans le titre II de cette partie II, la personne condamnée doit, à ses frais, s'offrir un "mandat"[352]. Si le nouvel incarcéré doit impérativement acheter une place pour dormir, qu'en sera-t-il pour avoir le privilège de dormir sur un lit avec « éventuellement un matelas » comme le mentionne l'Exécutif dans l'article 30 du décret.

Enfin, de nos jours, un texte réglementaire qui mentionne qu'un détenu, je cite, *« dispose d'un lit garni [...] éventuellement d'un matelas... »,*[353] met en exergue l'obsolescence notoire de certaines dispositions qui régissent le régime pénitentiaire camerounais. La lecture a contrario desdites dispositions montre que le détenu est appelé à dormir en principe sur un lit sans matelas. La misère carcérale qui prévaut dans des prisons camerounaises n'est plus à démontrer. Comme le dit avec justesse Jacques-Oberlin MBOCK dans ses travaux de recherche consacrés à la cause des prisons camerounaises : *« Tout porte à croire que le principe de "moindre valeur" suivant lequel il faut éviter de faire des détenus des privilégiés par rapport aux citoyens libres, honnêtes gens, trouve son terrain d'application ici. »*[354] Le manque de matériel a des conséquences

[352] Le terme mandat, dans le jargon pénitentiaire camerounais signifie « le fait d'avoir acheté une place pour dormir »
[353] Article 30 alinéa 2 du décret du 27 mars 1992 portant régime pénitentiaire au Cameroun
[354] J.-O. MBOCK, *op. cit.*, p. 149

néfastes non seulement sur la santé physique et mentale des détenus, mais également sur les conditions de détention dans tous les établissements pénitentiaires camerounais.

L'intérêt ici n'est pas tellement de dénoncer le sous-équipement pénitentiaire qui bloque sérieusement toute concrétisation des mesures pénitentiaires prises par l'Exécutif. Mais de souligner qu'il est préférable que l'autorité assermentée, en émettant telle ou telle disposition, soit capable d'être la première à la mettre en pratique. Si tel n'est pas le cas, le mieux serait d'adapter les lois et règlements à la réalité du moment. Ceci est d'autant plus pertinent que les mesures réglementaires prises sont appelées à être appliquées à une couche de population à qui la même autorité reproche d'avoir transgressé certaines lois et la punit de l'avoir fait. « L'exemple vient d'en haut » est l'expression communément employée au Cameroun. D'après les dire des détenus lors de mes recherches sur le terrain :
« Les autorités pénitentiaires nous punissent de n'avoir pas respecté le règlement, alors qu'elles-mêmes ne le respectent pas. Tout le monde doit être chef pour être au-dessus des lois ».[355] Il n'est plus à démontrer l'effet néfaste que peut produire le non respect des lois et règlements par leurs auteurs et par les autorités appelées à les faire appliquer. Il est d'autant plus regrettable de constater que cette transgression est le fait de l'institution censée réprimer les citoyens qui enfreignent les lois.

3. Les distorsions de la réglementation pénitentiaire

Il existe un décalage flagrant entre les dispositions réglementaires proclamées et la pratique "carcérale" au quotidien. Ce décalage est dû, d'une part, à la non application de la réglementation, et d'autre part, à l'absence des mesures coercitives à l'encontre des autorités pénitentiaires.

En matière nutritionnelle par exemple, l'alinéa 1er de l'article 29 du décret de 1992 dispose que : *« Les prisonniers ont droit à une ration journalière. Cette ration doit être équilibrée et suffisante pour éviter aux détenus toute carence alimentaire et leur donner l'énergie indispensable*

[355] Voir annexe 5

à leur santé et à l'exécution des travaux auxquels ils sont astreints ».[356] Et dans son 2e alinéa, il est précisé que : *« Elle* (la ration) *se compose en principe des denrées de la localité, et doit, dans la mesure du possible, respecter les exigences de la coutume ou de la religion des détenus en matière d'alimentation ».*[357] Chacun peut admirer ces dispositions textuelles. Mais entre cette disposition réglementaire et la réalité, il y a tout un fossé. La part du budget alloué pour la ration alimentaire des détenus reste toujours insuffisante. Le témoignage du régisseur de la prison centrale de Douala à ce sujet en dit long. En effet, au cours d'une émission radiophonique du 8 août 2005, il avait parlé d'un repas journalier qui atteindrait 70 FCFA (soit 0,10 euro). D'ailleurs, l'on n'a pas besoin d'attendre un tel témoignage pour se rendre compte de la réalité qui prévaut dans les prisons dans le domaine alimentaire. La silhouette des prisonniers est suffisamment révélatrice de leur condition d'alimentation.

Dans l'alinéa 3 du même article, il est précisé que « des modifications peuvent être apportées au régime des détenus effectuant des travaux pénibles ou sur prescription médicale ». A l'examen de l'esprit de ces dispositifs, peut-on déduire le souci d'humaniser le traitement des détenus ? Autre chose, quant à la qualité et à la quantité qui feront l'objet d'une analyse objective à part entière, une seule ration journalière traduit le seuil d'indigence que sont appelés à vivre, pour une durée plus ou moins longue, des personnes privées de liberté. Ces personnes sont soumises obligatoirement à la "diète pénitentiaire".

Par ailleurs, l'exécution des travaux pénitentiaires "pénibles" semble avoir toute son importance. Tout porte à croire que le but lucratif, économique, prime sur le besoin humain de la personne du détenu. On peut traduire vulgairement ces dispositions de la façon suivante : « je te nourris pour que tu effectues les travaux à mon compte ».

De plus, si les moyens ne suivent pas cette ambitieuse réglementation, en présence d'une prescription médicale, et quel que soit l'état de santé du détenu, la ration journalière reste la même. A en croire Edmond

---

[356] Alinéa 1er de l'article 29 du décret du 27 mars 1992 portant régime pénitentiaire au Cameroun

[357] *Ibid.* alinéa 2

ATEMEMGUE[358] : *« Le régime alimentaire permet à peine la survie, l'ordinaire composé de maïs et de haricots bouillis représente moins de 150g de ration par personne, pour 24 heures. »*[359] Dans un tel contexte, même l'homme vertueux, armé de bonne foi, ne peut résister à la quête de survie, fût-ce au prix du non respect du règlement intérieur. Les distorsions que revêtent les dispositions réglementaires ne prêtent pas au respect du régime pénitentiaire tel que stipulé par celles-ci, tout comme certaines obligations non assorties de contraintes ou de sanctions.

Les autorités pénitentiaires sont dans l'impossibilité de faire respecter cette disposition réglementaire. En effet, la qualité ainsi que la quantité de repas journalier ne répondant pas aux besoins nutritifs, les détenus se trouvent dans l'obligation de faire leur cuisine à l'intérieur des prisons. Cette situation, admise et autorisée par le personnel pénitentiaire, permet que les détenus, pour ceux qui le peuvent, puissent se nourrir de façon équilibrée

De plus, de véritables marchés organisés par les détenus au sein des prisons, et tolérés par les autorités pénitentiaires, peuvent aussi pallier à la carence alimentaire lorsque les moyens financiers le permettent. Ce qui suppose toutes sortes de denrées alimentaires crues et cuites.

C'est le lieu d'admettre ici, sans ambages, qu'au Cameroun, les prisonniers sont dociles et donc ne sont pas de véritables délinquants. Parce que, au sein des prisons, ils ont tout ce qu'il faut pour mettre à feu et à sang les vétustes centres pénitentiaires camerounais. Même les quelques miradors et murs en fils de fer barbelés ne pourraient décourager les "rebelles pénitentiaires". Comment sont instaurés ces marchés *intra muros* avec, pour corollaire, la possession d'objets prohibés ? L'analyse de la situation nous permettra de trouver un début de réponse.

---

[358] E. ATEMEMGUE, Coordinateur national prisonniers sans frontière publie cet article dans l'Effort Camerounais (Journal catholique au Cameroun)
[359] H. SANDO, *op. cit.*, p. 57

a. L'instauration de véritables marchés au sein des établissements pénitentiaires

Les budgets alloués à chaque établissement pénitentiaire ne parviennent pas à couvrir les besoins réels exprimés, et ne tiennent pas compte des effectifs dans les prisons. En cet état de choses, les responsables des prisons sont dans l'incapacité de respecter et de satisfaire aux conditions édictées par le décret en matière de ration alimentaire. On a même parlé dans certains cas de détenus qui se nourrissent des épluchures de bananes, d'ignames et de manioc. C'est dire à quel point la situation alimentaire des détenus allait devenir absolument lamentable, si ceux-ci ne pouvaient pas compter sur les parents et amis auxquels il est permis d'apporter de la nourriture.

Pour pallier à la défaillance notoire de l'Etat camerounais, de plus en plus, les parents, amis et proches des détenus apportent de la nourriture crue. C'est la survivance et l'extension d'une pratique légalisée dans l'ex-Cameroun oriental par l'Arrêté de 1954 au terme duquel les prévenus pouvaient *« être autorisés à se faire apporter leur repas de l'extérieur »*[360]

Mais, si la quantité du repas servi peut se justifier par la maigreur du budget, la qualité tout au moins devrait accompagner la cuisson. Mais le repas offert aux "pensionnaires" ne réunit pas toujours toutes les garanties d'hygiène et de propreté nécessaires. Les ustensiles de cuisine sont parfois dans un état de propreté douteuse.

La sous-alimentation, depuis lors, a favorisé l'instauration de palliatifs laissés à l'initiative des détenus et de leurs proches. C'est ainsi que, depuis plusieurs années, de véritables marchés ont vu le jour au sein des établissements pénitentiaires. Ce véritable "bisness", cautionné par tous, ne heurte plus la conscience ni des citoyens, ni des responsables politiques. Par ailleurs, le système de la cantine étant inconnu, les régisseurs autorisent le fonctionnement de véritables marchés organisés par les détenus au sein des prisons. Ces marchés offrent une variété d'articles : denrées alimentaires crues et cuites, produits de première nécessité, de toilette, voire des médicaments.

---

[360] Arrêté du 1er mars 1954, Journal Officiel camerounais, p. 290

De nos jours, les prisons camerounaises ressemblent de plus en plus à de vastes marchés périodiques de campagne comme cela s'organisait à une époque bien lointaine, et comparer à des marchés forains en France. A la seule différence que ces marchés, dans les prisons camerounaises, se tiennent de façon permanente.

De même, ces véritables marchés, organisés par les détenus au sein des prisons et tolérés par les autorités pénitentiaires, permettent de pallier à la carence alimentaire lorsque les moyens financiers le permettent.

L'administration pénitentiaire avoue ainsi son incapacité et impossibilité de respecter les dispositions législatives. Cette incapacité est due à la carence des moyens mis à sa disposition pour exécuter les décisions de justice en matière de privation de liberté, par rapport à un flux et reflux de la population carcérale qu'elle est amenée à gérer.

b. L'inévitable possession des objets prohibés *intra muros*

Il est précisé dans l'article 37 du décret de 1992 que *« les colis ne doivent comporter ni récipient, ni ustensiles, ni objets tranchants, pointus ou contondants. (...) ».*[361] De par cette disposition réglementaire, un détenu, sous peine de sanction disciplinaire, ne doit pas être en possession d'un objet susceptible de mettre en danger la vie des co-détenus ou du personnel de garde. A cette fin, la fouille doit être faite de façon stricte par le personnel pénitentiaire.

Mais, en faisant une lecture *a contrario* de différents règlements intérieurs, on constate avec regret que le contenu de certains articles va à l'encontre même du régime pénitentiaire et donc, autorise la possession des objets dangereux. En effet, l'article 16 du règlement intérieur de la prison centrale de Yaoundé est un exemple type. Celui-ci précise que : *« Les détenus peuvent également recevoir la nourriture cuite ou crue en provenance de leurs familles ».*[362] La nourriture crue apportée par les parents, amis et proches des détenus doit être préparée. Cela va sans dire. Mais personne n'admettrait que le matériel prévu à cet effet soit absent dans la prison : ustensile de cuisine, couteau, etc.

---

[361] Article 37, alinéa 2 du décret de 1992

[362] Article 16 du règlement intérieur de la prison centrale de Yaoundé

De plus, dans certaines prisons camerounaises, comme dans la prison de New-Bell Douala, les denrées alimentaires crues sont remises aux femmes détenues qui font elles-mêmes leur cuisine ou améliorent les repas servis. La question est donc posée : peut-on objectivement croire au respect et à l'application des dispositions de l'article 37 du décret qui interdit et considère comme une infraction disciplinaire le fait de posséder, au sein d'une prison, les récipients, ustensiles, objets tranchants, pointus ou contondants ? La majorité des détenus - hommes, femmes - étant obligés de faire la cuisine, le contrôle du régisseur ou des éléments d'encadrement quant à la possession des objets prohibés s'avère non opérationnel.

Ce qui est encore plus difficile à comprendre c'est le fait que cette interdiction est reprise dans différents règlements intérieurs comme l'article 12 du règlement intérieur de la prison centrale de Yaoundé. Cela fait croire à croire à un désintéressement de la chose pénitentiaire reléguée au dernier plan des préoccupations politiques du pays. Ce qui justifie le fait que les obligations qui incombent aux autorités pénitentiaires ne soient assorties d'aucune contrainte.

c. Les obligations des autorités pénitentiaires laissées à leur appréciation

Les formules de type *« dans la mesure du possible »* de l'article 29 alinéa 2 du décret ou *« éventuellement »* employé dans l'article 30 alinéa 2, permettent à l'administration pénitentiaire de se soustraire à son devoir sans engager sa responsabilité. Elle n'est donc pas tenue à l'obligation de résultat.

Parler d'une éventualité quant à la mise à disposition d'un matelas au profit d'un détenu qui est appelé à faire 5 ans de prison est une aberration. Car mettre un matelas à la disposition de chaque détenu ne devrait pas être facultatif, mais un devoir, voire une obligation pour l'administration pénitentiaire. Elle ne peut se soustraire à cette éventualité.

"Dans la mesure du possible", "chaque fois que cela est possible", "éventuellement", etc. De telles expressions dans un texte normatif montrent que le principe aujourd'hui n'est que chimère, aux dispositions irréalisables.

II. L'insécurité juridique "institutionnalisée"

Toute loi pénitentiaire doit s'appuyer sur un principe de base selon lequel un détenu est un individu comme un autre qui, même privé de sa liberté, conserve des droits. Pourtant *« la prison n'accorde aux détenus, considérés comme des citoyens de dernière zone, que des faveurs en récompense de leur bonne conduite. Cette situation demeurera tant que n'aura pas été défini un statut juridique du détenu, propre à garantir, au sein d'une institution d'essence totalitaire, le respect absolu des droits fondamentaux de la personne. »*[363] Cette conclusion de l'Observatoire International des Prisons, section de France, n'est pas limitative, ni dans l'espace ni dans le temps. La lecture sommaire du décret de 1992 porte à croire que, au Cameroun, les détenus bénéficient d'un cadre leur assurant une sécurité juridique. Mais hélas, on se rend vite compte que l'on se trouve en présence d'un dispositif réglementaire qui se borne à poser de simples affirmations de principe sans conséquences pratiques significatives, qui ne confèrent de droit à personne et n'imposent pas davantage d'obligations à quiconque. De plus, leur garantie reste hypothétique et tributaire des us et coutumes d'un univers carcéral totalitaire.

En effet lorsqu'il faut affirmer les droits de ceux-ci et les obligations de ceux-là, le texte réglementaire se contente d'utiliser les termes, je cite, *« dans la mesure du possible »*, *« chaque fois que c'est possible »*, *« autant que possible »*, *« ils* (les détenus) *peuvent… »*. De telles expressions dans des textes normatifs, nous l'avons déjà dit, montrent que les principes ou les droits ne sont qu'une chimère. Les droits des détenus et les obligations de l'administration pénitentiaire ne sont pas formulés concrètement en termes juridiques. Seule une lecture *a contrario* du décret du 27 mars 1992 peut permettre de conclure à l'éventuelle existence des droits. D'une manière générale, on est porté à conclure que le décret de 1992 portant régime pénitentiaire au Cameroun ne reconnaît aucun droit aux détenus et s'inscrit dans ce qu'il est convenu d'appeler un système de faveurs. Il ne serait pas difficile d'imaginer l'insécurité juridique générée par une telle situation : la relativité des droits des citoyens privés de liberté. Cet aspect restant flou, l'absence d'une véritable conscience juridique de la part de l'administration

[363] Observatoire International des Prisons, section française, *Prisons : un état des lieux*, Paris, L'Esprit frappeur (NSP), 2000, p. 28

pénitentiaire montre que le mécanisme de contrôle mis en place devient inopérant.

La relativité des droits des citoyens privés de liberté

Il est évident que *« la sécurité conditionne largement l'exercice des droits et liberté à l'intérieur des établissements pénitentiaires de ceux des détenus comme de ceux des personnels. On peut comprendre que l'exercice des droits de détenus soit subordonné à ce qui est objectivement compatible avec l'ordre, la discipline et la sécurité. »*[364] Mais les restrictions aux droits des détenus ne peuvent être fondées que sur la stricte nécessité de l'ordre et de la sécurité. Encore faut-il que ces droits soient explicitement reconnus. Les différentes dispositions y afférentes ne font allusion qu'à une éventuelle possibilité. C'est dire que le problème des droits des détenus au Cameroun se pose avec une acuité évidente. Deux points retiennent plus particulièrement notre attention dans ce domaine. Le premier concerne le droit de défense qui, à notre avis, devrait s'appliquer, non seulement aux abus d'autorité ou à l'arbitraire en matière disciplinaire, mais également à toutes les atteintes aux droits reconnus aux détenus. Le deuxième point concerne la préservation des liens familiaux. Ce point mérite aussi d'être examiné du fait de son importance et de sa contribution quant à la resocialisation du détenu après détention.

1. Les sanctions disciplinaires et le droit de la défense en milieu carcéral

La discipline en milieu carcéral est certes indispensable, mais elle ne saurait aucunement justifier l'abus du pouvoir ou tout traitement jugé inhumain. Une procédure efficace de plainte ou de réclamation offerte aux détenus qui se sentent lésés dans la prise de décisions des autorités pénitentiaires constitue en effet l'une des conditions nécessaires au respect des droits humains en milieu carcéral. C'est dans cet ordre d'idées que l'Exécutif camerounais avait pris des dispositions dans le décret portant régime pénitentiaire en vigueur.

---

[364] G. GIUGICELLI-DELAGE et M. MASSE « Rapport introductif au colloque de Poitiers à la condition juridique du détenu » Travaux de l'Institut de Sciences Criminelles de Poitiers, p. 19

L'article 47 §1 et 2 de ce décret de 1992 précise entre autres que *« les détenus peuvent adresser leurs réclamations par écrit au régisseur de la prison et éventuellement au ministre chargé de l'administration pénitentiaire. Ils peuvent aussi les faire connaître [...] aux inspecteurs des prisons à l'occasion des visites d'inspection et de contrôle. »*[365] L'idée est louable dans la mesure où l'Exécutif veut introduire les procédures en droit administratif dans les prisons camerounaises. En effet, en droit administratif, il est reconnu aux administrés le droit de former des recours – gracieux ou contentieux - auprès de l'Administration lorsque les actes émanant de celle-ci portent atteinte à leurs droits. Mais, énoncé de cette façon, qu'il nous soit permis de déduire qu'il ne s'agit là que de faux semblants de recours en milieu carcéral camerounais. Pour autant, ce droit de recours reconnu aux détenus souffre d'une absence de fiabilité et d'efficacité dans la mesure où ces dispositions présentent des obstacles à l'exercice du droit de défense. Tous les effets néfastes ne peuvent que confirmer l'inexistence des droits en milieu carcéral.

a. Les entraves à l'exercice effectif du droit de la défense

Le volet du décret consacré au traitement des réclamations, plus précisément au droit de la défense des détenus, fait l'objet de nombreuses critiques et inquiétudes. D'une part, sans pour autant bénéficier des droits en tant que tels, l'Exécutif émet "des voies de recours" ou comme dans le jargon pénitentiaire camerounais, des « réclamations » au bénéfice des détenus en matière disciplinaire. Tout porte à croire que le droit de la défense des détenus au Cameroun se limite aux seules sanctions disciplinaires jugés "injustifiées" et donc au seul détenu lésé en matière disciplinaire puisque la possibilité pour un détenu de faire des réclamations mentionnées dans le décret en vigueur est introduite juste après les articles traitant les sanctions disciplinaires. En dehors de ces réclamations prévues en matière disciplinaire, aucun autre recours n'est prévu dans le texte réglementaire en cas de non respect des droits humains en milieu carcéral au Cameroun. C'est dire que la défense des autres droits fondamentaux pendant la détention reste sans intérêt. De plus, ces voies de recours inspirent plus de découragements que d'espoir d'être effectives. La possibilité d'adresser des réclamations s'articule en

---

[365] Article 47, paragraphes 1 et 2 du décret *portant régime pénitentiaire au Cameroun*, mars 1992

des termes n'offrant aucun espoir de résultat et confirme ainsi l'absence des droits des détenus *intra muros*. Les sanctions disciplinaires dans les prisons camerounaises font fi des principes fondamentaux qui régissent toute procédure en cas de transgression d'une loi ou d'un règlement. Le dispositif disciplinaire met à mal le droit de la défense des citoyens privés de liberté.

D'autre part, le principe de droit, en l'occurrence la présomption d'innocence, n'est nulle part mentionné dans les articles consacrés aux sanctions disciplinaires. Puisque, avant même la tenue de la commission, le détenu est sanctionné sans jugement. L'article 46, alinéa 2 du décret le précise clairement en ces termes : *« ... avant que la commission ne se réunisse, les sanctions immédiatement exécutoires peuvent être prononcées par le régisseur sur rapport écrit ou verbal d'un membre du corps en service dans la prison ayant constaté la faute ».*[366] Cet article va à l'encontre même des principes universellement admis en matière de procès équitable. Car quel que soit le domaine d'infraction, lorsqu'il s'agit d'une sanction et d'une faute, il est logique que la commission instituée, comme dans le domaine disciplinaire, siège et prononce une sanction après avoir donné toute la possibilité à l'accusé d'user de son droit de défense. Or, l'article 46 du décret prévoit ostensiblement cette entorse au principe. Le détenu présumé coupable est sanctionné sans être jugé. Cette entorse à la procédure est d'autant plus regrettable qu'elle peut avoir des inconvénients non négligeables. Non seulement, les principes élémentaires d'une procédure équitable sont bafoués, mais également, la présomption d'innocence n'a pas droit de cité dans les prisons camerounaises. Car le détenu qui aura obtenu gain de cause après la tenue ultérieure de la commission aura purgé sa sanction disciplinaire depuis longtemps.

Par ailleurs, les membres du conseil de discipline doivent être neutres, impartiaux afin que les décisions de cette instance ne soient pas influencées par quelque autorité que ce soit. Ceci est important dans la mesure où il est urgent de tendre *« vers une prison de droit »*[367] au Cameroun. Mais malheureusement, l'Exécutif a donné un pouvoir exorbitant au régisseur de prisons. Celui-ci est à la fois juge et partie

---

[366] Article 46, alinéa 2 du décret de 1992 portant régime pénitentiaire au Cameroun

[367] J.-C. FROMENT, « Vers une prison de droit ? » in *Revue science criminelle et droit pénitentiaire comparé*, 1997, p. 537-560

lorsqu'il faut statuer sur la faute commise par le détenu en milieu carcéral. En effet, l'article 46 du décret dispose entre autres que le détenu surpris en faute doit être traduit *« devant le conseil de discipline présidé par le régisseur de la prison... »*.[368] Il y a là une entorse à l'exercice du droit de la défense qui mérite d'être soulignée, quand bien même on serait dans le cadre disciplinaire en milieu carcéral. Il serait souhaitable d'avoir au sein des établissements pénitentiaires des Conseils de discipline indépendants des autorités pénitentiaires afin de préserver l'impartialité de ses membres. Car, le pouvoir discrétionnaire étendu du régisseur constituerait une arme d'arbitraire et de représailles contre le détenu ne faisant pas suffisamment preuve de discipline et de soumission. Le détenu se trouve bien vulnérable et à la merci de l'autorité pénitentiaire qui, seule responsable de la légalité des sanctions, a le droit de lui infliger des mesures disciplinaires pour toute violence, violation du règlement intérieur ou pour tout écart de comportement *intra muros*.

Cette atteinte à la mise en œuvre du droit de réclamations, du droit de la défense au profit du détenu lésé par une décision en matière disciplinaire ont certainement des implications parfois irréversibles.

b. Les implications

Dans tous les domaines de la vie, dans le civil comme dans le pénal, lorsque les intérêts d'un sujet de droit ont été lésés volontairement ou non, surtout lorsqu'il y a eu préjudice physique, moral ou matériel, la loi permet à l'individu lésé par le fait d'autrui de demander indemnisation. Il devrait en être de même pour les citoyens privés de liberté. Car ce droit ne leur est pas retiré. Malheureusement ni le régime pénitentiaire ni les divers règlements intérieurs ne prévoient aucun droit à une éventuelle indemnisation en cas d'abus de pouvoir et/ou de sanction abusive dans le cadre disciplinaire. Comme nous l'avons déjà souligné et selon l'alinéa 2 in fine de l'article 46, *« avant que la commission ne se réunisse, les sanctions immédiatement exécutoires peuvent être prononcées par le régisseur... »*. Le détenu présumé fautif est sanctionné avant d'être jugé par la commission comme nous l'avons déjà souligné. Mais la question qui se pose ici est de savoir quels sont les droits du détenu sanctionné lorsque ce dernier a été reconnu innocent par la commission, postérieurement après avoir purgé sa peine ? A-t-il droit à indemnisation

[368] Article 46 du décret de 1992 portant régime pénitentiaire au Cameroun

pour le préjudice subi, surtout que le décret portant régime pénitentiaire au Cameroun prévoit des sanctions disciplinaires allant des corvées les plus pénibles à la mise en cellule de correction ou à l'enchaînement pour une durée de 15 jours, en passant par la suspension ou la suppression des visites. Aucune solution n'est préconisée en cas de sanction abusive ? Le régime pénitentiaire camerounais ne prévoit rien dans ce sens. C'est une entorse à l'égalité de tous devant la loi dans un Etat de droit comme le Cameroun. Ce principe de l'égalité de tous devant la loi n'est pas limité à certaines catégories de citoyens. Il ne doit pas s'arrêter au seuil des établissements pénitentiaires. Au contraire, il doit s'appliquer à tous, quels que soient la condition ou le lieu de vie. Il est impératif que l'Exécutif, auteur dudit régime réglementaire pénitentiaire se penche sur ce texte qui donne un contre-témoignage en matière du respect de la loi. L'intervention du Législatif est aussi indispensable pour que le milieu carcéral cesse d'être un lieu de non droit.

En plus, les réclamations des détenus n'ont malheureusement pas d'effet suspensif comme dans certaines procédures. Le simple fait d'adresser ses réclamations au régisseur, au ministre chargé de l'administration pénitentiaire ou aux inspecteurs des prisons ne suspend pas *« les sanctions immédiatement exécutoires prononcées par le régisseur de la prison »*[369] même en cas de contestation du détenu. Les abus d'autorité ne peuvent pas être exclus dans un cadre clos comme la prison. La personne privée de liberté peut faire l'objet de harcèlement en tout genre, du fait même que ses droits ne sont pas reconnus comme tels.

Pire encore, demander au détenu lésé ou sanctionné abusivement d'attendre la visite occasionnelle d'inspection et de contrôle de prisons pour adresser ses réclamations comme le prévoit l'article 47 alinéa 2 du décret semble ne pas avoir de sens. Lorsqu'on sait que ces visites ont lieu tout au plus une fois par an, pendant lesquelles l'Inspecteur n'a pas le temps de prendre en compte des réclamations "annuelles" des détenus. De plus, le fait d'adresser ses réclamations aux inspecteurs de prisons sous-entend que le détenu n'a pas pu obtenir une réponse satisfaisante aux réclamations antérieurement adressées aux autres instances alors qu'il peut y avoir urgence ou danger imminent. Il y a de fortes chances que le temps aura produit ses effets sur ces réclamations et sur les droits violés. Heureusement, les détenus peuvent aussi faire connaître leurs

[369] Article 46 alinéa 2 du décret portant régime pénitentiaire au Cameroun

réclamations au parquet compétent comme le prévoit l'article 47, alinéa 2. Il y a là un brin d'espoir pour se faire entendre. Mais les résultats restent tout de même des moins rassurants. Le parquet qui n'arrive pas à gérer les dossiers en cours ne pourra avoir le temps de s'occuper des abus disciplinaires *intra muros*. Il est évident que les réclamations des détenus seront classées sans suite. Mais cette dernière mesure mérite d'être exploitée. En tout état de cause, il est urgent de soumettre les pratiques de l'administration pénitentiaire à une autorité extérieure, de retirer la justice disciplinaire des mains du régisseur des prisons. Il s'agit de procéder à la judiciarisation des sanctions disciplinaires. L'introduction et le respect du principe de séparation des pouvoirs dans les prisons permettront d'assurer une meilleure garantie des droits, plus spécialement le droit de défense, en vue d'une justice équitable en milieu carcéral. D'où la nécessaire extension du principe du procès équitable *intra muros* surtout en matière disciplinaire.

c. La nécessaire extension du procès équitable en matière disciplinaire *intra muros*

L'exigence d'un procès équitable est un instrument de renforcement des droits de la défense. La notion de procès équitable semble être limitée au seul procès pénal. Mais à la lecture de l'article 14 du Pacte des Nations Unies,[370] *« les contestations sur les droits et obligations de caractère civil »*[371] peuvent être prises en compte. C'est dire que le Pacte s'applique à tous les procès - administratif, civil, commercial, ... -. Les extensions ont été ainsi faites aux procès civils. L'article 6 de la Convention Européenne des Droits de l'Homme l'applique de façon expresse aux procès civils.

La question est de savoir si la notion de procès civil est relative au procès devant les seules juridictions civiles ou si cette notion est susceptible

---

[370] Pacte international des Nations Unies relatif aux droits civils et politiques a été adopté par l'Assemblée générale dans sa résolution 2200 A (XXI) du 16 décembre 1966. Il est entré en vigueur le 23 mars 1976.

[371] Article 14 §1. Tous sont égaux devant les tribunaux et les cours de justice. Toute personne a droit à ce que sa cause soit entendue équitablement et publiquement par un tribunal compétent, indépendant et impartial, établi par la loi, qui décidera soit du bien-fondé de toute accusation en matière pénale dirigée contre elle, soit des contestations sur ses droits et obligations de caractère civil. (...); cependant, tout jugement rendu en matière pénale ou civile sera public (...).

d'élargissement en admettant que le procès équitable est applicable à tout procès qui concerne un intérêt civil particulier même devant la commission disciplinaire dans un domaine délicat comme la prison. Il nous semble que ce qui doit être mis au premier plan ce n'est pas le tribunal compétent ni la nature de l'organe juridictionnel saisi, mais la détermination des droits de l'homme, c'est à dire tout ce qui peut avoir une incidence sur les droits. En fait, ce qui est en cause c'est l'individu, son droit à faire valoir ses droits, à défendre ses intérêts selon une procédure équitable, disciplinaire ou non, selon, notamment, le respect des droits de la défense.

Si le détenu reste et demeure un citoyen à part entière et donc jouit de ses droits fondamentaux à l'exception de sa liberté, il doit bénéficier d'un procès équitable lorsqu'il s'agit de le traduire devant un Conseil de discipline. Déjà le caractère et la condition de vie non inhérents à la volonté du détenu ne lui permettent pas d'user de façon légitime son droit de la défense. De plus, la décision du Conseil peut avoir une incidence sur les droits du détenu. Ainsi, bien que le procès équitable concerne plus le procès pénal, il devrait être élargi à tous les procès ayant une incidence sur les droits de l'individu, même en matière disciplinaire surtout dans les lieux clos comme les établissements pénitentiaires.

Un procès équitable implique que soit prise en compte la présomption d'innocence. Le code civil français, dans son l'article 9-1, précise que *« chacun a droit au respect de la présomption d'innocence »*. Aucune restriction n'est émise quant au bénéfice de ce principe universellement admis. Toute personne qui se voit reprocher une infraction, disciplinaire ou non, devrait être réputée innocente tant que sa culpabilité n'a pas été légalement et définitivement établie. La présomption d'innocence ne doit pas se limiter à la seule procédure pénale comme le précise expressément l'article 14 § 2 du Pacte des Nations Unies. *« Toute personne accusée d'une infraction pénale est présumée innocente jusqu'à ce que sa culpabilité ait été légalement établie. »*.[372] Par contre, l'article 11 de la Déclaration universelle des droits de l'homme de 1948 de l'ONU semble permettre une interprétation plus large quant à l'applicabilité de la présomption d'innocence. *« Toute personne accusée d'un acte délictueux est présumée innocente jusqu'à ce que sa culpabilité ait été légalement établie au cours d'un procès public où toutes les garanties nécessaires à*

[372] Article 14 § 2 du Pacte des Nations Unies

sa défense lui auront été assurées. »[373] Un acte délictueux suppose une faute, la transgression d'une norme, d'un règlement d'où la sanction. Et dans le cadre de la réglementation pénitentiaire, le détenu doit bénéficier de la présomption d'innocence, avant tout prononcé d'une sanction disciplinaire éventuelle.

Si le procès équitable renforce les droits de la défense, le maintien des relations des détenus avec leurs proches ne pourra plus être objet de faveur ou de chantage.

2. Les relations des détenus avec leurs proches, un droit malmené

Maintenir les liens avec l'extérieur et plus particulièrement avec la famille est essentiel pour la future réinsertion du détenu. Cependant rendre visite à un détenu pose souvent des problèmes d'espace, de temps et de coûts aux familles, et cela ne facilite pas la régularité de ces liens souvent fragilisés par la détention. Si les familles éprouvent déjà tant de difficultés pour le maintien des liens avec la personne incarcérée, il revient aux autorités pénitentiaires de privilégier des contacts familiaux afin d'atteindre l'objectif poursuivi, celui de la réintégration sociale après libération. L'Observatoire International des Prisons de France l'explique de façon plus claire dans ce sens. Il fait remarquer que : *« les liens avec ses proches, si ténus soient-ils, sont souvent les seuls points d'appui relationnels dont la préservation va permettre au détenu de conserver un équilibre psychologique. Les textes doivent, de façon formelle reconnaître le maintien des liens familiaux comme un droit absolu. »*[374] Or aucun droit dans ce sens n'est reconnu aux personnes privées de liberté au Cameroun. L'article 37 du décret de 1992 dispose que *« les condamnés sont autorisés à recevoir les visites des membres de leurs familles et amis ... ».*[375] Cette autorisation prête à équivoque, puisque, si l'autorisation peut être interprétée comme un droit accordé à quelqu'un, ce même droit peut aussi être sujet à une privation. Et lorsque le détenu en est privé de façon illégitime, il n'a aucun recours pour le revendiquer parce que ce n'est pas un dû, mais une faveur.

---

[373] Article 11 de la Déclaration universelle des droits de l'homme de 1948 de l'ONU

[374] Observatoire International des Prisons, section française, *Prisons : un état des lieux*, Paris, L'Esprit frappeur (NSP), 2000, p. 211-212

[375] Article 37 du décret de 1992 portant régime pénitentiaire au Cameroun

a. Les communications, un droit sujet à l'arbitraire

Le décret n° 92/052 prévoit la mise en œuvre des mesures permettant le maintien des relations avec les personnes extérieures par le biais des communications. C'est une prise en compte, par l'Exécutif, des communications comme l'un des moyens permettant la resocialisation du détenu après libération. Le détenu ne devrait pas être complètement coupé du monde des hommes libres. Ainsi, les visites et les lettres restent les seuls contacts du détenu avec le monde extérieur.

Les condamnés sont autorisés, comme le précise l'article 37 du décret, *« à recevoir des membres de leur famille et amis, mais en présence d'un ou de plusieurs éléments d'encadrement dans les conditions fixées par le règlement intérieur de la prison ... ».*[376] En général, selon les possibilités qu'offre l'établissement concerné, les visites sont des "visites contacts" ayant lieu dans un espace ouvert qui peut être soit en pleine cour intérieure de la prison par manque d'endroit fermé à cet effet, soit dans le hall intérieur de la prison, quelques bancs permettant de s'asseoir durant le temps de la visite. Les horaires de visites sont discrétionnairement fixés par chaque établissement. L'application de cette disposition en matière de visites devient aléatoire à plusieurs égards.

D'abord, les autorisations de visites deviennent un instrument redoutable entre les mains des autorités pénitentiaires et sujettes à des abus de pouvoir. Comme le remarque encore l'OIP, *« les relations du détenu avec ses proches peuvent être rendues plus ardues par l'administration pénitentiaire elle-même. "Outre l'obsession sécuritaire qui commande le fonctionnement de l'institution, la représentation archaïque de la sanction motive, pour partie, les atteintes aux relations entretenues par les détenus, avec l'extérieur ou entre eux", le personnel pénitentiaire étant souvent convaincu de la fonction afflictive de la prison. »*[377] Cette réflexion de l'OIP est particulièrement pertinente dans le cas du Cameroun dans la mesure où l'administration pénitentiaire a le pouvoir d'accorder, à sa guise et même par abus de pouvoir, le droit de visites des membres de sa famille à un détenu. D'autant plus qu'aucune disposition législative ne prévoit une condition de motivation en cas de refus, et aucun recours n'est prévu au bénéfice du détenu confronté à une telle

---

[376] Article 37 du décret de 1992 portant régime pénitentiaire au Cameroun

[377] Observatoire International des Prisons, section française

situation. De là, les autorisations de visite deviennent un instrument précieux de chantage entre les mains de l'administration pénitentiaire. Et cela donne lieu à des faveurs accordées à certains afin d'obtenir d'eux un certain comportement en détention notamment à l'égard des "supers détenus". [378]

Ensuite, les droits des communications cèdent le pas devant les considérations sécuritaires qui impliquent des restrictions plus ou moins indispensables. Certains détenus sont complètement coupés de leur famille pour cause d'éloignement en plus des démarches administratives complexes pour obtenir l'autorisation de visites. Par cette absence de contacts familiaux constants, il arrive souvent que les familles apprennent plusieurs mois après, le décès d'un des leurs en prison, et qui a déjà été inhumé comme l'autorise l'article 66 alinéa 2 D du décret de 1992.

La difficulté de maintien des liens familiaux due à l'éloignement des familles devrait être palliée par l'accès aux appels téléphoniques. Malheureusement, ces derniers sont strictement interdits et la possession d'un téléphone mobile est sévèrement sanctionnée. Le souhait serait l'instauration et l'organisation de ce système de communication. Ce qui implique la mise en place d'un système de contrôle des appels téléphoniques adéquat. Ceci présente plusieurs avantages tant pour l'administration pénitentiaire que pour les détenus et leurs familles. En effet, la mise en place de système de communication téléphonique permettrait de limiter la détention illicite des téléphones portables jugée dangereuse. Et en cas d'urgence, par exemple de maladie, le détenu pourra facilement joindre sa famille.

Enfin, si les visites sont ainsi prises en compte pour préparer la réintégration sociale des détenus, elles connaissent beaucoup de restrictions. Le décret en vigueur, dans son article 40 dispose que *« le parquet compétent peut, pour des raisons d'enquête, demander par écrit au régisseur de la prison d'interdire, pendant une durée déterminée, à un prévenu de communiquer avec les autres ».*[379] Et *« pour des raisons de*

---

[378] Ils sont appelés "supers détenus" et reconnus comme tels, les détenus qui brillent par leurs exploits criminogènes et leur ancienneté dans l'établissement pénitentiaire concerné.

[379] Article 40 du décret de 1992 portant régime pénitentiaire au Cameroun

sécurité et de discipline, le régisseur de la prison peut interdire à un détenu de communiquer avec les autres personnes pour une période de dix jours renouvelable une fois. Dans ce cas, l'intéressé est isolé dans un local prévu à cet effet ».[380] L'aggravation de la sanction est prévue pour des raisons disciplinaires et les visites à un détenu peuvent être suspendues pendant un temps n'excédant pas deux mois ou supprimées définitivement.[381] Qu'il nous soit permis de remarquer que la suppression définitive des communications avec l'extérieur, surtout avec la famille, est un obstacle majeur à la réinsertion sociale du détenu concerné. La privation définitive ou non de relations ou de contacts avec la famille ne doit pas figurer parmi la liste de sanctions disciplinaires surtout lorsque l'on connaît la place importante qu'occupe la famille dans le lien social camerounais.

b. Les communications, un droit imparfait et incomplet

Il importe de souligner ici que le maintien des liens familiaux ne devrait pas se limiter à l'apport de la nourriture aux détenus comme c'est le cas actuellement. Tout en tenant compte du contexte actuel, une réflexion bien approfondie semble être urgente en ce qui concerne les époux séparés du fait de l'incarcération au regard du nombre de familles disloquées suite à l'emprisonnement de l'un des époux. C'est le fondement même de la société camerounaise qui est ébranlé. Qu'à cela ne tienne, notre analyse se porte ici sur la qualité des visites et des correspondances prévues dans les dispositions réglementaires en vigueur.

En effet, il est regrettable de relever que l'organisation de ces visites ne règle pas le délicat problème du maintien des relations sexuelles entre époux. L'administration pénitentiaire est loin d'aborder un tel sujet, même avec une dose satisfaisante de bonne volonté. Le cadre actuel et le manque accru des structures adéquates ne lui permettent pas de considérer ces liens nuptiaux comme une évidence pour la préservation des liens familiaux. Il devient chose courante d'entendre parler des foyers détruits par l'incarcération de l'un des conjoints.

L'expérience de certains pays particulièrement sensibles aux problèmes aigus de leurs sociétés respectives devrait inspirer les autorités

---

[380] *Op. cit.*

[381] Article 39 du décret de 1992 portant régime pénitentiaire au Cameroun

camerounaises afin d'éviter que la cellule familiale ne soit éclatée du fait de l'emprisonnement de l'un de ses membres, d'une part, et d'autre part, de privilégier ce moyen en vue de la réinsertion du détenu. En effet, les Unités de Vie Familiale sont des espaces destinés aux détenus condamnés à de longues peines et ne bénéficiant pas de permissions de sortie. Ils sont créés dans l'enceinte pénitentiaire, sans surveillance à l'intérieur même de ces espaces, ils permettent à la famille dont l'un des membres est incarcéré de vivre, pendant un certain temps, toutes les dimensions de la vie familiale. C'est un moyen de favoriser non seulement la réinsertion du détenu après sa libération mais aussi d'éviter l'éclatement de la cellule familiale. Un rapport dans ce sens a été présenté au Conseil de l'Europe par le commissaire aux Droits de l'Homme. L'extrait de ce rapport indique que :

« Ce mode spécifique d'organisation des visites [UVF] qui permet aux conjoints et aux enfants de préserver leur vie privée malgré l'emprisonnement de l'un d'eux est très important et se généralise dans la plupart des Etats membres du Conseil de l'Europe. Il s'agit, à mon avis, d'un très bon moyen de sauvegarder les familles, d'éviter leur éclatement et de favoriser la réinsertion du prisonnier qui sera convaincu d'être attendu. (...).»[382]

L'effectivité de tous ces droits - non reconnus ou violés – devrait bénéficier d'un mécanisme de contrôle. Qu'en est-il ?

L'inopérant mécanisme de contrôle et de surveillance des prisons

« Le contrôle des prisons - comme le précise Guy CANIVET - *a pour objet de veiller à la bonne application des droits dans la société carcérale. L'état du droit qui régit celle-ci et le contrôle dont elle fait l'objet sont indissolublement liés. »*[383] Parler de l'indissociabilité en la matière suppose au préalable la reconnaissance des droits en milieu fermé. Or comme nous l'avons déjà mentionné plus haut, tout porte à

---

[382] Rapport du Commissaire aux Droits de l'Homme au Conseil de l'Europe. Alvaro GIL-ROBLES attire l'attention des autorités françaises sur le retard pris par la France quant à la mise en œuvre des Unités de Vie Familiale.

[383] G. CANIVET, *Amélioration du contrôle extérieur des établissements pénitentiaires.* Rapport de Commission au garde des sceaux, ministre de la justice, Paris, La documentation française, 2000, p. 205

croire, à travers le régime pénitentiaire camerounais que les citoyens privés de liberté se prévaudraient difficilement de leurs droits. Et pourtant, le contrôle des prisons camerounaises, que prévoit le titre VI du décret, révèle plusieurs organes de contrôle et de surveillance. Et dans l'état actuel des choses, il serait tenté de mettre un bémol sur l'effectivité du système de contrôle : d'une part, parce que les citoyens privés de liberté n'ont plus de statut juridique une fois en détention, et donc ne jouissent que d'éventuels droits, d'autre part, parce que ce contrôle ne concerne pas les droits des prisonniers.

Il y a du mal à trouver la différence que l'Exécutif fait entre "contrôle" et "surveillance" des prisons. Le contrôle peut se définir comme une vérification, une surveillance exercée par une autorité, par l'État, dans les domaines les plus variés. La surveillance est une action de surveiller, de contrôler le déroulement d'une action, ou de veiller sur quelque chose ou quelqu'un : le résultat de cette action. La différence est peu décelable quand il s'agit d'une action pénitentiaire. Mais toujours est-il que l'Exécutif en fait deux chapitres distincts dans le décret portant régime pénitentiaire au Cameroun. Néanmoins, après une analyse attentive des termes utilisés, tout permet de croire que la différence porte sur la régularité des visites à effectuer. Ainsi, peut-on admettre que le contrôle concerne les visites constantes ou régulières des prisons alors que la surveillance a trait à des visites ponctuelles sinon exceptionnelles de celles-ci.

1. L'incompatibilité des missions de contrôle et d'action des autorités administratives en milieu carcéral

Le contrôle des prisons peut être défini comme une surveillance en permanence de l'action pénitentiaire. Cette surveillance nécessite, pour le bon fonctionnement des établissements pénitentiaires camerounais, un regard extérieur motivé pour la cause des citoyens privés de liberté appelés à retrouver un jour la société libre. Ce regard motivé a tout intérêt à être objectif quant au respect des droits des détenus. L'auto-contrôle en la matière exercé par l'administration elle-même peut s'avérer ainsi très limité dans la mesure où le contrôle à effectuer doit porter non seulement sur l'aspect matériel mais aussi sur le respect des droits de tous ceux qui sont concernés dans l'institution pénitentiaire, à moins que ce contrôle ne se limite qu'à l'éternelle mission du maintien d'ordre et de sécurité *intra muros*. Autrement dit, si l'exigence d'un contrôle effectif et efficace est recherchée, la surveillance constante ne devrait pas être confiée aux autorités administratives. Celles-ci ne peuvent être à la fois acteurs et contrôleurs de leur action puisque dans le langage politique et administratif, le contrôle est opposé à l'action. De plus, c'est un principe que le contrôle et l'action doivent être séparés. Malheureusement, l'Exécutif confie le contrôle des prisons aux autorités administratives et en fait des contrôleurs d'office au côté des contrôleurs autorisés.

Selon le même chapitre, un éventuel contrôle peut être exercé par les autorités que nous appelons ici "les contrôleurs autorisés". En effet, l'article 57 du décret dispose que : *« Les procureurs généraux, les procureurs de la République et les magistrats chargés de l'action publique ou de l'instruction sont autorisés à visiter les prisons de leur ressort. »*[384] A la lecture de ce qui précède, ces "contrôleurs autorisés" n'ont aucune obligation quant à la périodicité des visites. De plus, ils ne se sentent pas engagés. Concrètement, la réalité révèle que les magistrats se rendent rarement sinon jamais dans les établissements pénitentiaires. Etant donné que ce contrôle ne constitue pas une obligation et compte tenu de l'imprécision de ces dispositions réglementaires, l'intérêt que peuvent porter les magistrats à ce sujet est donc très limité. Il est regrettable de mentionner que ce système de contrôle est une pure formalité d'abord parce que confié aux autorités administratives, ensuite parce que non accompagné de mesures coercitives à l'encontre des autres contrôleurs, et enfin, parce qu'il ne comporte aucune obligation de résultat quant à des mesures à prendre. Après ce constat négatif du contrôle permanent, peut-on se fier au contrôle exceptionnel des prisons ?

2. L'ineffectivité et/ou l'inefficacité de la mission de surveillance des prisons

Non seulement la complexité et la généralité de la mission de surveillance confiée à la commission la rendent inopérante, mais encore le fait d'effectuer les visites une fois l'an ne favorise pas l'efficacité de cette commission.

[384] Article 57 du décret de 1992 portant régime pénitentiaire au Cameroun

a. L'inefficacité du fait de la complexité et de la généralité de la mission de surveillance

Les prisons bénéficient d'une commission de surveillance prévue par l'Exécutif. Mais le caractère général de la mission exacte de cette commission peut entraver son fonctionnement effectif. Cette généralité tient d'abord à sa composition très diversifiée, qui porte à croire à une efficacité au regard des compétences de ses membres. Instituée au chef-lieu de chaque département, la commission de surveillance des prisons est constituée de six membres, à savoir : *« Le préfet ou son représentant, le président du tribunal de première instance, le responsable départemental de la santé publique, le responsable départemental de la construction, le responsable départemental des affaires sociales, le rapporteur désigné par le président de la commission. »*[385] Chacun des membres a une compétence spécifique à mettre au service de la commission pour la réalisation de sa mission de surveillance. Les domaines de compétence concernent la justice, la santé, la construction, les affaires sociales. C'est un vaste programme de travail avec une mission très étendue et complexe. Du fait de cette complexité qui peut rendre inopérante la mission si louable de surveillance des prisons, il serait souhaitable de dissocier les différents domaines qui nécessitent un travail de fond afin de rendre effective et efficace cette mission de surveillance. Ainsi chacun des domaines aurait une commission à part entière.

La commission de surveillance des prisons étant composée de hauts fonctionnaires, il est à déduire que les visites qu'ils sont tenus d'effectuer, portent sur des questions bien précises si on se réfère à leurs fonctions initiales et donc à leurs compétences. Mais, il y a lieu de souligner que le fait de confier la mission de contrôle des prisons à des personnalités qui, manifestement se voient attribuer des tâches moins précises, trop générales et parfois même non compatibles avec leurs fonctions habituelles n'a rien de rassurant quant à l'effectivité et/ou à l'efficacité de la mission à accomplir. Peut-être, il lieu d'imaginer qu'il existe des dispositifs internes - les circulaires par exemple - qui préciseraient ainsi les tâches leur incombant en la matière. Malheureusement, ces textes internes, s'ils existent, sont inaccessibles aux détenus. Ces derniers sont très souvent confrontés à un sérieux "cafouillis" du fait de ne pouvoir pas s'adresser à la bonne personne pour

[385] Article 58 du décret de 1992 portant régime pénitentiaire au Cameroun

telle ou telle revendication. Vers quel organe diriger leurs requêtes ? Car le pouvoir exécutif prévoit dans son décret du 27 mars 1992 une variété de contrôles des prisons inopérante.

b. Une commission inefficace du fait de la rareté des visites des prisons

L'article 59 alinéa 1er du décret précise que *« la commission de surveillance est tenue de visiter toutes les prisons implantées dans le département au moins une fois par an. »*[386] L'on suppose que l'Exécutif tient compte des fonctions initiales des uns et des autres lorsqu'il (Exécutif) indique la périodicité des visites tout en laissant à chacun la possibilité d'apprécier la pertinence des visites régulières dans ces milieux clos. Tout porte à croire que la commission aura le souci de rendre ses visites moins espacées. Mais en retenant une seule visite obligatoire par an, il y a de fortes chances que des problèmes ayant fait surface plus de dix mois, avant auront déjà perdu toute leur ampleur surtout lorsque ces problèmes touchent le domaine délicat comme le régime alimentaire, le traitement des détenus. Ces domaines entrent bien dans le champ de compétence de la commission de surveillance, puisque le règlement le prévoit en précisant que ses remarques portent entre autres *« sur le régime alimentaire et le traitement des détenus. »*[387] Le détenu lésé dans l'un de ces domaines devrait-il attendre un an pour faire des réclamations auprès de la commission compétente ?

Et encore si cette commission avait le pouvoir d'agir directement, les "pensionnaires" des établissements pénitentiaires camerounais prendraient leur mal en patience en attendant la visite de la commission. Mais hélas, les pouvoirs de cette dernière apparaissent limités. La Commission de surveillance des prisons ne peut formuler que des observations et des propositions écrites qu'elle adresse, en forme de rapport, au Ministre chargé de l'administration pénitentiaire comme le prévoit l'alinéa 2 de l'article 59 du décret de 1992. Il y a de quoi prévoir au moins deux ans pour voir aboutir une solution à un souci alimentaire ou autre à cause de la lenteur notoire de l'administration en général. Pire encore lorsqu'il s'agit des problèmes liés à la détention.

---

[386] Article 59 alinéa 1er du décret de 1992 portant régime pénitentiaire au Cameroun

[387] Alinéa 1er in fine de l'article 59 du décret de 1992 portant régime pénitentiaire au Cameroun

En pratique, la commission de surveillance ne semble pas avoir une grande efficacité dans le contrôle des établissements pénitentiaires. Comme le remarque si bien un directeur d'établissement en France, *« les commissions de surveillance, c'est plus honorifique qu'efficace »*.

Chapitre II

La portée limitée de l'intervention sporadique du Législatif en matière pénitentiaire

Il est évident que l'exécution de la peine privative de liberté reste le domaine du pouvoir exécutif et donc du service public pénitentiaire. Cependant, le législateur doit y avoir un droit de regard. Il est vrai, d'une part, que la peine privative de liberté ne se limite qu'à la seule privation d'aller et venir, par conséquent, celui qui la subit reste bénéficiaire des autres droits fondamentaux. D'autre part, les restrictions de ces autres droits dues aux impératifs du milieu carcéral ne peuvent être exemptes d'abus que si la loi en fixe les limites.

C'est dans cet ordre d'idées que la Commission Nationale Consultative des Droits de l'Homme (CNCDH) s'est exprimée en 2007. Elle précise à cet effet que : *« Seule la loi peut fixer le cadre juridique organisant l'usage des libertés. »*[388] La même Commission précise par la suite que *« une personne incarcérée est et demeure une "personne humaine" à part entière, dont les droits fondamentaux ne peuvent être méconnus. Elle reste également un "citoyen", exclu de toute mise à l'écart systématique de la société. »*[389] La nécessité de l'intervention du législateur n'est plus à démontrer pour que l'exécution de la peine d'emprisonnement puisse être effectuée dans un cadre juridique respectant les droits fondamentaux de ceux qui sont incarcérés. L'absence d'un cadre juridique peut avoir des conséquences néfastes non négligeables pour tous.

Par ailleurs, la loi doit toujours être défendue dans tous les milieux. De telle sorte que, toute personne, victime de l'arbitraire – qu'elle soit privée de liberté ou non - puisse s'y référer. De même, ceux qui sont chargés de l'appliquer doivent également la connaître et la respecter. Ils doivent savoir que la loi n'est pas faite seulement pour réprimer et pour punir. Les droits de ceux qui ont fauté doivent aussi être respectés. Il est

---

[388] CNCDH, *Sanctionner dans le respect des droits de l'homme. I. Les droits de l'homme dans la prison,* Paris, La documentation française, 2007, p. 11

[389] *Ibid.* p. 11

nécessaire qu'il y ait de l'ordre et de la discipline dans une prison, mais aussi avec pour corollaire la protection des prisonniers et de leurs droits pendant la détention.

Un cadre législatif qui respecte les droits fondamentaux des détenus pendant l'exécution de la peine privative de liberté peut être un stimulateur permettant aux détenus, une fois libérés de vivre en respectant la loi. Pour cela, le retour dans la société libre, après la peine privative de liberté, ne devrait pas se faire sans encadrement tant pour le bien de la société que pour l'intéressé lui-même. Et seule, la loi doit les leur offrir. Tel n'est pas le cas lorsque l'intervention du législateur fait défaut dans la mise en exécution des peines privatives de liberté et lorsque rien n'est prévu pour assurer la réintégration sociale de ceux qui ont été, pendant un temps, privés de leur liberté.

I. Le déficit législatif dans l'encadrement de l'exécution des peines privatives de liberté

Alors que partout à travers le monde, y compris dans les pays qui avaient introduit la prison au Cameroun, on essaye de trancher le dilemme entre surveiller et punir[390] d'un côté, détenir et réhabiliter de l'autre, on observe un statu quo total de l'Etat camerounais. Peut-on analyser cela comme une absence d'intérêt des hommes politiques pour la chose carcérale ? Tant il est vrai que dans presque la totalité des cas dans les autres pays, le problème de criminalité ainsi que les sanctions applicables reflètent toujours la tendance politique de l'Etat.

Dans cet état de choses, le Législateur a un rôle très important, sinon primordial, à jouer dans un Etat de droit, surtout lorsque la protection et la restriction des droits des citoyens sont en jeu. Et lorsque l'on sait que, par le seul fait de la détention, les restrictions des droits de ceux qui sont privés de liberté sont incontournables. Le législateur doit impérativement intervenir afin de définir le cadre de ces restrictions pour la protection des droits des détenus contre toutes sortes d'abus ou d'arbitraire. En ce qui concerne le Cameroun, il y a lieu de s'interroger sur la compétence effective du législateur en matière de la peine d'emprisonnement et de la gestion de la période d'attente du jugement définitif.

---

[390] M. FOUCAULT, *op. cit.*, 1975

L'exécution de la peine d'emprisonnement, hors cadre législatif

Depuis la période coloniale au Cameroun, l'exécution des peines en général, et des peines privatives de liberté en particulier, a toujours été l'œuvre de l'Exécutif. L'administration pénitentiaire était alors la chasse gardée du gouvernement et sous la juridiction du Ministère de l'Administration Territoriale (MINAT). La justice et le Législatif n'avaient que très peu, sinon jamais le droit de regard quant à la gestion des conditions d'exécution des peines privatives de liberté. L'administration pénitentiaire étant passée sous le contrôle du Ministère de la Justice (MINJUS), droit tarde à frayer son chemin dans les milieux clos des pénitenciers camerounais. Dans les établissements pénitentiaires camerounais, la condition juridique de la personne incarcérée est sans objet. On a l'impression que, une fois privés de liberté au Cameroun, la prison ou le système pénitentiaire met tout en œuvre pour chosifier ceux qui sont *intra muros* comme nous l'analyserons plus loin dans le chapitre I du titre II de cette partie. Une réflexion approfondie s'avère impérative sur ce point, pour que les incarcérés continuent à bénéficier de leur statut de sujet de droit.

Pour se faire, le législateur doit avoir le souci de légiférer en matière pénitentiaire. En effet, tant que le régime pénitentiaire restera le fait de l'Exécutif et des régisseurs des prisons, les "pensionnaires" des établissements pénitentiaires camerounais ne pourront pas faire valoir leur statut juridique. Il y a lieu de se pencher sur le bien-fondé de l'encadrement de l'exécution des peines privatives de liberté par le législateur et d'analyser les conséquences en cas d'absence de légalité en matière pénitentiaire.

1. Le bien-fondé d'un cadre législatif en matière pénitentiaire ou la légalité du droit pénitentiaire

Comme le souligne le professeur LIEVEN DUPONT[391] : *« Il appartient au législateur, dans le respect des conventions relatives aux droits de l'homme et des libertés constitutionnelles, de déterminer à quelles*

[391] LIEVEN DUPONT, président de la commission « loi de principes concernant l'administration pénitentiaire et le statut juridique des détenus », Belgique, 24 novembre 2004, rapport fait au nom de la Justice par M. André PERPETE, Chambre, 2e session de la 51e Législature 2003/2004

limitations de leurs droits fondamentaux les détenus peuvent être soumis, et de quels droits fondamentaux ils peuvent jouir sans restriction». « Seule la loi peut apporter des restrictions aux droits et libertés. C'est donc le législateur qui doit déterminer quels sont les droits dont les détenus peuvent être privés, et à quelles conditions des restrictions peuvent y être apportées. » [392] Il dira par la suite : *« Cela ne signifie cependant pas que tous les aspects relatifs à l'exécution d'une peine ou mesure privative de liberté doivent figurer de manière exhaustive dans un texte de loi. Un équilibre doit être trouvé entre ce qui relève de la compétence du pouvoir législatif, et ce qui ressort du pouvoir exécutif. »*[393] Toutes ces réflexions bien formulées dans le cadre de la proposition de loi en Belgique sont aussi valables dans le cadre des prisons au Cameroun.

L'exécution des peines en général, et en particulier les peines privatives de liberté, est un aspect de l'activité pénale. Celle-ci a tendance à être mise de côté par le législateur camerounais. Pourtant, la création d'un véritable droit de l'exécution des peines doit se matérialiser par une loi à inclure dans le code de procédure pénale. La Constitution française précise que « seule la loi peut fixer le cadre juridique organisant l'usage des libertés ». Il est indispensable, comme le souligne la Ministre de la Justice, garde des sceaux RACHIDA DATI, *« d'élever au niveau législatif les restrictions aux droits fondamentaux nécessairement imposées aux détenus pour des raisons de sécurité publique et d'afficher clairement les règles éthiques qui encadrent l'action des personnels pénitentiaires. »*[394] Ce besoin fondamental se ressent avec acuité au Cameroun.

Actuellement, à une exception près, les modalités d'exécution des peines privatives de liberté au Cameroun sont régies par les décrets présidentiels, des circulaires ministérielles et des règlements intérieurs. La légalité de l'exécution des peines privatives de liberté reste donc un sujet épineux. Le souhait est donc de taille, celui de l'adoption d'un texte

---

[392] Extrait du rapport fait par la commission « loi de principes concernant l'administration pénitentiaire et le statut juridique des détenus », Belgique, 24 novembre 2004, au nom de la Justice par M. André PERPETE, Chambre, 2e session de la 51e Législature 2003/2004

[393] *Ibid.*

[394] RACHIDA DATI, *projet de loi pénitentiaire*, France, mars 2009

de loi qui encadrerait l'exercice des droits des citoyens privés de liberté. Cette loi devrait redéfinir le sens de la peine d'emprisonnement, les missions du service public pénitentiaire, les fonctions du personnel pénitentiaire, les droits et obligations des détenus. Un organe de contrôle extérieur indépendant, institué par la loi, serait à même de veiller au respect des droits derrière les murs. Cela donnerait aussi un cadre de référence d'une part, au profit des citoyens privés de liberté en cas de violation de leurs droits, et d'autre part, un instrument de travail au profit du personnel de l'administration pénitentiaire. L'application du droit en prison encadrée par la loi, est la condition sine qua non d'une prison respectueuse de la dignité humaine et d'une *« prison de droit »*[395].

Sans doute, la question peut être posée sur l'efficacité de ce droit en prison, surtout lorsqu'on se trouve en présence d'une institution par essence totalitaire malgré l'affirmation d'un Etat de droit. Néanmoins, l'adoption d'une loi relative à l'exécution des peines privatives de liberté règlerait la question de *« la légalité formelle »*[396] quand bien même le respect du droit en prison serait hypothétique. Il n'y a pas à douter du décalage qui, presque toujours, existe entre les textes et la pratique en la matière. De plus, les limites de la normalité derrière les murs restent une évidence. Malgré ces défaillances dans le concret, le législateur doit légiférer en ce qui concerne les droits des personnes privées de liberté. L'intervention du législateur est indispensable pour prévenir les atteintes aux droits fondamentaux.

2. Le droit pénitentiaire camerounais et l'absence de légalité

On peut nous reprocher peut-être, de parler de l'absence de légalité du "droit pénitentiaire" camerounais alors que celui-ci a été mis en place par un pouvoir compétent et légitime, en l'occurrence l'Exécutif camerounais. Si tel est le cas, c'est prendre le mot légalité dans le sens large du terme. Mais, lorsque la légalité est définie comme le caractère de ce qui est conforme à la loi, on peut déduire que le droit pénitentiaire est légal lorsqu'il est établi par la loi, lorsqu'il émane du législateur. Sur cette lancée, les droits fondamentaux inhérents à toute personne, privée

---

[395] J.-C. FROMENT, « Vers une prison de droit ? », in *Revue de science criminelle et de droit pénal comparé*, 1997, p. 537-560

[396] I. MANSUY, *Principe de légalité et exécution des peines en France et Allemagne*, Droit=droits ? (septembre 2005), champ pénal

de liberté ou non, ne pourront souffrir de limites que si la même loi les prévoit. Or, tel n'est pas le cas dans le domaine qui nous intéresse à savoir l'exécution des peines privatives de liberté.

Le Législateur camerounais s'est juste contenté de dire que *« les conditions d'exécution des peines privatives de liberté sont définies par un texte particulier... »*[397] Aucune autre précision quant à l'organe appelé à remplir cette mission. La surprise n'est pas de taille, celle de revoir, comme à l'accoutumée, le retour au galop du pouvoir régalien de l'Exécutif. C'est ainsi qu'aujourd'hui, toutes les mesures régissant le mode de vie des citoyens privés de liberté, comme nous l'avons déjà souligné, sont de ce fait contenues dans un document à part non inclus dans le nouveau Code de procédure pénale.

Le nouveau code de procédure pénale reflète le déficit, voire la démission du législateur quant à son devoir de déterminer les conditions d'exécution des peines privatives de liberté. En effet, les dispositions y afférentes et incluses dans ce nouveau code de procédure pénale se résument en quelques 17 articles. Parmi lesdits articles, quatre sont, de façon sommaire, consacrés à la détention provisoire[398], huit traitent des visites et correspondances des prévenus[399], tandis que cinq traitent de l'incarcération en général[400]. C'est principalement le pouvoir exécutif et l'administration pénitentiaire qui prennent les mesures concrètes pour l'application des peines privatives de libertés. C'est dire que jusqu'à présent, la problématique du système pénitentiaire camerounais n'est réglée que de façon marginale par le législateur.

Si le législateur de 2006 précise sommairement que « les condamnés à une peine privative de liberté sont répartis dans différents catégories de prisons »[401], il ne va pas plus loin. Et puisque les conditions d'exécution des peines privatives de liberté doivent être définies par un texte particulier, la quasi-totalité de la littérature concernant les détenus au Cameroun ne figure que dans le décret, les circulaires et les règlements

---

[397] Article 555 alinéa 2 du nouveau Code de procédure pénale, 2006

[398] Articles 218-221 du NCPP, Yaoundé - Cameroun, SAAGRAPH, 2006

[399] Articles 238-245 du NCPP, Yaoundé - Cameroun, SAAGRAPH, 2006

[400] Articles 551-555 du NCPP, Yaoundé - Cameroun, SAAGRAPH, 2006

[401] Article 555 alinéa 1 du *nouveau code de procédure pénale*, texte de base avec un commentaire en 100 points d'observations, Yaoundé – Cameroun, SAAGRAPH, 2006, p.131

intérieurs. Les droits et obligations des citoyens privés de liberté sont ainsi régis par des dispositions réglementaires et des notes administratives souvent inaccessibles à la population camerounaise même carcérale. Cet état de choses traduit la persistance des missions régaliennes qui ont du mal à évoluer. Il faut élever au niveau législatif toutes ces dispositions réglementaires.

Le droit pénitentiaire camerounais semble s'enraciner dans son défaut de fondement législatif. Nulle part, il est fait référence à la loi dans la mise en place du système pénitentiaire camerounais. Il est évident, en l'absence de toute référence à la loi, dans quelque domaine que ce soit, que la porte reste grandement ouverte à tous les excès. De plus, le décret portant régime pénitentiaire au Cameroun donne une très grande latitude aux autorités de l'administration pénitentiaire dans sa mise en application, comme nous l'avons déjà analysé, avec des termes : peuvent ; dans la mesure du possible ; etc...

Par ailleurs, tous les règlements intérieurs des prisons camerounaises s'appuient, non pas sur une loi pénitentiaire, mais sur le décret tel que le stipule l'article 1er de la note de service de la prison centrale de Yaoundé. Cet article précise que *« la présente note de service établit le règlement intérieur de la Prison Centrale de Yaoundé, en application du décret n°92/052 du 27 mars 1992 portant régime pénitentiaire au Cameroun ».*[402] Il n'y a là aucune référence à la loi. Ce qui traduit encore une fois le déficit législatif en la matière. Il y a lieu de souligner ici l'absence de légalité des dispositions régissant les conditions d'exécution des peines privatives de liberté.

La présomption d'innocence et le traitement carcéral des prévenus

Apparue dans la Déclaration des droits de l'homme et du citoyen du 26 août 1789, la présomption d'innocence est devenue un engagement reposant sur des conventions internationales. Elle est protégée par de nombreux textes internationaux, plus précisément par la Déclaration universelle des droits de l'homme du 10 décembre 1948 [403], par le pacte

---

[402] Article 1er, Note de service portant règlement intérieur de la prison centrale de Yaoundé, 8 avril (année illisible)

[403] « Toute personne accusée d'un acte délictueux est présumée innocente jusqu'à ce que sa culpabilité ait été légalement établie au cours d'un procès public où toutes les

international relatif aux droits civils et politiques adopté par l'Assemblée Générale des Nations Unies le 16 décembre 1966, par la charte africaine des droits de l'homme et des peuples adoptée le 27 juin 1981 à Nairobi (Kenya).[404] Le Cameroun, Etat membre de ces Organisations internationales, approuve le principe de la présomption d'innocence.

Ce principe introduit dans le nouveau code de procédure pénale camerounais, par la loi n° 2005/007 du 27 juillet 2005, prévoit dans les alinéas 1 et 2 de l'article 8 que *« toute personne suspectée d'avoir commis une infraction est présumée innocente jusqu'à ce que sa culpabilité ait été légalement établie au cours d'un procès où toutes les garanties nécessaires à sa défense lui seront assurées. La présomption d'innocence s'applique au suspect, à l'inculpé, au prévenu et à l'accusé. »*[405] Le principe est très respectable. Il ne s'agit pas seulement de le mentionner dans le texte, mais d'assurer sa protection contre toute atteinte en instaurant des dispositifs législatifs et réglementaires servant de garde-fou dans la pratique, surtout pendant la détention provisoire.

On a l'impression que cette présomption d'innocence s'arrête au seuil des prisons camerounaises. Une fois le prévenu derrière les murs, cette présomption d'innocence tombe dans les oubliettes. L'innocence présumée s'enfonce dans la précarité du fait du silence du législateur, aggravée par l'absence des conditions de détention spécifiques aux prévenus.

---

garanties nécessaires à sa défense lui auront été assurées. » Article 11, alinéa 1er de la Déclaration Universelle des droits de l'homme, adoptée et proclamée par l'Assemblée générale dans sa résolution 217 A (III) du 10 décembre 1948.

[404] Article 7, 1, « Toute personne a droit à ce que sa cause soit entendue. Ce droit comprend : b) le droit à la présomption d'innocence, jusqu'à ce que sa culpabilité soit établie par une juridiction compétente ; » La charte africaine des droits de l'homme et des peuples a été adoptée le 27 juin 1981 à Nairobi (Kenya) lors de la 18ème Conférence de l'Organisation de l'Unité Africaine. Elle est entrée en vigueur le 21 octobre 1986, après sa ratification par 25 États.

[405] Article 8, alinéa 1 et 2 du Nouveau code de procédure pénale de la République du Cameroun, Yaoundé, SAAGRAPH, 2006, 230 p.

1. Le bénéfice aléatoire de la présomption d'innocence en milieu carcéral

La situation des citoyens en détention provisoire est bien plus alarmante que celle des condamnés définitifs. La rigueur et les abus d'autorité dont font l'objet les prévenus mettent à mal leur droit le plus précieux : la présomption d'innocence. Le texte fondateur de ce principe, devenu universel, et accepté par l'Etat camerounais, réprimande de telles situations. L'article 9 de ce dispositif le précise. *« Tout homme étant présumé innocent jusqu'à ce qu'il ait été déclaré coupable, s'il est jugé indispensable de l'arrêter, toute rigueur qui ne serait pas nécessaire pour s'assurer de sa personne doit être sévèrement réprimée par la loi. »*[406] Encore faut-il qu'il existe une loi allant dans ce sens. L'urgence est, en ce qui concerne le Cameroun, d'introduire le droit en prison et d'instaurer dans ce monde clos un indispensable dispositif permettant de respecter la présomption d'innocence reconnue aux prévenus.

Malheureusement, la présomption d'innocence est une notion théorique qui n'a aucune application pratique, surtout dans les établissements pénitentiaires. Le système pénitentiaire camerounais est fait pour aboutir à ce que les personnes soient pré-jugées vis-à-vis de l'opinion publique, du personnel des prisons et même vis-à-vis des magistrats eux-mêmes qui ont tendance à banaliser ce qu'ils pratiquent quotidiennement : la mise en détention.

Par ailleurs, si la présomption d'innocence est moins protégée tout au long de la procédure pénale, elle s'arrête complètement au seuil des prisons camerounaises. Puisque, une fois le citoyen derrière les murs, l'étiquette de coupable se colle sur le nouvel arrivant sans formalité aucune. Traité à quelques différences près comme les condamnés, partageant les mêmes locaux que ces derniers, pour l'opinion publique, c'est la preuve de la culpabilité, peu importe l'aboutissement ultérieur de la procédure.

---

[406] Article 9 de la Déclaration des droits de l'homme et du citoyen du 26 août 1789

a. Le silence du législateur quant à la gestion de la période en attente du jugement

Nul ne saurait contester que la présomption d'innocence est avant tout une règle de procédure pénale. Mais alors, cette présomption d'innocence doit-elle se limiter au seul stade du procès ou doit-elle s'étendre tout au long de la période d'attente du jugement ? Ou bien encore, quel est l'impact de ce principe fondamentalement universel dans la vie au quotidien de celui qui est retenu dans et par les services pénitentiaires avant le jugement ? Le bénéficiaire de cette présomption d'innocence doit-il s'attendre à ce que les dispositions législatives la garantissent en milieu fermé ?

La présence de ce principe dans la déclaration universelle des droits de l'homme et dans la Charte africaine des Droits de l'Homme et des Peuples, intégrées dans le préambule de la Constitution camerounaise du 18 janvier 1996, confère au principe une valeur constitutionnelle. Afin que ce principe soit garanti et protégé, la période de "transition" très délicate tant pour le prévenu que pour le personnel des prisons - qui s'étend de l'arrestation à la condamnation définitive ou à la relaxe pure et simple – devrait être impérativement et légalement encadrée par la législation.

La législation pénitentiaire camerounaise fait très peu allusion aux prévenus, alors que ces derniers, comme nous l'analyserons dans le chapitre relatif au surpeuplement carcéral, représentent plus de la moitié des "pensionnaires" des centres pénitentiaires. Deux dispositions réglementaires seulement concernant les prévenus sont prévues dans le décret portant régime pénitentiaire au Cameroun. L'article 20 donne des directives quant à la répartition des détenus dans les locaux pénitentiaires en précisant que les prévenus sont séparés des condamnés.[407] L'article 49 in fine du même décret fait mention de la qualité des travaux que peuvent effectuer les prévenus.[408] C'est avec regret que l'on constate que, pendant toute cette longue période d'attente de jugement définitif, le décret

---

[407] Article 20 alinéa 1er du décret du 27 mars 1992 *portant régime pénitentiaire au Cameroun*

[408] Article 49 du décret de 1992 : « les condamnés et contraignables sont astreints à la corvée. Les prévenus ne sont utilisés qu'aux menus travaux d'entretien de la prison ».

portant le système pénitentiaire camerounais reste muet quant au régime applicable aux prévenus. Dans une telle situation ambiguë, c'est le régime ordinaire et général qui s'applique à tous les pensionnaires des prisons camerounaises.

Quant à l'intervention du Législatif, il ne s'agit pas de noircir le nouveau code de procédure pénale pour faire bonne impression. Le législateur a une responsabilité de veille et de lutte contre toute atteinte au droit de la présomption d'innocence. Surtout qu'actuellement, il faut des mois et parfois des années pour que les juridictions répressives se prononcent sur la culpabilité ou non de celui ou celle qui est détenu de façon provisoire dans un établissement pénitentiaire. Le principe de la présomption d'innocence universellement reconnu devrait se traduire dans le quotidien du prévenu par des mesures visant à assurer la protection de celui-ci.

Devant un mur opaque de silence législatif quant à l'encadrement impératif de la période de transition au quotidien, il y a lieu de parler d'une "double personne" voire une "double identité" du citoyen privé provisoirement de sa liberté. Par ce terme de double identité, nous entendons par là que le citoyen détenu provisoirement bénéficie de la présomption d'innocence lorsqu'il se trouve en présence d'une juridiction de jugement. Par contre, une fois remis à l'administration pénitentiaire dans l'attente du jugement définitif, sa présomption d'innocence n'est plus garantie par les textes législatifs et donc, il subit le même traitement carcéral que les condamnés alors qu'il n'est pas encore reconnu comme tel.

Cette perte du bénéfice de la présomption d'innocence du fait de l'absence de textes y afférents laisse la porte ouverte à tous les abus et arbitraires de la part du personnel pénitentiaire. L'étiquette du coupable se colle de façon indélébile sur le nouvel arrivant sans avoir besoin des formalités spécifiques, du fait même du système instauré. Dans la vie au quotidien, cette étiquette de "coupable" se traduit forcément par le traitement réservé à tout condamné. Inéluctablement, le silence du Législatif constitue une sorte de chèque en blanc en faveur de l'administration pénitentiaire. Cette dernière ne peut qu'appliquer le régime prévu par l'Exécutif à tous les pensionnaires des établissements pénitentiaires sans distinction. De plus, ce silence inquiétant du Législatif camerounais laisse la porte ouverte à tous les abus et arbitraires dont les conséquences sont, le moins qu'on puisse dire, fâcheuses telles que nous l'étudierons dans le chapitre consacré au fonctionnement des prisons. Ce qui prouve par ailleurs l'absence de statut des personnes en attente de jugement.

b. L'absence de statut des personnes en détention provisoire

« Le détenu est un être sans statut, sans droit et soumis aux décisions arbitraires de l'administration pénitentiaire. »[409] Cette affirmation, plus précisément cette conclusion de la Commission CANIVET[410] peut sembler abusive surtout lorsqu'il s'agit d'un Etat de droit comme la France. Le contexte actuel du système pénitentiaire camerounais ne fait pas exception à ce constat. Il suffit d'avoir la malheureuse occasion de se retrouver dans le milieu carcéral camerounais pour d'apprécier la justesse d'un tel constat au détriment des citoyens privés de liberté. Pire encore, lorsqu'on imagine que cette situation est imposée aux innocents potentiels, il y a de quoi se poser des questions.

C'est dire à quel point cette absence de statut des personnes "incarcérées", et surtout, le statut de celles qui sont en attente de jugement, va à l'encontre même du respect des droits humains et par conséquent, cette situation devrait faire l'objet d'une impérative réflexion pour que la présomption d'innocence retrouve son vrai sens et atteigne son objectif, même en milieu carcéral, tant que le jugement définitif n'est pas prononcé à l'encontre de l'individu détenu.

Le statut peut être défini dans notre contexte comme un ensemble de textes fixant les garanties fondamentales accordées au citoyen mis en détention provisoire. Etant donné que, du fait de cette détention, il ne bénéficie ni du statut de l'homme libre, ni de celui d'un condamné, il est impératif que la période de détention provisoire soit encadrée par des textes législatifs fixant les garanties que lui accorde la présomption d'innocence.

---

[409] Article dans Libération, 1er mars 2000, p. 16

[410] En France, le ministre de la Justice a chargé la Commission CANIVET, en septembre 1999, de réfléchir sur un contrôle externe des prisons. Le rapport a été remis le 6 mars 2000.

Au demeurant, la situation des prévenus ne diffère pas substantiellement de celle des condamnés dans des prisons camerounaises. En théorie, les prévenus doivent être internés dans des locaux spéciaux comme le précise le nouveau code de procédure pénale. Ce qui n'est pas évident dans la pratique. Cette disposition fait au moins bonne presse. Dans les autres domaines, c'est le silence complet de la part des autorités tant législatives que gouvernementales. Le législateur, censé régir les droits fondamentaux dans un Etat de droit, devrait faire preuve de plus d'audace dans ce domaine. Malheureusement, aucune disposition législative ou réglementaire n'est prévue pour garantir le principe de présomption d'innocence pendant la période de détention provisoire, ce principe qui doit commander la mise en place d'un régime pénitentiaire des prévenus et de ce fait, de leur statut spécifique.

Comme le dit si bien Hippolyte SANDO dans Derrière les murs, l'Enfer : *« on a fait de la prison un parc à hommes humiliés »*[411] de sorte que, prévenu ou gardé à vue, *« il y a presque toujours un parfum de suspicion et de mépris pour celui-là qui sort du milieu carcéral. »*[412] Et ceci, quel que soit le motif de sa mise en liberté : relaxe pure et simple.

Il est donc impératif que le gouvernement camerounais repense un système à même de protéger (ou capable de protéger) l'innocence de chacun de ses citoyens avant qu'il ne soit réellement déclaré coupable.

2. Les conditions de détention des prévenus

Les établissements pénitentiaires au Cameroun sont tenus d'accueillir sans limites les citoyens privés de liberté que les magistrats, mus par un réflexe carcéral, leur envoient en trop grand nombre. Ni les limites de capacité d'accueil desdits établissements, ni même le souci des conséquences inexorables de la confusion et du mélange prévenus-condamnés, ne suscitent les interrogations sur le respect du principe de la présomption d'innocence en milieu carcéral.

---

[411] H. SANDO, *op. cit.*, p. 116
[412] *Ibid.*, p. 116

a. L'absence criante de structures spécifiques aux prévenus

En dépit de la double classification des établissements pénitentiaires en plusieurs catégories suivant la nature de leurs activités et suivant leur organisation, la législation camerounaise ne prévoit nulle part un centre pour ceux qui sont détenus en vertu d'un mandat de détention provisoire. Le décret en vigueur le précise en ces termes : *« Toute personne détenue en vertu d'un mandat de justice est incarcérée dans une prison. »*[413] D'après le législateur, *« le mandat de justice est un acte écrit par lequel un magistrat ou une juridiction ordonne : la comparution ou la conduite d'un individu devant lui ou elle ; [...] ; la détention provisoire d'un inculpé, d'un prévenu, d'un accusé ou d'un témoin soupçonné de perturber la recherche des preuves ;.... »*[414] La lettre et l'esprit de cette disposition législative montrent qu'un citoyen sur trois peut se retrouver en prison, plus précisément dans un établissement pour peine, en raison d'un mandat de justice. Le souci, ce n'est pas d'encourager l'impunité "zéro", mais de respecter le principe de la présomption d'innocence que nous avons déjà souligné plus haut. A ce stade, ce principe sera à l'abri de tous les abus si, d'une part, la loi encadre l'exécution de ces mandats de justice, et d'autre part, si l'administration pénitentiaire dispose des établissements, des centres ou même des quartiers spécifiques prévus à cette fin. La carence structurelle notoire que connaissent les prisons camerounaises ne permet pas aux citoyens détenus provisoirement de faire valoir leur droit de présomption d'innocence.

Ce manque cruel d'infrastructures en milieu carcéral camerounais provoque inévitablement une autre situation critique, celle d'un seul régime pénitentiaire pour tous. Il n'existe nulle part dans les différents textes législatifs ou réglementaires, des dispositions précisant un régime spécifique aux personnes détenues provisoirement. Seul, l'article 553 alinéa 1er in fine du nouveau code de procédure fait allusion à un quelconque régime spécial tout en mettant un bémol quant à son applicabilité. Ainsi y est-il stipulé : *« Les inculpés, les prévenus et les accusés détenus provisoirement (....) sont soumis, autant que possible, au*

---

[413] Article 551 du nouveau code de procédure pénale

[414] Article 11 alinéa 1er du *nouveau code de procédure pénale*, Collection "La Tribune du droit", Yaoundé – Cameroun, SAAGRAPH, 2006

régime de l'emprisonnement individuel. Ils sont, s'ils le désirent, employés aux travaux d'entretien de la prison. » [415] Fin de citation.

Pour les concernés, - prévenus comme personnels pénitentiaires – quelle leçon doivent-ils tirer de cette dispositions législatives ? L'équivocité textuelle ou le manque de précision, pire encore le défaut de détermination de la part du Législatif dans un Etat de droit, donne froid dans le dos. Le prévenu doit être traité en conséquence. L'Ensemble de règles minima des Nations Unies est claire là-dessus. L'Organisation des Nations Unies, à travers ce dispositif normatif, demande à ce que le prévenu jouisse d'une présomption d'innocence et qu'il soit traité en conséquence.[416] La même organisation poursuit sa directive en précisant que *« sans préjudice des dispositions légales relatives à la protection de la liberté individuelle ou fixant la procédure à suivre à l'égard des prévenus, ces derniers bénéficieront d'un régime spécial ... »*[417] L'Etat camerounais, étant membre de l'ONU, devrait s'inspirer des dispositifs de cette institution internationale afin d'améliorer son système pénitentiaire et de faire bénéficier ainsi de la présomption d'innocence aux prévenus pendant leur détention. C'est avec regret que l'on constate l'inexistence d'un régime spécial au bénéfice de ces derniers.

Il est inacceptable que des personnes qui, de droit, sont à considérer comme non coupables avant que le jugement ait été prononcé, soient mises dans la même structure que les condamnés. L'urgent besoin de la construction de maisons d'arrêt pour ceux et celles que la magistrature juge bon de mettre en "préventive", se fait sentir. Cette absence d'établissements pour détenir provisoirement les prévenus se traduit par un mélange et une confusion néfaste mettant à mal la présomption d'innocence en milieu carcéral.

---

[415] Article 553 alinéa 1er in fine du nouveau code de procédure

[416] Article 84 § 2, *Ensemble de règles minima,* adopté par le 1er congrès des Nations Unies pour la prévention du crime et le traitement des délinquants, Genève, 1955, approuvé par ECOSOC (Conseil économique et social) le 31 juillet 1957 et le 13 mai 1977

[417] Article 84 § 3, *Ensemble de règles minima,* adopté par le 1er congrès des Nations Unies pour la prévention du crime et le traitement des délinquants, Genève, 1955, approuvé par ECOSOC (Conseil économique et social) le 31 juillet 1957 et le 13 mai 1977

b. Le mélange et la confusion des "pensionnaires" des pénitenciers camerounais

L'Ensemble de règles minima indique que *« les détenus en prévention doivent être séparés des condamnés »*[418]. Ce qui implique l'existence de structures appropriées. Or, dans le cas du Cameroun, les personnes soumises à la détention provisoire la subissent dans des centres pénitentiaires désignés prisons. Tel que prévoit le décret régissant le système pénitentiaire camerounais, il n'existe que des établissements pour peine. Tous, prévenus, condamnés et gardés à vue sont logés à la même enseigne comme l'indique l'article 1er du décret. Cet article stipule que : *« les centres pénitentiaires peuvent être aménagés dans le ressort des différentes circonscriptions administratives à l'effet d'assurer : la détention des personnes incarcérées à titre préventif ; la détention des personnes condamnées par les tribunaux ; des personnes faisant l'objet d'une mesure de garde à vue ».*[419] Ce mélange tous azimuts n'est pas sans conséquences.

Alexis de Tocqueville, déjà en 1831, dénonçait ce mélange des prévenus et des condamnés après sa visite de la maison d'arrêt de Versailles. Selon lui, *« un pareil système est immoral ; c'est un grand mal sans doute que des condamnés inégalement coupables et de différents âges soient confondus dans la même prison ; mais ce mal ne devient-il pas affreux, lorsqu'on réunit ensemble les coupables condamnés, les prévenus qui peut-être sont innocents, et les débiteurs insolvables auxquels on ne reproche aucun délit. »*[420] Sans distinction de pays ou de civilisation, ce constat désenchanté de Tocqueville sur le système pénitentiaire français est pertinent et reste d'actualité surtout au Cameroun.

Il est vrai que le nouveau code de procédure pénale, dans son article 553 alinéa 1er précise que *« les inculpés, les prévenus et les accusés détenus provisoirement sont incarcérés dans un quartier spécial séparé de celui des condamnés et sont soumis, autant que possible, au régime de*

---

418 Article 8, b) *Ensemble de règles minima,* adopté par le 1er congrès des Nations Unies pour la prévention du crime et le traitement des délinquants, Genève, 1955, approuvé par ECOSOC (Conseil économique et social) le 31 juillet 1957 et le 13 mai 1977

419 Article 1er du décret du 27 mars 1992 portant régime pénitentiaire au Cameroun

420 A. de Tocqueville, *Œuvres complètes Tome IV, Ecrits sur le système pénitentiaire en France et à l'étranger*, Paris, Gallimard, 1984, p. 55

l'emprisonnement individuel. »[421] Mais, avec le régime d'emprisonnement collectif de jour et de nuit appliqué dans les établissements pénitentiaires camerounais, ceci couronné par les structures inadéquates, il y a de fortes chances que l'on *« trouve dans la même cour des hommes prévenus d'assassinat, d'autres prévenus de vol, plusieurs condamnés »*,[422] des délinquants primaires et des mineurs. D'ailleurs, ce n'est que dans la mesure du possible, que les prévenus sont séparés des condamnés au regard de la classification catégorielle purement théorique des prisons opérée par l'Exécutif de 1992 et de l'inadéquation fonctionnelle du parc pénitentiaire camerounais. Alors que cette séparation devrait être une obligation, sinon un devoir pour le service public pénitentiaire et un droit pour les prévenus.

Si déjà on déplore le vide législatif dans l'encadrement de l'exécution des peines privatives de liberté, l'implication limitée, sinon timorée, du Législatif dans le mécanisme de réinsertion sociale de ceux qui ont été privés de liberté n'est plus à démontrer. Toutefois, l'analyse de son intervention dans ce domaine en vaut la peine.

II. L'inertie du Législateur en matière de réinsertion sociale des détenus

La réinsertion sociale des détenus est un sujet plus que jamais d'actualité. Nombreux sont les Etats qui ont enfin compris que l'une des meilleures protections de la société contre le crime est de mettre en œuvre les voies et moyens susceptibles d'assurer la réintégration du détenu dans la société après libération. Ce qui permet de lutter contre le phénomène de récidive. Mais dans le cas du Cameroun, on a l'impression que le gouvernement est plus préoccupé par "mettre en prison" plutôt que "mettre en place des structures efficaces" ou bien "réformer les structures déjà existantes afin de réinsérer les détenus dans la société camerounaise.

Si dans les pays industrialisés voire démocratiques, on constate l'engouement législatif jusqu'à dire que "trop de lois tue la loi", l'inverse est plus dramatique. Car "l'absence de lois tue les droits fondamentaux" inhérents à tout individu. L'inertie dont le législateur camerounais fait preuve, surtout en matière de resocialisation des détenus, va à l'encontre

---

[421] Article 553 alinéa 1er du nouveau code de procédure pénale

[422] A. TOCQUEVILLE (de), *op. cit.*, p. 55

même de l'éthique démocratique et de l'Etat de droit. Les Camerounais assistent de façon impuissante au spectacle, à la limite de l'imaginable : celui des sorties sèches. En effet, la législation pénale camerounaise brille par l'absence d'une politique de resocialisation des détenus sans précédent. Puisque, non seulement le concept de resocialisation reste en marge de l'exécution des peines privatives de liberté, mais également les quelques dispositions législatives y afférentes son inopérantes.

La marginalisation du concept de réinsertion dans l'exécution de la peine privative de liberté

La conception, ou plus précisément, les buts de la prison varient selon les époques et dans toutes les sociétés. La plupart du temps, il s'agit entre autres, de protéger la société des personnes dangereuses ; de décourager les gens de commettre à nouveau des actes interdits par la loi ; de rééduquer le détenu ou le délinquant. Le rôle de la prison a évolué à travers l'histoire. De simple outil de rétention en attente d'une peine, il est devenu une peine en soi. Et dans certains pays démocratiques, elle est un outil ayant pour objectif de protéger la société de ses éléments dangereux et de les réinsérer dans la société. Si l'objectif de réinsertion est rarement pleinement atteint dans des pays où il est considéré comme un moyen de protéger la société, des questions inquiétantes ont droit de cité lorsque celle-ci est mise complètement en marge du fonctionnement du système pénitentiaire.

Au Cameroun, la prison, plus précisément la peine privative de liberté, est conçue comme ayant pour seul but de punir et de faire payer le crime commis. La réinsertion n'est prise en compte que de façon fortuite ou subsidiaire, soit grâce à la pression internationale, soit par l'intervention des ONG et associations. Pourtant, afin de mieux assurer la sécurité de la société, il importe de maintenir un équilibre entre la sanction et la réinsertion des détenus dans la société. Ainsi, non seulement la réinsertion des détenus doit être définie par le législateur comme faisant partie des objectifs de la peine d'emprisonnement, mais également, le service public pénitentiaire doit l'assurer comme une mission à part entière à lui dévolue. Comment interpréter le statu quo législatif dans ce domaine ?

1. La réinsertion non définie comme l'un des objectifs de la peine privative de liberté

La réinsertion est le fait de réadapter, de réinsérer dans la société. Réinsérer a un sens très précis. Il s'agit d'insérer, de réintroduire à nouveau quelqu'un dans la société, dans un groupe. Ainsi en est-il de l'individu qui a été incarcéré pendant une période plus ou moins longue. Il a été coupé du monde. Il devra beaucoup s'impliquer dans sa réinsertion. La réinsertion sociale d'un détenu est très importante car si celle-ci se passe bien, le détenu ne sera pas tenté de récidiver. En effet, certains ex-détenus ne récidivent que dans la perspective de retrouver un toit, des amis, etc... L'adaptation à une liberté retrouvée est souvent difficile pour les personnes ayant été incarcérées pendant une longue période, surtout si elles se retrouvent seules à leur sortie de prison. La prison est censée remplir un rôle d'amendement, de formation et de réinsertion. Elle ne devrait pas se trouver réduite à la seule dimension punitive. Et donner un sens à la peine permet de préciser l'une de ses missions qui est la mission de resocialisation. Ce sens de la peine est primordial car il remplit plusieurs rôles comme l'indique Donat DECISIER dans son rapport. *« Le sens donné à la peine détermine le regard du citoyen sur la prison, le regard du détenu sur son temps de détention, le regard du personnel pénitentiaire sur les missions qui lui incombent. »*[423] D'où l'importance de la définir comme étant l'un des objectifs à atteindre.

Mais, l'absence de réflexion et de débat sur le sens de la peine privative de liberté se fait de plus en plus sentir au Cameroun. Il appartient au Législatif de préciser le but escompté à travers la peine d'emprisonnement. Et comme le dit DUBOURG, *« la définition (ou la précision) du sens de la peine est une exigence démocratique. »*[424] Le même auteur poursuit en disant que *« le législateur doit définir les finalités assignées à l'exécution de la peine privative de liberté. La réinsertion doit être considérée comme un principe de valeur supérieure. »*[425] Le Cameroun est bien un pays démocratique, un Etat de

---

[423] D. DECISIER, *Les conditions de la réinsertion socioprofessionnelle des détenus en France*, rapport présenté au nom de la section des affaires sociales, Paris, Les éditions des Journaux officiels, n°2, 206, p. 1-15

[424] E. DUBOURG, *op. cit.*, p. 24

[425] E. DUBOURG, *op. cit.*, p. 25

droit. Dans cette nécessaire définition législative de la peine, l'amendement, la resocialisation doivent être mis en exergue. Ces éléments sont bien pris en compte dans d'autres pays. C'est dans ce sens que le Conseil constitutionnel français, dans sa décision du 20 janvier 1994, précisait que *« l'exécution des peines privatives de liberté (...) a été conçue, non seulement pour protéger la société et assurer la punition du condamné, mais aussi favoriser l'amendement de celui-ci et préparer son éventuelle réinsertion. »*[426]

Malheureusement, en examinant de très près le nouveau code de procédure pénale de 2006, on ne constate nulle part que le Législatif camerounais fait allusion de façon explicite et déterminée à la resocialisation des détenus comme faisant partie des objectifs de la peine privative de liberté. En parcourant ce nouveau code de procédure pénale, le seul passage où on a le privilège de trouver le mot "réinsertion sociale" du détenu est inséré dans l'article 555 alinéa 2. Il dit ceci : *« Les conditions d'exécution des peines privatives de liberté sont définies par un texte particulier. Elles doivent tenir compte de la nature de l'infraction, du quantum de la peine, du sexe, de l'âge, de l'état de santé mental et physique et de la conduite du condamné, de manière à concilier la nécessité de la réinsertion sociale de celui-ci et les impératifs de la discipline. »*[427] Fin de citation. C'est avec timidité et rareté que le Législatif camerounais s'aventure dans le ce domine. On a l'impression que la conception de la réinsertion des détenus ne fait pas partie des priorités du système pénitentiaire camerounais, alors que partout dans le monde, on mène les réflexions dans le sens de la peine en général et de la peine d'emprisonnement en particulier. Cette question ne rentre pas encore dans les préoccupations des autorités camerounaises.

2. La resocialisation exclue des missions de service public pénitentiaire

Depuis longtemps, les missions du service public pénitentiaire ont toujours porté sur les missions régaliennes de l'Etat : sécurité publique, exécution des décisions pénales et détention des délinquants. Ni la réinsertion des personnes qui lui sont confiées par l'autorité judiciaire, ni la prévention de la récidive n'ont jamais été analysées comme faisant

[426] Décision du Conseil Constitutionnel n°93-334 D.C. du 20 janvier 1994, France
[427] article 555 alinéa 2 du nouveau code de procédure pénale

partie des missions du service pénitentiaire camerounais. C'est donc méconnaître l'importance de la réinsertion dans nos sociétés contemporaines. Le Conseil économique et social l'exprime clairement dans son rapport lorsqu'il dit que *« la méconnaissance des enjeux de la réinsertion et de ses résultats favorise la primauté accordée à la mission de garde sur celle de la réinsertion des détenus. »*[428] Afin que la prison accomplisse pleinement son rôle sécuritaire, *« on peut attendre d'elle qu'elle prépare très sérieusement la sortie des condamnés et qu'elle suive de près leur réinsertion. Or c'est probablement là que le bât blesse le plus.»*[429] Cette réflexion de D. VERNIER dans son ouvrage intitulé "Peines perdues..." trouve toute sa raison d'être surtout lorsqu'aucune législation n'est prévue dans ce sens.

Or dans plusieurs pays, le Législatif considère que la mission de réinsertion des détenus fait partie des missions du service public pénitentiaire. La loi française, dans son article 1er, précise bien que *« le service public pénitentiaire participe à l'exécution des décisions et des sentences pénales et au maintien de la sécurité publique. Il favorise la réinsertion sociale des personnes qui lui sont confiées par l'autorité judiciaire. »*[430] De là, on peut déduire que la préparation des détenus à leur sortie relève des missions de la prison, au même rang que la mission sécuritaire. L'institution pénitentiaire camerounaise n'arrive pas à s'emparer de cette problématique. Le manquement à cette mission engendre la récidive, et la privation des libertés d'un individu dans une société ne peut se justifier que si on le rend meilleur pour cette société et pour lui-même.

Par ailleurs, si Emile DUBOURG dit que *« les missions de l'administration pénitentiaire sont encore trop nombreuses »* (non définies, du moins, disparates), dans le cas du Cameroun, ces missions sont encore à l'état archaïque. Le même auteur estime qu' *« il est donc urgent de les clarifier afin de permettre à ce service public de se*

---

428 Conseil économique et social, *"Les conditions de la réinsertion socioprofessionnelles des détenus en France"*, rapport présenté par Donat DECISIER au nom de la Section des Affaires sociales présidée par BRIN Hubert, n° 227, 17 février 2006, Les éditions des Journaux officiels, 2006, n° 2

429 D. VERNIER, *Peines perdues. Faut-il supprimer les prisons ?* Paris, Fayard, 2002, p. 51

430 Article 1er de la loi n°87-432 du 22 juin 1987 (France)

recentrer sur »[431] l'objectif à atteindre. Pour répondre à la crise du système pénitentiaire camerounais, le Législateur doit définir les deux missions de la prison. La première mission, qui est la détention, vise à mettre hors du circuit social les condamnés. La seconde mission doit impérativement être la réinsertion des détenus. L'Observatoire International des Prisons abonde dans le même sens. *« Le législateur doit assigner à l'institution carcérale deux fonctions : la fonction de coercition et la fonction de réadaptation. La réalité carcérale ne doit pas être inscrite en contradiction avec l'objectif de réinsertion. »*[432]

Les dispositions législatives inopérantes

Toute société souhaitant rapprocher son système pénal des principes fondamentaux des droits de l'homme, et visant à mieux protéger la sécurité publique en vertu d'une approche pragmatique, recherche les moyens de développer et de crédibiliser des mesures alternatives à la détention. Ainsi les peines alternatives à l'incarcération permettent, d'une part, de répondre aux problèmes de surpopulation dans les prisons et, d'autre part, de favoriser la réinsertion et réduire les risques de récidive. Par ailleurs, l'aménagement de peines, qui semble agir sur les incarcérations, permet un passage progressif du milieu fermé vers la réintégration dans la société. Ainsi en est-il de la permission de sortir, du placement extérieur, de la semi-liberté, de la liberté conditionnelle, voire du placement sous surveillance électronique (PSE). Un véritable programme de réintégration progressive du détenu dans la société doit s'appuyer sur tous ces éléments favorables d'aménagement de peines.

La législation pénale camerounaise prévoit à cet effet un nombre limité de ces dispositifs dont, au demeurant, certains sont restés au stade théorique. On dirait que les propos de D. VERNIER se vérifient ici, quand il énonce que *« on observe en milieu carcéral beaucoup de faux droits, de droits formels réduits à l'état de coquilles vides. Ces droits existent sur le papier mais les détenus ne peuvent concrètement les faire valoir, soit parce qu'ils en connaissent très mal les arcanes ... »*[433] D'autres dispositions, de par leur complexité, sont inopérantes. On est même tenté de se demander si la réinsertion des détenus constitue la

[431] E. DUBOURG, *op. cit.*, p. 151
[432] OIP, Prisons : un état des lieux, p. 234
[433] D. VERNIER, *op. cit.*, p. 188

motivation première de la mise en place de toutes ces dispositions législatives. Puisque le chapitre VII du code pénal y afférent est : *« Les causes qui mettent obstacle à l'exécution des peines. »*[434]

1. Les alternatives à la privation de liberté purement théoriques

Les alternatives à l'incarcération ou les peines de substitution forment un ensemble hétérogène d'un intérêt incontestable. Tout en étant un moyen de répondre au problème de surpopulation carcérale, les alternatives à la peine privative de liberté permettent, d'une part, de limiter les effets désocialisants de l'incarcération, d'autre part, de soustraire les condamnés aux contacts criminogènes inhérents à la fréquentation de la population carcérale. Elles contribuent donc de ce double point de vue à limiter la récidive.

Grâce à ces substitutions de peines d'emprisonnement, le délinquant n'est pas séparé ou coupé totalement de la société, il continue à vivre dans le même contexte qu'avant. Mais alors, pour qu'il ne soit pas tenté de commettre à nouveau les mêmes infractions, un programme d'encadrement devrait être mis en place pour lui permettre d'éviter des "faux pas".

Mais la limitation dont le Législatif camerounais fait preuve quant à la mise en place de ces dispositions n'offre pas une liberté à l'individualisation de l'exécution de la peine d'emprisonnement. De plus, les quelques dispositions y afférentes restent lettre morte, et donc au stade de la conception non suivies de décret d'application.

Il est vrai que chaque Etat est libre de choisir ce qui peut au mieux être appliqué et de favoriser ainsi la réintégration des détenus dans la société et donc lutter contre le phénomène de récidive. Les aménagements de peines sont quantitativement limités. Le législateur camerounais n'en prévoit que deux dans le code pénal. Il ajoute deux alternatives à la

[434] Chapitre VII du code pénal, Yaoundé – Cameroun, MINOS, 3e édition, 2004-2005, p.35. Le chapitre traite le sursis simple (section I), le sursis avec probation (section II) ; la libération conditionnelle (section III) ; suspension des mesures postpénales (section IV) ; la grâce, la prescription, la mort (section V). A noter que seule la libération conditionnelle a eu le privilège d'être suivie par un décret d'application en date du 24 mai 1966 : décret 237.

détention provisoire dans le nouveau code de procédure pénale qui ne sont pas en réalité des substitutions à la peine d'emprisonnement. Elles permettent néanmoins de soustraire, comme nous l'avons déjà souligné, l'inculpé aux contacts criminogènes du milieu carcéral.

a. Les alternatives à la détention provisoire : liberté sans caution, liberté sous caution

La privation de liberté provisoire peut être l'une des causes de désocialisation du prévenu ou de l'inculpé à cause du choc que celle-ci produit du fait d'un contact avec le milieu fermé. Il nous semble judicieux d'agir, autant que possible, en amont avant toute privation de liberté. Il serait profitable pour tous d'éviter ce va-et-vient c'est-à-dire désocialiser d'abord par la privation de liberté et resocialiser par la suite. Le dernier mouvement est d'autant plus fastidieux et moins rassurant que, au Cameroun par exemple, la durée de cette privation provisoire de liberté, communément appelée détention provisoire, et tout récemment connue sous le terme de détention préventive, devient de plus en plus longue. Et toutes les personnes en attente de jugement subissent les mêmes conditions de détention, le même traitement carcéral que les condamnés définitifs. Il y a de quoi craindre une désocialisation plus accentuée de l'inculpé, surtout si cette détention provisoire est, au demeurant, abusive et se soldant au final par un non lieu. La récidive peut alors être évidente et même virulente du fait du sentiment d'injustice et de haine envers la société qui a orchestré cette détention. Dans ce contexte, et pour éviter tout dérapage, les alternatives à la détention provisoire trouvent tout leur sens et toute leur importance dans le système pénitentiaire camerounais.

Ces alternatives, en l'occurrence la liberté sans ou sous caution, sont appréciées à juste titre, surtout que celles-ci n'étaient toujours pas à l'ordre du jour dans les procédures pénales au Cameroun. Le législateur de 2006 a donc pris conscience des effets néfastes de la détention provisoire. Ces innovations en matière de procédure pénale restent tout de même incomplètes, voire inachevées. On a l'impression que le défaut de définition de ces dispositifs et l'absence de mesures de contrainte en cas de leur non application ne les maintiennent qu'à la phase théorique et qu'ils demeurent inopérants.

D'une part, en effet, ce n'est qu'à l'analyse ou à la lecture des conditions et des modalités d'octroi ou de retrait, que l'on peut déduire les définitions de ces deux alternatives à la détention provisoire. L'article 222 alinéa 1er du nouveau code de procédure pénale traite la mise en liberté sans caution. Il est ainsi stipulé : *« Le juge d'instruction peut, à tout moment et jusqu'à la clôture de l'information judiciaire, d'office, donner mainlevée du mandat de détention provisoire. »*[435] Quant à la mise en liberté sous caution, elle est traitée dans les articles 224-235. L'article 224 stipule que *« toute personne légalement détenue à titre provisoire peut bénéficier de la mise en liberté moyennant une des garanties visées… »*.[436] Ce n'est qu'à travers toute cette littérature, - seule dans toute la législation pénale -, que les concernés et leur famille peuvent enfin comprendre qu'il s'agit là de mesures permettant de surseoir à la détention provisoire. Ces dispositions seraient plus opérantes si le législateur avait mis plus de précisions et de clarté.

D'autre part, lorsque ces libertés sans ou sous caution sont de droit ou peuvent être ordonnées d'office, en cas de refus par les autorités compétentes, de quelle mesure de contrainte peut user celui qui doit en bénéficier ? Ou encore, lorsque l'inculpé en fait la demande tout en présentant les garanties exigées ou prévues par la loi, et que cette demande rencontre une réponse négative non motivée, quelle voie de recours lui offre le législateur ? Autant de questions qui restent sans réponse. Et pourtant, il s'agit là d'un "droit" reconnu à l'inculpé ou au prévenu et qui va dans le sens de lutter contre les effets de la détention et de la récidive. Mais seulement, on a l'impression que le Législatif fait miroiter des droits qui ne sont ni exploités ni exploitables, d'où le sentiment des innovations incomplètes et par conséquent inopérantes

b. Les alternatives à l'incarcération : sursis simple ou avec probation

Il est ainsi intitulé, le chapitre VII du code pénal qui traite les sursis simples ou avec probation : *« des causes qui mettent obstacle à l'exécution des peines. »*[437] De prime abord, la notion, ou mieux encore,

[435] Article 222 alinéa 1er du nouveau code de procédure pénale
[436] Article 224 du nouveau code de procédure pénale
[437] Chapitre VII, titre II du Livre 1er du Code pénal, *Des causes qui mettent obstacle à l'exécution des peines*, Yaoundé – Cameroun, MINOS, 2004-2005, p. 35

l'objectif de resocialisation des délinquants est exclu. On ne peut donc pas s'attendre à un quelconque programme de réinsertion sociale du délinquant qui bénéficie d'une peine substitutive à l'incarcération. Parce que le délinquant, reconnu coupable, n'a pas été désocialisé du fait du bénéfice de sursis simple ou avec probation. Il reste dans son milieu. Par contre, il n'est pas exclu, en l'absence de tout encadrement ou d'accompagnement adéquat, que le délinquant récidive. Les dispositions législatives en la matière n'offrent pas cette éventualité d'accompagnement.

Par ailleurs, on dirait qu'il s'agit de simples mesures de faveur à l'exemple des grâces présidentielles inclues dans le même chapitre, ou pire encore, d'un concours de circonstances, comme par exemple la "mort du condamné", considérée comme l'une des causes qui mettent obstacle à l'exécution des peines. On ne le soulignera pas assez. La recherche de la resocialisation comme but de la peine ou comme mission du service public pénitentiaire ne se présente pas comme une priorité dans la prise de position du législateur en matière pénale en général et en matière pénitentiaire en particulier. C'est avec regret qu'on peut déduire ce manque de prise de conscience quant à l'importance de la réintégration du délinquant dans sa communauté. Bien évidemment, dans un tel contexte, le sursis simple ou le sursis avec probation ne peuvent pas être analysés comme des peines alternatives qui permettent, entre autres, de réduire les risques de récidive. Bien au contraire, elles sont considérées comme des "mesures de faveur". Et pourtant, dans bien des pays où la resocialisation des détenus fait partie intégrante des priorités des systèmes pénal et pénitentiaire, ces mesures alternatives à l'incarcération y trouvent leur place.

Ces "mesures de faveurs" prennent encore tout leur sens dans la mesure où « la suspension de la peine est purement facultative pour le juge qui peut toujours s'abstenir de la prononcer sans avoir à s'en expliquer »[438] comme le précise l'arrêt de la cour criminelle. Mais, lorsqu'il existe une politique pénitentiaire d'ensemble avec le souci de lutter contre les effets désocialisants de l'incarcération, tous les intervenants de la chaîne pénale auront à cœur le bon usage de ces dispositifs législatifs. Le problème de "faculté" ou non, ne se posera plus. Car ce problème de "faculté" est d'autant plus récurrent que les juridictions pénales en général et en

---

[438] Cour criminelle, 6 février 1973, Bull. crim. n° 65, France

particulier celles du Cameroun n'ont rien à craindre quant aux éventuelles poursuites en cas d'abus de pouvoir de leur part. Les mesures contraignantes pourront favoriser l'usage de ces différentes possibilités de surseoir à l'exécution de la peine lorsque les intérêts des uns et des autres en dépendent.

En définitive, on ne peut ignorer que ces alternatives à la privation de liberté – sursis simple, sursis avec probation, liberté sans caution et liberté sous caution – interviennent en amont, soit avant la condamnation définitive, soit pendant le jugement et donc en dehors de l'exécution de la peine privative de liberté proprement dite. Il appartient donc à des juridictions pénales d'en faire bon usage. Mais, comme nous l'analyserons dans le chapitre consacré au pouvoir judiciaire, ces dispositifs sont rarement, voire difficilement exploités. Ceci, soit par l'effet de l'absence d'une politique pénitentiaire d'ensemble, soit par de fortes pressions pesant sur les juges chargés de prononcer les mesures alternatives. Dans ce sens que, n'étant pas encore ancrées dans les mœurs camerounaises, la population accueille mal le fait que le délinquant, même l'inculpé, ne soit pas sous les verrous ; ou pire encore, reconnu coupable, le délinquant continue à jouir de sa liberté par le bénéfice du sursis simple ou sursis avec probation. Surtout que rien n'est fait dans ce sens pour que les dispositions législatives puissent être acceptées et mises en application pour le bien de tous.

La prison doit être envisagée comme une solution de dernier recours quand toutes les autres voies de rappel à la loi sont épuisées, compte tenu des effets destructifs et déstructurants de la peine privative de liberté.

2. La complexité et les lacunes de l'aménagement de peine : exemple de la libération conditionnelle

L'aménagement des peines est un moyen de favoriser la réinsertion et de réduire les risques de récidive. Il permet ainsi un passage progressif du milieu fermé vers la réintégration dans la société libre. Lors de l'exécution de la peine, des condamnés peuvent bénéficier de certaines mesures dans le cadre d'une libération anticipée : placement extérieur, libération conditionnelle, semi-liberté, suspension de peine, placement sous surveillance électronique (PSE), bracelet électronique, etc…

Parmi cette panoplie de mesures, le législateur camerounais n'a prévu que la libération conditionnelle. Celle-ci est définie dans le code pénal camerounais et dans le nouveau code de procédure pénale comme étant *« la mise en liberté anticipée du condamné à une peine privative de liberté, ou soumis, par décision de condamnation, à une mesure de sûreté de même nature... »*[439] Nulle part, il n'est fait allusion à la resocialisation du condamné comme objectif recherché dans la mise en place de ce dispositif. Pourtant, on remarque, qu'en France par exemple, la réadaptation sociale du délinquant est bien visée dans le Code de procédure pénale. La libération conditionnelle instaurée en France en 1885 permet, sous certaines conditions d'assistance et de contrôle, la libération anticipée d'un condamné manifestant « des efforts sérieux de réadaptation sociale ». Le législateur français précise bien la finalité de ce dispositif dans le code de procédure pénale en ces termes : *« la libération conditionnelle tend à la réinsertion des condamnés et à la prévention de la récidive... »*[440]

Malgré cette absence d'objectif de resocialisation, la mise en œuvre de la libération conditionnelle pourrait permettre au moins de libérer quelques places dans les prisons camerounaises en surpopulation. Mais hélas, les conditions générales et les modalités de l'octroi et de la révocation de cette libération conditionnelle fixées par décret n° 237 du 24 mai 1966 sont d'une extrême complexité propre à décourager toute initiative, sans compter les lacunes, dans le déclenchement de la procédure.

a. Les lacunes dans le déclenchement de la procédure

Les régisseurs de prisons revêtent une compétence inégalée dans le déclenchement de la procédure de libération conditionnelle. L'article 61.D 2 alinéa 1er du décret d'application le précise. De fait, *« les régisseurs pénitentiaires peuvent proposer d'office à la libération conditionnelle les détenus remplissant les conditions légales et donnant toute satisfaction, tant par leurs efforts d'amendement que par leur*

[439] Article 691 alinéa 1er du *Nouveau code de procédure pénale*, Yaoundé, SAAGRAPH, 2006, et l'article 61 alinéa 1er du *Code pénal*, Yaoundé - Cameroun, MINOS, 2004-2005

[440] Article 729 *Code de procédure pénale*, Paris, DALLOZ, 50e édition, 2009. Voir aussi l'article 126 de la loi n° 2000-515 du 15 juin 2000

travail et leur conduite en détention ».[441] L'avis du régisseur devient de ce fait incontournable, puisque le comportement du détenu est soumis à sa seule appréciation, quand bien même les conditions légales seraient remplies. Car les efforts d'amendement, le travail et la conduite peuvent donner satisfaction ou non, selon la position de la personne appelée à apprécier le comportement de l'incarcéré. Dans le contexte carcéral actuel, les régisseurs et tout le personnel pénitentiaire sont convaincus d'une seule mission : discipline et sécurité dans les établissements pénitentiaires. Or, dans l'optique de la resocialisation, la libération conditionnelle revêt un aspect au-delà des missions d'ordre et de sécurité. Il aurait donc fallu prévoir l'intervention d'une autorité judiciaire, à l'exemple des JAP (juge d'application de peines) comme en France, afin d'apprécier au mieux si oui ou non le déclenchement de la procédure de libération conditionnelle vaut la peine.

Par ailleurs, il est exigé du détenu de donner satisfaction par ses efforts d'amendement. Or, les possibilités ne lui sont pas offertes comme dans d'autres pays. Cet amendement n'est possible que lorsqu'il y a un support permettant la réadaptation sociale. Les supports de resocialisation sont multiples. L'article 729 du code de procédure pénale français en donne quelques exemples : l'exercice d'une activité professionnelle, l'assiduité à un enseignement ou à une formation professionnelle ou encore un stage ou un emploi temporaire en vue de son insertion sociale, etc... A travers ces supports, on peut juger les efforts sérieux de réadaptation sociale du détenu et donc de son amendement. Le détenu camerounais n'a d'autre support que la soumission totale à l'autorité pénitentiaire qui jugera si oui ou non l'intéressé peut prétendre à une quelconque libération conditionnelle.

Heureusement, le législateur remet un petit équilibre en ajoutant une obligation à l'égard du régisseur lorsque l'initiative émane du détenu. Ainsi, *« ils* (régisseurs) *sont tenus de transmettre [...] les requêtes des détenus remplissant les conditions légales d'admission à la libération conditionnelle. Ils ne peuvent procéder au classement des requêtes émanant des détenus qui ne leur paraîtraient pas réunir les conditions*

---

[441] Article 61.D 2 alinéa 1er du décret d'application du 24 mai 1966

légales que sur l'avis conforme et écrit du parquet dans le ressort duquel est situé leur établissement. »[442]

b. La complexité de la procédure

La requête du détenu désireux de bénéficier de la libération conditionnelle doit suivre un parcours du combattant. On comprend pourquoi la possibilité offerte aux détenus n'est pas exploitée. C'est d'autant plus dommage que toute initiative – du régisseur comme du détenu – est découragée, par le seul fait d'être informé du parcours que doit emprunter la requête. Le décret du 24 mai 1966 fixant les conditions générales et les modalités de l'octroi et de la révocation de la libération conditionnelle prévoit toute une suite d'articles qui précisent la procédure à suivre.

En effet, selon l'article 61.D2 alinéa 3, *« la requête doit être établie en deux exemplaires sur une fiche spéciale par le régisseur qui propose d'office un détenu à la libération conditionnelle ou qui procède à l'instruction d'une requête. »*[443] L'article 61.D3 précise que *« un exemplaire est envoyé au ministère de la justice et l'autre versé au dossier pénitentiaire du détenu. »*[444] Quant aux dispositions de l'article 61.D4 : *« Le ministère de la justice prescrit, soit le classement sans suite, soit la constitution du dossier au vu duquel il peut saisir, pour avis, le comité consultatif. »*[445] Dans l'article 61.D8, il est indiqué que *« le comité consultatif au vu du dossier émet à l'intention du ministère de la justice un avis motivé sur les suites à réserver au dossier qui lui est soumis, entre autres, la libération conditionnelle. »*[446] L'article 61.D6 quant à lui prévoit une composition très complexe du comité consultatif. D'une manière générale, doivent en faire partie : le président de la cour d'appel, un fonctionnaire en service désigné par le ministre chargé de l'Administration Territoriale et un fonctionnaire en service désigné par l'autorité chargée de l'administration pénitentiaire. A la lecture objective de tout ce qui précède, et au regard du contexte carcéral actuel,

---

[442] Article 61.D2 alinéa 2 du décret n° 237 du 24 mai 1966 fixant les conditions générales et les modalités de l'octroi et de la révocation de la libération conditionnelle.
[443] *Ibid.* D2 alinéa 3
[444] *Ibid.* D3
[445] *Ibid.* D4
[446] *Op.cit.*, D8

l'observateur vigilant ne serait aucunement surpris de l'attitude passive des détenus et de leurs proches.

Mais, le tout n'est pas dans le parcours que doit emprunter le dossier. Encore faudrait-il d'abord le constituer avec tout ce que cela exige comme avis des différents intervenants. En effet, *« le dossier à soumettre au comité consultatif doit comprendre au moins quatre avis : celui du régisseur de l'établissement pénitentiaire ; du parquet général près les juridictions dont émanent les condamnations en cours d'exécution ; du préfet du département dans lequel est situé l'établissement pénitentiaire ; du préfet du lieu où le condamné se propose de se retirer. »*[447] Il est à noter que tous ces avis doivent être favorables pour que le détenu conserve un brin d'espoir par rapport à l'avis du comité consultatif et de la décision du ministère de la justice.

On ne peut toutefois s'empêcher de craindre l'absence d'intérêt de tous ces intervenants, quant à la décision finale. Par ailleurs, lorsqu'on sait le manque de moyens accru que connaissent la plupart sinon la majorité des détenus au Cameroun, rien ne donne envie, quand bien même les conditions seraient remplies, d'entamer une telle procédure. De plus, la lenteur déconcertante habituelle de l'administration camerounaise vient enfoncer le clou dans cette passivité générale. Il est donc temps d'alléger la procédure d'octroi de la libération conditionnelle afin de donner une chance à ceux-là qui veulent recommencer leur vie autrement, et par ricochet, de désengorger les prisons camerounaises en surencombrement.

Qu'il nous soit permis ici de faire nôtres, les réflexions émises avec justesse par Emilie DUBOURG dans son ouvrage. *« Il apparaît nécessaire de mener une réforme profonde et globale du système pénitentiaire et de réfléchir à cette occasion sur le sens de la peine. Une loi pénitentiaire permettrait de sortir de la dualité des politiques pénales. »*[448] Et *« quelle que soit l'orientation choisie, - poursuit le même auteur - la mission de réinsertion de l'administration pénitentiaire doit être clairement affirmée comme une mission essentielle permettant de concilier les intérêts du détenu, de la victime et de l'ordre public »*[449]

---

[447] *Ibid.* D5
[448] E. DUBOURG, *op. cit.*, p. 157
[449] *Ibid.* p. 158

Pour la conciliation des intérêts antinomiques, l'intervention législative à toutes les étapes est nécessaire dans un domaine appelé à porter atteinte au droit fondamental des personnes : la liberté d'aller et venir.

L'absence de dispositifs de réinsertion des personnes détenues

« La prison ne conduit pas à un nouveau départ, c'est le début d'une chute perpétuelle ».[450] Ce constat affolant de l'ancien président d'Elf Aquitaine, après deux séjours en prison, rejoint le désespoir et l'appel à réflexion de Dominique VERNIER dans son ouvrage *« Peines perdues. Faut-il supprimer les prisons ? »*[451]. Quelle que soit la réponse donnée à ce niveau, elle ne peut être que hâtive et insuffisante. Mais une chose est sûre, les récidivistes pourraient être moins nombreux si un travail de préparation était fait en amont et un effort de réinsertion en aval.

La préparation en amont consiste, comme nous l'avons déjà souligné, à mettre en place des dispositifs à même d'accompagner les détenus pendant leur détention et d'éviter ainsi des sorties sèches, principales causes de la récidive. Le travail ne devrait pas s'arrêter là. Le détenu qui doit réintégrer la société libre après un temps d'exclusion plus ou moins long ne retrouve toujours pas les repères nécessaires à sa réadaptation. Un accompagnement après sa libération s'avère d'autant plus indispensable pour éviter une éventuelle récidive. Un système d'assistance postpénale trouve ici toute sa raison d'être.

Il est regrettable de constater que les réflexions dans ce sens ne sont pas d'actualité au Cameroun. On dirait que tout concourt à ce que les sorties sèches deviennent la règle, en plus d'un système d'assistance postpénale inexistant.

1. Les sorties sèches, une pratique pénitentiaire camerounaise

La réflexion de Stanislaw PLAWSKI est très pertinente. D'après lui : *« ... un homme, ancien délinquant, deviendra un jour un homme libre et il faut le rendre inoffensif pour la société. C'est pourquoi, à la réaction*

[450] Le quotidien « L'Union » du 19 janvier 2006 se réfère au livre de Loïc Le FLOCH PRIGENT, ancien président de Rhône-Poulenc, d'Elf Aquitaine, de Gaz de France et de la SNCF intitulé "*Une incarcération ordinaire*"
[451] D. VERNIER, *op. cit.*, titre du livre

rétributive qui consiste dans le fait de la punition, du châtiment, on ajoute une explication qui rend ce phénomène plus raisonnable, plus efficace. Nous appelons ce processus une rationalisation de la peine. Cette rationalisation défensive pousse la société vers une solution : resocialiser le délinquant, utiliser la période de sa punition pour le préparer à la vie sociale en liberté et l'insérer dans la société libre. »[452] Cette insertion, après exclusion, doit être pensée dès l'entrée en détention. La préparation à réintégrer la société trouve tout son intérêt dans la mesure où elle permet de limiter les sorties sèches, l'une des cause de la récidive. Le député Jean-Luc WARSMANN mesure à juste titre les méfaits des sorties sèches et estime que la préparation de sortie de prison est un moyen de lutte efficace contre la récidive.[453]

Dans la même lancée, le code de procédure pénale français, dans son article 707 dispose que *« l'individualisation des peines doit, chaque fois que cela est possible, permettre le retour progressif du condamné à la liberté et éviter une remise en liberté sans aucune forme de suivi judiciaire ».*[454] C'est dire combien le souci d'éviter que le détenu retrouve la liberté sans qu'il y soit préparé retient l'attention des autorités dans des pays comme la France.

Malheureusement, cette exigence, à but humanitaire et sécuritaire est ignorée, consciemment ou non, dans l'exécution des peines privatives de liberté au Cameroun. Ceci est difficile à admettre, d'autant plus que, non seulement aucun dispositif de préparation de sortie de prison n'est mis en place, mais aussi, que les détenus ne sont libérés qu'à la fin de leur peine sans aménagement pour un retour progressif à la société, et sans transition aucune.

---

[452] S. PLAWSKI, *Droit pénitentiaire*, Lille, PUL, 1976, p. 124

[453] J.-L. WARSMANN, *Les peines alternatives à la détention, les modalités d'exécution des courtes peines, la préparation des détenus à la sortie de prison* : rapport de la mission parlementaire auprès de Dominique Perben, garde des sceaux, Ministre de la justice, La Documentation française, Paris, 28 avril 2003, p. 58

[454] Article 707 du code de procédure pénale français

a. La préparation de sortie de prison, une exigence ignorée

Il est pourtant prouvé que la préparation de sortie de prison est un frein à la récidive. Les dispositions législatives devraient prévoir l'accompagnement des condamnés en fin de peine afin de lutter contre des sorties sèches. Cela exige la mise en place des mesures d'aménagement de peines susceptibles de préparer le retour progressif des détenus dans la société. Dans cette optique, l'administration pénitentiaire devrait s'appuyer sur certains services spécialisés. Ainsi, en France par exemple, il est créé, dans chaque département, un Service Pénitentiaire d'Insertion et de probation (SPIP)[455]. Les SPIP, proches du terrain, ont pour mission de mettre en place les dispositifs d'insertion pour les personnes en détention, de faire le lien entre milieu fermé et milieu ouvert, d'accompagner le détenu lors de sa libération. Ces services mettent en place les mesures d'aménagement de peines, même si on déplore le manque de moyens financiers et humains comme obstacle à cette mission d'insertion. Pourtant, on ne peut ignorer leur utilité.

En ce qui concerne le système pénitentiaire camerounais, les détenus ne bénéficient guère des aménagements de peine, soit parce que certaines dispositions législatives sont restées au stade théorique, soit à cause de la complexité de la libération conditionnelle comme nous l'avons fait remarquer plus haut ; De plus, la mission d'assistance sociale comme moyen de réinsertion des détenus, confiée aux services spécialisés du ministère des affaires sociales[456] ne peut trouver toute sa place dans le système pénitentiaire camerounais que si des programmes de suivi et de resocialisation sont élaborés et connus de tous – détenus, leur famille et la société. Or, nos recherches sur le terrain, et aussi à travers les quelques documents disponibles ne nous donnent pas la possibilité d'avoir une lueur d'espoir.

Par une loi pénitentiaire le législateur camerounais devrait intervenir tout en s'inspirant des programmes de réinsertion expérimentés dans d'autres pays afin de mieux protéger la société contre le phénomène de récidive. On peut citer l'exemple de la loi française du 29 mars 2004 qui prévoit

---

[455] Le décret n° 99-276 du 14 avril 1999 crée les Services Pénitentiaires d'Insertion et de Probation en France.

[456] Article 64 du décret n° 92/052 du 27 mars 1992 *portant régime pénitentiaire au Cameroun*

un dispositif innovant d'aménagement de peine. Ce dispositif appelé "sas de sortie" a pour but d'accompagner le détenu et d'organiser sa libération progressive. Par un tel dispositif, les possibilités de préparer leur sortie et leur réinsertion sont offertes aux détenus pendant la détention.

Si aujourd'hui, aucune disposition, ni législative ni réglementaire, ne permet de considérer la réinsertion des détenus comme l'une des priorités et donc faisant partie intégrante de la mission du service public pénitentiaire afin de mieux assurer la sécurité de la population, les notions "insertion et réinsertion sociale" méritent d'être précisées dans le cadre d'une définition des missions de l'administration pénitentiaire. L'existence et le fonctionnement des associations d'insertion doivent être encouragés et soutenus afin d'aider l'administration pénitentiaire à remplir cette mission de réinsertion des incarcérés.

b. La libération en fin de peine, une caractéristique du système pénitentiaire camerounais

Autant il est souhaitable et recommandé, afin de préparer au mieux sa sortie de prison, que les opérations de réinsertion démarrent dès l'entrée du détenu dans un établissement pénitentiaire, autant le retour à la liberté devrait être progressif, d'où l'intérêt de l'aménagement de fin de peines. La semi-liberté, des permissions de sortir, des placements à l'extérieur constituent autant de possibilités offertes aux personnes incarcérées pour mieux les préparer au retour à l'extérieur. L'Ensemble de règles minima recommande aux Etats membres de l'ONU de prendre des initiatives dans ce sens, et les encourages à le faire. L'article 60 alinéa 2 de cette norme internationale stipule que *« avant la fin de l'exécution d'une peine ou mesure, il est désirable que les mesures nécessaires soient prises pour assurer au détenu un retour progressif à la vie dans la société. »*[457] Le Cameroun, membre de l'ONU, devrait suivre ces directives. Malheureusement, le retour à la vie libre s'opère sans que les détenus aient eu l'occasion de prévoir ou même d'engager des démarches qui auraient dû l'être avant leur libération. Encore moins, aucun aménagement de fin de peine n'est prévu dans le sens de retour progressif. La presque totalité des détenus au Cameroun sont libérés

---

[457] Article 60 alinéa 2, *Ensemble de règles minima pour le traitement des détenus*, adopté par le 1er Congrès des Nations Unies pour la prévention du crime, et le traitement des délinquants, Genève, 1955

seulement en fin de peine, à l'exception des grâces présidentielles qui n'ont rien à voir avec l'accompagnement des détenus. La libération en fin de peine devient un principe du système pénitentiaire camerounais.

Faire purger la totalité de la peine à un détenu sans aucun aménagement c'est ignorer le risque de récidive de plus en plus élevé et le danger que court la population. L'OIP tire la sonnette d'alarme dans ce sens en s'appuyant sur l'enquête d'un chercheur.[458] Qu'il nous soit permis de reproduire ici dans sa globalité cet avertissement. *« On sait pourtant que les sorties anticipées favorisent la réinsertion. Plus, les condamnés accomplissent une part importante de leur peine de privation de liberté en détention, plus ils récidivent. [...] Une libération en fin de peine, donc sans suivi ni accompagnement, représente par conséquent un risque plus important de récidive pour la société qu'une sortie anticipée, qui peut s'accompagner d'un certain nombre d'obligations à respecter. »*[459]

A l'analyse de cette enquête, on peut imaginer ce qui se passe lorsque les condamnés effectuent la totalité de leur peine en détention sans aucun suivi. On comprendra mieux l'apparition de la justice populaire et des justices parallèles qui s'installent actuellement au Cameroun, et qui seront analysées dans la troisième partie de nos recherches. Et pourtant, l'Ensemble des règles minima donne plusieurs pistes pour que le retour progressif à la vie libre puisse être atteint. Selon cette norme *« ce but pourra être atteint, selon les cas, par un régime préparatoire à la libération, organisé dans l'établissement même ou dans un autre établissement approprié, ou par une libération à l'épreuve sous un contrôle qui ne doit pas être confié à la police, mais qui comportera une assistance sociale efficace. »*[460] Peut-on croire à la mauvaise foi des

---

[458] *« L'enquête du chercheur Pierre TOURNIER (CESDIP) sur les détenus libérés en 1983, condamnés à trois ans de prison ou plus, montre que le taux de retour en prison dans un délai de sept à huit ans est de 28, 5 % pour les condamnés ayant effectué moins de 70 % de leur peine en détention, de 45 % pour ceux qui ont passé entre 70 et 90 % de leur peine en prison, et de 60 % pour ceux qui ont accompli plus de 90 % de leur peine en détention. »* Observatoire International des Prisons, section française, *Prisons : un état des lieux*, Paris, L'Esprit frappeur, 2000, p. 249

[459] Observatoire International des Prisons, section française, *Prisons : un état des lieux*, Paris, L'Esprit frappeur, 2000, p. 249

[460] Article 60 alinéa 2, *Ensemble de règles minima pour le traitement des détenus*, adopté par le 1er Congrès des Nations Unies pour la prévention du crime, et le traitement des délinquants, Genève, 1955

autorités camerounaises, ou bien à leur insouciance, par rapport à l'intérêt que représente la resocialisation des citoyens qui ont été privés de liberté ? *« Pour résoudre le paradoxe qui consiste à réinsérer une personne en la retirant de la société, il n'y a d'autres solutions que de "rapprocher autant que possible la vie en prison des conditions de vie à l'extérieur", la société carcérale de la société civile. »*[461] nous dit Guy CANIVET dans son rapport au Garde des Sceaux, ministre de la justice en 2000. Pour que cette aspiration, combien noble, soit réalisable, il faut impérativement qu'une loi pénitentiaire soit mise en place au Cameroun. Une politique post-pénitentiaire en dépend.

2. L'inexistence d'une politique post-pénitentiaire

« Le devoir de la société ne cesse pas à la libération d'un détenu. Il faudrait donc disposer d'organismes gouvernementaux ou privés capables d'apporter au détenu libéré une aide post-pénitentiaire efficace, tendant à diminuer les préjugés à son égard et lui permettant de se reclasser dans sa communauté. »[462] Telles sont les recommandations des Nations Unies à travers l'Ensemble de règles minima. Malheureusement, le système pénitentiaire camerounais actuel ne prévoit aucun dispositif d'accompagnement du détenu à sa libération. S'il est prévu, dans le décret en vigueur, que les services spécialisés du Ministère des affaires sociales assurent l'assistance sociale aux détenus,[463] aucune structure n'est prévue pour que la mission de réinsertion des détenus soit remplie à l'exemple des Services Pénitentiaires d'Insertion et de Probation (SPIP) en France. Et quand bien même cette mission serait confiée à ces services spécialisés, tous les rapports, ainsi que les professionnels concernés, du ministère des affaires sociales (MINAS) attestent l'insuffisance, voire l'inexistence des moyens consacrés à la réinsertion des détenus. Ils ne disposent d'aucun outil pour suivre les détenus à leur sortie de prison

---

[461] *« Amélioration du contrôle extérieur des établissements pénitentiaires »*, rapport au garde des sceaux, ministre de la Justice de la commission présidée par Guy CANIVET, premier président de la cour de cassation, Paris, La Documentation française, 2000, p. 13

[462] Article 64, *Ensemble de règles minima pour le traitement des détenus*, adopté par le premier Congrès des Nations Unies pour la prévention du crime et le traitement des délinquants, Genève, 1995, approuvé par le Conseil économique et social dans ses résolutions 663 C (XXIV) du 31 juillet 1957 et 2076 (LXII) du 13 mai 1977.

[463] Article 64, décret n° 92/052 du 27 mars 1992 *portant régime pénitentiaire au Cameroun.*

alors que déjà à l'intérieur des pénitenciers, le travail dans ce sens est hypothétique.[464] Le détenu est systématiquement lâché dans la nature à la fin de la peine comme on libèrerait de la cage un fauve capturé et surveillé pendant une période plus ou moins longue. La justesse de cette comparaison est indéniable surtout lorsqu'on est en présence d'une telle scène de nos jours.
Les politiques publiques actuelles ne sont pas développées en faveur de la réinsertion des détenus. Déjà en juillet 2002, un intendant de prison de New-Bell Douala, dans son étude sur *« la difficile réinsertion socioprofessionnelle des ex-détenus et le problème de récidive »* faisait la remarque selon laquelle *« la principale cause de la récidive se trouvait dans les difficultés de reclassement des délinquants libérés et plus précisément dans l'absence de véritables programmes de lutte »*[465] contre le phénomène de récidive. Cela reste encore d'actualité. L'absence d'une politique de réinsertion sociale des détenus produit des conséquences désastreuses. Le phénomène de récidive se ressent partout avec acuité de par l'augmentation accrue de la criminalité et de l'insécurité telle que nous l'étudierons dans la partie III de notre étude réservée à cet effet. Il est à noter en passant que cette montée en puissance de l'insécurité constitue l'une des interrogations qui a servi de stimulus à nos recherches.

S'il est impossible de dresser des statistiques fiables sur le plan local comme sur le plan national du fait de la difficulté que l'on a à identifier les récidivistes, l'insécurité sans précédent qui s'installe aux coins des rues malgré le surpeuplement carcéral reste un indicateur de l'échec de la prison et plus particulièrement du manque d'une politique post-pénitentiaire au Cameroun. A cet égard, il serait important et bénéfique que les autorités camerounaises mettent en place des moyens à même de provoquer une prise de conscience du phénomène de la récidive. Les registres au niveau de la justice, de la police, de la gendarmerie et des établissements pénitentiaires permettraient de se rendre compte de l'ampleur de la récidive des ex-détenus non accompagnés.

---

[464] Ces rapports et constats ont été faits lors de mes recherches sur le terrain en 2005 pendant les entretiens avec les différents intervenants en milieu carcéral au Cameroun.

[465] FOE NGA, *La difficile réinsertion socioprofessionnelle des ex-détenus et le phénomène de récidive : le cas des détenus de la prison centrale de Douala*, monographie en vue de l'obtention du diplôme de Conseiller de Jeunesse et d'Animation, Yaoundé, juillet 2002, inédit, p. 18

Car, au Cameroun, nombreux sont les anciens prisonniers qui se trouvent désemparés, démunis, livrés à eux-mêmes. Leur situation tourne au désastre quand, après une longue détention, leur famille restreinte a été disloquée. Cette situation les ramène inexorablement vers la récidive. Le législateur camerounais condamnant la récidive devrait intervenir pour la mise en place d'un dispositif susceptible de lutter contre ce "fléau" et de favoriser la resocialisation des détenus libérés. La solution adéquate, pour aider les personnes dans la gestion de cette période anomique et favoriser leur réinsertion sociale, repose sur une mise en place d'une période "sas".

Conclusion

En définitive, le législateur doit s'impliquer davantage dans la mise en exécution des peines privatives de liberté au Cameroun. L'élaboration d'une loi pénitentiaire s'avère donc impérative afin d'encadrer le service public pénitentiaire. De plus, l'exécution de la peine privative de liberté doit répondre à l'exigence de légalité dans un Etat de droit. Et pour concilier des intérêts antinomiques - droits du détenu, droits de la victime, sécurité et ordre public -, l'intervention du législateur est nécessaire à toutes les étapes de l'exécution des décisions de la Justice, surtout dans un domaine appelé à porter atteinte au droit fondamental des personnes, celui de la liberté d'aller et venir.

Par ailleurs, la présomption d'innocence de ceux qui sont en attente de jugement est mise à mal. Les prévenus sont les laissés pour compte du le système pénitentiaire camerounais. Leur situation est plus qu'alarmante. Le principe de présomption d'innocence reconnu universellement à tout individu avant un jugement définitif doit franchir la porte des prisons camerounaises. Seule une loi pénitentiaire pourra enfin donner espoir aux citoyens en attente de jugement afin de bénéficier de toutes les prérogatives qui sont attachées à leur statut de prévenu.

Enfin, comme le dit si bien DONAT DECISIER, *« la prison répond à une double logique, punitive d'une part, puisqu'il s'agit d'accomplir une peine, préventive d'autre part, puisqu'il s'agit pour la société de se protéger. Au nom même de la nécessaire protection de la société, il faut se donner les moyens d'assurer une meilleure réinsertion socioprofessionnelle des détenus.* »[466] Etant donné que la sortie de prison, quelle que soit la durée de la peine purgée, est un moment difficile à vivre, une assistance postpénale trouve sa raison d'être. Tant il est vrai que la personne libérée sans préparation ni accompagnement risque de se retrouver à nouveau dans un environnement familial ou social néfaste, voire criminogène, ou bien dans un isolement total, alors qu'elle aurait besoin de soutien pour se réadapter à la vie libre. Une politique post-pénitentiaire est plus que jamais indispensable pour la resocialisation du détenu après sa libération. Pour toutes ces raisons, la loi pénitentiaire doit déterminer la mission de réinsertion des détenus comme une des missions désormais dévolue au service public pénitentiaire.

[466] D. DECISIER, *Les conditions de la réinsertion socioprofessionnelle des détenus en France*, 17 février 2006, Notes d'IENA, Informations du Conseil économique et social n° 227

Titre II

L'inadéquation fonctionnelle des prisons

La peine privative de liberté consiste à envoyer les individus en prison et non pas à les envoyer en prison pour y subir une peine. Les condamnés sont incarcérés à titre de châtiment et non en vue d'un châtiment. C'est dire que la prison, comme peine privative de liberté, est elle-même suffisante. A cet égard, la privation de liberté doit être exécutée hors de toute promiscuité corruptrice et dans un cadre non déshumanisant. Par respect pour sa dignité humaine, les conditions de détention et le traitement carcéral doivent être pensés, organisés et appliqués de manière à atteindre certains objectifs.

C'est dans ce sens qu'EKANGA EVOUH écrit dans son mémoire de fin de formation de l'Ecole Nationale d'Administration et de Magistrature (Cameroun), que : *« Le condamné doit être rendu à la société, non pas pire, mais autant que possible, meilleur qu'à son entrée en prison. »*[467] *« Mais,* poursuit le même auteur, *ceci est d'autant plus désolant qu'on a l'impression que notre système pénitentiaire fait de son mieux pour détruire ce qui reste de bon en les êtres humains et les reverse dans la société étant déjà devenus de véritables fauves »*[468] Ces propos ne doivent rien au hasard. *« La sentence*, comme le dit Hippolyte SANDO, *peut sembler lourde, mais ceux qui ont eu l'opportunité de visiter l'intérieur de la prison* (camerounaise) *peuvent apprécier sans aucune hésitation la justesse d'un tel constat... ».*[469] Ces constat et réflexion traduisent l'inadéquation fonctionnelle des prisons camerounaises.

Si les distorsions sont à l'origine de l'inadéquation fonctionnelle des prisons camerounaises, le phénomène de surpeuplement carcéral qu'accentuent les pratiques judiciaires constitue une des causes principales de leur dysfonctionnement.

---

[467] EKANGA EVOUH, *A la recherche d'une politique carcérale au Cameroun,* mémoire de fin de formation de l'Ecole Nationale d'Administration et de Magistrature, section magistrature 1992, p. 9
[468] *Ibid.* p.9
[469] H. SANDO, *op. cit.*, p. 79

Chapitre I

Les distorsions dans le fonctionnement des prisons au Cameroun ou le paradoxe pénitentiaire camerounais

« Le régime d'exécution de la peine de privation de liberté concilie la protection de la société, la sanction du condamné et les intérêts de la victime avec la nécessité de préparer l'insertion ou la réinsertion de la personne détenue afin de lui permettre de mener une vie responsable et de prévenir la commission de nouvelles infractions. »[470] Ce vaste programme de travail que dressait la loi pénitentiaire française de 2009 définissait en même temps les fonctions de la peine d'emprisonnement. La combinaison de toutes ces tâches ou fonctions se concrétise, *a priori*, dans un lieu d'incarcération des condamnés et des prévenus.

De par son fonctionnement, la prison en tant que structure est destinée à assurer la sécurité tant à l'intérieur qu'à l'extérieur de ses murs. La sécurité dans un milieu fermé est très précaire dans la mesure où l'administration pénitentiaire, chargée de l'assurer, ne choisit pas sa clientèle, ni en nombre, ni en qualité. Elle n'a aucune emprise sur le flux et le reflux de ses pensionnaires alors que ses possibilités d'hébergement ne sont pas extensibles. Un mélange confus et désordonné de la population carcérale constitue une menace permanente pour les pensionnaires des établissements pénitentiaires.

Par ailleurs, les objectifs d'amendement et de reclassement social du détenu ne peuvent être atteints que si la prison assure le respect de sa dignité à la personne humaine (art. D 189 du code de procédure pénale français). Or tout porte à croire que le principe de "moindre valeur", suivant lequel il faut éviter de faire des détenus des privilégiés par

[470] Article 1, LOI n° 2009-1436 du 24 novembre 2009 pénitentiaire (1), JORF n° 0273 du 25 novembre 2009, p. 20192, texte n° 1, NOR : JUSX0814219L

rapport aux citoyens libres, trouve son terrain de prédilection dans les prisons camerounaises. La chosification à laquelle sont soumis les prisonniers dans ces milieux en dit long. Parler d'inadéquation fonctionnelle revient à souligner les difficultés qui entravent la correspondance parfaite entre la prison et ce à quoi elle est destinée. L'antinomie existe entre les fonctions d'amendement et de reclassement de la prison camerounaise et la concrétisation de celles-ci au quotidien. La prison reste encore malheureusement pour un grand nombre de pays, synonyme d'enfermement et de châtiment, et l'Etat camerounais semble largement partager cet avis, d'où le recours systématique à l'enfermement. Il y a lieu de parler de frénésie d'emprisonnement au regard du fort taux de surpeuplement des prisons camerounaises, l'une des causes de l'insécurité.

I. L'insécurité au sein des établissements pénitentiaires au Cameroun

La mission de garde, considérée comme premier devoir de l'administration pénitentiaire, s'organise autour de la mise en œuvre de l'hébergement des détenus, indissociable des mesures destinées à garantir la sécurité de tous au sein de la "société carcérale " : les personnels pénitentiaires, les détenus et les intervenants extérieurs. En d'autres termes, l'hébergement des détenus constitue l'une des conditions susceptibles de garantir la sécurité dans les établissements pénitentiaires.

Parler de l'insécurité au sein des établissements pénitentiaires camerounais appelle l'analyse de ses origines et leurs implications dans le quotidien carcéral.

Les causes du phénomène d'insécurité

L'insécurité peut être analysée comme un état d'esprit non confiant en présence d'un danger imminent et permanent. Ce danger en milieu fermé peut être la résultante de plusieurs facteurs dont les deux principaux dans les établissements pénitentiaires camerounais, au vu du contexte carcéral actuel, sont : le surencombrement des lieux de détention et l'instauration de "supers-détenus" dotés d'un pouvoir disciplinaire.

Le surencombrement des lieux de détention se traduit forcément par la diminution de l'espace vital des prisonniers. Défini comme l'espace nécessaire à la survie de tout homme, l'espace vital peut être physique ou psychologique. Des problèmes de survie ou de conflit psychologique apparaissent lorsqu'un homme voit son espace vital diminuer au-delà d'une certaine limite. Ainsi si un détenu entre dans l'espace vital de l'autre détenu du fait du surencombrement des prisons, il y a forcément modification des relations et réactions de deux êtres. Cela peut se manifester par l'apparition d'agressivité ou de rejet et générer ainsi de façon multiforme l'insécurité en milieu clos comme la prison.

La présentation de situation du surencombrement des prisons camerounaises à travers un état des lieux nous permettra de mieux comprendre le phénomène d'insécurité qui y prévaut.

1. Le surpeuplement carcéral : état des lieux

Si, déjà, dans des pays développés et plus précisément dans tous les Etats européens, la surpopulation paraît être un phénomène commun, alors qu'ont été mis en place des mécanismes substitutifs à la peine privative de liberté, il devient inutile de décrire la situation qui prévaut dans les prisons camerounaises en l'absence de tout recours aux alternatives à la peine d'emprisonnement.

Les prisons au Cameroun sont débordées. Les limites extrêmes de la capacité d'accueil sont largement franchies. Avec un taux de densité carcérale de plus de 400 %, le Cameroun est l'un des pays où les conditions de détention bafouent honteusement le respect de l'espace vital nécessaire à tout être humain.

« L'inadéquation entre la capacité d'accueil théorique des établissements pénitentiaires et le nombre de détenus conduit ainsi à une sur-occupation des prisons qui se répercute sur les conditions de détentions. »[471]

[471] E. DUBOURG, *op. cit.*, p. 60

a. Le confinement de la population carcérale

« Prisons surpeuplées : le Cameroun Vice-Champion[472] du monde».[473] Un titre aussi frappant ne pouvait passer inaperçu dans *LE MESSAGER* du 6 août 2004. Le problème de surpopulation n'est peut-être pas la spécificité des prisons camerounaises. D'autres pays, même les plus développés, sont confrontés à ce phénomène de surpopulation carcérale. Selon l'International center of prison *studies* (Icps), la densité carcérale (nombre de prisonniers par rapport au nombre de places dans les prisons à un moment donné) en Europe est en moyenne de 97 % (selon le Conseil d'Europe) et de 118 % en France, donc supérieure à la densité moyenne européenne ! Mais être sacré vice-champion dans ce domaine carcéral mérite réflexion. La situation de dépassement à outrance de la capacité d'accueil dans des prisons au Cameroun est catastrophique. Seuls des exemples sont à même de mieux présenter le surpeuplement carcéral camerounais.

Au niveau national et selon l'OIP, le nombre des détenus s'élevait à 20 000 alors que la capacité totale des prisons est de 6749,[474] soit 296,34 % à la mi-2002. Des chiffres qui font froid dans le dos et qui permettent de mieux comprendre pourquoi des familles et proches de détenus parlent de "mouroir". Pourtant, il est difficile, voire impossible, d'obtenir des informations complètes dans ce domaine. La presque totalité des établissements disposent aujourd'hui de matériel largement dépassé. Rares sont ceux qui répondent à une exigence de modernité. Grâce au concours du service de coopération et d'action culturelle, une banque de données carcérales mise en place en août 2000 permet d'avoir la matière première. Il est donc indispensable de mener des enquêtes sur le terrain, et encore… car tout est manuel, plus précisément manuscrit,[475] comme en témoigne en annexe la fiche individuelle des détenus et les données statistiques de quelques prisons.

---

[472] Une étude de l'International center for prison *studies* (Icps) sur la situation carcérale dans 201 pays d'Afrique, d'Amérique, d'Europe et d'Asie révèle que le Cameroun est, avec la Barbade (dans les Petites Antilles), le pays où les conditions de détention sont les plus inhumaines, in *LE MESSAGER*, 6 août 2002.

[473] J. C. EDJANGUE, « Prisons surpeuplées: Le Cameroun Vice-Champion du monde », in *Le Messager*, 6 août 2004.

[474] OIP, 2002

[475] H. SANDO, *op. cit.*, p. 19

D'après Le Quotidien National Bilingue *"Cameroon Tribune",*[476] en juillet 2008, le Cameroun disposait de 74 prisons pour une capacité totale de 10 070 places[477] :

- ➯ 10 prisons centrales dans les 10 provinces ;
- ➯ 48 prisons principales au niveau départemental
- ➯ 16 prisons secondaires

Les prisons, surtout celles des grandes villes, sont devenues de véritables parcs à hommes humiliés et déshumanisés, du fait du manque accru d'espace vital. Quelques exemples :

★ <u>Du point de vue densité carcérale de janvier - février 2007</u> [478]

Localité	**Capacité d'accueil initiale**	**Nombre de détenus**	**Densité carcérale %**
Prison centrale de Kondengui - Yaoundé	1000	3617	361,7 %
Prison centrale New-Bell - Douala	800	3039	379,87 %
Prison principale de Mbalmayo	120	289	240,83 %
Prison secondaire de Sangmélima		165	
Prison centrale de Bertoua	100	500	500 %

L'état des lieux des prisons ci-dessous mentionnées mérite d'être pris en compte dans notre étude synoptique comme indice de confinement malgré l'ancienneté des statistiques.

---

476 Le *Cameroon Tribune* est le journal d'État camerounais

477 Direction de l'Administration Pénitentiaire, citée par Cameroon Tribune du 27 août 2008.

478 Informations recueillies auprès des autorités pénitentiaires camerounaises lors des recherches sur le terrain. (voir la présentation statistique annexe 4)

★ Du point de vue dépassement de la capacité d'accueil dans des autres prisons : année 2001

Localité	Nombre de détenus pour la période indiquée	Capacité initiale
Prison de Bafoussam	2 550	850
Prison de Bamenda	1 500	330
Prison de Dschang	1845	715
Prison d'Edéa	1 255	750
Prison de Garoua	1 636	280
Prison de Nkongsamba	1 453	620

Source : Résultat des recherches sur le terrain au sein des prisons de référence

La Direction de l'Administration Pénitentiaire faisait état, en juillet 2008, de 441O détenus pour 1000 places à la Prison centrale de Kondengui à Yaoundé. Les deux quartiers dits *Kosovo* de cette prison rassemblent à eux seuls environ 3000 détenus.[479] A la même date, la prison centrale de New-Bell à Douala comptait en son sein 4963 pour 800 places selon la même source. Il y a lieu de remarquer ici que la surpopulation carcérale est en constante augmentation au Cameroun.

A travers ces statistiques, la difficulté d'avoir une place où dormir dans ces établissements pénitentiaires n'est plus à démontrer. Tous les moyens utilisés deviennent chose normale dans cette jungle carcérale. Impossible de mettre en application l'article 20 du décret du 27 mars 1992, quelle que soit la bonne volonté du personnel pénitentiaire. Cet article prévoit les règles de répartition des détenus dans les prisons. S'impose alors, comme nous l'avons déjà dit, un mélange confus et désordonné des prévenus avec des condamnés ; les femmes difficilement séparées des

[479] Cameroon Tribune du 27 août 2008

hommes ; des détenus dangereux avec des délinquants primaires. C'est le chaos total engendrant une promiscuité sans précédent avec un niveau d'insécurité inégalé.

b. La promiscuité carcérale par rapport à la superficie de l'occupation du sol

Le mélange de tous ces pensionnaires des pénitenciers camerounais et l'absence accrue d'un minimum d'espace vital affectent indubitablement leur intimité. Il y a lieu de dire que *« la surpopulation pénale apporte des contraintes supplémentaires (...) en imposant aux détenus, de catégorie pénale et de dangerosité diverses, une promiscuité pénible et génératrice d'influences malsaines. »*[480] Malgré la persistance du fléau qu'est la surpopulation imposant une promiscuité dangereuse aux détenus, il y a lieu de souligner l'effort fourni pour résoudre le problème de surpopulation. En effet, à la suite des travaux sanitaires financés par l'Union européenne en collaboration avec l'Archidiocèse de Yaoundé et des ONG, la prison centrale de Kondengui (Yaoundé) est l'un des établissements pénitentiaires camerounais où les efforts d'amélio-ration sont relativement visibles.

La prison centrale de Kondengui est divisée en quartiers - spéciaux et populaires - selon la catégorie sociale, et de fait, selon les moyens financiers du détenu. Les quartiers "populaires" représentent le point faible de cette prison où règne une promiscuité sans précédent. La superficie d'une cellule ordinaire, pouvant contenir au moins cinquante détenus, est de 48 m^2 soit 8 m de long sur 6 m de large, soit 0,96 m^2 par détenu. Quant à la prison centrale de New-Bell (Douala), *« l'occupation de la cellule à tour de rôle par des détenus pour dormir devient chose banale. [...] Les détenus répartis dans 15 cellules de 32 m^2 pour les plus grandes disposent chacun d'une superficie au sol de moins de 0,19 m^2. Ils sont obligés de n'occuper la cellule qu'à tour de rôle et pour une durée maximum de 3 heures tous les 24 heures pour dormir étant donné qu'il est difficile de tenir sur si peu de place. »*[481]

---

[480] J.-O. MBOCK, *op. cit.*, p. 168

[481] P. BOUBOU, *L'arrestation, le procès et la détention de A à Z, guide des droits du citoyen face à la police, la justice et la prison*, Douala, Avenir, 2006, p. 248

La promiscuité, si évidente au regard de cette densité carcérale par rapport à la capacité d'accueil, produit les effets perturbateurs pouvant rapidement devenir un puissant destructeur psychologique. Du fait de cette promiscuité carcérale, les personnes détenues se sentiraient particulièrement exposées au risque de contamination par des maladies contagieuses, dont certaines sont graves comme VIH-sida. La contamination physique pourrait être entendue comme une métaphore de la contamination morale. La promiscuité en milieu carcéral, c'est une peine supplémentaire, plus exactement une double peine qui se surajoute à la privation de liberté et la rend d'autant plus insupportable. C'est une violation permanente de l'intimité et de l'espace personnel du détenu.

De par cette promiscuité, la surpopulation devrait être considérée par les instances compétentes comme constitutive d'insécurité tant pour les détenus que pour le personnel pénitentiaire. Elle devrait être formellement interdite par les institutions nationales et internationales au même titre que l'exercice du pouvoir disciplinaire par les détenus.

2. Le pouvoir disciplinaire confié aux "supers-détenus" et l'interdiction par l'ONU

L'ordre et la discipline doivent pouvoir s'imposer dans les établissements pénitentiaires pour assurer la sécurité et garantir à la vie collective des détenus un environnement approprié. L'écrasante surpopulation carcérale que connaissent les pénitenciers camerounais rend de plus en plus difficile et dangereux le travail des surveillants. Elle fragilise en même temps le maintien de l'ordre et la sécurité et augmente considérablement les sujétions du personnel de surveillance. Afin de maintenir l'ordre *intra muros*, les autorités pénitentiaires ont systématiquement recours aux « supers-détenus»[482]. L'appréhension d'une insécurité sous-jacente au regard de la non proportionnalité du personnel pénitentiaire par rapport à cette écrasante population carcérale peut permettre de légitimer après coup le recours aux "supers-détenus" dans l'exercice du pouvoir disciplinaire dévolu aux autorités pénitentiaires. Pour autant, le pouvoir disciplinaire ne doit pas être confié aux détenus.

[482] Les "supers-détenus" sont des détenus qui collaborent avec le personnel de l'administration pénitentiaire. Ils sont chargés de maintenir, entre autres, l'ordre et la discipline dans des prisons camerounaises par les gardiens.

En effet, les "supers-détenus" sont désignés par l'administration pénitentiaire pour surveiller leurs compères. De ce fait, ils doivent maintenir l'ordre et la discipline dans leurs quartiers respectifs qu'ils se partagent allégrement et font leurs territoires au sein des prisons camerounaises. Les critères de sélection sont tout autres que la moralité. Il s'agit des détenus qui brillent par leur ancienneté et par leur influence ou leur domination sur les autres détenus du fait de leurs forfaits antérieurs.

Ces supers-détenus, communément dénommés "anti-gangs" dans leur jargon carcéral camerounais, font la pluie et le beau temps à l'intérieur des établissements pénitentiaires. Bien évidemment, ils tirent leur force dans la confiance que leur fait le personnel de surveillance. Tant il est vrai que la légitimité de cette délégation de pouvoir disciplinaire vient des dispositions réglementaires. Par exemple, l'article 15 du règlement intérieur de la Prison centrale de Yaoundé détermine avec précision la hiérarchisation des pouvoirs conférés aux "supers-détenus". En effet, « chaque quartier ou chaque local de la Prison centrale de Yaoundé a une organisation interne. Il a à sa tête des responsables (Commandant, Coordinateur, Maire, Centre d'effectif pour les quartiers et Chef local, maire pour les locaux) désignés par le régisseur. Les responsables ainsi désignés jouissent de la confiance des responsables de la prison et ont pour mission de maintenir l'ordre, la discipline et la propreté du quartier et du local, de renseigner les autorités de la prison sur toute conspiration d'évasion ou tout complot menaçant les institutions républicaines, sur les cas de maladie et le comportement de leurs co-résidents. »[483] Cette organisation bien hiérarchisée parmi les détenus n'a rien d'anodin. Les "anti-gangs" en font un véritable pouvoir.

Nul n'a plus besoin d'information sur l'ambiance qui peut régner au sein de cette microsociété carcérale lorsqu'un groupe de « délinquants aguerris » fait la loi. Dotés des pouvoirs réels, certains « anti-gangs » détiendraient des armes et l'on assiste à des dérapages dans des prisons – prison de New Bell à Douala par exemple. Ils infligent de sévères punitions aux détenus "insoumis". Parfois la réaction des détenus « ordinaires » est si violente qu'elle peut faire des morts et des blessés. Souvent, dans cette confusion générale, certains détenus tentent de

---

[483] Article 15, Note de Service portant Règlement intérieur de la Prison centrale de Yaoundé, (voir le document en annexe)

prendre la clé des champs tandis que d'autres "s'investissent" dans le quartier réservé aux femmes.

Il est évident que cette manière de vouloir maintenir l'ordre et la discipline dans des prisons ne peut profiter qu'au personnel pénitentiaire alors que la sécurité physique et psychique des pensionnaires est mise à mal.

S'il est vrai que *« certaines activités ou responsabilités d'ordre social, éducatif ou sportif soient confiées, sous contrôle, à des détenus groupés en vue de leur traitement, »*[484] la position des Nations Unies est sans ambages quant à l'interdiction de confier le pouvoir disciplinaire aux détenus. L'Ensemble de règles minima précise que *« aucun détenu ne pourra remplir dans les services de l'établissement un emploi comportant un pouvoir disciplinaire. »*[485] Pour que cette interdiction de l'ONU soit respectée, toutes les dispositions réglementaires liées à l'exercice du pouvoir disciplinaire, et qui font grief de façon récurrente, *« doivent être spécifiées par la loi ou les règlements pris conformément à la loi et être dûment publiés. »*[486]

Les implications du phénomène d'insécurité sur le quotidien carcéral

Comme l'avait déclaré le Ministre de la Justice, Albin CHALANDON en 1987 à l'Assemblée Nationale (France) *« l'encombrement a des conséquences dramatiques sur le plan humain et social. Il crée des conditions de vie pour les détenus qui sont indignes : la promiscuité, le caractère vétuste, les conditions d'hygiène parfois difficiles à maintenir*

[484] Article 28 alinéa 2, *Ensemble de règles minima pour le traitement des détenus,* adopté par le 1er Congrès des Nations Unies pour la prévention du crime et le traitement des délinquants, Genève, 1955.
[485] Article 28 alinéa 1er, *Ensemble de règles minima pour le traitement des détenus,* adopté par le 1er Congrès des Nations Unies pour la prévention du crime et le traitement des délinquants, Genève, 1955.
[486] Principe 30 § 1 in fine, *Ensemble de principes pour la protection de toutes les personnes soumises à une forme quelconque de détention ou d'emprisonnement,* adopté par l'Assemblée générale dans sa résolution 43/173 du 9 décembre 1988

au niveau souhaitable... »[487] Ce constat qui date déjà de plus de vingt ans concernant la France, reste d'actualité dans les prisons camerounaises.

En effet, le surencombrement que connaissent les établissements pénitentiaires camerounais ainsi que la présence des détenus dotés d'un pouvoir disciplinaire ont des conséquences dramatiques sur la vie carcérale des prisonniers au quotidien. Les conditions de détention, se dégradant au jour le jour, deviennent déplorables. Pour faire face à cette situation qui s'impose à eux, et vu que la nature n'aime pas le vide, les pensionnaires des pénitenciers camerounais font preuve de beaucoup d'initiatives pour empêcher toute possibilité de resocialisation. Prime donc la nécessité d'appartenance à un groupe pour sa survie. D'où la formation de microsociétés au sein des prisons.

1. Les conditions de détention déplorables

Les prisonniers au Cameroun connaissent des conditions de détention difficiles, avec des locaux insalubres et vétustes où la promiscuité règne en raison de la surpopulation carcérale. Ces conditions carcérales très éprouvantes sont assimilables à une forme de torture ou traitement cruel, inhumain et dégradant. Il ressort de la compétence du Comité contre la torture des Nations Unies d'analyser les conditions de détention dans les établissements pénitentiaires des Etats membres.

A cet effet, lors de sa quarante-quatrième session en 2010, le Comité contre la torture (« le Comité ») a examiné le quatrième rapport périodique du Cameroun (CAT/C/CMR/4).[488] Il a adopté, à ses 950ème et 951ème séances, tenues le 12 mai 2010 (CAT/C/SR.950 et 951), les observations finales concernant les conditions de détention dans les prisons au Cameroun. Il ressort de cet examen que *« le Comité demeure profondément préoccupé par les conditions de vie déplorables dans les lieux de détention. Les informations reçues par le Comité font état : de surpopulation carcérale ; de violences entre détenus; de corruption,*

[487] Déclaration d'Albin CHALANDON, Ministre de la Justice, sur le projet de la loi sur le service pénitentiaire, à l'Assemblée Nationale le 5 mai 1987. Source : La Documentation française voir aussi dans Vie publique, au cœur du débat public.

[488] Comité contre la torture, *Examen des rapports présentés par les États parties en application de l'article 19 de la Convention*, quarante-quatrième session 26 avril – 14 mai 2010, observations finales du Comité contre la torture, à ses 930ème et 944ème séances, les 28 avril et 7 mai 2010 (CAT/C/SR.930 et 944)

portant notamment sur la location des cellules et la vente de matériel médical; de manque d'hygiène et de nourriture adéquate; d'insécurité sanitaire; d'absence de soins de santé adaptés; de violations du droit aux visites; et du fait que certains prévenus auraient déjà purgé plus que leur peine en prison sans avoir été libérés. »[489]

Ce lourd et désarçonnant bilan n'est pas forcément nouveau dans les établissements pénitentiaires camerounais, pourtant, la violation des droits de l'homme dans les prisons n'est plus de nos jours acceptable. Que penser, lorsque des personnes placées en détention n'ont pas où dormir et deviennent ainsi les Sans Domicile Fixe (SDF) au sein des prisons pendant leur privation de liberté ? La misère carcérale se généralise à tel point que l'accueil des nouveaux arrivants n'obéit plus à la normalité des procédures de l'incarcération.

a. Les Sans Domicile Fixe (SDF) au sein des établissements pénitentiaires camerounais

Les chiffres pléthoriques enregistrés sont à l'origine d'un phénomène inédit. Devenir Sans Domicile Fixe (SDF) du fait de l'incarcération dépasse tout entendement. La problématique de "ne pas avoir où dormir en prison" peut paraître exagérée surtout lorsqu'on n'a pas eu l'occasion de toucher du doigt la réalité carcérale camerounaise.

Dans plusieurs prisons, il est fréquent de trouver une centaine de détenus dans une cellule d'à peine 40 m². Etre admis dans un local est une chance inouïe puisqu'il n'y a toujours pas de place pour les nouveaux arrivants. Nombreux sont des prisonniers sans abri, obligés de passer des journées et des nuits en plein air, aussi bien par temps de pluie que par beau temps, dans la cour de la prison. Les détenus, lors de leurs corvées, sont obligés de réunir de petits morceaux de planches, de vieilles tôles, des cartons ou des larges plastiques qui leurs servent de lits et de hangars à l'intérieur de la prison. C'est affreusement pénible pendant la saison des pluies. Leur seul abri est constitué de matière plastique dont ils s'entourent le corps.

---

[489] Comité contre la torture, *Examen des rapports présentés par les États parties en application de l'article 19 de la Convention,* quarante-quatrième session, 26 avril – 14 mai 2010, Nations Unies CAT/C/CMR/CO/4, GE.10-42571 distr. : générale 19 mai 2010.

Dans la prison centrale de Douala, par exemple, plusieurs détenus passent la nuit dans les conditions extrêmement pénibles avec pour lit spécial : le ciment. Certains SDF s'installent dans les différents couloirs ou dans la cour centrale en attendant d'être mieux lotis. D'autres se couchent à même le sol dans les huttes appelées dans leur jargon "kito" dans la cour intérieure des quartiers dits "régimes" et "Texas".

Hyppolite SANDO décrit la scène au moment du coucher. Il dit : *« Quand sonne l'heure du coucher, ceux des détenus propriétaires d'un lit peuvent aller tranquillement dormir. En revanche, ceux ne possédant pas de literie sont obligés d'attendre que les couloirs soient libérés, afin que ces endroits de circonstance servent en nocturne de vastes lits. Ils sont ainsi les derniers à trouver un espace pour s'étendre et les premiers à être réveillés. Cette situation considérablement gênante est pourtant le quotidien de ces hommes constamment diminués et malades. »*[490]

Malgré cette situation désastreuse, chaque détenu doit être officiellement rattaché à une cellule ou local où il est tenu de répondre à l'appel le matin au réveil et le soir au coucher quand bien même il est obligé de passer la nuit en plein air faute de place dans le local.

Malgré les efforts menés par les pouvoirs publics, en particulier le Ministère de la Justice, le nombre de détenus demeure élevé par rapport aux places disponibles. Les effectifs pléthoriques de la population carcérale sont à l'origine de la misère carcérale.

b. La misère carcérale généralisée

La pauvreté extrême dans laquelle vivent les détenus les pousse à utiliser tous les moyens pour survivre. Le corporatisme et la hiérarchisation s'installent en milieu carcéral. Chaque détenu doit jalousement défendre "l'échelon" qui l'inscrit dans une catégorie de détenus et que lui impose son statut ou ses moyens de survie. C'est la jungle carcérale. Certains termes sont utilisés dans ce milieu fermé pour désigner des catégories précises : "taxis", "domestiques", "dorment-à-terre" "flottants", "SDF", "mandat", etc.

---

[490] H. SANDO, *op. cit.*, p. 25-26

« La forte population carcérale rend impossible la recherche d'un détenu qui a bénéficié d'une visite. Certains détenus acceptent de jouer le rôle de "taxis" et de "domestique". »[491] Le terme "Taxis" désigne en effet les détenus qui font les commissions des autres détenus moyennant une contre-partie financière ou en nature. Les "Domestiques" sont ceux qui sont employés pour les petits travaux au profit des mieux nantis des détenus.

Avoir droit à un lit est un luxe. Les détenus qui n'ont pas payé le "Mandat" – petit lit à trois étages - dorment à même le sol. Les autres détenus les appellent les "dorment-à-terre". Ils sont différents des SDF parce que, même sans lit, ils peuvent dormir à l'intérieur du local. Et encore, c'est une chance d'avoir un petit espace à l'intérieur d'une cellule pour s'allonger puisque, figure une catégorie nommée "SDF" parmi les prisonniers comme nous l'avons déjà souligné. Ces derniers n'ont aucun endroit où dormir même par terre à l'intérieur d'une cellule et se contentent des couloirs ou de la cour de la prison pour se reposer.

Certains détenus sont abandonnés par leurs familles, soit parce qu'ils sont des récidivistes, soit parce que leurs familles ne résident pas la même ville, soit encore du fait de la très longue durée de détention, elles sont découragées. Ces détenus qui n'ont aucune ressource et ne reçoivent jamais de visites sont appelés "Flottants". Les détenus "flottants" sont les plus vulnérables. On trouve parmi eux ceux qui acceptent de jouer le rôle de taxi ou de domestique. La misère s'observe sur leur visage émacié avec des tenues en lambeaux. On compte malheureusement beaucoup de détenus dans cette catégorie.[492]

❖ La santé

Le domaine de la santé n'est pas enviable non plus. L'application des dispositions réglementaires en la matière rendrait les choses différentes. L'Exécutif dans son décret de 1992 avait prévu que *« dans tout établissement pénitentiaire, il doit être aménagé une infirmerie ou un local destiné à recevoir des malades. Son fonctionnement est assuré par le responsable de l'infirmerie, sous la supervision de l'autorité médicale compétente la plus proche. En cas de maladie contagieuse ou*

[491] H. SANDO, *op. cit.*, p. 27
[492] H. SANDO, *op. cit.*, p. 27

épidémique, l'autorité médicale compétente prend, en accord avec le régisseur, toutes les mesures de protection et de prophylaxie nécessaires. » Par ailleurs, *« les détenus malades sont conduits à la visite médicale. (...) ». « Avant le transfèrement d'un détenu, le régisseur peut le soumettre à une visite médicale... ».*[493]

En général, les dispensaires des prisons comptent à peine quelques lits. Par rapport à la densité carcérale reconnue dans ces milieux fermés, et au regard de la misère qui sévit dans ces lieux, la volonté des infirmières ne serait guère suffisante à elle seule pour soulager les souffrances des détenus. De surcroît la pénurie des médicaments de première nécessité aggrave la situation, surtout en présence de maladies contagieuses comme la tuberculose qui, depuis longtemps, a élu domicile dans les prisons camerounaises. Même le personnel d'encadrement se trouve de moins en moins épargné. L'autre maladie redoutable, *« le SIDA fait des ravages et les dépistages tardifs permettent de constater l'avancée fatale de cette maladie qui se transmet de plus en plus dans ce milieu. »*[494]

L'article 32 du décret de 1992 a prévu que : *« Chaque détenu est soumis au moment de son incarcération à une visite médicale ».*[495] De forts doutes sont émis au sujet de l'application de cette disposition. Dans la plupart des prisons camerounaises, aucun détenu n'a bénéficié d'une prise en charge médicale dès son incarcération. Bien au contraire, il est plutôt jeté dans un monde où les maladies contagieuses sévissent étant donné que l'incarcération impose la cohabitation avec les détenus malades et abandonnés à eux-mêmes.

En plus, la simple volonté du médecin ne suffit pas face à une population carcérale nécessitant des soins de manière permanente. Les familles disposant de moyens parviennent, au prix de multiples efforts, à assurer l'achat des médicaments pour les leurs, et même à prendre en charge les frais liés à leur hospitalisation.[496]

---

[493] Articles 32, 33 et 35 du décret de 1992 portant régime pénitentiaire au Cameroun
[494] H. SANDO, *op. cit.*, p. 22
[495] Article 32 du décret de 1992 portant régime pénitentiaire au Cameroun
[496] *Ibid.* p. 58

❖ L'hygiène

Du côté de l'hygiène, quelques exemples concrets que présente H. SANDO dans son ouvrage intitulé : *« Derrière les murs, l'enfer : l'univers carcéral en question. »*, méritent d'être reproduits ici. *« S'il n'est pas aisé d'avoir un lit, prendre une douche est parfois synonyme d'un concours de patience. Le nombre relativement insuffisant de toilettes et de points d'eau oblige des détenus à se mettre parfois en rang des heures durant. A la prison de New-Bell plus précisément au quartier "régime", des cellules*[497] *numérotées de 1 à 6 disposaient initialement de 10 douches où l'eau ne coule malheureusement plus. Pour toutes ces populations, seul un robinet coule et permet l'approvisionnement en eau. »*[498] Afin de montrer la véracité de cette misère, le même auteur poursuit par un autre exemple concernant, je cite, le *« quartier "Texas" qui comprend des cellules allant du n° 7 à 11. Il compte aussi 10 douches, dont deux robinets dont un seul coule, à savoir celui de la cellule 9. »*[499] A la lecture de ce constat, il devient difficile de mettre en doute la misère qui sévit dans des établissements pénitentiaires camerounais.

c. L'irrationnelle procédure d'installation de nouveaux arrivants

Les critères de répartition dans les quartiers obéissent difficilement aux dispositions réglementaires en vigueur. Le statut social des nouveaux arrivants influence le plus souvent, sinon toujours, les affectations des uns et des autres dans les différents quartiers. Comme dans le monde libre, il existe des quartiers pour riches et des quartiers pour démunis. Toutes les prisons camerounaises, sans exception aucune, obéissent à cette description. S'il y a possibilité d'admettre, à la rigueur et d'une façon objective, ces critères d'affectation adoptés par les autorités pénitentiaires au regard du contexte carcéral actuel, il y a lieu de s'inquiéter sur la "coutume" combien désolante, qui s'installe dans les

---

[497] Afin de mieux mesurer l'impact de la misère carcérale sous l'angle de l'hygiène par le besoin d'avoir accès à l'eau, le terme "cellule" mérite d'être placé dans son contexte. Les locaux, communément appelés "cellules", peuvent contenir chacun au moins 50 détenus.

[498] H. SANDO, *op. cit.*, p. 27

[499] *Ibid.* p. 28

prisons camerounaises, à savoir l'obligation de payer la place où séjourner en prison. En effet, *« le nouvel arrivant est soumis au paiement de certains frais liés à son installation. C'est par ce canal qu'il peut obtenir certaines facilités auprès des responsables, notamment, un espace pour dormir, le droit à un lit ou à un matelas, etc... »*[500]. Le Comité contre la torture (Nations Unies) l'a souligné tout récemment dans ses observations finales relatives aux conditions de détention au Cameroun. Il (le Comité) se dit être *« préoccupé par les conditions de vie déplorables dans les lieux de détention. Les informations reçues par le Comité font état de : [...] de corruption, portant notamment sur la location des cellules [...] ... »*[501] Une prise de position d'une telle envergure, surtout venant d'une structure internationale hautement compétente en la matière, traduit le degré de misère qu'un citoyen privé de liberté est appelé à subir une fois derrière les murs, qu'il soit prévenu ou non.

2. Les microsociétés *intra muros* : formation et fonctionnement

La société est définie comme un ensemble de personnes entre lesquelles existent des rapports durables et organisés. Les microsociétés que forment les prisons camerounaises laissent des traces indélébiles dans les rapports entre les pensionnaires ou anciens pensionnaires. C'est sur cette lancée que SOLENN ASSATHIANY, de façon générale, présente la société carcérale. *« La prison apparaît comme un monde à part, un monde fermé, inconnu de beaucoup. C'est un milieu qui a ses propres règles, qu'elles soient celles de l'administration pénitentiaire ou celles instaurées par les détenus eux-mêmes. On peut dire que c'est une sous-société. On trouve les mêmes classes, avec les plus riches d'un côté qui bénéficient des meilleures conditions parce qu'ils payent ou parce qu'ils ont un statut social élevé et de l'autre, les pauvres, qui sont beaucoup plus touchés par la misère. »* [502] L'auteur précise que : *« Cette sous-société a une organisation particulière qui peut sembler injuste, mais qui est en fait simplement la reproduction de manière exacerbée de ce qui se*

---

[500] H. SANDO, *op. cit.*, p. 24

[501] Comité contre la torture, *Examen des rapports présentés par les États parties en application de l'article 19 de la Convention, observations finales du Comité contre la torture*, quarante-quatrième session, (Nations Unies), 26 avril – 14 mai 2010.

[502] SOLENN ASSATHIANY, *L'humanisation des conditions de détention en Afrique Noire : le rôle de Penal Reform International et de Prisonniers Sans Frontières*, mémoire UPME-IEP, Grenoble, 2006-2007, p. 49

passe en dehors des murs. »[503] La "société pénitentiaire", en effet, est bien structurée en quartiers, en cellules avec tout ce que cela exige comme chefs de quartiers et de cellules. Cette structure hiérarchisée est reconnue et encouragée par les autorités pénitentiaires de telle sorte que certaines décisions sont prises par des co-détenus soit disant "chefs". L'on peut alors imaginer l'influence que peuvent avoir ces détenus sur d'autres.

Mais, une autre structure se forme et s'exprime par les rapports de force entre les détenus. C'est ainsi qu'il existe des groupes et sous-groupes au sein des prisons camerounaises, encouragés par la passivité du personnel pénitentiaire. On trouve alors un groupe de détenus qui, par leur délit et leur personnalité, font peur en suscitant un mélange de crainte et de respect. Ils sont caractérisés par leur manière de s'opposer de façon calculée à la loi, de mépriser les autres détenus et d'affronter les autorités pénitentiaires avec un calme suspect. Ce sont souvent des individus impliqués dans les grandes affaires d'homicide et de cambriolage. A côté d'eux, on trouve des "délinquants primaires" facilement exploitables. Ces derniers arrivent pour la première fois en prison suite à un concours de circonstances. Mélangés aux délinquants chroniques, aux criminels professionnels, ils les admirent, essaient de les imiter et d'entrer en relation avec eux.

La promiscuité aidant, on se rend mutuellement visite, on partage les exploits criminels vécus. Tout est bon pour oublier les causes de sa présence dans ce milieu clos. Il s'ensuit généralement un processus d'initiation, de contamination et de dépravation à travers les échanges d'expérience, et de formation de petits groupes plus ou moins influents en fonction de la personnalité du chef de file.

Dans cette atmosphère d'insécurité permanente, le travail pénitentiaire remplirait son rôle resocialisant s'il n'était pas utilisé comme un instrument servant à chosifier les prisonniers pendant leur privation de liberté.

---

[503] SOLENN ASSATHIANY, *op. cit.*, p . 49

II. La chosification des prisonniers dans le cadre du paradigme du travail pénal

Lorsqu'on considère le statut du prisonnier, celui-ci est le plus souvent transformé en chose, en mauvais objet, et considéré comme un mauvais garnement afin de justifier la bonne conscience des autres. Tous les témoignages recueillis lors de mes recherches sur le terrain concourent à affirmer que le système ne peut fonctionner, quelle que soit la bonne volonté de telle ou telle personne, qu'en affirmant la culpabilité de celui qui est en prison, en lui niant la plus grande partie de ses droits et en limitant au maximum l'expression de sa défense.

Le tout est de savoir si le délinquant doit d'abord être chosifié, écrasé par un régime pénitentiaire rigoureux et totalitaire, pour qu'il puisse se conformer enfin au monde dit libre ? Peut-être qu'il faut renoncer à l'idéalisme objectif et accepter l'irréductibilité relative des propriétés même du système pénitentiaire. Mais, sans pour autant plaider pour l'abolition des prisons en général ou des prisons camerounaises en particulier, nous ne pouvons, de nos jours, nous passer de réfléchir, de façon critique, sur la chosification que le système pénitentiaire camerounais fait subir aux citoyens privés de liberté, avec toutes ses conséquences à court ou à long terme.

Faisant abstraction de toutes les pratiques supprimant toute dignité humaine en la personne du détenu, l'utilisation de celui-ci comme main-d'œuvre nous interpelle. D'autant plus que *« le régisseur est spécialement chargé de veiller* [...] *à l'utilisation judicieuse de la main-d'œuvre pénale »*[504] comme le précise clairement le décret en vigueur en dépit de nombreuses interpellations de la Commission des Experts de l'Organisation Internationale du Travail (OIT) dont la Cameroun fait l'objet.

<u>Le travail forcé dissimulé sous l'égide du travail pénal au Cameroun</u>

En sa quarantième session, l'OIT adopte une Convention sur l'abolition du travail forcé. L'article 1er de cette dernière stipule que *« tout Membre de l'Organisation internationale du Travail qui ratifie la présente Convention s'engage à supprimer le travail forcé ou obligatoire et à n'y*

---

[504] Art. 10 du décret du 27 mars 1992 portant régime pénitentiaire au Cameroun

recourir sous aucune forme... »[505] Le Cameroun, membre de l'OIT, avait ratifié ces conventions.

De façon générale, la législation camerounaise réprimande efficacement et de manière très sévère le travail forcé. Dans son article 292, le code pénal camerounais punit *« celui qui, pour satisfaire son intérêt personnel, impose à autrui un travail ou un service pour lesquels il ne s'est pas offert de son plein gré »*[506]. Il est évident, définir le travail forcé de cette manière implicite ne peut, en aucun cas, culpabiliser l'administration pénitentiaire. Cette interdiction semble ne pas viser les travaux imposés aux détenus. Ceci est d'autant plus vrai que, nulle part, dans les différentes dispositions tant législatives que réglementaires, le travail des personnes privées de liberté ne fait l'objet d'une réglementation dans ce sens.

Disparu depuis dans les anciens pays colonisateurs, le travail forcé était une peine de droit commun, afflictive et infamante, à perpétuité ou à temps, qui s'exécutait dans les bagnes, puis par la transportation. Ceux qui le subissaient étaient des forçats. Pendant la colonisation, les travaux forcés étaient devenu l'apanage des pénitenciers camerounais.

Certes, imposer le travail aux détenus contre leur gré n'a pas forcément pour but de satisfaire l'intérêt personnel des autorités administratives. Mais si le travail imposé aux détenus n'entre pas dans le champ d'application de l'interdiction de l'article 292 du code pénal camerounais, il est tout de même difficile d'admettre qu'il s'agit d'un travail libre, accepté de leur plein gré.

L'absence de la presque totalité des éléments essentiels d'un travail libre est un indicateur irréfutable d'un travail forcé "à la camerounaise". Les éléments constitutifs d'un travail libre – le libre consentement de

---

[505] Article 1er, *Convention (n° 105) concernant l'abolition du travail forcé,* adoptée par la Conférence générale de l'Organisation internationale du Travail à sa quarantième session, le 25 juin 1957. Entrée en vigueur : le 17 janvier 1959, conformément aux dispositions de l'article 4.

[506] Article 292 du CP : « Est puni d'un emprisonnement de un an à cinq ans et d'une amende de 10 000 à 500 000 francs ou de l'une de ces deux peines seulement celui qui, pour satisfaire son intérêt personnel, impose à autrui un travail ou un service pour lesquels il ne s'est pas offert de son gré », Code pénal camerounais, Yaoundé – Cameroun, 3e édition MINOS, 2004-2005

l'intéressé, la rémunération et la sécurité au travail – par rapport à l'obligation d'exécuter les travaux pendant l'incarcération méritent d'être analysés afin de qualifier de façon objective le travail effectué par les corvéables.

1. Les corvéables et l'obligation d'exécution des travaux pendant l'incarcération

Comme le résume si bien Evelyne SHEA dans son ouvrage, *« le travail en prison, longtemps considéré comme la clé de voûte du régime pénitentiaire, est devenu l'objet de vives critiques... »,*[507] qui ont permis de fixer des objectifs précis à atteindre par le travail des détenus. De nos jours, *« le travail pénitentiaire constitue, aux yeux des pénologues, un moyen important de lutter contre les effets nocifs de l'internement et de préparer les détenus à la vie libre de demain. »*[508] Par conséquent, ce travail du détenu doit jouer un rôle utile. Dans cette optique, il doit être exempt de toute idée de rétribution. On constate que la législation camerounaise considère encore le travail du détenu comme partie intégrante de la peine privative de liberté. Il doit obligatoirement être exécuté sous peine de sanction. De plus, de par sa nature et de son organisation, ce travail pénitentiaire est dépourvu de tout objectif revalorisant.

a. L'obligation d'exécution des corvées sous peine de sanction

La corvée est un travail pénible que l'on est contraint de faire. Elle constitue un travail obligé et gratuit à l'égard de celui qui est appelé à l'exécuter. Les corvées effectuées par les prisonniers au Cameroun doivent être considérées comme travaux forcés tel que définis par l'OIT dans sa Convention (N 29) de 1930. Dans l'article 2 de cette convention, *« le terme "travail forcé ou obligatoire" désignera tout travail ou service exigé d'un individu sous la menace d'une peine quelconque et pour lequel ledit individu ne s'est pas offert de plein gré. »*[509]

---

[507] E. SHEA, *Le travail pénitentiaire : un défi européen.* Etude comparée : France, Angleterre, Allemagne, Paris, Harmattan, 2006, couverture

[508] M. ANCEL, *op. cit.*, p. 26

[509] Article 2 alinéa 1er, *Convention (N 29) concernant le travail forcé,* adoptée par la Conférence générale de l'organisation Internationale du Travail à sa quatorzième session, le 28 juin 1930, entré en vigueur : le 1er mai 1932 conformément aux dispositions de l'article 28.

Dans les établissements pénitentiaires camerounais, l'exécution des corvées dans le cadre de cession de la main-d'œuvre pénale figure dans le registre des obligations imposées aux détenus. Tous les détenus doivent se soumettre au système à moins qu'ils ne soient prêts à périr ou à supporter les représailles. Ledit système pénitentiaire prévoit d'emblée que les condamnés et contraignables sont astreints à la corvée extérieure. Les règlements intérieurs, illustratifs et appliqués dans les établissements pénitentiaires, s'appuient sur les dispositions du décret de 1992 pour en faire une obligation pour les détenus. Le travail devient, non pas un moyen de réinsertion sociale ou professionnelle, mais un travail forcé qui appelle la sanction à l'encontre du détenu qui ne s'y plie pas. Le règlement intérieur de la prison centrale de Yaoundé, dans son article 12, prévoit que *« constituent des infractions à la discipline : le refus d'aller en corvée ; la mauvaise exécution d'une corvée ; le déplacement du lieu de corvée, la désertion en corvée... »*[510] Ces infractions à la discipline ont inexorablement pour corollaire la sanction disciplinaire.

Le système pénitentiaire impose ses impératifs aux détenus. Et quoi qu'il en soit, les condamnés n'ont pas le choix, ils doivent s'adapter, qu'ils le veuillent ou non. « Aller en corvée » est une obligation. Les personnes incarcérées n'ont pas d'autre alternative. Les condamnés corvéables sont ainsi guidés plus par le motif subjectif, qui est la peur d'être sanctionnés, à l'exclusion de tout objectif revalorisant.

b. L'obligation d'exécution des travaux dénués de tout objectif revalorisant

Selon Frédéric VANDENBERGHE *« Marcuse reformule phénoméno-logiquement le concept marxien du travail en termes de "mode d'insertion de l'homme dans le monde". Il considère que le travail n'est pas une simple dépense d'énergie par laquelle l'homme vise purement et simplement à satisfaire ses besoins et à pourvoir aux nécessités de l'existence (logement, vêtement, nourriture, etc.). Non le travail est une pratique consciente et médiatrice par laquelle l'homme fait advenir et avancer l'existence en s'insérant dans le monde. Par le travail, l'homme*

[510] S. SIMO NDJOKO, Note de service portant règlement intérieur de la prison centrale de Yaoundé, Yaoundé, avril 2001, article 12

fait du monde "son" monde et, par-là, il se "fait" lui-même. »[511] Considérée sous cet angle, la tâche du travail est celle de l'existence humaine elle-même. *« Par le travail, l'homme ne s'insère pas seulement concrètement et réellement dans le temps, mais aussi dans l'espace. » « Marcuse de rêver d'une situation où le travail pourrait redevenir ce qu'il est essentiellement, à savoir une praxis transformatrice, la transformation active du monde par la libre insertion de l'homme dans ce monde. »*[512]

Le travail des détenus au Cameroun n'a pas la même résonance que ce qu'il aurait sous d'autres cieux. En France par exemple, le travail pénitentiaire a un objectif resocialisant. Le décret de 1985 précise que *« dans la mesure du possible, le travail de chaque détenu est choisi en fonction (...) de l'influence que ce travail peut exercer sur les perspectives de sa réinsertion... »*[513]

Les corvées auxquelles sont contraints les prisonniers ne peuvent pas être considérées comme travail à but resocialisant. Les tâches exécutées pendant ces corvées n'ont aucun objectif revalorisant, bien au contraire elles ont un caractère dévalorisant et afflictif. Les corvées spéciales sont organisées à l'occasion des fêtes nationales ou de la visite d'autorités étrangères. Il s'agit du pavoisement des rues et des places publiques. L'alignement des détenus tout le long des rues pour l'exécution des corvées offre un spectacle humiliant qui expose les corvéables au regard des passants. Ces derniers n'hésitent pas à tourner la tête pour mieux les démasquer. Il est à douter que ce genre de travaux dégradants et sans objectif revalorisant puisse rehausser la dignité du prisonnier. Pourtant, l'Ensemble de règles minima pour le traitement des détenus précise dans son article 71 alinéa 1 que « le travail pénitentiaire ne doit pas avoir un caractère afflictif. »[514] Au regard des analyses ci-après développées par

---

[511] F. VANDENBERGHE, *Une histoire critique de la sociologie allemande. Aliénation et réification*, Tome II, Horkheimer, Adorno, Marcuse, Habernas, Paris, La Découverte/M.A.U.S.S., 1998, p. 121

[512] *Ibid.*, p. 122-123

[513] Décret n° 85-836 du 6 août 1985 voir aussi l'article D.101 du Code de procédure pénale français

[514] Article 71 alinéa 1er, *Ensemble de règles minima pour le traitement des détenus*, adopté par le premier Congrès des Nations Unies pour la prévention du crime et le traitement des délinquants, tenu à Genève en 1955 et approuvé par le Conseil

rapport à l'accès au travail et à la cession des détenus, peut-on assimiler le travail pénal prévu par la réglementation pénitentiaire camerounaise en travail libre comme le recommandent des Instances Internationales ?[515]

2. La difficile assimilation du travail pénal en travail libre au Cameroun : inexistence des conditions essentielles

Dans le but de contribuer à la réinsertion sociale du détenu *« l'organisation, les méthodes et les rémunérations du travail doivent se rapprocher autant que possible de celles des activités professionnelles extérieures afin notamment de préparer les détenus aux conditions normales du travail libre. »*[516] Telles sont les dispositions de la législation française en la matière. Ce rapprochement – travail pénal/activités professionnelles extérieures - ne va pas sans exigences pour autant, du fait des impératifs du milieu carcéral. Ce qui explique la prudence, implicite ou non, dont fait preuve le législateur français, par l'exclusion du contrat de travail au profit des détenus. Mais toujours est-il que le détenu devrait préalablement accepter de travailler. Ce qui suppose son libre consentement, même si le statut de travailleur ne lui est pas reconnu. Sous cet angle, parler de "travail forcé ou obligatoire" serait abusif. Par contre, lorsque le libre consentement du détenu, contraint d'exécuter des corvées, fait défaut, il y a évidemment plus de chance de qualifier celles-ci de "travaux forcés".

Les contraintes inhérentes à la situation carcérale sont bien réelles. Mais pour quelles raisons l'activité du détenu ne pourrait-elle pas être encadrée juridiquement, qu'il s'agisse de l'accès au travail, de sa durée et de sa rémunération, de son interruption ou de son consentement aux conditions d'emploi ?

économique et social dans ses résolutions 663 C (XXIV) du 31 juillet 1957 et 2076 (LXII) du 13 mai 1977

[515] Lire à cet effet les dispositions contenues dans les articles 71-76 de l'Ensemble de règles minima pour le traitement des détenus de 1955. Voir aussi l'article 23 de la Déclaration universelle des droits de l'homme adopté alors par l'Assemblée générale, le 10 décembre 1948 (résolution 217 A (III) à Paris).

[516] Article D.102 Code de procédure pénale, 50e édition DALLOZ, 2008 et Décret n° 72-852 du 12 septembre 1972

a. La proscription du libre consentement des corvéables

Parler de consentement en ce qui concerne les corvées des détenus au Cameroun est un paradoxe. Afin de mieux cerner cette problématique, la référence à des législations autres que celle du Cameroun s'avère nécessaire. Certaines législations étrangères excluent de façon explicite le contrat de travail au profit des prisonniers. La législation française, par exemple, prévoit que *« les relations de travail des personnes incarcérées ne font pas l'objet d'un contrat de travail »*[517] Pourtant le contrat, en matière de travail, symbolise l'expression d'un accord entre les parties en présence et donc la preuve d'un consentement de part et d'autre. L'absence de ce contrat peut porter préjudice au détenu appelé à exécuter un travail pendant son incarcération. L'absence de consentement de l'exécutant se traduit inéluctablement par un travail forcé. Heureusement, pour le cas de la France, la loi française n° 90-9 du 2 janvier 1990 émet une exception à cette règle. En effet, cette loi précise que : *« Il peut être dérogé à cette règle pour les activités exercées à l'extérieur des établissements pénitentiaires. »* En d'autres termes, le contrat de travail est nécessaire lorsque le détenu est appelé à exécuter un travail hors du cadre de la décision judiciaire. A ce titre, il est impératif que le détenu puisse donner son consentement.

Le consentement est défini comme une acceptation. Par conséquent, il faut une offre et une demande. Ce qui implique deux parties en présence pour qu'il y ait consentement. Ainsi l'on peut dire que le consentement dans le domaine du travail des personnes incarcérées est la manifestation de leur adhésion à un contrat conclu par exemple entre les autorités pénitentiaires et les employeurs. Concernant le travail dans le cadre pénitentiaire, les détenus doivent donner leur accord de plein gré à toute proposition de travail, sans contrainte.

Dans les textes nationaux régissant le régime pénitentiaire camerounais, on ne trouve nulle part de dispositions législatives ou réglementaires offrant aux personnes incarcérées une éventuelle possibilité de donner leur accord quant à l'exécution d'un travail pendant leur détention. Ceci traduit la volonté, non seulement de chosifier ceux qui se trouvent

---

[517] Loi n° 2009-1436 du 24 novembre 2009 - art. 32, voir aussi article 717-3 § 3 du *Code de procédure pénale* (français)

derrière les murs, mais aussi, de maintenir le travail forcé dans les établissements pénitentiaires camerounais.

Sur cette lancée, il devient alors difficile de parler d'un quelconque consentement lorsque le travail exercé est considéré comme une corvée. Celle-ci est définie par Le Petit Larousse *« comme un travail pénible ou rebutant imposé à quelqu'un ».*[518] Les termes "les condamnés et les contraignables sont astreints aux corvées" [519], employés dans le décret de 1992, excluent par eux-mêmes toute possibilité, pour un détenu, de refuser ou non le travail qui lui est imposé.

La proscription du libre consentement du détenu dans l'exécution des corvées a des effets néfastes quant à l'objectif même de réinsertion accordé de nos jours au travail des personnes privées de liberté. D'abord, les relations employeur-employé ne seront pas en mesure d'instaurer une quelconque confiance, puisque le détenu considère toujours le travail en corvée comme une peine. On peut alors imaginer la qualité de lien de subordination entre détenu et cessionnaire. Ensuite, le détenu ne passant pas d'entretien d'embauche, il n'offre pas ses compétences pour un travail précis. Il ne peut pas mesurer les risques ni les exigences du travail imposé. Enfin, le détenu ne sera pas protégé contre les vices de consentement dans la mesure où son consentement n'est pas requis. Il est dépourvu de toute protection vis-à-vis du concessionnaire en cas d'abus. Il ne peut se prévaloir des règles du droit commun du travail pour remettre en question les conditions de travail pénal. Le prisonnier devient corvéable à merci, et donc destiné à être exploité. Dans de telles conditions, les corvées imposées aux détenus ne peuvent être considérées comme un travail libre d'autant plus que leur rémunération est totalement inexistante.

b. L'exclusion de la rémunération du travail des corvéables

« Quiconque travaille a droit à une rémunération équitable et satisfaisante.... »[520] Cette disposition contenue dans l'article 23 § 3 de la

---

[518] Dictionnaire Le Petit Larousse illustré, Paris, LAROUSSE, 2009, 1812 p.

[519] Article 49 du Décret de 1992 portant *régime pénitentiaire camerounais*

[520] Article 23 alinéa 3, *Déclaration Universelle des Droits de l'Homme*, adoptée et proclamée par l'Assemblée générale dans sa résolution 217 A (III) du 10 décembre 1948.

Déclaration Universelle des Droits de l'Homme reconnue par la Constitution camerounaise comme norme à valeur supérieure, concerne a priori tout sujet de droit sans exception. Le droit de recevoir une rémunération correspondante au travail accompli est un droit, le bénévolat n'entrant pas dans le champ d'application de cette disposition. Sur la même lancée, l'ONU se penche sur des situations spécifiques, en l'occurrence le cas du travail des détenus. Elle précise à cet effet que « le travail des détenus doit être rémunéré d'une façon équitable »[521] En s'appuyant sur cette disposition de l'Ensemble de Règles minima des Nations Unies, la rémunération équitable est loin d'être un simple pécule ou une indemnité journalière à laquelle les prisonniers peuvent éventuellement prétendre.

En ce qui concerne l'indemnité journalière à laquelle donne lieu le travail effectué par un détenu, les dispositions législatives et réglementaires prévoient que *« toute cession de la main-d'œuvre pénale donne lieu au paiement d'une indemnité journalière et de frais de surveillance dont les taux sont fixés par Arrêté du Ministre chargé de l'Administration Pénitentiaire. »*[522] On regrette néanmoins l'inaccessibilité de cet Arrêté ministériel ésotérique pour une analyse objective de ses dispositions. Toutefois, parler d'indemnité journalière en matière de travail effectué n'a rien de comparable avec un salaire dont le montant, fixé de commun accord entre les trois parties en présence[523], doit être versé au prestataire de service, en la personne du détenu. Malheureusement, le détenu corvéable n'a pas accès à cette indemnité journalière. *« ... L'agent intermédiaire des recettes assure le recouvrement des sommes dues au titre des cessions de la main-d'œuvre pénale... ».*

Par ailleurs, l'Ensemble de règles minima précise que *« le règlement doit permettre aux détenus d'utiliser au moins une partie de leur rémunération pour acheter des objets autorisés qui sont destinés à leur*

[521] Article 75 alinéa 1, *Ensemble de règles minima pour le traitement des détenus*, adopté par le 1er congrès des Nations Unies pour la prévention du crime et le traitement des délinquants, Genève, 1955

[522] Article 52 du Décret n° 92/052 du 27 mars 1992 *portant régime pénitentiaire au Cameroun*

[523] Dans le domaine du travail des personnes privées de liberté, le pseudo contrat de travail doit impliquer nécessairement trois parties : l'employeur, le détenu et l'autorité pénitentiaire qui sert d'intermédiaire et de garant. C'est la différence avec le contrat de travail libre.

usage personnel et d'en envoyer une autre partie à leur famille. »[524] Malheureusement, le prisonnier corvéable n'a pas droit, selon la législation camerounaise, à une rémunération et donc ne peut s'attendre à recevoir une quelconque somme d'argent devant lui permettre de faire face à ses besoins immédiats. La plus grande partie, sinon la totalité des indemnités journalières prévues, entrent dans les caisses de l'Etat. En fait, *« les sommes résultant des travaux effectués par la main-d'œuvre pénale sont divisées en deux parties. La première partie représentant les 2/3 des encaissements est perçue par l'agent intermédiaire des recettes et reversée au trésor public. »*[525]

D'emblée, il y a là l'absence totale de rémunération qui vient encore corroborer l'existence d'un travail forcé exercé par les prisonniers au Cameroun dénué de toute protection en cas d'accident. Aucun texte réglementaire ni législatif ne fait allusion à ce problème de responsabilité en cas d'accident. L'urgence d'un texte en la matière s'impose afin que le travail des détenus camerounais bénéficie d'un régime juridique. Car, l'insécurité dans laquelle travaillent les détenus et l'absence de protection dont ils sont l'objet, ne sont pas de nature à stimuler leur ardeur au travail.

Qu'en est-il du pseudo pécule et des intérêts respectifs mis en jeu ?

c. Le pécule, l'espoir berné des corvéables

« Le règlement devrait prévoir également qu'une partie de la rémunération soit réservée par l'administration afin de constituer un pécule qui sera remis au détenu au moment de sa libération. »[526] Ce pécule est d'autant plus indispensable au détenu libéré qu'il est la seule somme d'argent lui appartenant pour faire face aux premières nécessités après sa libération surtout s'il a perdu son emploi et si sa capacité de travail est réduite. Si sa peine a été très longue, le pécule lui permettra de retrouver sa famille parfois disloquée. Le pécule prévu par les législations dans les pays développés concerne une partie retenue de la rémunération du travail du détenu qui doit lui être remise à sa libération.

---

[524] *Ensemble de règles* minima, *op. cit.*, article 75 alinéa 2

[525] Article 53 du Décret n° 92/052 du 27 mars 1992 *portant régime pénitentiaire au Cameroun*

[526] Ensemble de règles minima, ibid. article 75 alinéa 2

La lecture de la réglementation pénitentiaire camerounaise donne l'impression que le pécule est synonyme de salaire du détenu corvéable.

La disposition réglementaire est louable dans la mesure où *« la deuxième partie représentant le 1/3 des encaissements est destinée à la constitution d'un pécule qui sera remis au détenu corvéable à la fin de sa détention... »*[527] L'alinéa 2 in fine de l'article 53 précise que *« des textes particuliers du Ministre chargé de l'Administration pénitentiaire fixent les conditions ... d'attribution du pécule aux détenus »*. Mais qu'il nous soit permis de douter de son effectivité. Les recherches sur le terrain et les divers entretiens que nous avons effectués ont révélé l'inexistence d'un texte d'application du décret. Les prisonniers sont encore en attente de ces textes particuliers pour pouvoir bénéficier enfin du pécule résultant de leurs multiples corvées et faire face aux besoins immédiats dès la sortie de prison. L'arrêté d'application nous semble lointain tant par sa mise en œuvre que par les résistances émanant du personnel pénitentiaire.

La réalité est telle que les débuts après libération sont très difficiles, dans la mesure où le fonctionnaire ou le travailleur ayant perdu son emploi, et, par usure du temps, ses plantations, voit de surcroît que son épouse a eu le temps de faire le vide...Le pécule devrait au moins servir de frais de transport, sinon permettre au détenu libéré de faire face aux difficultés immédiates inhérentes à sa vie post-pénale.

Quant au mode de répartition des produits des corvées, il est sujet à réflexion. Faisons un peu l'étude de cas. Exemple d'un prisonnier moyen, un villageois, marié, père de six enfants, « auteur d'un recel, emprisonnement de 5 à 10 ans et d'une amende de 100 000 à 1 000 000 de francs CFA. »[528] A supposer l'effectivité du pécule, soit 1/3 des encaissements. L'argent provenant de la taille des herbes, qui par ailleurs est à estimer par faute d'effectivité, sera-t-il à même de pourvoir au besoin alimentaire de ses enfants ? Il est urgent d'introduire dans la législation pénitentiaire camerounaise le droit à la rémunération du travail des détenus.

---

527 Article 53 alinéa 1 du décret n° 92/92 du 27 mars 1992 *portant régime pénitentiaire au Cameroun*

528 Articles 324 et 318 du code pénal camerounais, 3e édition, Yaoundé/Cameroun, MINOS, 2004-2005

En définitive, le travail doit être utile au détenu. Son organisation et sa rémunération doivent contribuer à son utilité. *« Dans sa forme actuelle, il ne serait ni un outil efficace de réinsertion, ni un élément capable d'alléger le coût de la détention »*[529] Au regard des éléments constitutifs d'un travail libre – son organisation, le libre consentement de l'intéressé, la rémunération et le lien de subordination - il y a lieu de conclure qu'existe officiellement le travail forcé imposé aux personnes privées de liberté, objets de cession.

Les prisonniers, objets de cession

Selon le Petit Robert[530], la cession est définie comme une action de céder (un droit ou un bien) à titre gratuit ou onéreux. Afin de céder un droit ou un bien, il faut en être propriétaire. Parler de la cession en ce qui concerne les prisonniers revient à admettre que ces derniers deviennent soit un objet, soit un droit appartenant à un propriétaire qui est l'Etat, à travers l'Administration pénitentiaire. Peut-on déduire, que le fait de commettre un crime ou un délit, réduit son auteur à l'esclavage ou à un bien au profit de l'administration pénitentiaire ? Du coup, l'on se retrouve dans une situation similaire à l'esclave qui devient "chose " de son maître et que l'on peut céder.

A priori, l'impression de la chosification, voire de la réification des citoyens privés de liberté, ne relève pas du hasard. Elle vient de la déduction, au vu du système carcéral mis en place par les textes pénitentiaires camerounais, et qui s'applique à une catégorie de personnes précises. L'analyse de la situation en vaut-elle la peine sans pour autant provoquer les polémiques pouvant entraver toute réflexion digne de ce nom ? Nous pensons que oui, dans un Etat démocratique désireux d'aller de l'avant, d'améliorer ses institutions.

1. La cession des prisonniers officiellement autorisée

La cession des prisonniers comme main-d'œuvre pénale a été introduite dans des prisons camerounaises par le législateur colonial. L'Arrêté de 1933 institua trois modalités de travail des détenus. On distinguait ainsi :

[529] E. SHEA, *op. cit.*, p.8

[530] J. REY-DEBOVE ET A. REY (dir.), Le Nouveau Petit Robert, Dictionnaire alphabétique et analogique de la langue française, Paris, 2008

la corvée[531], la cession de la main-d'œuvre pénale [532] et les camps de détenus.[533] La cession de la main-d'œuvre pénale s'analysait comme une prestation de service à titre onéreux, résultant du travail des prisonniers au bénéfice des tiers. Les services publics comme les particuliers pouvaient alors utiliser la main-d'œuvre pénale pour toute sorte de travail sans distinction. On pouvait voir la prédominance de la rétribution quant à la qualité et à la nature des travaux réservés aux condamnés. Ainsi appel était fait à la main-d'œuvre pénale pour les travaux durs, pénibles. Les détenus étaient considérés comme des "forçats". Ils étaient aussi employés comme domestiques chez des particuliers. De plus, le Commissaire de la République avait la faculté d'entretenir des chantiers spéciaux d'utilité publique. Les camps de détenus étaient institués pour l'exécution des travaux dans ces chantiers.

Si cette utilisation des détenus était une œuvre coloniale, l'Exécutif de 1992 l'a faite aussi sienne. Il consacre ainsi un titre [534] entier du décret à la cession de la main-d'œuvre pénale et réitère ainsi la conception de l'enfermement et de l'utilisation des personnes privées de liberté.

Sans pour autant entrer dans les débats sociologiques et philosophiques, constituer conceptuellement et réellement la population carcérale en main d'œuvre pénale, y ajouter que « le régisseur adresse mensuellement, trimestriellement et à la fin de chaque exercice budgétaire un état récapitulatif des recettes au Ministre chargé de l'administration pénitentiaire[535] », c'est, nous semble-t-il, flirter avec l'idée de réduire à l'état d'objet les personnes privées de liberté, donc susceptibles d'être cédées. La manière dont se fait la cession importe peu.

2. Les différents modes de cession des prisonniers

L'article 51 alinéa 1er dispose que *« des cessions de la main-d'œuvre pénale peuvent être faites aux services publics, aux entreprises privées et aux particuliers. Ces cessions sont autorisées par le régisseur de la*

531 Article 37 alinéa 2 et Ss de l'Arrêté de 1933
532 Article 38 de l'Arrêté de 1933
533 Article 44 de l'Arrêté de 1933
534 Titre V du décret n° 92/052 du 27 mars 1992 portant régime pénitentiaire au Cameroun
535 Article 55 alinéa 2 du décret du 27 mars 1992 portant régime pénitentiaire au Cameroun

prison dans les conditions fixées par Arrêté du Ministre chargé de l'Administration Pénitentiaire. » De plus, « *Les demandes d'utilisation de main-d'œuvre pénale sont introduites auprès du régisseur quarante heures au moins à l'avance.* »[536] Les prisonniers constituent ainsi, à l'analyse des textes en vigueur, une main-d'œuvre pénale que l'administration pénitentiaire a le droit de céder à titre onéreux ou à titre gratuit

a. La cession à titre onéreux

Comme nous l'avons déjà souligné, le décret en vigueur prévoit que « *toute cession de la main-d'œuvre pénale donne lieu au paiement d'une indemnité journalière et de frais de surveillance dont les taux sont fixés par Arrêté du Ministère chargé de l'Administration Pénitentiaire.* »[537] « *Il est créé une régie des recettes dans chaque prison. L'agent intermédiaire des recettes assure le recouvrement des sommes dues au titre des cessions de la main-d'œuvre pénale ... Il tient à cet effet : un registre dans lequel doivent être portés l'objet et la durée de chaque cession de main-d'œuvre ; des documents comptables réglementaires.* »[538] Ainsi, les prisons camerounaises demeurent, comme pendant la colonisation, un réservoir d'une main-d'œuvre productive.

La privation de liberté, au lieu d'être une sanction et rien qu'une sanction, devient pour l'Etat camerounais une source de revenus. Cette idée de faire du prisonnier une ressource financière crée une obligation particulière qui s'impose au régisseur de prisons. Ce dernier doit adresser «mensuellement, trimestriellement et à la fin de chaque exercice budgétaire un état récapitulatif des recettes au Ministre chargé de l'Administration Pénitentiaire. »[539] L'emploi des détenus à but lucratif s'accompagne aussi de la cession à titre gratuit des détenus corvéables.

---

[536] Article 51 alinéa 2 du décret n° 92/052 du 27 mars 1992 portant régime pénitentiaire au Cameroun
[537] Article 52 du décret du 27 mars 1992
[538] Article 54 du décret portant régime pénitentiaire au Cameroun du 27 mars 1992
[539] Article 55, alinéa 2 du décret du 27 mars 1992

b. La cession à titre gratuit

Le pouvoir exécutif préconise l'utilisation des prisonniers à titre gratuit. « Indépendamment des corvées habituelles et des cessions de la main-d'œuvre pénale, les prisonniers peuvent à titre gratuit être utilisés par l'administration pénitentiaire à des travaux productifs et d'intérêt général. »[540] Cette utilisation des prisonniers à titre gratuit peut encore, à la limite, être acceptable. Mais les céder à des particuliers traduit le degré de considération que portent les autorités camerounaises aux détenus.

En effet, les pratiques courantes aidant, les prisonniers sont employés chez des particuliers, des autorités et personnels de l'administration pénitentiaire, comme domestiques. L'article 51 du décret dispose que *« les cessions de la main-d'œuvre pénale peuvent être faites... aux particuliers. »*[541] A ce titre, la possibilité est donc offerte à n'importe quel Camerounais libre, d'employer des détenus, à sa guise, pourvu qu'il soit en mesure de payer, à l'agent intermédiaire des recettes, des indemnités journalières exigées pour les caisses de l'Etat. Pourtant, en 1976, dans une de ses lettres circulaires,[542] le Ministre de l'Administration territoriale avait demandé à tous les régisseurs de prison de mettre fin à l'emploi des détenus comme domestiques chez des particuliers. Il est regrettable de constater que, plus de trente ans après, cette lettre circulaire n'a pas eu de suite, d'autant plus que la circulaire n'est pas assortie de sanction en cas de non application de cette disposition ministérielle.

Les différentes notes de service portant règlement intérieur des prisons témoignent de la persistance de cette pratique malgré l'interdiction du Ministre de l'administration territoriale. La note de service portant règlement intérieur de la prison centrale de Yaoundé confirme cette pratique à plusieurs reprises. La mise en œuvre de la cession se traduit par *« l'ouverture des quartiers à 6 h 30 pour les domestiques. (...) »*.[543] Le même règlement intérieur précise l'heure du retour de cette catégorie de détenus corvéables comme domestiques. En effet, *« les détenus*

[540] Article 56 du décret du 27 mars 1992

[541] Article 51 du décret du 27 mars 1992

[542] MINAT, Lettre circulaire n° 10722/LC/MINAT/DAPEN du 29 juillet 1976

[543] Article 9, Note de Service portant règlement intérieur de la prison centrale de Yaoundé, S. SIMO NDJOKO, avril 2001, s.éd.

domestiques doivent réintégrer (la prison) tous les jours à 17 h 30 au plus tard. »[544]

Si on peut espérer que les services publics et les entreprises privées font usage de la main-d'œuvre pénale dans un certain cadre légal, il n'en va pas de même en ce qui concerne les particuliers. Ces derniers considèrent les détenus comme taillables et corvéables à merci. Etant donné que le détenu, chez le particulier, se trouve dans une position délicate et de faiblesse totale, de surcroît, n'ayant pas le statut de salarié, il ne peut se plaindre ni des abus ni du traitement inhumain et dégradant dont il fait l'objet. C'est l'occasion ici de dénoncer cette forme d'esclavage autorisé en la personne des détenus. Il serait souhaitable que le législateur camerounais, dans sa modernité, fasse un gros effort d'humanisation dans ce domaine.

Les interpellations de la Commission des Experts pour l'Application des Conventions et des recommandations (CEACR) de l'OIT

Adoptée par la conférence générale de l'Organisation Internationale du Travail (OIT) le 28 juin 1930, la convention n° 29 concerne le travail forcé. Ladite convention exclut de son champ d'application *« tout travail ou service exigé d'un individu comme conséquence d'une condamnation prononcée par une décision judiciaire. »*[545] Cette exception est valable à condition que *« ledit individu ne soit pas concédé ou mis à la disposition des particuliers, compagnies ou personnes morales privées »*[546], poursuit la même Institution dans son rôle normatif.

A l'analyse de différents rapports de la CEACR, l'on constate une divergence quant à l'interprétation des dispositions conventionnelles dans le domaine de la cession de la main-d'œuvre pénale. Cette divergence concerne plus particulièrement l'article 2 de la Convention.[547] Peut-on

---

[544] Article 9 in fine, Note de Service portant règlement intérieur de la prison centrale de Yaoundé, S. SIMO NDJOKO, avril 2001, s.éd.

[545] Articles 2 § 2 c) de la Convention n° 29 de l'Organisation Internationale du Travail, adoptée le 28 juin 1930, entrée en vigueur le 1er mai 1932 conformément aux dispositions de l'article 28, ratifiée par le Cameroun en 1960.

[546] Articles 2 § 2 c) in fine de la Convention (n° 29) de l'OIT

[547] Article 2 paragraphe 2 c) de la Convention n° 29 concernant le travail forcé. Adoptée par la Conférence générale de l'Organisation Internationale du Travail à sa quatorzième

voir de la mauvaise foi de la part du gouvernement camerounais dans son obstination à maintenir la cession de la main-d'œuvre pénale, malgré la demande de mettre en conformité la législation pénitentiaire avec la Convention concernant le travail forcé ? On peut déjà d'emblée émettre une réponse négative dans la mesure où, d'une part, le Cameroun, bien ancré dans ses conceptions et méthodes de répression héritées de la colonisation, a du mal à s'en défaire. D'autre part, le système pénitentiaire camerounais forme un tout. Et, dénoncer un seul point d'un système appelé à être renouvelé dans son ensemble ne peut susciter que des hésitations, voire la peur du changement. Ces fondements lointains sont difficiles à être oblitérés, en dépit de l'interprétation de la réglementation pénitentiaire faite par la Commission.

1. L'interprétation de la réglementation pénitentiaire par la CEACR

Le gouvernement camerounais avait ratifié, en 1960, la Convention n°29 concernant le travail forcé. De par cette ratification, il s'engageait à respecter les dispositions de cette Convention, parmi lesquelles la cession de la main-d'œuvre pénale est, a priori prohibée. Il est à remarquer d'emblée que la Commission des Experts ne met pas en cause le problème de travail pénal considéré au Cameroun comme faisant partie intégrante de l'incarcération. Pourtant il s'agit d'une double peine puisque, en plus de l'emprisonnement, le citoyen privé de liberté est astreint aux corvées. Il s'agit là, nous semble-t-il, du point de départ d'une divergence quant à l'interprétation et l'application des dispositions de la convention concernant le travail forcé et l'interdiction relative à la concession des détenus.

Si cette cession est admise de façon générale, elle doit être strictement encadrée et autorisée sous certaines conditions. Mais en dépit de cette ratification, nombreuses sont les dispositions réglementaires et législatives nationales qui organisent la cession de la main-d'œuvre pénitentiaire. De prime abord, de nombreux rappels à l'ordre par la Commission des experts (CEACR) laissent apparaître la réticence de l'Etat camerounais à appliquer cette Convention.

---

session, le 28 juin 1930, entrée en vigueur le 1er mai 1932, ratifiée par le Cameroun en 1960

a. La non-conformité des articles 51 à 56 du décret de 1992 avec la convention de l'OIT

Comme nous l'avons déjà analysé, le gouvernement camerounais prévoit, de façon systématique dans le régime pénitentiaire, la cession des personnes incarcérées, aux particuliers et aux compagnies privées. Depuis la période coloniale, les détenus ont toujours été l'objet de cession à titre gratuit ou à titre onéreux, moyennant le paiement des indemnités journalières au profit du gouvernement. Les décrets successifs après les indépendances avaient reproduit des textes organiques ayant institué les prisons au Cameroun.

Les dispositions du décret n° 73/774 du 11 décembre 1973 portant régime pénitentiaire au Cameroun prévoyaient la cession de la main-d'œuvre pénale aux entreprises et aux particuliers. La Commission avait demandé au gouvernement camerounais de prendre des mesures pour interdire cette pratique. En 1990, ladite Commission *« avait exprimé l'espoir que la législation pénitentiaire soit mise en conformité avec l'article 2 § 2 c) de la Convention qui interdit que la main-d'œuvre pénale soit mise à la disposition des particuliers, compagnies ou personnes morales privées. »*[548]

En 1992, le gouvernement camerounais abroge et remplace le décret de 1972 par le décret n° 92/052 du 27 mars 1992. De nouveau *« la Commission constate avec regret que les articles 51 à 56 du nouveau décret prévoient toujours la cession de la main-d'œuvre pénale aux entreprises privées et particuliers. »*[549] Malgré de multiples observations et recommandations faites par la CEACR, la cession de la main-d'œuvre pénitentiaire aux particuliers et aux entreprises privées reste toujours d'actualité au Cameroun. Ces observations ne datent pas d'aujourd'hui.

Dans les observations individuelles concernant la Convention, la Commission rappelle que la cession de la main-d'œuvre aux entreprises privées et aux particuliers est spécifiquement visée à l'article 2,

---

[548] CEACR : Observation individuelle concernant la convention n° 29. Travail forcé 1930, Cameroun, Publication 1990

[549] Rapport de la Commission d'experts pour l'application des conventions, rapport III, parie IA, Janvier 2002, 0325-01B.DOC, lors de la conférence internationale du travail, 90e session 2002.

paragraphe 2 c) de la Convention[550]. *« L'article interdit de façon inconditionnelle que les personnes obligées d'accomplir un travail pénitentiaire soient concédées ou mises à la disposition des sociétés privées.»*[551] Le verdict est clair. L'interdiction est sans ambages.

b. La dérogation à l'interdiction de la cession de la main-d'œuvre pénale : l'exigence du consentement libre et éclairé des détenus

La Commission des experts admet une éventuelle compatibilité entre cette cession de la main-d'œuvre pénale et l'article de la convention qui l'interdit, face à la persistance du gouvernement camerounais pour le maintien de la cession des détenus aux entreprises privées et aux particuliers. La condition étant que celle-ci *« s'accomplisse dans le cadre d'une relation d'emploi libre. »*[552] Ce qui se traduit par l'exigence nécessaire du consentement formel de l'intéressé. En 2008, la Commission précise encore que *« il est nécessaire d'obtenir des prisonniers un consentement formel au travail lorsque ce dernier est exécuté pour le compte des personnes morales de droit privé ».*[553] Selon l'article 2 §1 de la Convention, le consentement des intéressés, au sens large du terme, doit être donné sans la menace d'une peine quelconque.

Malheureusement, depuis 2002, le gouvernement camerounais estime dans ses rapports que *« le problème du consentement ne se pose pas, car la demande est excédentaire et la liberté de choix des détenus est dès lors sauvegardée. »* A l'analyse de ces rapports, la Commission précise que *« l'absence du libre choix est confirmée par l'article 56 du décret, aux termes duquel "indépendamment des corvées habituelles et des cessions de la main-d'œuvre pénale, les prisonniers peuvent à titre gratuit être utilisés par l'Administration Pénitentiaire à des travaux productifs et d'intérêt général" ».*[554]

---

[550] CEACR : Observation individuelle concernant la convention n° 29, Travail forcé, 1930 Cameroun (ratification : 1960), Publication : 2000

[551] CEACR : Observation individuelle concernant la convention n° 29, Travail forcé, 1930 Cameroun (ratification : 1960), Publication : 2001

[552] CEACR : Observation individuelle concernant la convention n° 29, Travail forcé, 1930 Cameroun (ratification : 1960), Publication : 2000 et 2001

[553] CEACR : Observation individuelle concernant la convention n° 29, Travail forcé, 1930 Cameroun (ratification : 1960), Publication : 2008

[554] Article 56 du décret portant régime pénitentiaire au Cameroun

« La Commission a estimé (en outre) [...] *que certains facteurs sont nécessaires pour authentifier et confirmer l'expression d'un consentement libre et éclairé, et que l'indicateur le plus fiable du consentement au travail réside dans le fait que le travail soit exécuté dans des conditions se rapprochant de celles d'une relation de travail libre. »*[555] Evidemment, aucune disposition réglementaire ou même législative ne fait allusion au consentement du détenu appelé à exécuter les corvées. Il est donc loin de parler d'une relation de travail libre dans ce cas, encore moins d'un quelconque consentement.

La commission entoure aussi cette condition de consentement par d'autres éléments. Elle précise que *« compte tenu des circonstances de ce consentement, il doit y avoir des garanties supplémentaires couvrant les éléments essentiels d'une relation de travail y compris un niveau de rémunération et une couverture de sécurité sociale correspondant à une relation de travail libre, pour que l'emploi échappe au champ d'application de l'article 2 § 2 c) qui interdit de façon inconditionnelle que des personnes obligées d'accomplir un travail pénitentiaire soient concédées ou mises à la disposition de sociétés privées. »* A cet effet, l'on peut encore mettre de côté l'une des garanties supplémentaires, à savoir la couverture de sécurité sociale. Ceci, non parce qu'elle n'est pas nécessaire, mais seulement parce que c'est une notion peu connue sinon ignorée dans le monde libre (travail libre). Quant à ce qui concerne la rémunération comme l'une des garanties entrant dans le champ d'application de la convention, il semble que le gouvernement camerounais soit loin de l'intégrer dans la réglementation pénitentiaire.

Malgré cette résistance, depuis 1960, année de la ratification de la convention n° 29 de l'OIT par le gouvernement camerounais et depuis la mise en place d'un système pénitentiaire au Cameroun *« la Commission espère* (toujours) *que les mesures nécessaires seront enfin prises pour mettre les dispositions nationales régissant le travail pénitentiaire en conformité avec la Convention sur ces points. »* La publication des observations individuelles de la CEACR de 2010 fait encore apparaître l'attente, combien longue, de cette réforme. Ainsi, *« la commission réitère l'espoir que le gouvernement prendra toutes les mesures*

---

[555] CEACR : Observation individuelle concernant la convention n° 29, Travail forcé, 1930 Cameroun (ratification : 1960), Publication : 2008

nécessaires pour adopter très prochainement les textes d'application du décret portant régime pénitentiaire, en prévoyant expressément que le détenu condamné doit formellement exprimer son consentement à tout travail exécuté au profit de particuliers, compagnies ou personnes morales privées, et en lui assurant des conditions de travail proches d'une relation de travail libre, en termes de rémunération, de sécurité et santé au travail. »[556]

2. Les fondements de la non-conformité de la réglementation pénitentiaire

Le décret portant régime pénitentiaire au Cameroun, prévoit dans son article 49 que *« les condamnés et contraignables sont astreints à la corvée ».*[557] Pour les autorités camerounaises, être astreint à des corvées, n'est pas synonyme de travail forcé visé dans la Convention de l'OIT. En effet, l'article 2 de la convention stipule que *« le terme "travail forcé" ne comprendra pas, aux fins de la présente convention : tout travail ou service exigé d'un individu comme conséquence d'une condamnation prononcée par une décision judiciaire… ».*[558] En ce qui concerne le cas du Cameroun, tout porte à croire que les dispositions du décret de 1992 sur la cession de la main-d'œuvre pénale n'entre pas dans le champ d'application de la Convention.

Le Cameroun n'arrive toujours pas à oblitérer la pratique de la cession de la main-d'œuvre pénale, du fait que le travail pénal est considéré depuis la période coloniale comme conséquence de la condamnation. Etant donné que le travail pénal est analysé comme tel, les autorités camerounaises considèrent que la cession des détenus comme main-d'œuvre pénale constitue une partie intégrante de l'incarcération. De plus, l'obligation de participation pour tous au développement national s'applique même aux prisonniers.

---

[556] CEACR: *Observation individuelle concernant la Convention (n° 29) sur le travail forcé, 1930 Cameroun* (ratification: 1960) Publication: 2010 Description : (CEACR Observation individuelle) Convention : C029 Pays : (Cameroun) Sujet: Travail forcé Document No. (ilolex) : 062010CMR02

[557] Article 49 du décret de 1992 portant régime pénitentiaire au Cameroun

[558] Article 2 paragraphe 2 c) *de la Convention n° 29 concernant le travail forcé.* Adoptée par la Conférence générale de l'Organisation Internationale du Travail à sa quatorzième session, le 28 juin 1930, entrée en vigueur le 1er mai 1932, ratifiée par le Cameroun en 1960.

a. Le travail pénal et la cession de la main-d'œuvre pénale, parties intégrantes de l'incarcération au Cameroun

Etymologiquement, le terme travail provient du latin tripalium qui désigne un instrument de torture. Le travail du condamné fut longtemps assimilé à la peine. Le caractère afflictif du travail des prisonniers n'a pas complètement disparu de nos jours.

La terminologie même de "travail pénal" symbolise cette association de peine et travail. L'histoire des prisons coloniales témoigne de cette fusion entre travail et peine. Dans l'ex-Cameroun oriental, *« les condamnés aux travaux forcés devaient être employés aux travaux les plus pénibles, traîner à leurs pieds un boulet ou être attachés deux par deux à une chaîne, lorsque la nature du travail le permettait. »*[559] Tandis que *« les condamnés à la réclusion, enfermés dans des maisons de force, étaient employés à des travaux au profit de la collectivité. »*[560]

D'ailleurs, cette association du travail à la peine est mise en évidence dans l'actuel code pénal qui précise que *« l'emprisonnement est une peine privative de liberté pendant laquelle le condamné est astreint au travail ... »*[561] Le Décret de 1992 réaffirme cette connotation de travail comme peine. *« Les prisonniers peuvent, sur décision du Ministre chargé de l'administration pénitentiaire, être transférés d'une prison à une autre en vue d'une utilisation judicieuse de la main-d'œuvre pénale,* [...] ».[562] Sans toutefois reprendre en détail la nature des travaux imposés aux condamnés, le nouveau code pénal reflète la conception coloniale de l'utilisation des prisonniers.

Lorsqu'il est imposé, et a fortiori quand il est imposé dans le cadre de la privation de liberté, le travail apparaît comme une contrainte, une punition, une peine. Sa finalité devient exclusivement afflictive et expiatoire. Pourtant, les Nations Unies, par le biais de l'Ensemble de règles minima pour la prévention du crime indique que *« le travail*

---

[559] Article 15 du code pénal de l'ex-Cameroun oriental

[560] Article 21 du code pénal de l'ex-Cameroun oriental

[561] Article 24 du code pénal camerounais, Yaoundé/Cameroun, MINOS, 2004-2005

[562] Article 21 du Décret du 27 mars 1992 portant régime pénitentiaire au Cameroun

pénitentiaire ne doit pas avoir le caractère afflictif. »[563] Il est souhaitable de prendre conscience que le travail consenti par un individu, même privé de liberté, apparaît comme l'expression de son appartenance à la société

Par ailleurs, la peine privative de liberté doit être la seule punition prévue par la loi. Mais, la loi pénale camerounaise fait du travail pénal une partie intégrante de la peine privative de liberté. Selon les termes de la disposition du code pénal camerounais, *« l'emprisonnement est une peine privative de liberté pendant laquelle le condamné est astreint au travail sauf décision contraire et motivée de la juridiction »*[564] Le travail pénitentiaire participe à l'application d'une double peine officielle et réelle au Cameroun.

Il convient de noter par ailleurs qu'aucune disposition ni législative ni réglementaire ne fait allusion au droit du travail des détenus. La décision du détenu est donc proscrite quant à son adhésion ou à son opinion sur la nature du travail. En effet, lorsqu'il ne s'agit pas de cession de la main-d'œuvre pénale, le travail devient une corvée infligée au détenu moins discipliné, puisque selon le texte réglementaire[565], il revient au service de discipline la charge de sélectionner les corvéables.

Quant à l'organisation et à la nature de ces corvées, elles empruntent les mêmes caractéristiques que celles mises en place pendant la colonisation. Pendant la domination coloniale, la corvée désignait l'ensemble de travaux effectués par les prisonniers tant à l'intérieur qu'à l'extérieur de la prison. A l'extérieur de la prison, le travail portait sur l'extraction des pierres, la coupe du bois de chauffage, la fabrication de la chaux, des briques, les cultures vivrières dans les champs pénitentiaires. A l'intérieur de la prison, la corvée, spécialement réservée aux femmes et aux prisonniers dangereux, consistait dans le service d'entretien général. De nos jours, les corvées reprennent la connotation de sanction dans la

---

[563] Article 71, alinéa 1er, Ensemble de règles minima pour le traitement des détenus adopté par le premier Congrès des Nations Unies pour la prévention du crime et le traitement des délinquants, tenu à Genève en 1955 et approuvé par le Conseil économique et social dans ses résolutions, 663 C (XXIV) du 31 juillet 1957et 2076 (LXII) du 13 mai 1977

[564] Article 24 du code pénal camerounais, Yaoundé Cameroun, 3e édition MINOS, 2004-2005

[565] Article 12 du décret du 27 mars 1992 portant régime pénitentiaire au Cameroun.

réglementation en vigueur. L'article 45 du décret de 1992 en est une illustration : *« les sanctions disciplinaires pouvant être infligées aux détenus sont : les corvées plus pénibles... ».*[566] Au lieu d'être un instrument de resocialisation, le travail devient, pour les autorités pénitentiaires, un instrument de sanction à infliger au citoyen privé de liberté.

Un autre aspect confirme l'idée selon laquelle le travail pénitentiaire comme nous venons de l'analyser, est considéré comme conséquence de la condamnation tout en témoignant son caractère obligatoire et afflictif. Ce travail pénitentiaire conditionne et affecte l'entretien des détenus en matière nutritionnelle. L'Exécutif de 1992 l'affirme quant à la qualité et à la quantité de la ration alimentaire journalière des détenus. Nourrir celui qui est privé de liberté ne semble plus être un droit pour les bénéficiaires. La priorité, semble-t-il, est de maximiser le rendement des détenus corvéables. L'article 29 le précise dans ces termes : *« Les prisonniers ont droit à une ration journalière. Cette ration doit être équilibrée et suffisante pour ..... leur donner l'énergie indispensable à leur santé et à l'exécution des travaux auxquels ils sont astreints. »*[567]

Le travail est encore considéré au Cameroun comme faisant partie de la sanction. Il est regrettable de constater qu'au XXIe siècle, le travail des détenus remplit encore la fonction d'expiation. Alors que, universellement, le travail carcéral devient théoriquement un instrument de réinsertion sociale. Non seulement le travail pénal reste encore un élément de la peine au Cameroun, mais aussi, il demeure, à cause de son caractère contraignant, une obligation incontournable par leur "devoir de participer au développement national".

b. L'obligation de participation des détenus au développement national par le travail

La Constitution camerounaise de 18 janvier 1996, en son préambule, consacre le droit et le devoir de travailler de tout homme. Ces dispositions constitutionnelles s'appliquent à tous citoyens, même ceux privés de liberté. Dans cette optique, l'Exécutif prévoit les prisons de

---

[566] Article 45 du décret du 27 mars 1992 portant régime pénitentiaire au Cameroun.

[567] Article 29, alinéa 1er du décret du 27 mars 1992 portant régime pénitentiaire au Cameroun.

production dans son classement catégoriel. Lesdites prisons doivent *« permettre aux condamnés de participer par leur travail à l'effort national de développement »*[568] comme le précise l'article 5 du décret de 1992. Si le devoir de travailler s'impose même aux détenus en vertu de la Constitution[569], le problème ne se pose pas au niveau de la participation ou non au développement national par le travail, ni même au devoir de travailler qui incombe à tout Camerounais. Tout est dans la manière de contribuer au développement national par le travail.

Il est vrai que les autorités camerounaises prenaient comme bouclier les dispositions des normes internationales, en l'occurrence celles de la Convention n° 29 de l'OIT qui permettent, pour un devoir civique normal d'un pays, le recours au travail forcé ou obligatoire. Selon cette norme *« le travail forcé ou obligatoire ne comprendra pas tout travail ou service faisant partie des obligations civiques normales des citoyens d'un pays se gouvernant pleinement lui-même. »*[570] Il y a là une exception qui peut servir d'échappatoire à tout gouvernement qui veut se dérober à ses obligations.

Tant il est vrai que cette disposition conventionnelle peut, et même, doit être applicable dans des situations exceptionnellement impératives, le recours au travail obligatoire ne devrait pas avoir lieu de façon habituelle ni couvrir une période illimitée, quel que soit le statut des personnes, objet de cette obligation de travailler. Surtout que, de nos jours, les Camerounais libres ne font plus, comme avant les indépendances, l'objet d'un quelconque travail forcé ou obligatoire.

On peut conclure que le problème qui oppose le gouvernement camerounais à la Commission des Experts pour l'application des conventions ratifiées de l'OIT n'est pas attaqué à la racine. Serait-il préférable de rayer les causes de la persistance de cette non-conformité à la convention ? Il s'agit bien de la double pénalité législativement en vigueur au Cameroun. Il est impératif de dissocier d'une part, emprisonnement et travail pénal partie intégrante de l'incarcération, et

---

568 Article 5 du décret n° 92/052 du 27 mars 1992 *portant régime pénitentiaire au Cameroun*

569 « Tout homme a le droit et le devoir de travailler », Préambule de la Constitution du Cameroun du 18 janvier 1996

570 Article 2 § 2 b) de la Convention n° 29 de l'OIT concernant le travail forcé.

d'autre part, de préciser les conditions de participation des "incarcérés" à l'effort national de développement. Ce n'est qu'à ce titre que la concession ou la mise des personnes privées de liberté à la disposition de particuliers, compagnies ou personnes morales privées pourrait être possible dans des conditions énoncées par la Commission des Experts de l'OIT.

Chapitre II

Le phénomène de surpeuplement carcéral accentué par les pratiques judiciaires

« Une juridiction de jugement est un organe chargé de statuer conformément à la loi sur les faits dont elle est saisie et de prononcer, le cas échéant, les peines et mesures prévues par la loi. »[571] De cette définition donnée par le Législateur camerounais, il ressort que les juridictions de jugement ont un rôle important sinon primordial dans l'établissement de la justice entre les sujets de droit surtout lorsque, au sein de la société, différents intérêts sont en jeu.

La notion de justice est fortement polysémique. Elle fait appel, entre autres, au principe moral [572] ou à l'action d'une institution en charge de l'application de la justice. De là, la justice peut être réhabilitative,[573] réparatrice[574] ou rétributive.[575] Ce dernier modèle de justice semble retenir toute l'attention des juridictions de jugement du Cameroun.

---

[571] Article 288, 1er paragraphe du nouveau code de procédure pénale (Cameroun), Yaoundé, SAAGRAPH, 2006

[572] Le principe moral exige le respect du Droit et de l'équité. On parle alors, dans des expressions figées, d'« idée de justice », de « faire régner la justice » ou encore d'« amour pour la justice ».

[573] La justice réhabilitative se centre sur le délinquant en déterminant ses besoins afin de l'assister et de le traiter. Le délinquant est dans ce cas considéré comme un malade qu'il convient de guérir, d'assister afin de lui permettre d'adopter à l'avenir un comportement conforme aux attentes de la société. L'imposition d'une thérapie ou de suivre une formation répond généralement à cet objectif.

[574] La justice réparatrice (ou restaurative) se centre sur le préjudice en essayant de le réparer et/ou de restaurer l'équilibre rompu entre les parties : la société, le délinquant et la victime. L'objectif sera alors la restauration du lien entre les différentes parties impliquées afin de rétablir la paix dans la communauté. La médiation auteur/victime est l'une des possibilités d'application de la justice réparatrice. Le cas le plus intéressant de justice réparatrice est celui de l'Afrique du Sud et de sa « Commission de la vérité et de la réconciliation », chargée de recenser toutes les violations des droits de l'homme depuis 1960 sous le régime d'apartheid sans prononcer de sanction afin de permettre une réconciliation nationale[...].

[575] La justice rétributive (ou punitive, répressive) vise à rétablir l'ordre par l'imposition d'une souffrance justement proportionnée. L'objectif de la peine sera la dissuasion du

En effet, au seul constat de l'encombrement que connaissent les prisons de par le nombre de leurs pensionnaires, ainsi qu'au volume de dossiers que les magistrats sont appelés à gérer (instruire), une seule question préoccupe notre esprit dans l'attente d'une réponse. Le Cameroun est-il un terrain de prédilection de la criminalité et des criminels ? Il semble avéré que la disposition à commettre un acte criminel est en hausse dans la société. Mais l'attitude de la magistrature semble, elle aussi, être plus disposée à incarcérer, en lieu et place de la recherche de peines alternatives. Quelques mesures alternatives à l'emprisonnement existent certes, mais elles semblent être très peu, voire pas du tout utilisées. Tout porte à croire que les magistrats approuvent et appliquent l'idée de Moreau Christophe selon laquelle il faut punir avec vigueur. Puisque pour lui, *« la justice pénale est une vengeance sociale ; la vengeance sociale une légitime satisfaction ; la satisfaction une expiation ; l'expiation une douleur réelle du corps et de l'esprit. »*[576] De cette conception de la justice, il résulte que l'emprisonnement prime sur tout autre moyen de réprimer les délinquants et de lutter ainsi contre la criminalité.

Si on peut exclure l'hypothèse que les magistrats sont à l'origine de la criminalité, du moins, leurs pratiques contribuent au dysfonctionnement des établissements pénitentiaires, principalement du fait du surpeuplement qui caractérise ces milieux fermés. Cette surpopulation pénitentiaire est, à notre avis, la résultante de deux principaux facteurs : le "tout carcéral" judiciaire et les lenteurs indescriptibles des procédures de jugement.

I. Le "tout carcéral" judiciaire

L'incarcération est une situation qui découle des décisions de justice, de l'action de juger, des jugements rendus par les juridictions de jugement. Le terme "tout carcéral" judiciaire, sciemment employé dans notre étude, présente un tableau pénal qui ne laisse aucune alternative, sinon très peu, à des peines de substitution. Le carcéral devient une arme incontournable

---

délinquant (spécifiquement celui à qui est imposée la sanction, et d'une façon générale la population dans son ensemble) et l'application d'une vengeance justement due.

[576] M. Christophe est l'un des théoriciens qui prône l'isolement total des détenus, de jour comme de nuit.

dans l'arsenal pénal judiciaire. On dirait que, pour les juges, il faut d'abord passer par la privation de liberté avant que la cause du suspect soit entendue ou soit examinée, que sa culpabilité soit ou non retenue.

Inexorablement, cela se traduit par la surpopulation explosive des prisons camerounaises que nous avons déjà analysée dans le chapitre relatif à l'inadéquation fonctionnelle des prisons camerounaises. Cette situation semble être le fait du système judiciaire, non pas comme origine directe de la délinquance, mais comme gestionnaire défaillant de la population jugée antisociale. Plusieurs éléments sont à l'origine de cette situation dont les plus récurrents sont : la banalisation de la détention provisoire et l'usage trop rare des peines alternatives à la privation de liberté.

La banalisation de la détention provisoire

« La détention provisoire est une mesure exceptionnelle qui ne peut être ordonnée qu'en cas de délit ou de crime. Elle a pour but de préserver l'ordre public, la sécurité des personnes et des biens ou d'assurer la conservation des preuves ainsi que la représentation en justice de l'inculpé. (...) ».[577] Telle est la définition que donne le Législateur camerounais. Ce dernier encadre, par le fait même, le recours à la détention provisoire en lui conférant un caractère exceptionnel.

Pour autant, si le recours excessif à la détention provisoire présente des conséquences au détriment des concernés, l'élargissement de son champ d'application par le Législateur constitue une entorse indéniable à son caractère exceptionnel.

1. Le recours excessif à la détention provisoire

Pourquoi faut-il la prison avant le jugement ? Ou encore faut-il absolument être privé de liberté avant que sa cause soit entendue par une juridiction de jugement ? Ces questions ne doivent pas être comprises comme une contestation de la détention provisoire, qui reste légale et utile lorsqu'elle est bien administrée. Mais, *« ce qui est en cause,* comme

[577] Article 218 paragraphe 1er du Nouveau code de procédure pénale (Cameroun), Yaoundé, SAAGRAPH, 2006

le dit Hippolyte SANDO, *c'est la banalisation du recours à la détention provisoire. »*[578]

La détention provisoire peut pourtant être évitée puisque, dans la majorité des cas, cette mesure exceptionnelle n'est pas nécessaire. Le Législateur camerounais en limite d'ailleurs l'utilisation. Il dit en effet que : *« ... un inculpé justifiant d'un domicile connu ne peut faire l'objet d'une détention provisoire qu'en cas de crime. »*[579] A contrario, tout inculpé, auteur d'un délit ou d'une contravention, justifiant d'un domicile connu ne doit pas faire l'objet d'une détention provisoire. En un mot, en l'absence d'un crime et en présence d'un domicile connu, les magistrats ne devraient pas priver l'inculpé de sa liberté avant l'établissement de sa culpabilité éventuelle.

Malheureusement, il semble que ces dispositions législatives n'aient pas d'écho auprès des magistrats camerounais. Ce qui explique la recrudescence du rôle primitif de la prison au Cameroun avec pour corollaires les irréversibles conséquences que subissent les concernés.

a. La recrudescence du rôle primitif de la prison : état des lieux

Michel Foucault explique dans son ouvrage *Surveiller et punir* que l'utilisation de la prison comme peine sanctionnant la délinquance est un phénomène récent qui s'est réellement institué au cours du XIXe siècle. Avant, la prison ne servait qu'à retenir les prisonniers dans l'attente d'une véritable peine (supplice, exécution ou bannissement). Les prisonniers étaient retenus dans un même espace avec leurs affaires personnelles.

Dans l'empire romain, existaient des prisons publiques où l'on attendait l'exécution de la véritable condamnation. De même, sous l'Ancien Régime en France, le principe était que la prison n'était pas en soi une peine, mais un lieu où l'on attendait une condamnation ou l'exécution d'une sentence, généralement corporelle (mort, mutilation, flagellation, etc.) ou infamante (carcan, expositions diverses, processions grotesques et douloureuses).

---

[578] H. SANDO, *op. cit.*, pp.10-11

[579] Article 218, paragraphe 1er, *in fine* du Nouveau code de procédure pénale (Cameroun), Yaoundé, SAAGRAPH, 2006

Le rôle de la prison a évolué à travers l'Histoire. De simple outil de rétention en attente d'une peine, il est devenu une peine en soi. Introduite au Cameroun pendant la période coloniale, la prison était considérée comme une partie de la peine devant être accompagnée par les corvées les plus pénibles. Malheureusement, la situation des prévenus au Cameroun n'a pas évolué dans le sens de l'amélioration, bien au contraire. Certes, en raison des nécessités de l'instruction ou pour des mesures de sûreté, la personne mise en examen peut, de manière plus exceptionnelle, être placée en détention provisoire. L'on constate avec regret que, mus par un réflexe carcéral, les magistrats camerounais envoient en trop grand nombre les inculpés dans des prisons. Celles-ci deviennent de ce fait, pour tout inculpé, des lieux d'attente du jugement et de la peine.

Le rôle primitif de la prison refait surface au Cameroun, celui de retenir, avant tout jugement, les personnes soupçonnées d'être les auteurs d'infractions. Le très grand nombre des personnes soumises à la détention provisoire dans des prisons camerounaises[580] en témoigne.

En effet, les ¾ de la population carcérale camerounaise sont constitués de prévenus. En 2007, les prisons de Yaoundé et de Douala donnaient un cliché bien fidèle de cette réalité. Parlant de la prison de New Bell à Douala, en janvier 2007 sur 3039 pensionnaires de cette prison, 2297 étaient en détention provisoire,[581] soit 75,58 %. La prison centrale de Yaoundé n'offrait pas un visage différent de celle de Douala. On note toujours un nombre assez élevé de prévenus parmi la population carcérale malgré les efforts fournis. Au mois de février 2007, elle comptait 2429 prévenus sur 3617 détenus,[582] soit 67,16 %. Les prévenus constituent toujours plus de la moitié de l'ensemble des personnes incarcérées dans les prisons camerounaises. En 2008, les dix (10) prisons centrales[583] offrent une image panoramique de l'utilisation exacerbée de

[580] Comme nous l'avons indiqué dans l'introduction générale, 123 prisons, classées en 3 catégories, couvrent tout le territoire national camerounais pour une capacité d'accueil totale de 10 070 places.

[581] Dans la prison centrale de Douala, les chiffres ont été relevés auprès des chefs du bureau des affaires administratives et du greffe lors de nos recherches sur le terrain.

[582] Chiffres recueillis auprès des chefs du bureau des affaires administratives et du greffe lors de nos recherches à la prison centrale de Yaoundé.

[583] Les dix (10) prisons centrales sont implantées dans les dix régions du Cameroun à savoir : Prison centrale de Ngaoundéré, Adamaoua, de Yaoundé (Centre), de Bertoua

la détention provisoire. Les autres catégories de prisons ne sont pas à l'abri de ce phénomène endémique.

Un tableau illustratif de cette alarmante situation mérite d'être pris en compte afin de mieux apprécier le problème de la recrudescence du rôle primitif de la prison, qui consiste à retenir d'abord des personnes dans l'attente d'un jugement éventuel et/ou d'une sanction.

Nbre	**Prisons Centrales**	**Nombre De Prévenus**	**Nombre De Condamnés**	**Total des pensionnaires des prisons**
1	**Ngaoundéré**	**794**	543	1 337
2	**Kondengui - Yaoundé**	**4 177**	2 551	6 728
3	**Bertoua**	**606**	461	1 067
4	**Maroua**	**1 315**	1 625	2 940
5	**New- Bell - Douala**	**3 539**	1 424	4 963
6	**Garoua**	**1 224**	1 039	2 263
7	**Bamenda**	**318**	491	809
8	**Bafoussam**	**1 727**	843	2 570
9	**Ebolowa**	**627**	391	1 018
10	**Buea**	**554**	265	819
	Total	**14 881**	**9 633**	**24 514**

Source : Cameroun Tribune du 27 août 2008

(Est), de Maroua (Extrême-Nord), de Douala (Littoral), de Garoua (Nord), de Bamenda (Nord-Ouest), de Bafoussam (Ouest), d'Ebolowa (Sud), de Buea (Sud-ouest).

Les chiffres au 31 juillet 2008 [584] sont révélateurs. Les prévenus représentent plus de la moitié des effectifs, soit en moyenne 61 % au total de ces prisons centrales. Ce qui n'est pas sans conséquences multiformes.

b. Les conséquences irréversibles de l'usage excessif de la détention provisoire

Bien évidemment, l'évocation des chiffres n'exprime pas concrètement la peine et la douleur que subissent ces nombreux prévenus. On peut ne pas se sentir concerné par ces chiffres qui, le plus souvent, renvoient au calcul purement mathématique. Mais derrière ces statistiques, se cachent des personnes vivant une injustice criante, dans une promiscuité indescriptible.

Cette détention provisoire doit garder un caractère exceptionnel, justifiée par les besoins de l'enquête. Les conséquences sont dramatiques et inhumaines lorsque cette détention provisoire prive abusivement de liberté un innocent et le stigmatise. Car, l'opinion publique attache plus d'importance à l'emprisonnement qu'à l'acquittement d'un prévenu après deux ans de privation de liberté. Le fait d'être ainsi stigmatisé constitue un préjudice moral inégalé qui devrait être pris en compte pour l'indemnisation du concerné. Mais hélas… Les effets néfastes d'une détention provisoire – abusive ou non – sont multiples. Quelques-uns méritent d'être mis en exergue.

La détention provisoire est un facteur de désinsertion sociale pour le prévenu et sa famille. Comme l'explique Stanislaw PLAWSKI, *« l'incarcération rompt le lien professionnel et prive souvent l'individu de son travail après sa sortie de l'établissement pénitentiaire. Il ne faut pas négliger l'aspect de désapprobation de l'opinion envers l'individu qui est en prison. Contrairement à ce qui devrait se passer, l'opinion publique attache plus d'importance à la peine d'emprisonnement qu'à l'infraction elle-même et le fait d'être emprisonné stigmatise l'individu dans l'opinion de bien des personnes. »* [585] D'après lui : *« Tout cela*

---

[584] Direction de l'Administration Pénitentiaire, citée par la Revue *Cameroon Tribune* du 27 août 2008

[585] S. PLAWSKI, *Droit pénitentiaire*, Lille, PUL III, 1976, p. 87-88

contribue souvent à la désocialisation plutôt qu'à la resocialisation et à la réinsertion du délinquant. »[586]
Cette désocialisation a des répercussions dans tous les domaines de la vie. La réflexion de l'OIP abonde dans le même sens. L'intégralité de celle-ci mérite d'être retenue de peur de sortir l'idée de son contexte. Pour l'OIP, *« la première incarcération est un facteur de rupture des liens sociaux, professionnels et économiques qui pénalise non seulement le prévenu mais aussi sa famille. Il ne s'agit pas d'occulter les conséquences d'un acte délictueux, le plus souvent dramatique pour les victimes et les membres de la famille. Il convient néanmoins d'observer les effets réels que la détention provisoire exerce sur les détenus présumés innocents et sur leur environnement. »*[587] De plus, *« L'incarcération sans préavis, (...), place instantanément le détenu "provisoire", pendant plusieurs mois en moyenne, dans l'incapacité matérielle de mettre ses affaires en ordre, qu'elles soient de nature professionnelle, familiale et sociale, ou qu'elles relèvent de la préservation d'un patrimoine. »* L'OIP relève ici les victimes collatérales. En effet *: « Les membres de la famille du détenu "provisoire" subissent de plein fouet les effets de cette situation : désarroi matériel et moral du conjoint, privé brusquement de rentrées financières et désarroi des enfants montrés du doigt ou mis en quarantaine par leur environnement social et scolaire. La durée de la détention provisoire entame, voire annihile, les relations familiales du prévenu, l'unité du couple. »*[588] *« Est-il acceptable de maintenir si longtemps en prison, à l'écart de la vie sociale, avant le jugement, des prévenus sans activités donc sans rémunération ? »*[589], s'interroge l'OIP.

C'est dire que l'utilisation systématique de la détention provisoire, qui est en fait synonyme d'incarcération au Cameroun, a des conséquences. La décision de priver provisoirement une personne de liberté est souvent vécue de façon dramatique, d'autant plus qu'aucune disposition législative ni réglementaire ne régit d'une manière stricte les conditions de détention des prévenus encore présumés innocents. De sorte que le vide législatif textuel ouvre une brèche à tous les abus. La majorité des

---

[586] *Ibid.*, p. 87-88
[587] Observatoire International de Prisons, section française, *Prisons : un état des lieux*, Paris, L'Esprit frappeur, 2000, p. 168-169
[588] *Ibid.*
[589] *Ibid.*

pensionnaires des établissements pénitentiaires camerounais passent plusieurs années en détention provisoire dans un vide juridique.

Une autre conséquence n'est pas à minimiser, celle de la confusion préjudiciable du prévenu avec les détenus condamnés. En effet, *« mettre tous les délinquants dans un même panier, jeunes et adultes, hommes et femmes, étrangleurs et émetteurs de chèque sans provision, est déjà anormal. »*[590] Si la remarque de Marcel Emmanuel OYONO ABAH concernant le mélange des condamnés de tout bord est très pertinente, la situation est plus dramatique lorsque les prévenus bénéficiant encore de la présomption d'innocence, sont mélangés avec les condamnés de toute catégorie.

En effet, rien sur le plan pratique ne différencie le condamné du prévenu dans les établissements pénitentiaires camerounais. La confusion entretenue est totale. Elle jette un discrédit sur toute personne détenue. Ce discrédit vient d'abord de la façon dont sont traités les inculpés. *« Le prévenu est conduit au palais de justice avec les menottes devant la curiosité du public. (...). Et s'il est relâché, si l'on ne trouve pas de preuve de sa culpabilité, il reste dans la mémoire de la majorité de la population comme un meurtrier, un voleur ou un bandit, car l'on s'intéresse peu à l'acquittement, bien moins qu'à l'inculpation. »*[591]

Par ailleurs, le passage en prison ne reste pourtant pas inaperçu lorsque le concerné voudrait être réintégré socialement et professionnellement. Il a d'extrêmes difficultés à trouver du travail. *« Dès que le voile qui couvrait sa qualité de libéré est déchiré, chacun l'évite ou le fuit ; s'il travaille dans un atelier, ceux qui un moment auparavant le traitaient en camarade, ne supportent plus sa présence au milieu d'eux qu'avec impatience et avec chagrin ; non seulement il n'est plus leur compagnon de travail, mais il n'est plus leur égal, leur semblable. Il n'y aura d'ordre et d'harmonie dans l'atelier que lorsqu'il en aura été expulsé »* écrit FREGIER.

Certaines personnes, après avoir passé plusieurs années de leur vie derrière les barreaux, se voient libérées après, sans jugement ou bien sont

---

[590] M. E. OYONO ABAH, *La prison centrale de Yaoundé,* mémoire inédit de licence, Yaoundé, 1975-1976, p. 64

[591] S. PLAWSKI, *Droit pénitentiaire*, Lille, PUL, 1976, p. 144

acquittées pour faits non établis. De là, un autre préjudice non négligeable fait surface lorsque l'inculpé est confronté à une détention provisoire abusive et longue. Si les raisons plausibles de soupçonner la personne arrêtée d'avoir commis une infraction constituent une condition *sine qua non* du maintien en détention, au bout d'un certain temps, cela ne suffit plus. Certaines personnes, fatiguées d'attendre leur jugement, finissent par accepter stoïquement l'oubli dont elles font l'objet. Des détentions provisoires longues et abusives devraient faire l'objet d'indemnisation. A cette fin, le Législateur consacre tout un chapitre dans le nouveau code de procédure pénale intitulé : *« De l'indemnisation en raison d'une détention provisoire ou d'une garde-à-vue abusive. »*

L'article 236 (1) le précise clairement. *« Toute personne ayant fait l'objet d'une garde à vue ou d'une détention provisoire abusive peut, lorsque la procédure aboutit à une décision de non-lieu ou d'acquittement devenue irrévocable, obtenir une indemnité si elle établit qu'elle a subi du fait de sa détention un préjudice actuel d'une gravité particulière. »*[592] Mais alors, à elle seule, la procédure à suivre prévue à cet effet décourage les victimes de la détention provisoire abusive de s'engager dans un parcours du combattant qui ne garantit pas des résultats favorables. A la lecture des articles consacrés à cette procédure d'indemnisation, le seul désir, pour quelqu'un qui a subi injustement la prison, c'est de retrouver en toute paix les siens qui peuvent encore croire à son innocence.

Tout compte fait, les considérations liées aux besoins de l'enquête obligent les juridictions de jugement à prendre certaines décisions à l'encontre de l'accusé. L'une de ces décisions judiciaires, en l'occurrence la détention provisoire, du fait de son caractère exceptionnel ne peut être prononcée que dans des cas et des conditions déterminées par la loi. Pour autant cette même loi peut être à l'origine du recours excessif à la détention provisoire et par conséquent, au détriment de son caractère exceptionnel. En effet, l'élargissement de son champ d'application constitue un excellent mobile et même une échappatoire aux magistrats appelés à appliquer la loi.

---

[592] Article 236 (1) du nouveau Code de Procédure Pénale, Yaoundé, Collection "La Tribune du droit", SAAGRAPH, 2006

2. L'élargissement du champ d'application : une entorse néfaste à l'exceptionnalité de la détention provisoire

La loi camerounaise n° 2005/007 du 27 juillet 2005 précise les situations susceptibles de faire l'objet des poursuites judiciaires. Ces poursuites judiciaires sont déclenchées par des actes de justice sous forme de mandats de justice.

Ainsi, *« constituent des mandats de justice : le mandat de comparution, le mandat d'amener, le mandat de détention provisoire, le mandat d'extraction, le mandat de perquisition, le mandat d'arrêt et le mandat d'incarcération ».*[593] Si le nombre élevé de ces mandats de justice peut poser problème par rapport au nombre important des organes compétents en la matière, l'autre souci est que tous ont pour vocation la privation automatique de liberté.

a. La fonction de privation de liberté étendue à tous les mandats de justice

Le droit d'aller et venir est un droit fondamental reconnu à tout individu. La restriction de l'exercice de ce droit ne peut être prévue que par la loi et dans des conditions bien déterminées. Les conditions de recours à la restriction de ce droit ne devraient pas être exhaustives si le Législateur veut préserver le caractère exceptionnel de la privation de liberté et surtout celui de la détention provisoire. C'est ainsi que dans certains pays, les législateurs précisent, en nombre restreint, des mandats de justice susceptibles de porter atteinte au droit d'aller et venir.

En règle générale, un mandat en matière pénale est un acte judiciaire par lequel, pour les besoins d'enquête, le magistrat compétent décide de faire comparaître, de faire arrêter ou de placer une personne en détention. De par cette définition, les différents actes judiciaires – mandats de justice - remplissent aussi différentes fonctions. Ils sont donc décernés en fonction de l'objectif à atteindre.

Il est évident que les mandats de justice ont un effet contraignant en ce sens que, la personne à l'encontre de laquelle est décerné un tel mandat devrait être à la disposition de la Justice. Pour autant, être sous main de

---

[593] Article 11 du *Nouveau Code Procédure Pénale*, Yaoundé, SAAGRAPH, 2006

justice n'est pas synonyme de privation systématique de liberté. C'est le cas par exemple du mandat de comparution, qui normalement, *« a pour objet de mettre en demeure la personne à l'encontre de laquelle il est décerné de se présenter devant le juge à la date et à l'heure indiquées par ce mandat. »*[594] Il n'a donc pas pour objet, dans un Etat de droit, de priver de liberté en mettant en prison la personne concernée.

Certains mandats de justice ont pour fonction principale la privation de liberté, en l'occurrence : le mandat d'arrêt et le mandat de dépôt. Le premier est défini comme un ordre donné par un juge d'instruction, à la police ou à la gendarmerie, de rechercher et d'arrêter une personne mise en examen puis de la conduire dans une maison d'arrêt. Tandis que le second - mandat de dépôt - se définit comme étant un ordre donné par un magistrat au chef ou directeur d'un établissement pénitentiaire de recevoir, mais aussi, de maintenir en détention, une personne mise en examen. Ces deux actes judiciaires, retenus dans d'autres pays comme en France, marquent une nette différence avec les autres mandats comme le mandat d'amener, le mandat de comparution. Ces autres mandats ont pour simple but de contraindre les concernés à se présenter devant l'autorité judiciaire compétente.

En ce qui concerne la législation pénale camerounaise, *« toute personne détenue en vertu d'un mandat de justice est incarcérée dans la prison ».*[595] L'interprétation de cette disposition nous laisse perplexe, dans la mesure où celle-ci ne fait aucune distinction entre les mandats de justice ayant pour effet l'incarcération, et les autres. Elle donne libre cours aux autorités compétentes. Elle ouvre grandement les portes des établissements pénitentiaires à tout inculpé avant le jugement. Puisque, si le mandat de détention provisoire est la principale cause directe de la détention d'un grand nombre de prévenus, les autres mandats de justice contribuent activement à ce flux de population carcérale lorsqu'ils sont abusifs et mal gérés. Tous les mandats de justice, comme le précise l'article 551 du nouveau code de procédure pénale, ne devraient pas remplir la fonction de privation du droit fondamental d'aller et venir reconnu à chaque individu. Les citoyens camerounais, confrontés à l'application automatique de cette disposition par les magistrats, - *« toute*

---

[594] Article 122 du code de procédure pénale (français), modifié par Loi n° 2004-204 du 9 mars 2004 - art. 96 JORF 10 mars 2004 en vigueur le 1er octobre 2004

[595] Article 551 du *NCPP*, Yaoundé, SAAGRAPH, 2006

personne détenue en vertu d'un mandat de justice est incarcérée dans la prison »,[596] - n'ont aucune arme de défense. C'est une latitude donnée au juge pénal de recourir systématiquement à la privation de liberté par le biais des mandats de justice.

Le tout ne se limite pas dans le nombre et la fonction d'incarcération de ces mandats de justice. Reconnaître la compétence à nombre important d'organes multiplie aussi le nombre des ordres donnés et, parallèlement, porte atteinte au caractère exceptionnel de la détention provisoire reconnu par le Législateur camerounais.

b. Le nombre important des organes compétents en la matière

On ne saurait jamais assez revenir sur le fait que la liberté d'aller et venir est un droit fondamental inviolable. Le rôle de la loi dans ce domaine est de préciser les conditions de restriction de l'exercice de ce droit ainsi que les personnes habilitées à prendre un acte judiciaire restrictif ou privatif de liberté. Les législateurs de nombreux pays, en France par exemple, habilitent deux catégories d'autorités judiciaires : le juge d'instruction et le juge de liberté et de la détention. Le juge d'instruction peut prendre à l'égard des personnes suspectes un acte judiciaire ayant pour effet de porter atteinte à leurs libertés individuelles. Il peut donc, selon les cas, décerner un mandant de recherche, un mandat de comparution, un mandat d'amener et un mandat d'arrêt. Quant au juge des libertés et de la détention, il lui a été confié le mandat de dépôt.[597] Par ces dispositions législatives françaises, l'ordre de maintenir une personne en détention ne peut être ordonné que par deux autorités judiciaires compétentes. Il est vrai qu'en première analyse, il est difficile cerner le rapport avec la détention provisoire et son caractère exceptionnel. Et pourtant, ces deux autorités judiciaires ont la lourde fonction de canaliser toutes décisions ayant pour objet la privation de liberté, qu'elle soit provisoire ou non. Par contre, lorsque cette compétence est confiée à plusieurs organes, il est évident, non seulement que le nombre de mandats de détention sera multiplié en fonction des autorités compétentes, mais également, qu'il sera difficile d'exercer un contrôle quant à des motifs respectifs.

---

[596] Article 551 du *NCPP*, Yaoundé, SAAGRAPH, 2006

[597] Articles 122 et suivants du Code de procédure pénale (français)

En ce qui concerne le Cameroun, le législateur attribue la compétence de maintenir provisoirement une personne en détention à trois organes judiciaires. Selon l'article 12 du nouveau code de procédure pénale, le Procureur de la République, le juge d'instruction et la juridiction de jugement ont la faculté de décerner, entre autres, le mandat de détention provisoire. Cette reconnaissance des compétences, susceptibles de porter atteinte au droit fondamental d'aller et venir, à plusieurs organes dilue le caractère exceptionnel de la détention provisoire.

Il n'y a aucun doute, par le fait des mandats de justice tous azimuts décernés par plusieurs organes compétents, les prisons camerounaises sont remplies de personnes qui bénéficient encore de la présomption d'innocence, et par conséquent ne sont pas jugées. Le drame, c'est qu'elles se retrouvent au milieu des délinquants aguerris. Le problème de détention provisoire au Cameroun se pose avec acuité. La politique judiciaire actuelle est, en partie, à l'origine du phénomène de surpeuplement carcéral au Cameroun, lequel produit un dysfonctionnement inégalé du système pénitentiaire camerounais.

Et pourtant, des peines alternatives à la privation de liberté ont été envisagées par le Législateur afin de pallier ce problème de surencombrement des prisons. Malheureusement, leur utilisation n'est qu'aléatoire.

<u>L'usage trop rare des peines alternatives à la privation de liberté</u>

Les peines alternatives à l'incarcération ou peines de substitution à l'incarcération constituent l'un des moyens de répondre aux problèmes de surpopulation *intra muros*.

La prison occupe une place hégémonique voire unique dans le système judiciaire camerounais en dépit de l'existence de quelques peines alternatives prévues par le Législateur. La surpopulation carcérale exorbitante que connaissent les établissements pénitentiaires au Cameroun témoigne, entre autres, de la non utilisation des peines alternatives à l'emprisonnement. Pourtant, le code pénal camerounais prévoit des dispositions qui permettent aux magistrats d'utiliser d'autres armes contre la criminalité. Il est à remarquer au passage que certaines peines, comme par exemple la réalisation de certains types de travaux, semblent plus utiles à la société qu'une vie confinée derrière les barreaux. Ainsi, la condamnation au travail d'intérêt général procure un bénéfice énorme à la société en même temps qu'il contribue efficacement à l'éducation citoyenne de l'accusé. Mais on a l'impression qu'il y a une réticence de la part des magistrats à exploiter ces autres substituts à l'emprisonnement.

Plusieurs possibilités sont offertes aux magistrats afin d'éviter le "tout carcéral" judiciaire et de réduire ainsi la surpopulation dans les établissements pénitentiaires. La législation pénale prévoit le sursis, l'amende et l'ajournement. Qu'en est-il du contenu de ces dispositifs ?

1. Le sursis simple et le sursis avec probation

D'une manière générale, le sursis est une mesure probatoire qui sert d'alternative à l'exécution de la condamnation ferme du coupable. La peine d'emprisonnement par exemple peut être assortie d'un sursis. Ce dernier entraîne la suspension de l'exécution de la peine privative de liberté. Le sursis dispense une personne condamnée à exécuter tout ou partie de sa peine, à condition que le condamné ne manque pas à ses obligations, par exemple : ne pas récidiver au cours d'un certain délai.

Tout en constituant une peine dissuasive tenant à prévenir toute récidive, le sursis est l'un des moyens pour décongestionner les établissements pénitentiaires. Deux catégories de sursis sont prévues dans la législation pénale camerounaise à savoir le sursis simple et le sursis avec probation.

Le sursis simple dispense la personne condamnée d'exécuter la peine prononcée. Le législateur camerounais, sans toutefois définir le sursis simple, donne ses conditions d'application et ses effets. Ainsi *« la juridiction saisie peut ordonner, sauf disposition contraire de la loi et par décision motivée, qu'il sera sursis à l'exécution de la peine principale pendant un délai de trois à cinq ans ».*[598] Cela est *possible « en cas de condamnation pour crime ou délit à une peine d'emprisonnement inférieure ou égale à cinq ans ou à une amende, sauf dans le cas prévu à l'article 92 alinéa 2 et si le condamné n'a pas fait*

[598] Article 54 alinéa 1er du code pénal camerounais, Yaoundé, 3e édition 2004-2005

l'objet de condamnation antérieure et non effacée à l'emprisonnement ».[599]

De même *« le sursis avec probation peut être prononcé dans les mêmes conditions que le sursis simple ».*[600] Mais pour en bénéficier, *« la peine doit être égale ou supérieure à six (6) mois d'emprisonnement ».*[601]

L'on a l'impression que les juridictions de jugement font de moins en moins, voire jamais, usage de ces deux facultés offertes, pour se cantonner au maximum sur le prononcé routinier des courtes peines d'emprisonnement ferme. Lors de nos recherches sur le terrain au sein des différentes prisons au Cameroun, il nous est arrivé malheureusement de constater le nombre élevé de condamnés qui devraient bénéficier de sursis, soit simple, soit avec probation. Mais hélas !

Si la lassitude des magistrats de faire usage de ces deux dispositifs appelle à réflexion, peut-on prendre à partie le vide législatif à ce sujet ? En effet, rien ne contraint les magistrats à recourir à ce dispositif, du moins de façon claire, dans la législation camerounaise. Il semblerait que l'emprisonnement est un principe et que toute autre alternative devient sans objet. A notre avis, ne serait-il pas préférable que le sursis soit de droit lorsque les conditions fixées par la loi sont remplies ? Que cette disposition soit aussi assortie de sanctions en cas de son non-respect ? Ce qui permettrait, non seulement à bon nombre de détenus d'en réclamer, mais également de diminuer la surpopulation carcérale écrasante qui persiste dans les prisons camerounaises.

2. La peine d'amende

Si plusieurs dispositions pénales prévoient des peines d'emprisonnement et d'amende, certaines préconisent aussi la faculté de choisir entre ces deux peines. L'amende est donc une peine principale que les magistrats devraient utiliser comme moyen de sanction. Le terme *« est puni d'une amende ... »*[602] maintes fois employé, et prévu dans plusieurs cas par le

[599] Idem.
[600] Article 55 alinéa 1er du code pénal camerounais, Yaoundé, 3e édition 2004-2005
[601] Idem
[602] Ces termes reviennent dans bon nombre d'articles du code pénal camerounais, exemple, articles 325, 328, 348, etc.

législateur, met en évidence sa volonté de sanctionner autrement les coupables que par la privation de liberté.

De plus, *« lorsque la loi n'édicte qu'une peine privative de liberté, la juridiction peut y substituer une amende dont le maximum est de un million de francs CFA en cas de délit et de vingt-cinq mille francs CFA en cas de contravention ».*[603] On a malheureusement l'impression que les juges font de moins en moins usage des peines d'amende pour ne se cantonner que sur le prononcé des peines d'emprisonnement. Alors que l'application de cette disposition législative, à bon escient, peut réduire énormément le nombre d'emprisonnements et par ricochet, contourner en amont le problème de la surpopulation carcérale.

a. La possibilité de substitution d'un emprisonnement à une peine d'amende

En cas de délit ou de contravention, *« lorsque la loi n'édicte qu'une peine privative de liberté, la juridiction peut y substituer une amende dont le maximum est de un million de francs CFA en cas de délit et de 25000 francs en cas de contravention. »*[604] (art.92 alinéa 2 CP). *« Si, en application des dispositions de l'alinéa précédent, une peine égale ou inférieure à dix ans de privation de liberté est prononcée, la juridiction peut infliger au condamné une amende qui ne peut excéder deux millions de francs. »*[605]

La conséquence du non usage de cette faculté est l'envoi en prison de multiples personnes étant à même de subvenir au taux d'amende même élevé. Alors que la pratique contraire limiterait le problème de la surpopulation carcérale.

b. La faculté de choix entre emprisonnement et amende

Dans de nombreux cas, le Législateur camerounais offre aux magistrats la faculté de choix entre une peine d'emprisonnement et une peine d'amende. Cette disposition aurait pour objectif, non seulement de faire

---

[603] Article 92, alinéa 2 du code pénal camerounais, *Effets en cas de délit ou contravention*, Yaoundé (Cameroun), MINOS, 2004-2005

[604] Idem

[605] Article 91 alinéa 2 CP

de l'emprisonnement une exception, mais également de pallier au problème d'encombrement des prisons.

L'utilisation du terme "ou", dans plusieurs cas de figure, note clairement l'intention du Législateur de rendre, entre autres, la justice plus humanitaire. Ainsi en est-il par exemple des infractions dans le domaine familial. Pour abandon de foyer *« est puni d'un emprisonnement de trois mois à un an ou d'une amende ... »*.[606] Pour l'adultère *« est punie d'un emprisonnement de deux mois à six mois ou d'une amende (...) la femme mariée qui a des rapports sexuels avec un autre que son mari. (...) »*.[607] Sans toutefois vouloir critiquer l'esprit de ces dispositions, l'objectif est tout simplement de montrer que dans ces cas de figure, les magistrats choisissent facilement l'emprisonnement de courte durée.

Le non usage de la peine d'amende se traduit par l'envoi systématique en prison de nombreuses personnes qui n'y ont vraiment pas leur place. Les magistrats doivent veiller à ce que ne séjournent réellement dans les prisons camerounaises que les délinquants qui méritent d'être là en fonction de la façon dont ils auront transgressé les lois.

3. L'ajournement de l'exécution de la peine privative de liberté : le cas d'une femme enceinte

En principe, l'exécution de la peine privative de liberté est immédiate et continue afin que l'objectif de la dissuasion répressive soit effectif. Néanmoins, pour certaines considérations d'ordre humanitaire ou familial, il arrive que des peines d'incarcération soient ajournées, remettant à plus tard leur exécution.

Dans sa visée d'humaniser la justice au Cameroun, le Législateur prévoit plusieurs dispositions à cette fin. Ainsi en est-il de l'ajournement de l'exécution de peine en ce qui concerne un condamné de sexe féminin. Selon l'article 27 alinéa 2 du code pénal, *« si une femme condamnée à une peine privative de liberté est enceinte ou vient d'accoucher, elle ne subit sa peine que six semaines après son accouchement. »*[608] Malheureusement, notre étude sur le terrain en janvier 2007 nous a

---

[606] Article 358 CP
[607] Article 361 CP
[608] Article 27 alinéa 2 du code pénal

permis de faire un triste constat, qui est tout à fait le contraire de ce que la législation prévoit. En effet, des bébés reviennent avec leur mère, à peine une semaine après leur naissance. Ils sont appelés à grandir en prison et subissent, par le fait même, une injustice dont les conséquences seront dramatiques tant pour eux-mêmes que pour le reste de la société ?

Pour plus d'humanisme, des dispositions, évitant des situations dramatiques en ce qui concerne les nouveau-nés dans le milieu clos, devraient être prises pour qu'ils puissent grandir dans un milieu moins malsain. L'intérêt de ces nouveau-nés dans les prisons camerounaises devrait être pris en compte. On a l'impression que l'instinct de mère en détention pèse plus, au mépris du bien-être et de l'avenir du nouveau-né innocent, appelé à subir la peine de sa mère et avec sa mère. Sans avoir l'air de rien, la présence de ces nourrissons en prison augmente aussi le nombre des "pensionnaires" des établissements pénitentiaires.

Si la banalisation de la détention provisoire et le non usage des peines alternatives à l'emprisonnement donne l'impression d'être en présence d'un système judiciaire de "tout carcéral" avec pour conséquence la surpopulation carcérale, les lenteurs des procédures de jugement y contribuent énormément. Sans toutefois mener une étude approfondie sur le fonctionnement du système judiciaire, puisque ne faisant pas de façon directe l'objet de notre présente étude, l'analyse ci-après a pour objectif de montrer l'incidence la lenteur des procédures de jugement sur le phénomène de surpopulation carcérale camerounaise.

II. Les lenteurs des procédures judiciaires : le concept du délai raisonnable du procès mis à mal

La lenteur judiciaire, qui est aussi source de surpeuplement dans les prisons, constitue l'un des principaux griefs adressés par les justiciables. Tout porte à croire que le concept du délai raisonnable du procès n'a pas droit de cité devant les juridictions de jugement au Cameroun au regard de la durée des procédures excessivement longues.

Il est vrai que la notion de délai raisonnable est une notion floue qui est difficile à définir. Le terme délai, qui se rapporte à la durée, peut s'entendre comme le temps accordé pour faire une chose. L'ambiguïté et la difficulté proviennent de l'adjectif « raisonnable » qui est accolé au "délai". Nous pouvons dire, de prime abord, qu'est raisonnable ce qui est conforme à la raison, au bon sens. Cette notion fait appel à des appréciations du milieu social, c'est-à-dire, ce qui est admissible dans une communauté à un moment donné. Le raisonnable varie selon le temps et l'espace. Pour un juriste, le terme " célérité de la procédure pénale" est significatif et préférable, lorsqu'il s'agit d'aborder les questions relatives à la durée de l'instance judiciaire.

En effet, l'instance judiciaire devant les juridictions de jugement doit impérativement obéir à certaines règles. Certaines de ces dispositions légales ont pour finalité la célérité des procédures judiciaires. C'est à cette fin que la notion de délai raisonnable est reprise dans des instruments divers et variés que l'Etat camerounais a librement ratifiés. Ce qui nous amène à nous interroger sur la portée et les limites de ces différentes normes devant les juridictions de jugement camerounaises au regard de la persistance des lenteurs judiciaires, mettant ainsi à mal le concept de délai raisonnable du procès. A cette fin, la mise en évidence des causes des délais déraisonnables des procédures judiciaires au Cameroun s'impose.

Les causes des délais déraisonnables des procédures judiciaires au Cameroun

La procédure judiciaire est une succession d'actes nécessaires à l'introduction, à la mise en état, aux débats et aux délibérés des juges et à l'exercice des recours jusqu'à l'exécution des décisions rendues. Compte tenu de ce parcours judiciaire, il est bien sûr nécessaire qu'un temps suffisant soit accordé pour le bon fonctionnement de la justice.

Malheureusement, l'évaluation du caractère raisonnable ou déraisonnable du délai n'est pas une science exacte. Pour ce faire il est impératif de tenir compte de nombreux critères déjà relativement standardisés par les instances internationales compétentes. Parmi ces critères, l'on peut noter entre autres : la complexité objective de l'affaire ; l'importance des recherches et enquêtes à mener pour l'établissement des faits ; le fonctionnement institutionnel de l'appareil judiciaire, sa diligence ou sa propension à renvoyer les causes, etc...

Si la complexité de l'affaire, appréciée dans sa globalité, peut légitimement justifier les lenteurs de la justice pénale, le manque de célérité de la procédure au Cameroun dépend en grande partie d'un déni de justice de la part des intervenants judiciaires, plus précisément des auxiliaires de justice. L'on déplore alors d'interminables renvois des audiences, avec pour conséquences des procédures judiciaires excessivement longues et de nombreux détenus qui croupissent en prison avec peu d'espoir d'en sortir un jour.

1. Des interminables renvois des audiences : un mal endémique

L'audience est le moment de la procédure au cours duquel le juge ou le tribunal entend les parties et leurs conseils en leurs observations orales. Il peut s'agir alors soit des audiences de mise en état ou des audiences des débats et délibérés. Avant cette étape, il faut bien que l'information soit clôturée.

Et si on peut noter le laxisme des juges contribuant aux lenteurs des procédures judiciaires au Cameroun, plusieurs causes sont à l'origine de ces interminables renvois des audiences. Les plus récurrentes sont des dossiers incomplets ou disparus et autres manœuvres dilatoires qui ont un grand succès dans les rangs des différents intervenants en milieu judiciaire.

a. La non mise en état des dossiers

La "mise en état" est la phase de la procédure écrite au cours de laquelle se déroule l'instruction de la cause, sous le contrôle et la direction d'un magistrat du siège appelé le Juge de la mise en état (devant le Tribunal de grande instance) et le Conseiller de la mise en état (devant la Cour d'appel). Bien évidemment, cette phase de la procédure, qui de loin est la plus importante, permet au tribunal de rendre son jugement après avoir pris connaissance de l'ensemble des arguments des parties ainsi que des pièces sur lesquelles celles-ci se fondent. Elle a également pour objet de mettre le dossier en état d'être jugé.

Les parties ont donc l'obligation de déposer et de s'échanger, au cours des différentes audiences de mise en état, leurs écrits, afin que chacune puisse connaître les arguments de l'autre. Sous peine de tourner en rond, chaque partie doit arriver à épuiser tout ce qu'elle avait à dire au bout de quelques audiences de mise en état. Car, tout a une fin... Malheureusement, c'est là que le bât blesse. L'on dirait que le temps s'arrête lorsque les audiences de mise en état se multiplient au fil des années.

Les dossiers ne sont pas mis en état en un temps raisonnable. Les raisons de nombreux renvois des audiences de mise en état sont toujours presque les mêmes à savoir : retour de citation à partie civile ; notification des ordonnances ; notification de l'ordonnance à l'accusé détenu ; procès-verbal du dernier interrogatoire ; manquement de citation à témoin et à partie civile. L'on peut déjà insister sur le fait que le retour de citation à partie civile constitue la source de nombreux renvois et, est donc synonyme de lenteurs judiciaires. Les huissiers chargés perdent énormément de temps par manque de diligence ou du fait de la difficulté à localiser la partie civile pour lui notifier rapidement la citation. Aucune contrainte, quant au respect de la célérité de cette procédure incombant à ces auxiliaires de justice, n'est prévue. Devant une telle situation, le tribunal ne peut malheureusement pas statuer avant que la partie civile ait été régulièrement notifiée.

Par ailleurs, à la clôture de l'information judiciaire, les lenteurs tiennent, entre autres, à la rédaction des ordonnances de renvoi d'affaire devant le tribunal pour un quelconque jugement. Parfois la rédaction des ordonnances de renvoi n'intervient que plusieurs mois après la clôture de l'information judiciaire. A cela, s'ajoute le fait que le parquet ne se sent pas pressé de commettre l'huissier chargé de la notification, alors que celui-ci est déjà peu diligent, trouvant peu d'intérêt à se presser.

b. La disparition des dossiers

Les cas de disparition des dossiers sont très fréquents et traumatisants. Il s'agit le plus souvent des dossiers relatifs aux affaires dans lesquelles un jugement avant-dire-droit a été rendu par exemple à la suite d'une demande de mise en liberté provisoire. Le dossier doit être particulièrement suivi. Car, il n'y a pratiquement aucune chance que le jugement soit rédigé et signé et que le dossier soit, en cas de rejet, retransmis au parquet pour que l'affaire soit enrôlée à la date de renvoi fixée par le juge à l'audience. Dans ce cas de figure, le dossier peut prendre une direction autre : soit il se perd au greffe où il est envoyé pour rédaction du jugement avant-dire-droit, soit il est classé parmi les dossiers définitivement jugés. Lorsque le dossier sort du circuit, le détenu est appelé à faire face à tous les méandres judiciaires pour le retrouver et pour qu'un jugement définitif lui soit rendu. C'est ainsi que *« certains prévenus ne savent même pas s'ils seront un jour jugés. Les dossiers de nombreuses personnes en détention provisoire n'existent plus, en effet. »* Cette observation de M. Edmond ATEMENGUE ETOGA, promoteur de l'ONG Prisonniers sans frontières, parlant des lenteurs judiciaires au Cameroun, est très pertinente.

Il est important de souligner que la disparition des dossiers est aussi en partie due à la mauvaise communication entre les différents intervenants dans la chaîne judiciaire. C'est le dysfonctionnement entre les forces de l'ordre (police et gendarmerie) qui arrêtent, et la justice (à toutes les étapes) qui ne peut au même rythme juger ceux qui sont arrêtés et faire le tri entre coupables et innocents. Dans ce manque de collaboration, il faut un vrai parcours du combattant pour la partie lésée pour que les différentes pièces destinées à constituer le dossier soient réunies et que l'affaire soit enrôlée. La situation est encore plus alarmante lorsque la personne fait l'objet d'une détention provisoire. Il n'est donc pas étonnant que la prison soit toujours peuplée essentiellement de personnes détenues à titre provisoire. Il est souhaitable, pour le bon fonctionnement du système judiciaire de promouvoir une coopération entre les différents intervenants pour une meilleure communication et éviter, autant que faire se peut, la perte des dossiers.

c. Les manœuvres dilatoires à l'origine des lenteurs judiciaires

Est dilatoire tout acte ayant pour effet de retarder l'issue d'un procès. Des manœuvres dilatoires peuvent être l'œuvre des justiciables eux-mêmes ou celle des avocats et autres auxiliaires de justice. Ainsi, aux fins de retarder sciemment le procès et faire croupir leur adversaire en prison, certaines personnes brillent par leur absence systématique à chaque audience. C'est l'exemple de M. A., détenu provisoirement depuis le 12 juillet 2004. Ce dernier a subi plus de 30 renvois d'audience pour seul motif : la partie adverse ne se présente pas au procès. Jusqu'en janvier 2007, lors de nos recherches dans la Prison Centrale de Kondengui, cette victime des manœuvres dilatoires de la partie adverse n'avait toujours pas été jugée. Nombreux sont les détenus qui sont dans la même situation. Il est à noter que de pareilles situations sont préparées méthodiquement par des justiciables plus nantis et de façon concertée avec certains magistrats ayant l'art de faire traîner les affaires au préjudice des justiciables. Ces situations sont devenues monnaie courante dans la justice camerounaise où les plus riches ou mieux situés socialement utilisent la justice comme arme d'influence et de domination à leur avantage. Ce qui revient à dire que les moins nantis et les pauvres, n'ayant pas les moyens de s'offrir un avocat célèbre et efficace, sont livrés à des manœuvres dilatoires de tout genre. Cette catégorie de justiciables subit plus que d'autres les lenteurs habituelles des procédures judiciaires camerounaises. Parfois, ce sont des avocats commis d'office et des témoins qui entrent dans le "ballet" judiciaire.

En effet, l'article 38 de la loi n°58/203 du 26 décembre 1958 dispose que « en matière criminelle, lorsque l'accusé n'aura pas fait choix d'un défenseur, il lui en sera donné un d'office par le président de la cour criminelle ». Malheureusement, ces avocats commis d'office prennent tout leur temps pour mettre en état les dossiers qui leur sont confiés. De plus, ils trouvent toujours une excuse pour ne pas être présents à l'audience. Cette attitude regrettable est la conséquence du traitement que l'Etat leur réserve du point de vue des honoraires. Et pourtant, le décret n°76/521 du 9 novembre 1976 réglementant l'assistance judiciaire donne des précisions sur le traitement des avocats commis d'office. Mais ce dispositif juridique, certes apprécié à sa juste valeur, trouve une toute autre réalité sur le terrain.

Quant aux témoins, nombreux sont les cas de renvois pour absence de témoins à l'audience. Mme A. A. Rosy, depuis le 21 novembre 2006 à Kondengui assiste avec impuissance aux maints renvois de son affaire depuis plus d'un an pour absence de témoin. Alors, pourquoi retenir provisoirement pendant tout ce temps une personne qui bénéficie de la présomption d'innocence ? Ne peut-on voir en cela comme une autre forme de déni de justice ?

2. Le déni de justice et l'indifférence des magistrats : des appels sans suite

Le déni de justice se définit comme le refus par une juridiction de juger une affaire, alors qu'elle est habilitée à le faire. A ce type de refus, est assimilé le retard excessif mis par des juges à statuer. Si des retards excessifs du procès sont au Cameroun, monnaie courante devant les juridictions de jugement des appels sans suite viennent étoffer le catalogue des obstacles à affronter, dès lors que l'on est engagé dans cet engrenage judiciaire, de gré ou de force. C'est l'entrée en enfer.

Pourtant, le droit à la défense donne à celui qui est mis en cause, en cas d'un fait nouveau, la possibilité de demander l'ouverture d'une nouvelle procédure nécessitant l'examen d'un recours. Malheureusement, c'est à ce stade que l'indifférence notoire de la justice et des hommes qui l'incarnent se révèle la plus cruelle. Souvent, lorsque celui qui proclame son innocence cherche à savoir, après un délai déraisonnablement long, la suite donnée à son recours, la seule réponse du tribunal est : *« Nous sommes toujours en attente du dossier »*. Pendant ce temps d'attente interminable, une personne bénéficiant encore de la présomption d'innocence croupit en prison.

Le principe est que la cour d'appel réexamine les affaires déjà jugées au premier degré en matière civile, commerciale, sociale ou pénale. Ce réexamen est encore une source de lenteurs supplémentaires. Nombreux sont les détenus qui, après avoir interjeté appel, attendent désespérément la décision réservée à leur recours. Très souvent, l'appel est sans suite. C'est par exemple le cas de ce couple détenu à Kondengui et condamné à quinze ans de prison pour soupçon d'empoisonnement. Niant les faits qui lui sont reprochés, ce couple avait interjeté appel le 1er juillet 2003. Jusqu'en décembre 2007, date de nos recherches sur le terrain à la Prison Centrale de Kondengui, il ne rencontre qu'un silence complet. Son appel est sans suite. Aucune explication n'est donnée. Là encore, dans un Etat de droit comme le Cameroun, c'est une aberration et un déni de justice, pourtant condamné par le code pénal camerounais en son article 147 : *« Est puni d'un emprisonnement de trois mois à deux ans tout juge qui dénie, après en avoir été dûment requis, de rendre une décision. »*[609]

---

[609] Article 147 du code pénal camerounais

La portée des normes relatives au délai raisonnable devant les juridictions de jugement au Cameroun

Des instruments universels et régionaux de protection des Droits de l'Homme rappellent au juge la nécessité de respecter un délai raisonnable. Bien que n'ayant pas été défini, le terme délai raisonnable signifie que le juge doit éviter une instance trop longue. Au niveau interne, par le biais de multiples dispositions introduites dans le nouveau code de procédure pénale, la législation pénale du Cameroun entend mettre un terme aux pertes de temps pendant le procès.

Deux questions s'imposent à nous. La première est de savoir quelle influence les instruments universels et régionaux ont sur les procédures judiciaires au Cameroun. La deuxième concerne la teneur des dispositions législatives camerounaises dans la lutte contre les lenteurs judiciaires.

1. L'apport des normes internationales relatives au délai raisonnable du procès

Le droit d'être jugé dans un délai raisonnable occupe une place centrale sur la scène internationale. La nécessité d'une célérité trouve sa légitimité dans les dispositions des différents instruments universels et régionaux. Le Cameroun, de par sa participation à la gestion de ce vaste village qu'est cette scène internationale, manifeste sa volonté d'appliquer les normes issues de cette exigence juridique mondiale. Si ces instruments internationaux posent une exigence de célérité du procès pénal, il convient d'analyser d'abord leur applicabilité dans l'ordre juridique interne.

a. L'applicabilité des instruments internationaux dans l'ordre juridique camerounais

L'applicabilité des instruments internationaux n'est ni générale ni automatique. Pour pouvoir être directement appliqués, ils doivent au préalable remplir certaines conditions.

D'abord, la norme internationale doit revêtir un caractère auto-exécutoire. Selon Max SORENSEN, *« une disposition d'un traité serait auto-exécutoire, si elle est conçue en des termes qui permettent de la considérer comme s'adressant non seulement aux Etats contractants, mais aussi, sans modification de texte, aux sujets de droit interne. Elle se prêterait alors à une application immédiate par les tribunaux internes. »*[610] A contrario, le traité rédigé en des termes qui s'adressent aux Etats contractants comme sujets de droit international, exigeant de leur part la prise des mesures législatives ou réglementaires en vue de son application effective sur le plan du droit interne, ne revêtirait pas ce caractère auto-exécutoire. De cette analyse, des dispositions relatives à la célérité du procès pénal, et contenues dans le Pacte international relatif aux droits civils et politiques et dans la Charte africaine des droits de l'homme et des peuples, revêtent un caractère auto-exécutoire.

En effet, en ce qui concerne le Pacte international relatif aux droits civils et politiques, on peut lire dans son article 9 alinéa 3 que : *« Tout individu arrêté ou détenu du chef d'une infraction pénale sera traduit dans le plus court délai devant un juge ou une autorité habilitée par la loi à exercer les fonctions judiciaires et devra être jugé dans un délai raisonnable ou libéré ».*[611] L'alinéa 4 du même article précise que : *« Quiconque se trouve privé de sa liberté par arrestation ou détention a le droit d'introduire un recours devant un tribunal afin que celui-ci statue sans délai sur la légalité de sa détention et ordonne sa libération si la détention est illégale ».*[612] Par ailleurs, le même Pacte stipule en son article 14 alinéa 2.c que : *« Toute personne accusée d'une infraction pénale a droit, en pleine égalité, au moins aux garanties suivantes : ... A être jugée sans retard excessif ».*[613] Quant à la Charte africaine des droits de l'homme et des peuples, adoptée lors de la 18e conférence des chefs d'Etat et de Gouvernement, le même caractère auto-exécutoire apparaît dans son article 7. Dans cette disposition, on peut noter que *« Toute personne a droit à ce que sa cause soit entendue. Ce droit comprend :*

---

610 M. SORENSEN, « Obligations d'un Etat partie à un traité sur le plan de son droit interne », in *Les droits de l'homme en droit interne et en droit international*. Actes du 2e Colloque international sur la Convention européenne des droits de l'homme, Vienne, 18-20 octobre 1965, Bruxelles, Presses universitaires de Bruxelles, 1968, p. 44 et s.

611 Article 9 alinéa 3 du Pacte international relatif aux droits civils et politiques

612 *Ibid.* alinéa 4

613 Article 14 alinéa 2.c du Pacte international relatif aux droits civils et politiques

[...] le droit d'être jugé dans un délai raisonnable par une juridiction impartiale. »[614]

Ces différentes dispositions ne laissent aucun doute sur leur applicabilité directe devant les juridictions de droit interne en général et devant les juridictions judiciaires de la République du Cameroun en particulier.

Par ailleurs, l'applicabilité des instruments internationaux tire sa légitimité de leur ratification par les Etats. En effet, la ratification des conventions renforce leur caractère auto-exécutoire et par là-même, leur application directe. La République du Cameroun a ratifié le Pacte international relatif aux droits civils et politiques ainsi que la Charte africaine des droits de l'homme et des peuples.[615] De par cette ratification, leur suprématie sur la loi interne est explicitement affirmée par la Constitution du Cameroun en son 45e article.[616] Selon le préambule de ladite Constitution : *« Le peuple camerounais : affirme son attachement aux libertés fondamentales inscrites dans la déclaration universelle des droits de l'homme, la charte des Nations-Unies, la charte africaine des droits de l'homme et des peuples et toutes les conventions internationales y relatives et dûment ratifiées... ».*[617] Les traités et les conventions internationales ratifiés et/ou introduits dans le préambule de la Constitution font partie intégrante de la législation camerounaise. A ce titre, l'exigence de célérité du procès, qu'imposent le Pacte international relatif aux droits civils et politiques et la Charte africaine des droits de l'homme et des peuples, doit recevoir application dans l'ordre juridique camerounais quand bien même son applicabilité serait relative.

---

[614] Article 7 alinéa 1, *Charte Africaine des droits de l'homme et des peuples*, adoptée le 27 juin1981 à Nairobi, Kenya, lors de la 18e Conférence de l'Organisation de l'Unité Africaine (OUA). Entrée en vigueur le 21 octobre 1986, après ratification de la Charte par 25 Etats.

[615] La Charte Africaine des Droits de l'Homme et des Peuples a été ratifiée par la République du Cameroun le 20 juin 1989

[616] Selon les dispositions de l'article 45 de la Constitution « Les traités ou accords Internationaux régulièrement approuvés ou ratifiés ont, dès leur publication, une autorité supérieure à celle des lois, sous réserve pour chaque accord ou traité, de son application par l'autre parti. »

[617] Constitution camerounaise du 2 juin 1972 révisée par la loi constitutionnelle du 18 janvier 1996.

b. L'exigence de célérité du procès pénal devant les juridictions de jugement

Divers instruments internationaux, universels ou régionaux, reconnaissent à l'individu ou à toute personne en procès, des droits qui lui permettent d'être jugé dans un temps ou un délai raisonnable. A cet effet, l'exigence de célérité du procès pénal, prévue principalement dans le Pacte international relatif aux droits civils et politiques et dans la Charte africaine des droits de l'homme et des peuples, retiendra toute notre attention.

Au stage de l'enquête préliminaire/Garde à Vue, le Pacte international relatif aux droits civils et politiques exprime la nécessité de célérité de la procédure dans son article 9 paragraphe 3. Ainsi, *« Tout individu arrêté ou détenu du chef d'une infraction pénale sera traduit dans le plus court délai devant un juge ou une autre autorité habilitée par la loi à exercer des fonctions judiciaires et devra être jugé dans un délai raisonnable ou libéré. »*[618]

Il est à remarquer néanmoins que, dans ces dispositions comme dans la quasi-totalité des instruments internationaux relatifs aux droits de l'homme, aucun délai de rigueur, obligeant l'autorité ayant procédé à l'arrestation de traduire le suspect devant le juge, n'est fixé par le Pacte. Il est vrai que si une décision judiciaire n'intervient que bien des années après l'introduction d'instance, il serait difficile d'affirmer qu'une justice a été rendue dans le respect du droit. De même, la solution du litige pourrait perdre tout intérêt pour le justiciable du fait de la lenteur excessive du procès. Par conséquent, la bonne administration de la justice oblige les juges à statuer sans retard excessif. C'est pour toutes ces raisons que, entre autres, le Pacte international relatif aux droits civils et politique et la Charte africaine des droits de l'homme et des peuples exigent que la décision judiciaire soit rendue dans un délai raisonnable au stade de l'instruction. Il y va du bon jugement des juridictions judiciaires afin d'éviter des pertes de temps.

---

[618] Article 9, paragraphe 3 du Pacte international relatif aux droits civils et politiques, adopté et ouvert à la signature, à la ratification et à l'adhésion par l'Assemblée générale dans sa résolution 2200 A (XXI) du 16 décembre 1966. Entrée en vigueur : le 23 mars 1976, conformément aux dispositions de l'article 49.

En matière de détention provisoire, la Charte africaine des droits de l'homme et des peuples garantit le droit d'être jugé sans retard excessif, ce qui interdit que l'on soit détenu, indéfiniment sur inculpation pénale. Le droit du justiciable au délai raisonnable de la procédure constitue ainsi un élément important du droit au procès équitable. Les stipulations du Pacte vont également dans ce sens. C'est l'hypothèse du prévenu ou de l'accusé dans l'attente du jugement après renvoi devant la juridiction compétente, ou bien de l'individu jugé en première instance ayant formé appel du jugement intervenu à son encontre. Les dispositions conventionnelles exprimant l'exigence de célérité du procès pénal reviennent à plusieurs reprises.

D'abord, dans le paragraphe 3 alinéa c de l'article 14 du Pacte, *« Toute personne accusée d'une infraction pénale a droit, en pleine égalité, au moins aux garanties suivantes : [...] A être jugée sans retard excessif ».*[619] Par la suite, l'individu arrêté ou détenu *« ...devra être jugé dans un délai raisonnable ou libéré ».*[620] C'est la mise en liberté pure et simple de l'individu arrêté ou détenu qui n'aurait pas été jugé dans un délai raisonnable. Cette dernière exigence du paragraphe 3 de l'article 9 du Pacte pose une alternative qui ne prête à aucune confusion. Car, l'une des causes de surpeuplement des prisons camerounaises, est, sans aucun doute, le nombre élevé des personnes en attente de jugement même si ce phénomène n'est pas propre au Cameroun.[621]

Cependant, avec le nouveau code de procédure pénale, l'Etat prévoit dans sa législation des délais en matière de détention provisoire permettant de lutter contre les détentions prolongées avant jugement.

---

[619] Article 14, paragraphe 3 alinéa c du Pacte

[620] Article 9 al.3 du Pacte international relatif aux droits civils et politiques.

[621] Effectivement, le problème du nombre élevé des personnes en attente de jugement est commun à tous les Etats. Les Etats développés n'y échappent pas. Il suffit de consulter le recueil de jurisprudence de la Cour Européenne des Droits de l'Homme pour s'en rendre compte.

2. La teneur des dispositions législatives camerounaises et la lutte contre les lenteurs judiciaires

Par des mesures diverses, le Législateur marque sa préoccupation de lutter contre les lenteurs judiciaires au Cameroun. Plusieurs points d'achoppement sont sources de lenteurs judiciaires notoires. Le Législateur camerounais ne se contente pas seulement du beau concept général, combien louable, de délai raisonnable préconisé dans des textes internationaux. Il se veut pragmatique. Il veut attaquer le mal à la source. *In concreto*, il introduit des dispositions spécifiques à chaque situation susceptible d'engendrer des lenteurs judiciaires.

Même si les lenteurs du procès peuvent être justifiées dans certaines circonstances, la célérité doit être respectée à toutes les étapes de la procédure devant les juridictions de jugement. A en juger par les dispositions du nouveau code de procédure pénale, cette exigence s'applique aussi bien pendant l'instruction du procès que pendant la phase de jugement.

a. La phase de l'information et la mise en état des dossiers

L'instruction est un des moments cruciaux de la procédure devant les juridictions de jugement. Elle constitue une sorte d'avant-procès qui permet d'établir l'existence d'une infraction et de déterminer si les charges relevées à l'encontre de la personne poursuivie sont suffisantes pour qu'une juridiction de jugement soit saisie. Cette définition laisse deviner le traumatisme que subit la personne concernée. Surtout quand on sait qu'au Cameroun, pour les besoins d'information judiciaire, l'on trouve des personnes, en attente de la clôture de l'instruction relative à leur affaire, détenues en prison depuis plus de trois ans. Les détentions provisoires n'obéissent à aucune limite de durée.

De nos jours, le législateur fixe explicitement la durée de la détention provisoire. Selon les dispositions du nouveau code de procédure pénale, *« La durée de la détention provisoire [...] ne peut excéder six (6) mois. Toutefois, elle peut être prolongée par ordonnance motivée, au plus pour douze (12) mois en cas de crime et six (6) mois en cas de délit. »*[622] Quoiqu'encore longue, cette exigence de délai est assortie d'une

---

[622] Article 221 paragraphe 1er NCPP

contrainte. En effet, selon paragraphe 2 de cet article 221 du nouveau code de procédure pénale, *« A l'expiration du délai de validité du mandat de détention provisoire, le juge d'instruction doit, sous peine de poursuites disciplinaires, ordonner immédiatement la mise en liberté de l'inculpé, ... ».*[623] De même, pour les jugements avant-dire-droit, *« la cour d'appel statue dans les sept (7) jours à compter du lendemain du jour de la réception du dossier d'appel. »*[624]

Il en va de même lorsqu'il s'agit de la mise en état du dossier. En effet *« le greffier en chef adresse immédiatement au procureur de la République ainsi qu'aux autres parties, copie du procès-verbal ou de la déclaration d'appel... ».* Cette exigence de l'article 445 paragraphe 1er trouve ici toute sa justification. En effet, le greffier qui prendrait tout son temps pour mettre à jour le procès-verbal et l'adresser à qui de droit non seulement allonge la procédure, mais y introduit un temps mort. Le greffier en chef du tribunal pourrait prendre des mois voire des années pour mettre en état un dossier d'appel. Le Législateur rappelle à celui-ci, qu'après l'expiration du délai fixé pour la production du mémoire d'appel, le *« dossier est immédiatement transmis au greffier en chef de la cour d'appel ».*[625]

La volonté du Législateur de lutter contre les lenteurs judiciaires dans ces différentes dispositions n'est plus à démontrer. Le terme " immédiatement" utilisé de manière constante, en l'absence de délais fixes, signifie que, quelles que soient les circonstances de l'affaire, lesquelles peuvent justifier un éventuel retard, la durée du procès doit être conforme à la validité du délai imparti à cet effet. Cette interprétation implique également que les délais excessifs doivent être proscrits en ce qui concerne la détention provisoire.

b. La phase de jugement et le prononcé des jugements

Le tout n'est pas d'instruire. Il faut encore rendre le jugement. Or, après clôture des débats et même mise en délibéré, le juge camerounais n'était soumis à aucun délai pour rendre sa décision. La lutte du Législateur

---

[623] Article 221 paragraphe 2 du nouveau Code de procédure pénale
[624] Article 437 paragraphe 2 NCPP
[625] Article 445 paragraphe 3 NCPP

contre les lenteurs judiciaires se poursuit. Il précise que *« le jugement est rendu soit immédiatement, soit dans une délai de quinze (15) jours après la clôture des débats. ... »*.[626] Il veut, à cet effet, limiter d'interminables prorogations du délibéré.

Un encadrement s'avère nécessaire, sinon primordial, quant à l'attitude des parties au procès. En effet, du fait de l'absence de l'accusé à l'audience, du retard dans la production de mémoire ampliatif, en passant par des oppositions plus ou moins justifiées, l'on assiste à des jugements définitifs qui interviennent bien des années plus tard. Les dispositions législatives sont donc particulièrement opportunes pour que l'exigence de célérité du procès soit effective.

Désormais, selon le nouveau code de procédure pénale, *« en aucun cas, le défaut d'un prévenu ou d'un accusé ne doit provoquer la suspension des débats, ni retarder le jugement des prévenus ou accusés présents »*[627] à l'audience. Dans le même ordre d'idées, l'article 427 précise l'irrecevabilité de l'opposition considérée comme dilatoire. Ainsi, la partie civile n'est pas recevable à faire opposition au jugement rendu, lorsque régulièrement citée, elle ne comparaît, ne conclut ni ne se fait représenter à l'audience, sans justifier d'un motif légitime de non-comparution. Car elle est considérée comme s'étant désistée de son action civile. Désormais, au regard de ces dispositions, l'absence à l'audience, considérée comme l'une des manœuvres dilatoires, ne sera plus utilisée par les parties comme moyen de faire retarder le jugement.

C'est avec regret que l'on constate que l'intervention du Législateur rencontre des résistances quant au respect du droit au délai raisonnable du procès. Les lenteurs des procédures reprennent le dessus, compte tenu des réalités et des habitudes judiciaires camerounaises.

Conclusion

En définitive, si l'augmentation de la population carcérale reflète bien, pour partie celle de la criminalité, les lenteurs qui caractérisent la justice camerounaise n'en restent pas moins la cause prépondérante de cette

---

[626] Article 388 paragraphe 1er NCPP

[627] Article 425 alinéa 1er NCPP

situation au regard du nombre élevé des personnes détenues et en attente de jugement. La nouvelle organisation de l'administration pénitentiaire avait pourtant suscité beaucoup d'espoirs dans le sens de l'amélioration et du respect des droits des personnes *intra muros*.

En effet, la direction de l'administration pénitentiaire (DAPEN), longtemps rattachée au Ministère de l'Administration Territoriale (MINAT), est désormais depuis 8 décembre 2004, entrée dans l'organigramme du Ministère de la Justice (MINJUS). Depuis lors, le MINJUS a entièrement en charge la gestion des prisons, des condamnés et de nombreux détenus en attente de jugement qui peuplent l'univers carcéral camerounais. Par ce changement de tutelle ministérielle, l'Etat camerounais a voulu organiser une justice moderne[628] répondant, par ses structures et ses règles de fonctionnement, aux exigences du modèle universel. Cette justice moderne qui s'appuie sur des techniques et méthodes importées d'Occident va se heurter à des pratiques peu favorables au fonctionnement des établissements pénitentiaires qui connaissent une surpopulation explosive.

D'une part, *« au nom de la justice certes, mais plus encore au nom de la sécurité, on observe "un recours frénétique à l'emprisonnement", et par conséquent une densité carcérale dramatiquement accrue. Situation poignante parce qu'elle oblige le personnel de l'administration pénitentiaire à travailler le plus souvent dans des conditions extrêmement difficiles et parce qu'elle confine les détenus et leur famille dans un contexte de non-droit. »*[629] Cette réflexion de la Commission Nationale consultative des droits de l'homme par rapport aux prisons françaises est une évidence dans l'actuel contexte judiciaire camerounais. Car les pratiques judiciaires du Cameroun évoquent une sorte de fuite en avant qui se manifeste par un recours au tout carcéral, sous couvert de la défense sociale.

---

[628] Le terme "justice moderne" est employé en connaissance de cause afin de faire la différence entre elle et la justice traditionnelle telle que pratiquaient les Camerounais pendant la période précoloniale et qui a fait objet d'analyse dans la première partie de notre étude.

[629] CNCDH, Sanctionner dans le respect des droits de l'homme, I. Les droits de l'homme dans la prison. Paris, La documentation française, 2007, p. 10

D'autre part, le principe selon lequel *« tout justiciable doit être jugé de façon équitable dans un délai raisonnable »* devrait trouver toute son application. Toutes les conventions relatives aux droits de l'homme ont repris ce principe. Or dans le système judiciaire actuel, beaucoup de Camerounais font l'objet de longues détentions provisoires. La lenteur de la justice constitue l'un des facteurs les plus graves de l'injustice. Les prévenus représentent toujours plus de la moitié de l'ensemble de la population incarcérée au Cameroun. Ce qui peut laisser penser raisonnablement que les performances réalisées par le système judiciaire en place sont à améliorer. De toute évidence, on pourrait en déduire que le plus grand nombre de prévenus dans les établissements pénitentiaires traduit l'incapacité du système judiciaire à gérer avec efficacité les flux d'entrée et de sortie des détenus.

Comme le dit Marcel Emmanuel OYONO ABAH : *« La machine judiciaire est conçue de manière à ne pas remplir efficacement son rôle. On constate un cloisonnement presque étanche entre le juge et le condamné voire le juge et l'établissement pénitentiaire. Dès que la sentence est prononcée, le magistrat se frotte les mains, il a exécuté son mandat, c'est le tour de l'administration pénitentiaire à laquelle est curieusement rattachée la prison d'accomplir le sien. »*[630]

Ce cloisonnement s'étend à tous les degrés de l'arsenal judiciaire. Ce qui rend la collaboration des différents intervenants en milieu judiciaire difficile, au détriment des justiciables.

---

[630] M. E. OYONO ABAH, *op. cit.*, p. 64

Partie II - Conclusion

Le système pénitentiaire camerounais souffre de la carence d'une politique pénale d'ensemble. Son analyse révèle que les intervenants, en amont comme en aval, en passant par le noyau dur de ce système qu'est l'administration pénitentiaire, travaillent en rang dispersé. De plus, l'organisation de l'exécution de la peine privative de liberté, œuvre essentiellement réglementaire, manque de cohérence. En mettant en place le régime pénitentiaire au Cameroun, l'Exécutif de 1992 semble n'avoir pas précisé, avec concision et avec clarté, les objectifs de la peine privative de liberté. Les incohérences des principes d'actions et l'inadéquation des moyens par rapport aux principes énoncés mettent en évidence les paradoxes pénitentiaires camerounais et rendent difficile la concrétisation desdits principes.

Par ailleurs, cette politique pénitentiaire camerounaise est très imprégnée des logiques et des principes hérités de la colonisation, - mettre hors d'état de nuire les "hors la loi"- . Elle privilégie le but rétributif de la peine d'emprisonnement. L'analyse des différentes dispositions législatives et réglementaires nous conduit à regretter l'absence totale de la prise en compte d'un élément indispensable sinon primordial – la réintégration sociale du détenu -, dans la mise en œuvre de la politique pénitentiaire au Cameroun censée protéger la société. En fait, la réintégration du détenu devient un sujet "tabou". Car, d'un côté, l'Exécutif n'y fait qu'une allusion comme s'il voulait seulement faire bonne impression. De l'autre, la législation n'en fait pas une option prioritaire pour que le phénomène d'insécurité, qui hante tant les autorités politiques au Cameroun, puisse être mieux cerné par la lutte contre la récidive. Lorsque les juridictions de jugement s'en mêlent, ce n'est pas pour l'améliorer. Leur participation, au contraire, ne fait qu'accentuer le dysfonctionnement des prisons par l'automatisme de "tout carcéral".

Le quotidien carcéral présente ainsi au Cameroun un aspect effrayant. Il suffit de voir de près l'atmosphère qui règne à l'intérieur des établissements pénitentiaires camerounais pour se rendre compte que, faute de changement ou de réorientation de l'action pénitentiaire, le crime et la délinquance augmenteront d'une façon vertigineuse. Même la construction des prisons "à cinq étoiles" n'aura rien de concret pour resocialiser ou pour réadapter le délinquant après un séjour passé à l'intérieur de ces milieux clos.

Les conséquences de toutes ces incohérences pénitentiaires se répercutent sur la société. Les populations camerounaises se sentent de plus en plus dans l'insécurité. Elles sont obligées de recourir à des solutions pragmatiques et dangereuses, malgré de nombreux appels à l'ordre et des répressions sévères envers les auteurs de la vengeance populaire. L'actualité montre le développement des pratiques de la justice populaire, qui sont, par définition, violentes et disproportionnées, se substituant à la justice de l'Etat pour résoudre le problème d'insécurité.

Ce panorama pénitentiaire nécessite le réaménagement de cette politique pénitentiaire pour qu'elle s'adapte au contexte socioculturel camerounais.

PARTIE III

L'aménagement du système pénitentiaire adapté au contexte socioculturel camerounais

Partis du constat suivant lequel l'insécurité est de plus en plus grandissante au Cameroun et que la vengeance populaire prend le dessus, alors que les prisons sont surpeuplées, nous avons voulu savoir les causes d'une telle situation inquiétante. Nous savons également que le système pénitentiaire est censé protéger la population par le biais de la prévention et la répression du crime en mettant hors d'état de nuire les délinquants. S'il est vrai que nulle société ne s'est jamais montrée indifférente à la recherche de la sécurité ; et à la maîtrise de ce qui, en elle, menace sans cesse cette sécurité à savoir les crimes et délits, il est tout aussi vrai que les procédures et les procédés mis en œuvre pour assurer cette maîtrise ne peuvent pas être identiques dans toutes les sociétés. Force est de constater qu'il existe des différences et des variantes en termes de stratégies, d'efficacité, de symbolisme. En effet, les systèmes pénitentiaires renvoient, selon les sociétés considérées, à des trames complexes qui mettent en jeu des traditions particulières, une éthique sociale caractéristique, une philosophie spécifique de l'Homme et de la société.

Le rôle sécuritaire qui a toujours été traditionnellement attribué au système pénitentiaire, somme toute, importante, ne peut prendre tout son sens que si tous les moyens adéquats sont pris pour renforcer la sécurité à l'intérieur et à l'extérieur des milieux fermés. Par conséquent, la politique pénitentiaire devrait étendre ce rôle au sein même de la société.

Par contre, le système pénitentiaire, au regard du particularisme structurel des populations camerounaises, devrait tendre à la sauvegarde de la cohésion sociale. Cette finalité, à travers les méthodes et mécanismes traditionnels de répression et de peine, était recherchée pendant la période précoloniale. Pour ce faire, les efforts sont nécessaires afin de combiner, le système rétributif et le système réhabilitatif. Cette nouvelle approche appelle inévitablement la réforme de l'actuel système pénitentiaire camerounais.

Néanmoins, un malentendu doit être levé. Il n'est sûrement pas évident que la réforme soit celle qui consiste à privilégier l'un ou l'autre système.[631] La réforme d'un système pénitentiaire n'est nécessairement pas une solution toujours idéale pour atteindre le but recherché. Tout dépend en réalité de la manière dont il fonctionne. Tel qu'il fonctionne au

---

[631] Il s'agit ici de ne pas privilégier, ni le système traditionnel, ni le système moderne.

Cameroun, le système pénitentiaire a besoin d'être réformé. Cette indispensable réforme devrait lui permettre de jouer effacement son rôle de la défense sociale.

A ce titre, la réforme du système pénitentiaire au Cameroun devrait impérativement passer par une politique pénale d'ensemble. A cet effet, la mission de défense sociale du service public pénitentiaire camerounais devrait être recadrée. Ce recadrage ne pourra être efficace et effectif que si des dispositifs indispensables au fonctionnement du système pénitentiaire camerounais sont élaborés.

Titre I

Le recadrage de la mission de défense sociale du service public pénitentiaire camerounais

> « Le but et la justification des peines et mesures privatives de la liberté sont en définitive de protéger la société contre le crime. »[632]

La mission de la sécurité publique de l'administration pénitentiaire est ambivalente : la privation de liberté comme sanction dans le respect des droits de l'homme et la réinsertion sociale de coupable. Toute réforme en matière du système pénitentiaire devrait s'articuler autour de cette ambivalence de la mission de sécurité. Malheureusement, la caractéristique majeure des prisons du Cameroun, c'est qu'elles ne sont plus en mesure de répondre aux exigences humanitaires de la privation de liberté, universellement admises aujourd'hui. Tel que nous avons analysé leur fonctionnement, il est difficile de rester passif, sans avoir à s'interroger sur la sécurité des "locataires" de ces milieux fermés camerounais et de proposer quelques palliatifs.

En effet, on n'insistera jamais assez sur le fait que la peine privative de liberté ne devrait pas engendrer d'autres souffrances et peines que celle de la privation du droit d'aller et venir. Par conséquent, la sécurité des détenus doit être préservée.

Cette sécurité est un bien, et même un droit intangible et indéniable auquel tout être humain aspire, quelle que soit sa situation sociale ou juridique. Dans un Etat de droit démocratiquement reconnu, chaque citoyen devrait jouir de ce bien précieux. Si les prisonniers sont encore

[632] Article 58, *Ensemble de règles minima pour le traitement des détenus*. Congrès des Nations Unies pour la prévention du crime et le traitement des délinquants, tenu à Genève en 1955 et approuvé par le Conseil économique et social dans ses résolutions 663 (XXIV) du 31 juillet 1957 et 2076 (LXII) du 13 mai 1977.

considérés, malgré leurs forfaits, comme citoyens à part entière, ils doivent, à ce titre, se prévaloir de ce droit pendant leur détention. Par ailleurs, si la prison en tant que peine permet de mettre hors d'état de nuire l'individu qui trouble la quiétude des autres membres de la société, elle a aussi l'obligation de ne pas mettre en péril la vie de ceux qui lui sont confiés.

Ainsi pour que la peine d'emprisonnement trouve toute sa légitimité et son efficacité, il est indispensable que la sécurité physique, mentale et juridique des détenus soit assurée et renforcée afin *« que le délinquant, une fois libéré, soit non seulement désireux, mais aussi capable de vivre en respectant la loi et de subvenir à ses besoins. »*[633]

Cette mission sécuritaire ne devrait pas s'arrêter à l'intérieur des prisons. Si les populations ont besoin d'être en sécurité, celle-ci dépendra de la manière dont les détenus, une fois libérés, seront réintégrés dans la société. Une politique pénitentiaire plus élargie serait nécessaire dans ce domaine.

Partant, la mission de la défense sociale, que doit remplir le système pénitentiaire, nécessiterait une vraie lutte contre la récidive tout en renforçant la sécurité physique et psychique à l'intérieur des prisons.

---

[633] Article 58, *Ensemble de règles minima pour le traitement des détenus*, adopté par le 1er Congrès des Nations Unies pour la prévention du crime et le traitement des délinquants, tenu à Genève en 1955 et approuvé par le Conseil économique et social dans ses résolutions 663 C (XXIV) du 31juillet 1957 et 2076 (LXII) du 13 mai 1977

Chapitre I

Du renforcement de la sécurité physique et psychique intra muros

L'insécurité tant physique que psychique, à laquelle sont exposés les détenus dans un milieu fermé, peut être la résultante de plusieurs facteurs. Si l'emprisonnement en commun de jour comme de nuit est générateur, entre autres, de contamination criminogène, la promiscuité engendrée par la surpopulation crée une insécurité sans précédent.

D'une part, lorsqu'on rencontre des prisonniers nommés Sans Domicile Fixe (SDF) parce qu'ils n'ont pas où dormir au sein d'une prison pour la seule raison que la capacité d'accueil de celle-ci ne répond plus à de nombreuses demandes d'incarcération. Psychologiquement, ces détenus SDF sont dans une insécurité destructrice, aux conséquences multiples. Ils sont plus vulnérables, et sujets à des influences diverses et néfastes.

D'autre part, lorsqu'on sait que certains prisonniers, nommés antigangs, sont dotés d'un pouvoir disciplinaire. Ceux-là, dont la moralité est douteuse, exercent une influence sur leurs codétenus. Ils font la pluie et le beau temps dans les établissements pénitentiaires camerounais, parce que le personnel, en nombre très limité, ne peut plus assurer l'ordre et la discipline, au regard de l'effectif pléthorique des prisonniers. Dans ce contexte, il est difficile de parler de la sécurité.

Ces deux phénomènes, parmi tant d'autres, à l'origine de l'insécurité physique et psychique à laquelle sont exposés les détenus au quotidien, ne sont que la conséquence de la surpopulation carcérale que connaissent ces milieux privatifs de liberté. Juste pour rappel, en février 2007, pour la prison centrale de Kondengui de Yaoundé –capitale du Cameroun -, désignée prison quatre étoiles, y séjournaient 3617 détenus pour une capacité d'accueil de 1000 places. De même, la prison centrale New-Bell de Douala, capitale économique du Cameroun, hébergeait à la même période 3039 prisonniers pour une capacité initiale de 800 places. A l'analyse de ces chiffres, peut-on imaginer comment les autorités de l'administration pénitentiaire gèrent les 2617 détenus supplémentaires pour Yaoundé, et les 2239 de surplus pour Douala ?

Cet écrasant surpeuplement carcéral rend impossible tout meilleur traitement pénitentiaire. Il anéantit toute garantie sécuritaire. Cet encombrement carcéral inégalé des prisons camerounaises, qui, de surcroît, entraîne inexorablement une promiscuité dangereuse, est dû, entre autres, comme nous l'avons souligné dans la deuxième partie de notre étude, à la non utilisation des alternatives à la peine privative de liberté

Alors mieux vaut attaquer le mal à la source. Mieux vaut "mettre le pied dans la fourmilière" pour essayer d'extirper le fléau qui gangrène le système pénitentiaire camerounais.

D'où l'indispensable et urgente nécessité de décongestionner les prisons camerounaises. D'où également le retrait des pouvoirs disciplinaires aux "supers-détenus".

I. Le décongestionnement des prisons camerounaises

Des mesures peu probantes, malheureusement comme la construction de nouvelles prisons, sont souvent évoquées et même utilisées pour décanter le problème de surpopulation carcérale et éviter ainsi la promiscuité qui en résulte. C'est dans cette optique que le gouvernement camerounais, conscient de l'insécurité qu'engendre la surpopulation écrasante dans ses prisons, avait construit une prison principale à Yaoundé, la capitale du Cameroun, afin de décongestionner les 10 prisons centrales du pays. Mais il ne suffisait pas de déplacer quelques dizaines de prisonniers pour trouver, comme par miracle, la solution à un casse-tête que représente la question des prisons dans le pays. Construire de nouvelles prisons est un échec incontestable si on prend l'exemple de la France dans ce domaine. Il y a quelques années, celle-ci avait préféré construire de nouveaux établissements pénitentiaires pour désengorger les plus anciens. On peut parler d'échec puisqu'ils ont fini par être aussitôt surpeuplés comme les précédents.

Les palliatifs ci-dessous proposés, en ce qui concerne le Cameroun, ne sont que l'émanation logique du danger que représente la surpopulation carcérale, après appréciation critique des conditions de détention dans les prisons camerounaises. Ils ont pour but de gérer la masse carcérale en attente de jugement tout en évitant le "tout carcéral" par la gestion du flux carcéral en amont.

La gestion du flux carcéral en amont et l'évitement du "tout carcéral" : les dispositions législatives

Un large éventail de mesures permet d'adapter la sanction aux différents types de délinquance : sursis simple, jour-amende, ajournement... Ces mesures permettent également d'éviter le "tout carcéral". Dans de nombreux pays démocratiques, ces mesures sont entrées dans les mœurs judiciaires. Au Cameroun, malgré les dispositions législatives allant dans ce sens, elles sont loin d'être pleinement utilisées.

Les magistrats semblent réticents à retenir ces solutions – peut-être peu fiables sur le plan de la mise en œuvre - et préfèrent adopter la solution la plus "commode" pour eux, celle de la détention. Certes, pour certaines infractions et certains délinquants, la solution la mieux adaptée ne peut être que la prison. Mais à cette exception près, l'exécution des peines "hors les murs" est une perspective que les autorités camerounaises devraient privilégier pour un avenir plus serein pour la population camerounaise toute entière, compte tenu de son contexte socio-culturel.

Pour l'instant, il revient au Législateur de clarifier d'abord l'option de la peine applicable pour certaines infractions ; de dépénaliser certains comportements "anodins" ; et d'instaurer des peines "Service à Salaire Réduit" (SSR).

1. L'option de la peine applicable : emprisonnement ou amende

La latitude du choix de la peine, à infliger au délinquant, obéit forcément au principe de l'individualisation de la peine. Elle met aussi en exergue la liberté de la fonction de juger. Il n'est pas non plus question de mettre en doute la place, somme toute indispensable, réservée à l'intime conviction des juges. Mais seulement, un trop grand nombre de cas sont concernés, et certaines infractions méritent d'être rayées de cette liste.

D'où deux propositions : limiter le nombre des infractions concernées par l'option ; en supprimer certaines.

a. La limitation du nombre des infractions concernées par l'option

Pour la majorité d'infractions, le Législateur camerounais donne aux magistrats, comme nous l'avons déjà souligné, la possibilité de faire le choix entre deux peines applicables : l'emprisonnement ou l'amende. Il est régulièrement précisé dans le code pénal camerounais : *« Est puni de l'emprisonnement de (...) et d'une amende de (...) ou de l'une de ces deux peines seulement celui qui (...) ».*[634]

La lecture des nombreux articles du code pénal camerounais met en exergue cette faculté de choix de la peine applicable. Rien que dans la partie qui traite les crimes, délits et contraventions, plus d'une cinquantaine d'articles autorisent les magistrats à appliquer, ou l'emprisonnement ou l'amende. Si la peine d'amende était appréciée à sa juste valeur, il y aurait moins de cinquante peines d'emprisonnement et donc moins d'encombrement dans les établissements pénitentiaires.

Avec le principe de l'individualisation de la peine, les juges devraient utiliser à bon escient cette option tout en conciliant les intérêts de tous : victime, délinquant, société. Il est regrettable de remarquer que le "tout carcéral" prend le dessus. L'analyse des cas de nombreux "locataires" des établissements pénitentiaires donne l'impression que les magistrats ont un penchant bien poussé vers la privation de liberté, sous couvert d'exemplarité. Dans le contexte pénal actuel, l'élargissement de cette option ne permet pas de résoudre le problème de surpopulation carcérale que gère avec beaucoup de difficulté l'administration pénitentiaire camerounaise.

En limitant le nombre des cas d'option, il faut supprimer certaines infractions en les classant dans un autre registre de répression.

---

[634] Pour illustration, nous pouvons retenir quelques articles : 122 al. 1et 2 ; 123 ; 153 al. 1 et 2 ; 154 ; 167 du Code pénal camerounais

b. La suppression de certaines infractions sur la liste

Dans certaines hypothèses, l'option de « ou de l'une de ces deux peines seulement » ne devrait même pas exister. Certaines infractions ne devraient pas laisser la possibilité de choisir l'emprisonnement, si on est conscient que *« la privation de liberté comporte de tels inconvénients, voire de tels dangers individuels et sociaux, qu'elle doit être évitée, sauf dans des cas exceptionnels. »*[635] Il y va par exemple du choix de la peine applicable en ce qui concerne l'abandon du foyer. Selon les dispositions du code pénal camerounais : *« Est puni d'un emprisonnement de trois mois à un an ou d'une amende de 5000 à 500 000 francs le conjoint, le père ou la mère de famille qui, sans motif légitime, se soustrait, en abandonnant le foyer familial ou par tout moyen, à tout ou partie de ses obligations morales ou matérielles à l'égard de son conjoint ou de son ou ses enfants. »*[636]

Sans toutefois sous-estimer les conséquences qu'engendre cette irresponsabilité, il y a quand même lieu de s'interroger sur le but de la peine d'emprisonnement dans ce cas de figure. La privation de liberté pendant un an au plus, que subit le conjoint, le ramènera-t-il au foyer familial, ou restaurera-t-il l'affection ou le lien familial ? bien au contraire. Dans cette hypothèse, l'intérêt de priver le conjoint de liberté ne pourrait-il pas être que vengeance sociale ? D'autant que, certains magistrats, animés par des mobiles peu louables, peuvent se limiter au seul prononcé de la peine d'emprisonnement, abusant ainsi de leur pouvoir de juger.

Au vu de nombreux cas concernés, et compte tenu du mauvais usage de cette option, la peine d'emprisonnement bénéficie des faveurs des magistrats plus que la peine d'amende. Ce qui justifie le tout carcéral dénoncé dans la partie II de notre étude.

A cet égard, ne faudrait-il pas que le Législateur indique tout simplement la peine encourue en mettant un terme à cette possibilité de choix ? Ainsi les infractions dont la peine sera l'amende, ne pourront plus augmenter les effectifs carcéraux. Cette suppression d'option dépénalisera aussi certaines infractions "anodines".

---

[635] M. ANCEL et Ph. CHEMITHE (dir.), *op. cit.*, p. 120

[636] Article 358 du code pénal camerounais

2. La dépénalisation de certaines infractions "anodines"

Il ne s'agit pas ici de minimiser l'impact, ou plus précisément les conséquences néfastes, de tel ou tel comportement asocial. Il s'agit tout simplement de faire en sorte que la peine infligée corresponde au degré de dangerosité de l'acte. Il est aussi préférable que les conséquences de la peine ne soient pas démesurées tant pour l'infracteur que pour les victimes collatérales. Car la peine démesurément infligée peut avoir des répercussions dramatiques à long terme sur la société que le système pénitentiaire cherche à protéger.

Or, nous ne soulignerons jamais assez le fait que la privation de liberté, en soi, a des conséquences néfastes à plusieurs facettes et parfois irréversibles, surtout lorsque les conditions de détention sont telles que nous les avons analysées. Lorsqu'une peine d'emprisonnement peut être évitée, autant privilégier cette possibilité.

La dépénalisation pourra répondre à cette préoccupation. Les comportements éventuellement concernés sont, soit sans intérêt pour la majorité de la population parce que certains articles sont des copies-collées d'une législation pénale qui ne correspond pas aux mœurs de la société camerounaise, soit parce que la peine d'emprisonnement fera plus de dégâts que de bien. Certaines infractions n'ont pas leur raison d'être, ainsi que la peine d'emprisonnement que les auteurs encourent. Des dispositions pénales en vigueur nous permettent d'illustrer les présents propos.

D'une part, en matière de traitement des animaux domestiques, selon le code pénal camerounais : *« Est puni d'un emprisonnement de quinze jours à trois mois et d'une amende de 5 000 à 20 000 francs ou de l'une de ces peines seulement celui qui exerce sans nécessité de mauvais traitements sur un animal domestique ou apprivoisé ou vivant en captivité. »* [637]

Il est à noter ici que les Africains, en général et les Camerounais en particulier, n'ont pas la même notion que les occidentaux quant à la manière de traiter des animaux domestiques.

---

[637] Article 268 du Code pénal, MINOS, Yaoundé – Cameroun, 2004-2005

Le chat par exemple se nourrit seul par le produit de sa chasse et tant pis pour lui s'il est paresseux. Il en va de même pour les chiens, qui très souvent n'ont pas droit de cité à l'intérieur de la maison. Lorsque celle-ci est clôturée, le chien doit remplir son rôle de garde. Parfois, nourrir son chien n'est pas un souci primordial. Cette façon de voir les choses est inadmissible en Occident et peut être considéré comme un mauvais traitement. Dans cet état des choses, peut-on punir ledit propriétaire d'un emprisonnement qui laisse son chien ou son chat affamé ? Ce qui relèverait d'une pure absurdité pour les Camerounais.

D'autre part, en ce qui concerne l'adultère, le Législateur précise que : *« Est punie d'un emprisonnement de deux mois à six mois ou d'une amende (...) la femme mariée qui a des rapports sexuels avec un autre que son mari. (...) ».*[638]

Dans le même ordre d'idées : *« Est puni des mêmes peines le mari qui, au domicile conjugal, a des rapports sexuels avec d'autres femmes que son ou ses épouses, ou qui, hors du domicile conjugal, a des relations sexuelles habituelles avec une autre femme. »*[639]

Objectivement, la prison, comme peine, n'est pas, à notre avis, une solution qui pourra consolider le couple. Bien au contraire, à la sortie de prison, la cellule familiale sera déstructurée.

De plus, si cet article était réellement appliqué à la lettre, les établissements pénitentiaires seraient remplis de ces cas et la majorité de foyers détruits. La dépénalisation de cet acte évitera la peine d'emprisonnement à bon nombre de conjoints et sera un grand apport à la gestion du flux carcéral en amont.

En revanche, pour que cette dépénalisation de l'adultère n'ouvre pas la porte à la dépravation dans les foyers ou bien pour qu'elle ne mette pas à mal la fidélité au sein du couple, l'adultère peut être considéré comme une faute civile pouvant être l'une des causes de divorce. C'est avec cet esprit d'objectivité que, dans certains pays comme la France depuis 1975, l'adultère ne constitue plus un délit pénal. Aucune peine d'emprisonnement n'est encourue par l'époux infidèle.

---

[638] Article 361 alinéa 1er, Code pénal, MINOS, Yaoundé – Cameroun, 2004-2005
[639] Article 361, 2e alinéa, Code pénal, MINOS, Yaoundé – Cameroun, 2004-2005

Dans cette même optique d'évitement de tout carcéral, et compte tenu de la particularité culturelle que revêt la population camerounaise, d'autres mesures peuvent être expérimentées, en l'occurrence, la peine "Service à Salaire Réduit"

3. L'instauration des peines "Service à Salaire Réduit" (SSR)

S'il existe déjà, de façon universelle, des alternatives à la peine privative de liberté, compte tenu du contexte socioculturel camerounais et de la situation économique du pays, il serait souhaitable d'expérimenter une autre mesure pour une catégorie d'infractions que retiendra le Législateur.

Pour une plus grande prise en compte du problème de surpopulation carcérale au Cameroun, l'instauration d'un "Service à Salaire Réduit" (SSR), comme peine, pourra être d'un grand apport. Car, cette peine présente, à notre avis, plusieurs avantages pour retenir l'attention du Législateur et pour obtenir l'adhésion des magistrats.

a. Le contexte et processus de la mise en œuvre du SSR

La peine "Service à Salaire Réduit" (SSR) consisterait pour les travailleurs ou fonctionnaires condamnés à de courtes peines d'emprisonnement, à les exécuter en milieu ouvert. Mais, le condamné continue à exercer son activité professionnelle, sauf si l'infraction a été commise à son lieu de travail. Par contre, une fraction de sa rémunération, saisie à la source, est versée soit au Trésor public pour le paiement de l'amende, soit à la victime pour le remboursement d'une dette, à concurrence du montant et du nombre de mensualité fixés par la juridiction de jugement.

Il reviendra donc au Législateur de préciser les infractions qui entreront dans le champ d'application de SSR. Surtout celles qui ne heurtent pas, de façon flagrante, les bonnes mœurs si chères à la population camerounaise.

A cet effet, certaines infractions commises laissent indifférent la population camerounaise. Parfois même, la commission de certains types d'infractions devient une source de discussion, un fait banal parce qu'elle (la population) considère que ces infractions ne peuvent être commises que par certaines catégories de personnes. Par l'exemple, le détournement des deniers publics n'a qu'un impact indirect dans la vie quotidienne du petit peuple des villages retirés, bien que causant préjudice à l'Etat, et par ricochet à la Nation toute entière. La population reçoit cette information comme un fait divers qui les concerne moins, à la différence de sa sécurité menacée au quotidien. Par ailleurs, les fonctionnaires, auteurs de détournements des deniers publics qui peuplent actuellement la prison centrale de Yaoundé, sont mieux soignés et pris en considération que les autres détenus.

Dans l'hypothèse de détournement, il va falloir récupérer les sommes détournées. Le fonctionnaire concerné se voit attribuer un autre poste de travail qui ne lui permettrait plus d'avoir accès aux deniers publics. Il reçoit son salaire dans lequel une certaine somme est retenue en guise de remboursement de la somme détournée et du paiement de l'amende.

Le coupable qui se voit infligé une peine SSR peut être comparé à un détenu qui exerce un travail rémunéré à l'extérieur, mais que son salaire sert, en plus de ses besoins personnels, soit à rembourser des dettes vis-à-vis du Trésor public, soit à indemniser la victime, soit encore à remplir son devoir familial. Mais à la différence que la peine SSR présente plusieurs avantages.

b. Avantages du SSR

D'abord sur le plan économique et financier, la peine rapporte de l'argent à l'Etat en forme d'amende. De plus, l'Etat recouvre les fonds détournés et la peine ne lui occasionne pas d'autres charges financières comme l'emprisonnement, par le fait que le concerné reste en liberté. Le fonctionnaire ne constitue pas une charge supplémentaire pour la société et continue à participer à l'effort national du développement.

Ensuite, sur le plan social et professionnel, le fonctionnaire fautif n'est pas exclu de la société et n'est plus assujetti à des exigences de réinsertion sociale après libération. Il reste, et garde ses liens familiaux. La peine n'aura pas d'effet de destruction du noyau familial ni social, et permet d'éviter les préjudices collatéraux que pouvaient subir les membres de la famille du concerné en cas d'emprisonnement. Donc, la famille n'est pas disloquée. Même si le niveau de vie de l'intéressé se voit diminué du fait de la réduction de son salaire, le sanctionné conserve son droit au travail et son emploi est préservé.

De plus, sur le plan pénal, la peine n'est pas corruptrice comme l'emprisonnement. Elle est facilement réparable en cas d'erreur judiciaire et on peut parler moins de récidive.

Enfin, sur le plan des effectifs des prisons, ce SSR permet d'éviter le surpeuplement des prisons dont les effectifs pléthoriques sont des occasions de corruption. Ce qui permet d'éviter la contagion criminelle du milieu fermé.

La question posée par Etienne LE ROY : *« Comment "instituer la vie" en société par le moyen de la sanction ? »*[640], trouve toute sa réponse par cette manière de sanctionner certains comportements asociaux. L'objectif serait de conjuguer un facteur positif à un autre sous son aspect répressif comme l'explique le même auteur. Mais le facteur positif et le facteur répressif vont ainsi de concert puisque tous les deux œuvrent pour "maintenir la vie" en prenant en compte tout l'environnement social, économique, professionnel et pénal.

Par le biais de cette politique d'évitement du "tout carcéral" est visée la résorption des catégories de détenus "inutilement" incarcérés. Puisque, dans ces cas, la détention ne sert ni le détenu, ni la société ni même la victime.

Dans la même lancée, de véritables mesures de même ampleur, seraient nécessaires en ce qui concerne la gestion de la masse carcérale en attente de jugement.

La gestion de la contingence carcérale en attente du jugement : le sort des prévenus

L'étude faite sur la situation des prisons, quant à leur surpopulation, montre qu'une action urgente est indispensable, voire primordiale, en ce qui concerne le sort des prévenus. Ces derniers constituent toujours plus

[640] E. LE ROY, *Les Africains et l'Institution de la Justice. Entre mimétismes et métissages*, Dalloz, Paris, 2004, p. 138

de la moitié de l'ensemble des personnes incarcérées dans les prisons camerounaises. En janvier 2007, sur 3039 pensionnaires de la prison de New Bell – Douala -, 2297 étaient en détention provisoire,[641] soit 75,58 %. La prison centrale de Yaoundé, quant à elle, comptait 2429 prévenus sur 3617 détenus,[642] soit 67,16 % au mois de février 2007. D'autres auteurs comme Hippolyte SANDO, dans son ouvrage, remarque avec justesse que : *« Les statistiques disponibles relèvent que les ¾ de la population carcérale camerounaise sont constitués des prévenus. »* Et que *« les prisons de Yaoundé et de Douala donnent un cliché bien fidèle de cette réalité. »*[643]

Deux pistes de solutions : respecter la durée légale de la détention provisoire par les magistrats ; faire intervenir le régisseur de prisons en la matière.

1. Les sanctions pour le non-respect de la durée légale de la détention provisoire

Il serait peut-être exagéré de proposer des sanctions pour le non-respect de la durée légale de la détention provisoire. Pourtant, il constitue une atteinte au principe fondamental de la présomption d'innocence. Il suffit de se mettre dans la peau de celui ou celle qui est détenu provisoirement après la durée prévue par la loi, et sans être jugé, surtout au regard du surencombrement[644] des prisons camerounaises et de la promiscuité sans précédent qui en résulte.

L'analyse des statistiques recueillies dans les établissements pénitentiaires au Cameroun, présente un constat alarmant : un nombre très élevé de prévenus. L'une des raisons de cette situation est la non-conformité à la durée légale de la détention provisoire qui peut être analysée comme le non-respect du principe de la présomption d'innocence.

---

[641] Statistiques obtenues lors des recherches dans la prison centrale de New-Bell – Douala (voir Annexe 4)

[642] Statistiques de la prison centrale de Kondengui – Yaoundé, obtenues lors des recherches sur le terrain (Annexe 4)

[643] H. SANDO, *op. cit.*, p. 35

[644] Selon *Cameroun Tribune* du 27 août 2008, la Prison de New-Bell – Douala, a une capacité d'accueil initiale : 800 places ; nombre de prisonniers : 4963 ; nombre de prévenus : 3539

Pour résoudre le problème du délai de détention provisoire, certains pays confient la gestion de la détention provisoire à un juge des libertés et de la détention. Si le premier intérêt de cette institution est de faire respecter le principe selon lequel *« chaque individu présumé coupable a le droit d'être jugé dans un délai raisonnable »*,[645] il n'en est pas moins vrai que son action diminue en même temps la masse des prévenus.

En ce qui concerne la problématique de réduction des effectifs des prévenus au Cameroun, il faut nécessairement dissocier la procédure de l'enquête et de celle du contentieux de la détention. Il y a à noter que, pour le moment, le même magistrat instructeur fait office des deux. Seulement, la question est de savoir si cette approche ne rencontrerait pas, encore une fois, l'inertie judiciaire, sous des prétextes plus ou moins convaincants de manque de moyens financiers et de personnels.

Par ailleurs, il serait souhaitable que soient prévues, de façon précise, des sanctions en cas de non-respect de la durée légale de détention provisoire. Il nous revient déjà d'apprécier les avancées législatives sur ce domaine. Puisque, avant le nouveau code de procédure pénale, la détention préventive avait une durée indéterminée. Même s'il reste encore beaucoup à faire dans le sens de l'amélioration, ces nouveaux délais méritent d'être pris en considération : *« La durée de la détention provisoire est fixée par le juge d'instruction dans le mandat. Elle ne peut excéder six (6) mois. Toutefois, elle peut être prorogée par ordonnance motivée, au plus pour douze (12) mois en cas de crime et de (6) mois en cas de délit. »*[646]

Les délais sus-indiqués impliquent une prise de conscience de la part des juridictions ayant pour office de prononcer les détentions provisoires.

Il est malheureusement regrettable de constater que ces délais ne sont pas assortis de sanctions précises en cas de non-respect de ces dispositions. Selon les dispositions législatives : *« A l'expiration du délai de validité du mandat de détention provisoire, le juge d'instruction doit, sous peine*

---

[645] Article 10 de la Déclaration des Droits de l'Homme

[646] L'article 221, alinéa 1er du nouveau Code de procédure Pénale au Cameroun Yaoundé, SAAGRAPH, mai 2006

de poursuites disciplinaires, ordonner immédiatement la mise en liberté de l'inculpé, à moins qu'il ne soit détenu pour autre cause. »[647]

Ce qui, à juste titre, est susceptible de craindre, c'est que ces dispositions législatives restent encore lettre morte comme tant d'autres d'ailleurs. Mais pour les prévenus, c'est une atteinte à la présomption d'innocence. De plus, innocents ou coupables, le fait de ne pas statuer sur leur sort est une source de préjudice à multiples facettes.

Le non-respect de la durée légale de la détention provisoire devrait être considéré comme une atteinte à la présomption d'innocence et être considéré comme une infraction. Cette infraction serait sanctionnée par une peine bien précise. L'intérêt de cette proposition permettrait de "secouer" les lenteurs judiciaires pour désencombrer les prisons au Cameroun avec la collaboration et l'intervention du régisseur.

2. L'intervention du régisseur de prisons en cas de détention provisoire abusivement prolongée

La passivité des autorités pénitentiaires devant l'injustice en cas de prolongement abusif de la détention provisoire devrait heurter les consciences. Il est temps d'engager la responsabilité des régisseurs de prisons pour faire bouger la chose pénitentiaire. A cet effet ils ont besoin d'une certaine légitimité pour agir. A cette fin il est impératif que le rôle du régisseur de prisons soit déterminé par le Législateur.

a. L'engagement de la responsabilité du régisseur pour complicité ou non-assistance à personne en danger

Au vu de la situation des établissements pénitentiaires camerounais, comment ne pas envisager des solutions à hauteur des dangers qui détruisent les prévenus et, par ricochet, la société toute entière.

Comme nous l'avons remarqué, malgré de nouvelles dispositions du nouveau code de procédure pénale, les détentions provisoires, sont de plus en plus longues. L'administration pénitentiaire, dont le rôle traditionnel est d'assurer l'application des décisions de justice par rapport

---

[647] Article 221, alinéa 2 du *nouveau code de procédure pénale*, (République du Cameroun), Yaoundé, SAAGRAPH, mai 2006

à ces détentions provisoires, doit-elle rester indifférente à ce phénomène destructeur que subissent les prévenus, au mépris de la législation en vigueur ?

Ce questionnement appelle une profonde réflexion à plus d'un titre. Non seulement il faut résorber la masse carcérale de ces établissements, qui n'a pas, ou n'a plus sa raison d'être, mais également, il faut respecter les droits des individus : le droit d'être jugé dans un délai raisonnable et le droit à la présomption d'innocence reconnu à tout prévenu, comme nous l'avons déjà remarqué. Cela est indispensable pour que la prison camerounaise soit un cadre juridiquement sécuritaire comme nous le développerons ci-après. D'où la nécessité d'une législation plus audacieuse, en permettant au régisseur de prisons d'agir en temps opportun. Certes, des objections à l'intervention du régisseur trouveront évidemment toute leur légitimité.

D'ailleurs, comme le dit avec justesse le Conseil de l'Europe : *« Le surpeuplement carcéral, problème complexe, représente un enjeu majeur pour les administrations pénitentiaires et pour l'ensemble de la justice pénale. Ses principales causes* (sont) *à chercher hors du système pénitentiaire et (échappent) donc aux compétences de ce dernier, (...) ».*[648] Si le précédent raisonnement du Conseil de l'Europe trouve toute notre approbation, le fait qu'« Il s'avère presque impossible aux administrations pénitentiaires de maîtriser, les entrées dans le système, c'est-à-dire, de limiter le nombre de personnes confiées à sa garde », mérite une certaine audace de la part du Législateur.

Certes, l'administration pénitentiaire est un service public. Elle a la particularité de gérer une population dont elle ne décide ni l'entrée, ni la sortie. De plus, le régisseur de prisons doit assurer, au quotidien, la mise en œuvre du régime pénitentiaire dont il n'est qu'un simple exécutant. Mais, lorsque le principe de la présomption d'innocence est mis à mal par une détention provisoire illimitée, juridiquement, doit-il (le régisseur) cautionner cette injustice ?

---

[648] Conseil de l'Europe, *Le surpeuplement des prisons et l'inflation carcérale*. Recommandation n° R(99) 22 et Rapport, Références juridiques, Strasbourg, Conseil de l'Europe, juin 2000, couverture

A notre avis, nous estimons qu'il revient à celui qui a la mission de garde, de tirer une sonnette d'alarme. S'il reste passif devant cette situation dramatique pour l'individu et sa famille, il devient complice de la violation, entre autres, du droit à la présomption d'innocence, en principe inviolable. Il est aussi possible de considérer sa passivité comme non-assistance à personne en danger dans la mesure où le dépassement, à outrance, de la capacité d'accueil des prisons camerounaises, comme nous l'avons analysé, met le prévenu en perpétuelle insécurité du fait de la confusion et du mélange avec les condamnés dangereux.

Pour que la responsabilité du régisseur de prisons soit engagée, son rôle en la matière doit être préalablement déterminé, redéfini.

b. La nécessité de redéfinir le rôle du régisseur : le droit de libérer le prévenu

Afin d'engager la responsabilité du régisseur de prisons sous cet angle, ne faudrait-il pas redéfinir son rôle quant à la gestion du flux carcéral en attente de jugement ? Notamment par la prescription de mesures permettant de résoudre le problème des prévenus dont le délai de détention provisoire est dépassé.

En outre, étant donné qu'il revient au régisseur de "subir" la présence de cette catégorie de population carcérale qui constitue l'une des causes du surpeuplement des prisons, il est de son devoir, non seulement de garder les personnes, à lui confiée, par l'autorité judiciaire, mais aussi de respecter leurs droits. Ce qui a amené certains observateurs à se demander *« pourquoi le législateur ne déciderait-il pas, suivant le type d'infraction, de libérer le prévenu au terme d'un certain délai, si son statut de prévenu n'a pas évolué ».*[649] La pertinence de cette hypothèse n'est plus à démontrer puisque, non seulement le droit à la présomption d'innocence sera protégé, mais également, cela décongestionnera les prisons camerounaises.

Il est donc indispensable et urgent que le législateur accorde le pouvoir d'action au régisseur de prisons pour le respect des délais de détention provisoire, et par ricochet pour le désencombrement des prisons.

---

[649] H. SANDO, *op. cit.*, p. 114

Pour ce faire, le greffe de la prison adresse au régisseur la liste des prévenus en fin de la durée légale de détention provisoire. Le repérage de ces derniers doit être effectué dans un délai d'un mois avant la fin de la durée initialement prévue. Pendant ce reste de temps, le régisseur peut déjà signaler la fin imminente de la détention provisoire à qui de droit. Mais son rôle sera plus déterminant lorsqu'il y a dépassement de durée.

En effet, l'intervention du régisseur de prisons consisterait, après examen de la situation du prévenu, à saisir la juridiction ayant prononcé la détention provisoire lorsque les délais de celle-ci sont écoulés. La juridiction saisie a donc un délai de trois semaines pour prendre les mesures qui s'imposent. En l'absence de réponse de la juridiction pénale dans ce délai, le régisseur doit mettre en liberté le prévenu détenu abusivement après avoir informé le procureur de la République de sa décision. La juridiction n'est pas "dessaisie de ses pouvoirs" puisqu'elle peut, dans un délai de trois semaines, statuer sur le sort du prévenu.

Une lettre ou un document de libération doit être conçu à cet effet, qui permettra au libéré de faire valoir ses droits, de justifier sa libération et d'attaquer, éventuellement, la juridiction pour indemnisation, comme en cas de décision de non-lieu ou d'acquittement, prévue dans le nouveau code de procédure pénale.

Ces nouvelles dispositions, nécessairement législatives, ne doivent pas rester sans une action en justice. A ce niveau, la responsabilité du régisseur peut être engagée en cas d'inapplication de la loi. Par contre, la responsabilité des décideurs (juges pénaux) sera engagée si le régisseur va au bout de sa démarche sans réaction de leur part.

II. L'interdiction de déléguer des pouvoirs aux prisonniers

Le pouvoir disciplinaire permet à l'administration pénitentiaire de garantir l'ordre et la sécurité en milieu carcéral. Ce pouvoir doit être exercé par les seuls personnels ayant autorité dans la prison. En revanche, aucun détenu ne peut remplir un emploi comportant un pouvoir d'autorité ou de discipline. Pour autant, la capacité éventuelle, pour les détenus, d'exercer un pouvoir disciplinaire a déjà été évoquée, dans certaines occasions, pour des délits commis par les prisonniers à l'égard d'autres prisonniers. Malheureux, parfois mal intentionnés, ces détenus se croient au-dessus de tout.

Il faut donc retirer ce pouvoir disciplinaire aux "anti-gangs" et supprimer toute hiérarchisation des détenus dans les établissements pénitentiaires du Cameroun.

Le retrait du pouvoir disciplinaire aux "anti-gangs"

Dans les établissements pénitentiaires du Cameroun, les anti-gangs ou tout simplement les "supers-détenus" sont dotés de pouvoirs pour mettre de l'ordre et de la discipline. Evidemment, la majorité des détenus marchent au pas et vont au rythme de ceux qui détiennent ce pouvoir mal exercé. Naturellement, ils le font pour sauver leur vie, même au prix de leur vie intime et sexuelle. Nous ne reviendrons plus en détail sur la formation, les critères de nomination, le fonctionnement, ni même sur les conséquences désastreuses de ce pouvoir disciplinaire exercé par les anti-gangs. Toujours est-il que, hormis les dangers auxquels sont exposés les prisonniers aux Cameroun, cette pratique a été dénoncée et interdite par plusieurs instances internationales, et dans de nombreux pays.

D'ailleurs, le Conseil de l'Europe explique clairement le danger qui peut résulter du fait de déléguer le pouvoir disciplinaire à certains détenus. Bien que le cas du Cameroun soit alarmant, l'extrait de cette recommandation, ci-dessous, nous permet de voir l'ampleur du phénomène qui n'est pas propre aux pénitenciers camerounais. Dans sa recommandation n° R (99) 22, le Conseil de l'Europe explique : *« En raison de la réduction du nombre des surveillants par rapport au nombre de détenus en cas de surpeuplement, la surveillance exercée par le personnel est inévitablement moins efficace, notamment dans les cellules et des dortoirs où, dans de nombreux Etats membres, le personnel délègue aux détenus une certaine part de responsabilité dans le maintien de l'ordre et de la discipline. Bien que les autorités pénitentiaires ne délèguent pas officiellement le pouvoir disciplinaire aux détenus* (ce qui serait contraire à la Règle 34 des Règles pénitentiaires européennes), *dans la pratique, les détenus auxquels cette responsabilité est déléguée risquent d'avoir un degré inacceptable de pouvoir sur leurs codétenus, surtout lorsque le personnel est insuffisant pour assurer une surveillance efficace.* »[650]

Ce pouvoir, que les détenus délégués peuvent avoir sur leurs codétenus, est moins favorable à leur réhabilitation. Il couvre même des groupes formés à l'intérieur desquels les délinquants primaires trouvent leurs tuteurs aguerris. L'ONU, dont fait partie la République du Cameroun, opte pour une position sans équivoque : *« Aucun détenu ne pourra remplir dans les services de l'établissement un emploi comportant un pouvoir disciplinaire. »*[651]

Le *Penal Reform International* reprend la position de cette instance internationale avec précision : *« Aucun détenu ne pourra avoir un emploi comportant un pouvoir disciplinaire sur d'autres prisonniers. »*[652]

La suppression la hiérarchisation des détenus : maires, commissaires ; commandants, etc…

Dans chaque milieu, dans chaque groupe d'êtres vivants, l'instinct naturel de domination, de suprématie surgit. Le besoin de l'organisation se fait sentir. Il est donc normal, dans un milieu particulier et clos comme la prison, qu'il y ait certains détenus à même d'assurer quelques responsabilités. Ainsi, les détenus, dotés d'une quelconque responsabilité, sont au service des autres. En revanche, ces responsabilités ne devraient pas avoir pour effet la contrainte exercée sur leurs codétenus.

Les microsociétés qui se forment dans les prisons en général ne sont que les conséquences de ces milieux criminogènes. Cet effet de contagion malsaine au quotidien, dû à la promiscuité, y trouve droit de cité. Les

---

[650] Conseil de l'Europe, *Le surpeuplement des prisons et l'inflation carcérale.* Recommandation n° R(99)22 et Rapport. Références juridiques, Strasbourg, Conseil de l'Europe, juin 2000, p. 52-53

[651] Article 28 alinéa 1er, *Ensemble de règles minima pour le traitement des détenus,* adopté par le 1er Congrès des Nations Unies pour la prévention du crime et le traitement des délinquants, Genève, 1955.

[652] La Convention (III) de Vienne, dans son article 96, paragraphe 3, appuie la même interdiction : « En aucun cas, ces pouvoirs ne pourront être délégués à un prisonnier de guerre ni exercés par un prisonnier de guerre. »

différents degrés d'influence qui se forment n'obéissent généralement qu'à cette situation de fait.

Mais alors, comment expliquer cette hiérarchisation structurée au sein et parmi les détenus, cautionnée par les autorités de l'administration pénitentiaire ? En effet, comme nous l'avons constaté, les chefs-détenus sont nommés officiellement. Les différents règlements intérieurs précisent à l'exemple de celui de la prison centrale de Yaoundé : *« Chaque quartier ou chaque local de la Prison centrale de Yaoundé a une organisation interne. Il a à sa tête des responsables* (Commandant, Coordinateur, Maire, Centre d'effectif pour les quartiers et Chef local, maire pour les locaux) *désignés par le régisseur. Les responsables ainsi désignés jouissent de la confiance des responsables de la prison et ont pour mission de maintenir l'ordre, la discipline et la propreté du quartier et du local, de renseigner les autorités de la prison sur toute conspiration d'évasion ou tout complot menaçant les institutions républicaines, sur les cas de maladie et le comportement de leurs co-résidents. »*[653]

Par quel mérite ces différents détenus, nommés - maires, commissaires, commandants, etc… -, se trouvent-ils à la tête de leurs semblables ? Il est difficile d'admettre que ces détenus soient des enfants de chœur. Quelles que soient leurs raisons d'être, ces différents chefs-détenus exercent une influence sur leurs codétenus, et encore, plus sur les délinquants primaires, qui, eux, découvrent le milieu carcéral. Les plus vulnérables sont continuellement en danger. Ce danger peut être soit psychologique du fait de la pression et du chantage en cas d'insoumission aux ordres, non du personnel pénitentiaire, mais des différents chefs-détenus. Soit physique : pour un refus d'obtempérer d'un détenu récalcitrant, une violence éclate entraînant avec elle des dangers physiques éminents, puisque, au sein de la prison, chaque détenu peut se procurer des objets tranchants sur le marché organisé à l'intérieur des prisons.

---

[653] Article 15, Note de Service portant Règlement intérieur de la Prison centrale de Yaoundé.

Conclusion

La sécurité tant physique que psychique est un élément indispensable pour tous, plus encore pour les citoyens qui sont privés de liberté. Puisque, à leur libération, ils auront appris à ne pas mettre la vie des autres en danger.

De plus, si la mission essentielle assignée aux prisons, par le biais de l'assistance sociale, est le *« relèvement moral des détenus »*[654], on peut soutenir que ces derniers doivent être rendus à la vie normale non pas pires, mais autant que possible meilleurs qu'à leur entrée en prison. La limitation des effets préjudiciables de la détention est une condition *sine qua non* de la réalisation de ces objectifs. Le but serait donc, non seulement d'humaniser la détention et d'aider les détenus à se reconstruire, mais aussi, à recouvrer leur liberté sur de meilleures bases pour ne pas tomber dans la récidive. Il faut donc combattre le surencombrement des prisons qui a des conséquences néfastes sur les objectifs de la peine en général et de la peine d'emprisonnement en particulier.

[654] Article 64 du décret n° 92/052 du 27 mars 1992 *portant régime pénitentiaire au Cameroun,* SIJIP – Système d'informations juridiques, institutionnelles et politiques (A.I.F.)

Chapitre II

De la lutte contre la récidive axée sur la réintégration du détenu dans la communauté

La réintégration du détenu dans la société à sa libération constitue, de nos jours, une préoccupation de plus en plus présente dans les milieux où les réflexions sont axées sur la finalité et l'utilité de la peine en général et celle de l'emprisonnement en particulier. De plus, nombreux utilitaristes et philanthropes s'accordent à ce que l'emprisonnement remplisse, en plus de sa fonction traditionnelle de garde et de sécurité, une autre mission : celle de la réinsertion sociale du détenu. Dans cette optique, des programmes d'intervention, riches et variés, sont souvent proposés et mis en place dans de nombreux pays, afin d'aider les détenus à être réintégrés dans la société après leur libération. Pour autant, la réintégration effective est loin d'être garantie. Les défaillances dans ce domaine sont souvent à rechercher dans le fonctionnement des prisons et leur impact sur le relèvement moral des détenus.

Or, si on veut que la prison, comme peine privative de liberté, remplisse la fonction de réinsertion du détenu dans sa communauté, il faut impérativement associer à ce système punitif, quelque chose d'autre, à même de compléter l'action rétributive. Il faut admettre l'évidence qui est la caractéristique même de l'emprisonnement. Ce dernier, quel que soit son degré d'humanisation, revêt toujours un caractère afflictif. Ainsi, le système complémentaire aura pour unique fonction de faire admettre à nouveau l'ex-détenu dans son milieu social, dans sa communauté.

Dans le but de compléter l'élément punitif qu'est l'emprisonnement, par les programmes de réintégration, de nombreuses associations et institutions œuvrent, avec pour objectif de permettre à des personnes incarcérées de vivre de façon socialement acceptable après leur libération, dans le respect des lois. Leurs différentes interventions se traduisent, le plus souvent, par des activités et des programmes visant à soutenir leur cheminement, à leur offrir des services adaptés à leurs besoins, etc… Mais, malgré ces multiples interventions pendant et après la peine d'emprisonnement, le phénomène de récidive, loin d'être maîtrisé, met en question la notion de réintégration.

Ce phénomène de récidive est la traduction de l'existence d'une problématique sous-jacente dans la conception même de réintégration. Certains paramètres doivent impérativement être pris en compte.

I. La problématique de la réintégration des détenus

La réintégration sociale est souvent analysée par rapport à l'absence de la récidive. Ladite récidive est définie, pour le coupable, comme le fait de commettre, dans des conditions retenues par la loi, une nouvelle infraction. Or, si une nouvelle infraction peut être considérée comme un indice d'évaluation statistique du phénomène de la récidive, son absence ne signifie pas automatiquement que le détenu libéré s'est bien réintégré dans la société. Puisque, être inséré à nouveau dans son milieu de vie, signifie que le conflit qui a été la cause de l'exclusion temporaire du concerné, a été résolu, et que son auteur peut désormais reprendre sa place sans heurt. Pourtant, il n'est pas certain que la peine d'emprisonnement ait complètement assaini la situation conflictuelle causée par l'infraction.

Dans cette dernière hypothèse, le retour de l'ex-détenu dans la société devient une source de conflits parce que la notion de réintégration elle-même est mal cernée.

La réintégration du détenu : une notion mal cernée

La question qui pourrait se poser, est de savoir si le délinquant était d'abord intégré avant l'infraction et son exclusion de la société par la peine d'emprisonnement, pour envisager ensuite sa réintégration. Mais ce volet de la problématique de réintégration mériterait une étude approfondie, faisant appel à des facteurs divers, de telle sorte qu'il nous semble difficile de l'envisager. Quoiqu'il en soit, il est souhaitable que, une fois libéré, le détenu retrouve sa place au sein de la société qui devrait l'accueillir, ou du moins l'accepter. C'est une évidence comme nous l'avons remarqué précédemment. Seulement, ce retour n'est pas toujours aussi simple qu'on le croit. L'accueil du détenu dans la société n'est pas toujours au rendez-vous malgré de nombreuses interventions des acteurs sociaux.

Cette situation peut être la résultante de plusieurs facteurs dont les plus importants, à notre avis, sont : les interventions axées uniquement sur les intérêts du détenu, et l'absence de prise en compte de l'importance de la cohésion sociale dans les procédures de réintégration.

1. Les interventions de réintégration axées sur les seuls intérêts du détenu

Dans des domaines très variés, la majorité des programmes de réintégration déterminent les besoins des personnes incarcérées. Ces programmes, qui placent les intérêts du détenu au centre des interventions, se modèlent le plus souvent au gré du caractère des besoins de celui-ci, d'où la défaillance des procédures de réintégration.

Il faut souligner que rendre plus aisée la réintégration des ex-détenus représente une tâche extrêmement complexe. Cette complexité vient du fait que la réintégration sociale couvre, d'une façon continue, plusieurs phases : la phase de la détention, la phase transitoire et la phase après libération. On reconnaît ainsi que la préparation du retour dans la société devrait commencer pendant la période de détention, avant que les détenus ne quittent le milieu carcéral. La transition entre le milieu carcéral et la vie dans la communauté devrait aussi être facilitée par des mesures de soutien appropriées.

De manière générale, la réinsertion sociale proprement dite renvoie à l'aide accordée aux détenus après leur sortie de prison en vue de faciliter leur réintégration dans la société et d'éviter ainsi la récidive. C'est ainsi que, dans de nombreux pays, l'accent est mis sur l'aide à la recherche d'un emploi ou d'un logement, ou encore sur la prise en charge des problèmes relatifs à l'abus de certaines substances, etc... De nombreuses associations apportent ainsi un grand soutien aux anciens détenus et remplissent souvent le rôle de tuteur pour les détenus qui sortent de prison. L'objectif est que les détenus ne se sentent pas abandonnés et puissent compter sur elles pour l'accomplissement de multiples démarches administratives nécessaires au retour à la liberté. La réinsertion professionnelle retient toujours toute l'attention de travailleurs sociaux. En effet, grâce aux formations professionnelles dont ils sont bénéficiaires pendant la période de détention, les détenus souhaitent accéder à un emploi plus facilement. Toutes ces interventions indispensables, mais complexes, ont pour finalité la réintégration sociale des détenus.

Malheureusement, il faut bien constater que, malgré tant d'efforts allant dans le sens de la réinsertion sociale, le nombre des récidivistes est loin d'être négligeable. Même dans les pays développés, les résultats obtenus sont peu satisfaisants, malgré ces méthodes d'encadrement dont l'objectif est la lutte contre la récidive. Il n'est donc pas évident que les mêmes interventions favorisent la réintégration effective des délinquants dans des pays d'Afrique en général et au Cameroun, en particulier.

Il convient de diagnostiquer les défaillances des interventions ci-dessus mentionnées pour que leur but soit atteint.

2. Approche restreinte de la dimension sociale et interrelationnelle

De nombreux échecs caractérisés par la récidive nous permettent d'interroger les interventions classiques en matière de réintégration sociale des détenus. La question qui devrait nous interpeller est celle de savoir comment faire cohabiter les antagonistes – victimes, ex-détenu – dans une société encore marquée par les conséquences du crime ou du délit commis ?

Loin de nous la prétention de minimiser les multiples programmes, somme toute intéressants, de réintégration sociale des détenus et de lutte contre la récidive. L'analyse de leurs défaillances nous permettra d'exploiter d'autres pistes dans le but de l'amélioration du système.

a. Analyse du contexte

Les méthodes de réintégration sociale des détenus méritent d'être, à nouveau, réexaminées, surtout en ce moment où le phénomène de récidive accentue l'insécurité dans nos sociétés. De nouveaux paramètres à exploiter pourront permettre de repousser les limites des processus classiques de réintégration des détenus. En effet, quand bien même le côté psychologique retiendrait l'attention des différents travailleurs sociaux, il n'est pas certain que la dimension sociale et interrelationnelle soit mieux appréhendée.

Il nous semble important de dissiper d'abord une confusion sur le mot "social" qui est joint à celui de "réintégration" ou de "réinsertion". De nos jours, le mot "social" se rapporte essentiellement aux conditions matérielles dans l'existence, ou à ce que la société peut procurer. De là, il n'est pas surprenant de constater que, lorsqu'il s'agit de la réinsertion sociale du détenu, inéluctablement, on fait allusion à l'emploi, au logement, au salaire, etc... Certes, tous ces moyens sont nécessaires pour tout être humain, et encore plus, pour celui qui en a été privé pendant l'incarcération.

Mais seulement, il s'agit aussi, pour l'ex-détenu, de retourner dans la société dont il a été exclu pendant une période plus ou moins longue contre son gré. Il doit retrouver ceux qui y sont restés. Sûrement, les relations sociales ne seront plus les mêmes, puisqu'elles sont désormais entachées des séquelles du forfait de son auteur. Il est donc impératif que le processus de réintégration sociale de l'ex-détenu aille au-delà du matériel pour prendre en compte la dimension sociale dans son sens le plus large.

Ainsi, se faire admettre à nouveau dans sa communauté, après une période de détention plus ou moins longue, ne se résume pas seulement à trouver un emploi ou à se loger, comme nous l'avons remarqué ci-dessus, du moins dans des sociétés africaines qui privilégient encore la cohésion sociale et la culture du "vivre-ensemble". Il faut impérativement que des liens sociaux, jadis fragilisés du fait du crime et de la prison, puissent être rétablis pour que le délinquant retrouve sa place au sein de sa communauté. Tant que ces liens sociaux sont encore menacés par des conflits sous-jacents, le détenu peut se sentir rejeté parce que, soit non accepté, soit mal accepté. Cette atmosphère conflictuelle et morose déstabilise inconsciemment l'ex-détenu qui peut le pousser à la récidive.

L'apport de la cohésion sociale est indéniable lorsqu'il s'agit de réintégrer celui qui a fragilisé les liens qui le rattachaient à la société au sein de laquelle il est appelé à revivre.

b. L'apport de la cohésion sociale dans le processus de réintégration de l'ex-détenu

Dans le processus de réintégration, la question préoccupante est de savoir comment faire vivre ensemble - victime et auteur du crime à la fin de la peine d'emprisonnement - dans une même société ? Cette question appelle nécessairement une politique sociale. Il ne se limite pas à la seule détermination des conditions matérielles, certes importantes, d'existence du détenu. Il s'agit plutôt de se demander comment faire en sorte que le délinquant soit accepté à nouveau dans un milieu social où il a rompu les liens du fait de son forfait.

Sous cet angle d'approche, la réintégration sociale du détenu devient une question de plus en plus complexe. Car, réintégrer, qui signifie reprendre possession d'un lieu qu'on avait quitté, rétablir dans la possession d'un droit, ou encore réinsérer, ne peut s'opérer sans heurts. Il nous semble important de rétablir la cohésion sociale pour que le détenu soit effectivement réintégré dans sa communauté.

Comme nous l'avons analysé dans la première partie de notre étude, l'homme Africain en général et le Camerounais en particulier est un être humain qui n'existe que par rapport aux autres. D'ailleurs, cette caractéristique n'est pas le particularisme des Africains. Dans *Oser parler*, Louis EVELY souligne que l'homme *« a besoin des autres pour être lui-même. »*[655] *Ce besoin des autres ne se limite pas seulement au matériel. Il s'étend également aux relations humaines et sociales saines. En effet, « Là où règnent de bonnes relations humaines, nous dit Alexandre NANA, la vraie vie existe. »*[656] Pour que le détenu soit réellement réinséré dans sa communauté, la vraie vie lui est indispensable. Mais, celle-ci ne peut se concevoir que lorsqu'il existe la paix : la paix avec soi-même, la paix avec les autres. Plus encore pour le coupable, la paix constitue un facteur primordial à sa réinsertion dans la communauté. Il est alors difficile de parler de paix lorsque ses relations humaines sont encore entachées de quelque conflit que ce soit.

Au regard de l'importance du facteur "paix" dans la réinsertion du détenu dans sa communauté, il revient aux différents intervenants dans ce

---

[655] L. EVELY, *op. cit.*, p. 16

[656] A. NANA, *op. cit.*, p. 79

processus de le privilégier. Certes, plusieurs pistes peuvent être exploitables pour restaurer la paix. L'exemple des Wolof du Sénégal que nous livre Etienne LE ROY dans son ouvrage *Les Africains et l'Institution de la Justice, Entre mimétismes et métissages*, est très pertinent. Au Sénégal, *« la paix ne peut être trouvée que par la recherche d'un équilibre entre les composantes de la société, c'est-à-dire principalement d'un équilibre entre les intérêts de l'individu et ceux du groupe… »*.[657]

En ce qui concerne les populations camerounaises et au regard du particularisme de sa structure sociétale, le détenu libéré ne peut effectivement être réintégré que s'il retrouve la paix : la paix avec soi-même, la paix avec et envers les victimes, la paix avec sa communauté. Sans cette paix intérieure et extérieure, les programmes d'interventions - trouver un emploi, avoir un logement – ne seront qu'incomplets et peu efficaces, puisque le détenu libéré ne se sentira pas accepté ni accueilli au sein de sa communauté tant qu'il n'y aura pas la paix.

En l'absence de cette paix qui facilite la cohésion sociale, toute procédure de réintégration du détenu à sa libération ne sera qu'une source de conflits.

La réintégration de l'ex-détenu : une source de conflits

La réintégration sociale d'un détenu, à la fin de la peine privative de liberté, paraît comme une évidence qui, malheureusement, devient une source de conflits. Le conflit, de par sa définition, est analysé comme une situation dans laquelle les parties élèvent des prétentions à la reconnaissance d'aspirations divergentes, opposées ou concurrentielles. Les buts visés par les adversaires en conflit sont, soit simplement différents, soit contradictoires. Dans tous les cas, le conflit dont il est surtout question ici est celui né de la commission d'une infraction : crime ou délit, qui reste toujours latent.

Si rien n'est fait pour inhiber le conflit originel, la réintégration du détenu dans la société, tout en générant de nouveaux conflits, le réactive.

[657] E. LE ROY, *op. cit.*, p. 82-83

1. La réactivation du conflit originel latent

La condamnation à une peine, en général, et à une peine d'emprisonnement en particulier, donne l'impression de résoudre le conflit que l'infraction a fait naître. Malheureusement, ce n'est qu'une triste illusion. En effet, les victimes directes ou collatérales n'éprouvent qu'une satisfaction limitée lorsqu'une peine est prononcée à l'encontre de l'auteur de leur préjudice. De même, la société ne trouve qu'un répit du fait de savoir que celui qui menaçait la sécurité est mis derrière les barreaux. Ces divers sentiments, si légitimes soient-ils, ne peuvent durer que pendant le temps de la détention. La peine d'emprisonnement, dans de nombreux cas, n'efface pas le mal à la source, et la situation conflictuelle persiste malgré tout.

Evidemment, nous nous trouvons ici dans un autre registre, celui de la finalité de l'emprisonnement, puisque la prison est toujours considérée comme une des réponses rétributives à l'acte asocial qui a mis en conflit les différentes parties : victime, société et auteur de l'acte incriminé. Si la peine d'emprisonnement est un mode de sanction nécessaire dans certains cas, la question qui doit être posée est de savoir si la privation de liberté permet de résoudre tous les aspects du conflit que le crime ou le délit a fait naître.

Une réponse affirmative peut être controversée dans la mesure où la peine d'emprisonnement, qui sanctionne certes le coupable, résout difficilement le conflit entre la victime et l'auteur du délit. Parfois, ni la recherche de la vérité, ni la condamnation, ni même la réparation, ne suffisent pas à dénouer et à résorber définitivement le conflit de telle sorte que, si le droit de vengeance était accordé, certaines victimes préfèreraient l'application de la loi du talion[658] – œil pour œil, dent pour dent. On peut toutefois considérer cette hypothèse comme un cas extrême. Mais, toujours est-il que les victimes ne réussissent toujours pas à compenser le dommage subi, par la condamnation du délinquant. Quelle que soit la durée ou la sévérité de la sanction d'emprisonnement, la victime a toujours tendance à relativiser la peine d'emprisonnement par rapport au dommage subi. De ce fait, elle continue à entretenir une animosité vis-à-vis de son bourreau. Chose tout à fait normale et

[658] La Loi du talion est une des plus anciennes des lois existantes qui consistait en la réciprocité du crime et de la peine.

humaine. La prison reste toujours, quel que soit son degré d'humanisation, une sorte de vengeance de la société qui n'éradique pas complètement la situation conflictuelle.

Dès lors, la réintroduction du coupable libéré dans un milieu encore hostile aura pour effet, non seulement la réactivation du conflit originel qui reste toujours latent, mais encore, elle sera à l'origine de nouveaux conflits.

2. L'apparition de nouveaux conflits

La notion de réintégration nous renvoie à des termes, plus ou moins convergents. Du verbe réintégrer, la réintégration est l'action de rétablir, de réhabiliter, de réinsérer ou de réintroduire le détenu dans la société. Pour introduire à nouveau le détenu dans la société, après une période d'exclusion plus ou moins longue, il faut qu'il soit admis dans la société, dans son milieu social. Or se faire admettre dans un milieu suppose un climat favorable à l'accueil de l'arrivant, et donc l'absence de conflit, ou tout au moins, l'inhibition du conflit préexistant. Ainsi, l'entourage, qu'il soit proche ou étranger, a un rôle primordial à jouer dans le processus de réinsertion. Et si la dimension sociale et environnementale n'est pas prise en compte la présence d'un détenu libéré provoquera plusieurs conflits.

D'une part, nul n'a besoin de faire la publicité sur le retour d'un détenu dans la société libre. Quel que soit le degré d'individualisation des membres de cette société, sa présence dans le quartier ne reste jamais inaperçue. Le meurtrier libéré après sa peine de prison suscite toujours la méfiance. Tout le monde reste sur le qui-vive, même à tort. Les victimes vivent toujours la sortie du condamné comme un nouveau drame. Le sentiment d'insécurité s'installe dans les esprits des autres membres de la société. On a peur qu'il recommence. On a peur d'être la prochaine victime. La peur de l'autre, quelle que soit la façon dont on définit cet autre, est souvent une source de conflit le plus violent.

D'autre part, le regard des autres - les passants, les inconnus ou employeurs - qui ont connu malencontreusement le passé pénal du détenu, est le plus souvent très négatif. Certaines personnes ressentent de l'indifférence face à un ancien détenu et même du mépris qui se traduisent dans le regard et les gestes. A l'approche de l'ancien détenu meurtrier, on change de direction. Si l'ex-prisonnier a de la famille, des enfants, ceux-ci subissent les mêmes effets.

Par conséquent, ces différentes attitudes - peur, méfiance, mépris - émanations du rejet de l'autre, sont souvent à l'origine de nombreux conflits dans la société. L'ancien détenu, qui ressent ce rejet, peut, soit porter un regard négatif sur lui et se détester, soit détester les autres. Ces deux attitudes, très néfastes pour sa réintégration, le conduisent à la récidive, créant ainsi de nouveaux conflits, de nouvelles infractions. Marcel Emmanuel OYONO ABAH fait la même réflexion dans son mémoire lorsqu'il dit *« La méfiance, la honte ou le mépris qu'on a vis-à-vis de l'ex-détenu et le discrédit qu'on lui jette sont de nature à l'inciter à commettre d'autres crimes pour se venger de notre incompréhension. »*[659] En effet, l'hostilité et l'attitude négative du monde extérieur à l'égard de l'ex-détenu ne peut le laisser indifférent, non plus que ses proches. Les réactions deviennent peu sympathiques, parfois violentes. On a un sentiment de révolte. Les intéressés se mettent sur la défensive. On entend souvent dire : j'ai déjà payé ma dette à la société, laissez-moi tranquille. Ou bien encore, que lui voulez-vous, il a déjà payé sa dette à la société !!! A travers ces différentes expressions, l'ex-détenu veut s'affirmer face à l'hostilité de la société. Il n'est pas réellement accepté. Ceci traduit évidemment la présence d'un conflit d'intérêts : intérêt de jouir de sa liberté pour l'ex-détenu ; intérêts, pour la victime et le reste des membres de la société, de jouir de la sécurité, d'être dans la quiétude.

Hormis ces attitudes à l'égard de l'ex-détenu, la resocialisation des criminels, en elle-même, n'a pas de sens aux yeux du grand public. Il devient en soi source de conflit surtout lorsque des fonds importants doivent être engagés. Marcel Emmanuel OYONO ABAH explique les raisons de cette attitude. Selon lui : *« Beaucoup sont farouchement hostiles à tout ce gaspillage d'argent et d'énergie. Pour eux, on ne saurait éviter la construction d'écoles, d'hôpitaux parce qu'il faut donner une formation professionnelle aux bandits de grand chemin dont le seul mérite est de savoir casser les coffres-forts et d'égorger quelques paisibles veilleurs de nuit ! »*[660]

---

[659] M. E. OYONO ABAH, *op. cit.*, p. 32
[660] M. E. OYONO ABAH, *op. cit.*, p. 62

La peine d'emprisonnement n'étant pas en mesure d'atteindre ce but social qu'est la réinsertion, la réactivation et l'apparition des conflits multiformes du fait de la réintégration sociale du détenu prouvent que cette notion est mal cernée.

Au regard de tout ce qui précède, il nous semblerait opportun d'intégrer impérativement certaines méthodes traditionnelles de règlement de conflits dans le processus de réintégration du détenu dans la société au Cameroun.

II. Les impératifs d'une réintégration effective de l'ex-prisonnier

Il serait préalablement indispensable de savoir si le conflit, qui a été engendré par le crime ou par le délit, a été résolu par la peine privative de liberté. Sinon comment essayer de le résoudre avant de procéder à la réintégration du détenu puisqu'il s'agit, en quelque sorte, de le réhabiliter socialement. L'absence de réhabilitation, dans le sens d'une nécessaire adéquation entre le détenu et son nouveau milieu de vie, est à l'origine de multiples récidives dans les sociétés où les relations humaines sont privilégiées pour la sauvegarde de l'union vitale. Il serait regrettable de faire fi de cette dimension lorsqu'il s'agit de réintégrer celui qui a été exclu de son milieu, puisqu'il a fragilisé les liens qui l'unissaient à sa communauté du fait de son comportement asocial. Il est préférable, dans ce cas, que les liens sociaux soient ré-établis entre l'ex-détenu et son milieu de vie.

A cette fin, dans une structure sociétale où prédomine encore le souci du "vivre-ensemble" comme celle du Cameroun, deux méthodes, jadis utilisées dans les processus traditionnels de résolution des conflits, nous semblent indispensables pour une réintégration effective. Il s'agit de la conciliation et de la réconciliation.

La conciliation des intérêts antinomiques

La réintégration suppose que le détenu se concilie le milieu de vie dont il doit désormais refaire partie. Dans ce milieu, les intérêts de ceux qui n'ont pas été exclus sont certainement différents et mêmes opposés aux intérêts de celui qui doit réapprendre à y vivre. Le retour de l'ex-prisonnier dans la communauté met donc en évidence différents intérêts antinomiques. Ces derniers, s'ils sont inconciliables, peuvent mettre en question sa réintégration. Il convient de se demander comment faire coexister les intérêts de la victime ou de la société avec les intérêts de l'ex-prisonnier au sein d'une même société. Ou plus précisément, les intérêts des premiers (victime – société) sont-ils conciliables avec ceux du dernier (ex-prisonnier) ?

Pour que la conciliation puisse être un catalyseur de réinsertion sociale de détenu, certains préalables sont nécessaires, avec le concours des instances de conciliation.

1. Les préalables de la conciliation des intérêts

L'enjeu ici n'est pas d'appliquer la justice en faveur de tel ou tel individu. Il s'agit d'utiliser la conciliation comme une dynamique à la réinsertion sociale du détenu. Pour que la conciliation remplisse cette fonction dynamique, la reconnaissance des droits et des devoirs des uns et des autres s'avère préalablement nécessaire.

En effet, il est difficile, sinon impossible de concilier les intérêts sans que ceux-ci soient déterminés et reconnus. Les prétentions ou les droits de la victime, de la société et du détenu prennent souvent naissance à partir d'un contexte social donné. Il peut arriver que les parties soient d'une même famille, d'un même clan, d'un même village ou d'un même quartier et donc appelées à partager. Comme forcément, ces parties sont amenées à vivre et à partager les mêmes milieux de vie, il va falloir que les droits de chacun soient reconnus.

Evidemment, pour la victime ou pour la société, il s'agit du droit à la sécurité. Si certains droits de la victime, à l'exemple du droit à la sécurité, sont légitimes, d'autres par contre,[661] méritent qu'on s'y attarde, en les travaillant pour trouver un compromis avec les droits de l'ex-détenu. De même, s'il est vrai que la présence de ce dernier au sein de la société suscite de l'inquiétude, son droit à lui, après avoir purgé sa peine

[661] La victime estime toujours insuffisante la peine prononcée et exécutée lorsqu'il sait que l'auteur de sa souffrance a été libéré et qu'en plus, celui-ci est pris en charge par les organismes pour sa réinsertion, et donc mieux traité, alors qu'elle traîne le préjudice subi jusqu'à la fin de ses jours, par exemple en cas de viol et de meurtre.

de prison, c'est de réintégrer la société et de jouir pleinement de ses droits.

A cet effet, et par analogie à la maxime relative à la liberté, il y a lieu de dire que les droits des uns s'arrêtent là où commencent les droits des autres, dans ce sens que le droit à la réintégration du détenu ne doit pas compromettre le droit à la sécurité de la victime ou de la société. Pour que ces différents droits et intérêts divergents puissent se retrouver tous dans une intersection commune, celle de la cohésion sociale, par le biais de la réintégration du détenu, leur conciliation devient un impératif.

En règle générale, la conciliation est une procédure utilisée par des personnes en conflit, désireuses d'arriver à un règlement amiable. Elle peut intervenir en dehors de tout procès ou au cours d'une procédure judiciaire déjà engagée. Si le rapprochement des personnes en désaccord dans un domaine moins litigieux n'est pas chose aisée, il s'avère encore plus difficile, et même impossible, lorsqu'il s'agit de concilier les intérêts du détenu libéré, auteur d'un meurtre avec ceux de la famille de la victime, par exemple.

D'où la nécessité de faire appel à des instances de conciliation.

2. Les instances de conciliation

La nécessité des organes spécifiques dont le rôle sera de faciliter la réintégration de l'ex-prisonnier en conciliant les intérêts antinomiques n'est plus à démontrer. Par contre, minimiser cet aspect des choses ou bien laisser les personnes concernées pour qu'elles le résolvent elles-mêmes, aura des résultats peu concluants.

Il est souhaitable de mettre en place un service pénitentiaire spécialisé pour la réinsertion (SPSR). Cet organe compétent en la matière appréciera le concours des savoirs des spécialistes, et la collaboration sociale.

a. La place d'un service pénitentiaire spécialisé pour la réinsertion (SPSR)

Au regard de la difficile appropriation de la mission de réinsertion par l'administration pénitentiaire, il serait souhaitable d'instituer un service pénitentiaire spécialisé pour la réinsertion (SPSR). Ce service, déchargé de la fonction de garde, aurait pour mission la réinsertion sociale des détenus.

Cette réinsertion sociale des détenus après libération, bien que mentionnée dans le décret de 1992 portant régime pénitentiaire, n'est pas une priorité dans la politique pénitentiaire camerounaise. L'Exécutif n'y fait qu'une allusion puisqu'il n'a été abordé que de façon imprécise dans un article dudit décret. Celui-ci est ainsi rédigé : *« L'assistance sociale aux détenus est assurée sous l'autorité du Régisseur par les services spécialisés du Ministère des Affaires Sociales. Elle a notamment pour objet de contribuer au relèvement moral des détenus et à leur réinsertion sociale après libération. »*[662]

Sans toutefois sous-estimer le rôle et le travail de ces services du ministère des affaires sociales (MINAS), il serait souhaitable qu'un service pénitentiaire spécialisé soit mis en place, au sein duquel un organe pour la conciliation serait institué, au regard de la complexité que représente la réintégration et compte tenu de la nécessité d'une spécificité juridique dans ce domaine.

En effet, la complexité que nous avons déjà mentionnée vient du fait qu'il faudrait non seulement s'occuper du bien-être matériel du détenu libéré, mais également tenir compte des anciennes victimes afin d'éviter l'apparition de nouveaux conflits. Quant à la spécificité juridique dont il est question, la conciliation, qui s'apparente à la médiation, nécessite que le domaine juridique soit maîtrisé pour pouvoir concilier les droits et les devoirs des uns et des autres.

C'est pour toutes ces raisons, et au vu de l'ampleur du problème, que nous estimons que la réintégration sociale des détenus devrait aller au-delà d'une simple mission d'assistance sociale aux détenus confiée aux

[662] Article 64, décret n° 92/052 du 27 mars 1992 portant régime pénitentiaire au Cameroun

services du MINAS. Il n'empêche que ces derniers contribuent à la mission de réintégration en partenariat.

Le SPSR, en étroite collaboration avec la Direction de l'administration pénitentiaire, serait placé sous l'autorité du Ministère de la Justice (MINJUS). Car il s'agit de mener à bien l'œuvre judiciaire commencée par les juridictions de jugement, suivie par l'administration pénitentiaire. De plus, ces différents degrés d'intervention doivent être mis sous l'autorité de la justice afin de mieux réprimer le crime. De ce fait, la privation de liberté atteindra l'objectif final de la peine : celui de la protection de la société en réduisant la récidive.

Quelle que soit sa dénomination, ce service pénitentiaire spécialisé doit proposer toutes mesures favorables à la conciliation des intérêts du détenu, des victimes et de la communauté dans laquelle le détenu est appelé à revivre. *« Cela suppose,* dira Emilie DUBOURG, *que ce service coordonne l'action de l'ensemble des intervenants pour que les mesures soient effectivement mise en œuvre. »*[663]

b. Le concours des savoirs des spécialistes et la collaboration sociale

Hormis les services du MINAS, les SPSR auront besoin d'un vaste réseau pour accomplir leur mission de réintégration des ex-détenus. En parlant de l'aménagement de la peine qui vise la même finalité, Emilie DUBOURG souligne l'intérêt que représente le partenariat dans le processus de réintégration. *« Le service*, nous dit-il, *doit développer un réseau partenarial solide. Car, il doit tourner vers des partenaires extérieurs. Le secteur associatif peut pallier en partie ces carences de service public. »*[664] En effet, plusieurs partenaires peuvent être d'un grand support dans la procédure de conciliation, soit parce que connaissant mieux les parties, soit parce que maîtrisant les éléments de la culture traditionnelle qui peuvent faciliter la conciliation. Tout dépendra du cadre ou du particularisme de chaque conflit.

A cet effet, un dispositif de suivi pourra, par exemple, être chargé d'accomplir des démarches utiles au resserrement des liens familiaux.

---

[663] E. DUBOURG, *op. cit.*, p. 83
[664] *Ibid.* p. 85-86

Car au Cameroun, *« Il est banal d'entendre parler de familles détruites par l'incarcération de l'un des conjoints, ou bien d'enfants mineurs abandonnés à leur sort par l'incarcération des deux conjoints. »*[665] Dans ce cas de figure, les membres de la famille ne peuvent être que des victimes collatérales de l'incarcération et le retour du coupable après la prison ne pourra remettre les choses en état. Le SPSR, dans cette hypothèse, aura besoin d'un dispositif approprié pour concilier les intérêts et ré-établir les liens familiaux indispensables à la réintégration du détenu comme le précise l'OIP. *« Les liens avec les proches pour les personnes privées de liberté, si ténus soient-ils, sont souvent les seuls points d'appui relationnels dont la préservation va permettre au détenu de conserver un équilibre psychologique. »*[666]

Par ailleurs, au niveau des contacts avec l'extérieur, le retour du délinquant dans la société n'a pas toujours bonne presse. Les contacts sociaux, qui n'avaient aucun rapport avec l'infraction au départ, se détériorent, créant parfois de nouveaux conflits. Or, la détérioration des relations sociales précipite la désadaptation du condamné, surtout si celles-ci sont déterminantes pour son équilibre psychologique et affectif. L'absence des facteurs psychologiques et affectifs dans le processus de réintégration peut conduire à la récidive. Le SPSR, par le biais d'un organe de conciliation et en collaboration avec les travailleurs sociaux, veillera à ce que cet équilibre psychologique et affectif soit rétabli s'il veut mener à bien sa mission de resocialisation du détenu libéré. Il aidera l'ex-détenu à se concilier ses contacts sociaux.

Si la conciliation permet de résoudre des conflits qui naissent du fait même du retour du détenu dans la société, elle permet difficilement d'assainir les séquelles du conflit originel né de l'infraction. Parfois, la réintégration effective de l'ex-détenu nécessite que la situation conflictuelle soit entièrement assainie. Dans cette hypothèse, la réconciliation des antagonistes sera en mesure de répondre à cette exigence.

---

[665] J.-O. MBOCK, *op. cit.*, p. 179

[666] Observatoire International des Prisons, section française, *Prisons : un état des lieux*, Paris, L'Esprit frappeur, 2000, p. 212

La réconciliation des antagonistes : ex-détenu, victime, société

La réconciliation a pour effet de neutraliser le conflit et de rétablir de bonnes relations entre protagonistes. Elle devrait donc intervenir avant tout prononcé de sanction et parfois avant l'exécution de celle-ci. Il y a de quoi s'interroger sur l'intérêt que revêt la réconciliation après que le détenu ait déjà exécuté sa peine d'emprisonnement.

Le concept de la réconciliation, ainsi que son intérêt dans le processus de la réintégration de l'ex-prisonnier, doivent être analysés avant d'envisager ce qui conditionne son efficacité.

1. Le concept et l'intérêt de la réconciliation dans le processus de la réintégration de l'ex-prisonnier

Une réconciliation qui interviendrait après que les juridictions de jugement auraient condamné le coupable et que celui-ci aurait exécuté sa peine pourrait paraître paradoxale. Certaines personnes parleront même de non-sens. Si l'utilité de cette démarche dans la réintégration du détenu après sa libération peut paraître peu probante dans les sociétés où l'individualisation a atteint son apogée, il n'est pas certain que ce sujet soit mis en question, lorsque le délinquant a besoin d'être accepté à nouveau dans le milieu qui porte encore les séquelles de son comportement asocial. Il n'est pas évident non plus de reprendre sa place sans heurt lorsque le conflit originel a pris naissance au sein d'une même famille, au sein d'un même quartier, et que les protagonistes sont appelés à partager le même espace vital. Dans ce cas, le processus de réintégration effective, après la libération du détenu, devrait impérativement passer par une réconciliation des antagonistes réels et potentiels.[667]

Le concept de la réconciliation semble être plus moderne que l'arbitrage. Mais, en Afrique en général, les sociétés traditionnelles employaient des méthodes complexes de réconciliation. La réconciliation dans les cultures

---

[667] L'infraction à l'origine d'un conflit peut ne pas concerner que les parties directes que sont la victime et l'auteur de l'infraction. Etant donné que les conséquences d'un acte litigieux s'inscrit souvent dans le temps, dans les mémoires et même dans l'espace, il n'est pas exclu de voir subsister à long terme des victimes collatérales, prolongeant ainsi la chaîne des antagonistes, d'où le caractère de leur potentialité.

traditionnelles camerounaises, visait à réinstaurer la paix et le lien social fragilisés par les conflits ou par un comportement asocial. Elle pouvait donc intervenir à tout moment tant que la cohésion sociale n'était pas réinstaurée, parfois même, tant que la confiance mutuelle n'était pas ré-établie.

Il est cependant nécessaire de souligner ici que le souci de réconcilier avait un objectif qui allait au-delà des protagonistes directs. Puisque, de par son aspect structural et par les rapports tissés entre individus, clans, tribus, etc..., un seul conflit pouvait fragiliser le reste des liens sociaux de la communauté. Ainsi, tout conflit, quelle que soit son importance, appelait une réconciliation.

A partir de cette conception et au regard des marques indélébiles que le conflit originel laisse derrière lui, la réconciliation, envisagée à la libération du délinquant, trouve tout son sens. Elle va concerner, non seulement les parties directes au conflit, mais également, la société au sein de laquelle l'ex-détenu devrait reprendre sa place.

La réconciliation peut aussi avoir tout son sens et son intérêt dans d'autres situations plus restreintes. En effet, si la réconciliation est le fait de ré-établir de bonnes relations entre des personnes directement concernées - victime, ex-détenu -, cela suppose qu'il existait déjà, avant l'infraction et la peine d'emprisonnement, des relations entre les antagonistes. Peu importe la qualité et l'intensité de ces relations. Toujours est-il que l'infraction, objet d'exclusion du coupable, peut avoir un impact sur celles-ci. Ainsi, réconcilier les parties va au-delà du simple ré-établissement des relations comme nous disent certains praticiens de la psychologie positive[668] : *« Se réconcilier n'est pas seulement surmonter les raisons de se faire la guerre, c'est surtout inventer les conditions pour se parler. C'est aussi, face à une histoire de tumultes et de haines, trouver le bon équilibre de la mémoire : suffisamment s'accepter l'un et l'autre et oublier pour ne plus se combattre, suffisamment se souvenir pour ne pas recommencer. »*[669]

---

[668] Voir ce thème complet dans Jacques Lecomte (dir.). *Introduction à la psychologie positive*, Paris, Dunod, 2009.
[669] E. MULLET, T. MUNOZ SASTRE et J. Lecomte - http://www.psychologie-positive.net.

L'intérêt de la réconciliation est ainsi double. Elle est une démarche d'exorcisation des peurs et des haines et une ouverture sur l'avenir tant pour l'ex-prisonnier que pour la victime. Elle permet aux personnes de pouvoir envisager l'avenir dans la sérénité.

Cet intérêt de la réconciliation est encore plus accentué pour la réintégration de détenu. Puisque, loin d'être seulement une volonté de tourner la page, la réconciliation, pour l'ex-détenu, suppose une démarche active, lui permettant de revisiter la mémoire et d'écrire l'histoire qui le fera vivre en adéquation avec lui-même, et en paix avec les autres. Il a besoin de cette paix avec lui-même et avec les autres pour se reconstruire. La réconciliation devient donc, de ce fait, un facteur primordial dans la lutte contre la récidive et une dynamique pour la réinsertion sociale du détenu après libération.

Pour autant, cette réconciliation ne va pas de soi. Car, il est vrai que se réconcilier avec son agresseur ou même se réconcilier avec la personne qui a été à l'origine de son emprisonnement est difficilement envisageable. Ainsi pour que la réconciliation trouve toute sa légitimité dans le processus de réintégration de l'ex-détenu, certaines conditions doivent être remplies.

2. L'exigence d'une double conditionnalité

S'il est difficile de se réconcilier avec une personne qui ne souhaite pas vous rencontrer, il n'est pas facile, non plus, de se réconcilier avec une personne qui a abusé de vous dans le passé et ne semble pas s'être amendée. Mais, pour une réintégration effective du détenu, la réconciliation est indispensable. Cette réconciliation est soumise à d'exigeantes conditions qui ne peuvent être mises de côté, au risque d'engendrer une réconciliation fictive.

Une démarche active de la part de l'ex-détenu qui faciliterait la réconciliation, doit s'accompagner du pardon, tant il est vrai qu'il ne peut y avoir de réconciliation sans pardon. La société dans laquelle il doit se réintégrer ne devrait pas être écartée dans cette démarche.

a. Le pardon : la portée du concept

Le pardon est un acte de repentance du fautif qui n'entre pas dans les considérations juridiques, pénales. Il n'a donc aucun impact sur les décisions de justice. Pour autant, il a une importance considérable dans la procédure de réconciliation qui facilite la réintégration du détenu. En effet, la réintégration d'un coupable repenti au sein de sa communauté était au cœur du système traditionnel de règlement de conflit. Le pardon présente une double utilité pour chacun des antagonistes.

D'une part, pour l'ex-détenu, demander pardon, c'est reconnaître son tort, signe d'une disposition à ne pas récidiver. Ceci revêt une importance capitale puisque, dans la plupart du temps, nombreux sont les détenus qui, ne reconnaissant pas leur tort, trouvent la peine d'emprisonnement injuste. Ils nourrissent en eux une haine qui se traduit le plus souvent par une vengeance : d'où de nombreuses récidives. Par contre, tout en reconnaissant son forfait, le pardon demandé le délivre d'une dette de haine qui peut inscrire éternellement une vengeance. Le plus souvent, on entend les victimes dire à la sortie d'une audience, « j'aurais souhaité que le coupable reconnaisse son acte » ; ou bien encore, « qu'il puisse regretter son acte ». Cela peut sembler banal. Pourtant, les victimes estiment parfois que, le mal étant déjà fait, surtout en cas de meurtre, condamner le meurtrier, même à perpétuité, ne ramènera jamais à la vie l'être cher. Le regret de la part de l'auteur de leur chagrin est un acte dont l'effet peut permettre à la victime de se reconstruire.

D'autre part, le pardon donné libère la victime d'un passé qui n'arrive pas à s'effacer. Il apaise ainsi la vengeance et le sentiment d'impunité que peut entretenir la victime. Le témoignage d'une situation en Ouganda que nous livre Sarah MIREMBE[670] est très pertinent. Une jeune femme décrit son chemin pour pardonner à l'homme qui l'avait enlevée. Elle dit : *« Je t'ai haï pour le mal que tu m'avais causé. Mais partout où j'allais, ton souvenir me poursuivait. J'étais coincée car je te haïssais et pourtant je devais constamment vivre avec ta mémoire à l'esprit. La conseillère m'a aidée à réaliser que je détestais être coincée avec toi. Cela a été le début de ma motivation pour te pardonner. Te haïr me*

[670] Témoignage recueilli par SARAH MIREMBE est une conseillère et une consultante travaillant avec les enfants et les jeunes en Ouganda

rendait malade et je désirais tant être bien. Alors, j'ai convenu avec la conseillère qu'elle m'aide à me débarrasser de ma haine. »[671]

« Le pardon consiste en effet à vaincre son ressentiment envers un offenseur, non pas en niant son droit au ressentiment, mais en s'efforçant de considérer l'offenseur avec bienveillance, compassion et même amour. »[672] La victime ne doit plus sentir la rancœur envers la personne qui est à l'origine de son préjudice. Au contraire, elle se sent prête à redevenir actrice de sa vie et à passer à autre chose. Le pardon la rend plus forte. Les Anglais l'exprime avec justesse dans leur proverbe : *« Se venger d'une offense, c'est se mettre au niveau de son ennemi ; la lui pardonner, c'est se mettre au-dessus de lui.* »[673]

Par contre, l'objectif du pardon de la victime ou du regret du coupable n'est pas d'effacer ou d'oublier le passé. Il est plutôt l'antithèse de l'oubli. « Car si l'on oublie le tort qui a été fait, alors, il n'y a plus rien à pardonner. Oublier et/ou nier ce qui s'est passé ne constituent pas des aspects légitimes du pardon. Chacune de ces démarches peut empêcher le pardon authentique de se produire ou peut résulter en un simulacre de pardon. Ainsi, selon Nelson Mandela : *« Les Sud-Africains doivent se souvenir du terrible passé, de façon à pouvoir le gérer, pardonner quand le pardon est nécessaire mais ne jamais oublier. En nous souvenant, nous nous assurons que plus jamais une telle barbarie ne nous meurtrira et nous supprimons un héritage dangereux qui reste une menace pour notre démocratie.* »[674]

Le pardon est un acte libérateur pour celui qui l'exerce. Il exorcise les peurs et les haines pour celui qui le donne. A travers la libération et l'exorcisation, la dignité du sujet - victime et ex-détenu – est restaurée.

La réconciliation fait souvent appel à une médiation. Et dans le but de la réintégration du détenu après la peine privative de liberté, la société doit être impliquée.

---

[671] *Ibid.*

[672] E. MULLET, T. Munoz SASTRE et J. LECOMTE - http://www.psychologie-positive.net

[673] Proverbe anglais

[674] N. Mandela, « Pardonne, mais n'oublie pas », *Le Monde*, 7 août 1999, p. 11

b. L'implication de la société

La réconciliation, qui trouve toute sa justification dans la reconstruction des sujets, malgré la peine d'emprisonnement, ne peut être possible qu'au sein de la communauté. En effet, comme le souligne dans son ouvrage, Etienne LE ROY sur un angle d'approche similaire : *« [...] la solution aux problèmes de société ne peut être trouvée dans un recours à des instances extérieures et supérieures ... ».*[675] Dans les sociétés africaines en général, chacun est responsable de la bonne marche de la communauté même si, avec le concept et l'omniprésence de l'Etat-protecteur, cet esprit de responsabilité est en pleine dégénérescence. Toujours est-il que, si *« l'intérêt de la société commande de s'assurer de la réinsertion du condamné pour lutter contre la récidive »*,[676] il est souhaitable que soit développé et amélioré le potentiel considérable que constituent des communautés camerounaises dans la démarche de réconciliation de l'ex-prisonnier avec son milieu social.

Les populations camerounaises offrent une structuration sociétale qui permet la réhabilitation des instances traditionnelles nécessaires à la réconciliation dans la mesure où, à chaque degré ou échelon social, il existe un chef : chef de famille, chef du village, chef de quartier, chef de tribu ou même de clan auquel le détenu appartient.[677] Les méthodes traditionnelles de réconciliation pourront être exploitées afin de faciliter le processus la réintégration du détenu. La tradition, loin d'être un frein à une telle entreprise, constituera au contraire le matériau principal dans une telle ambition qu'est la réintégration du détenu par la réconciliation. Il suffirait que soient mis en place, au sein de chacune de ces structures traditionnelles, des programmes avec pour objectif la réintégration de détenu par le biais de la réconciliation. Ces programmes, après une concertation élargie, seraient établis de manière permanente. Ce qui nécessite la sensibilisation de la population ainsi que les dirigeants des différentes collectivités locales.

[675] E. LE ROY, *op. cit.*, p. 83

[676] J. L. WARSMANN, Rapport sur les peines alternatives à la détention, les modalités d'exécution des courtes peines, la préparation des détenus à la sortie de prison, Paris, avril 2003, p. 45

[677] Ces différents chefs traditionnels étaient et devraient continuer à être considérés comme des chef-lieurs pour réconcilier les parties au conflit.

A cette fin, des démarches devraient être entamées soit auprès des personnes influentes du milieu dans lequel le futur libéré élira domicile, soit auprès des structures traditionnelles avant sa libération définitive. Ces démarches peuvent être menées par la famille ou par les services pénitentiaires spécialisés qui s'occupent de la réintégration sociale du détenu. Les personnes contactées devraient programmer les rencontres qu'elles estiment favorables à la réconciliation. Car, si l'accord du prisonnier est primordial, celui de la victime directe est important.

Les collectivités locales, qui sont *a priori* des structures étatiques, ont aussi un rôle important à jouer dans la réintégration des ex-détenus. Toutefois, il faut mettre en place des stratégies appropriées dans leur collaboration avec les instances traditionnelles, dans le but de mobiliser et de maintenir l'intérêt de l'implication de la communauté dans des programmes de réintégration des détenus. Ce n'est que par de telles stratégies qu'il serait possible de contrer la tendance de l'Exécutif et des autorités pénitentiaires à s'en remettre seulement aux services du MINAS, lorsqu'il s'agit de la réintégration des délinquants.

En définitive

La notion de réintégration des détenus dans la société après une peine d'emprisonnement devrait être révisée pour qu'elle soit mieux cernée dans toutes ses dimensions. Ce repositionnement de la problématique de la réintégration présente un intérêt à plusieurs niveaux.

D'une part, si le rôle pénal de la prison est de prime abord irremplaçable, la privation de liberté n'a de sens que si elle permet le relèvement moral des détenus.[678] Or, il a été remarqué que la prison reste toujours une sorte de vengeance de la société. Elle est loin d'être un moyen de résolution de conflit dans la mesure où elle n'arrive pas à extirper tous les conflits créés par l'infraction. La situation conflictuelle persiste malgré tout. A la libération du détenu, étant donné que le premier conflit n'a pas été totalement résolu, d'autres conflits font surface. Ces deux situations conflictuelles peuvent compromettre la réintégration du détenu.

---

[678] Article 64 du décret n° 92/052 du 27 mars 1992 *portant régime pénitentiaire au Cameroun*

D'autre part, le processus de réintégration axé seulement sur l'aspect matériel, ou bien centré seulement sur la personne du détenu, peut être confronté à des obstacles qui relèveraient de la dimension sociale et interrelationnelle. Il devient donc impératif d'élargir la notion même de réintégration qui atteindrait tous les aspects qui entourent l'ex-détenu.

Dans cette optique, l'apport des méthodes plus ou moins extra-judiciaires ou même extra-pénales, en l'occurrence : la conciliation et la réconciliation, pourraient permettre d'atteindre le but escompté, celui de la réintégration du détenu dans la société, avec l'implication de cette dernière.

Titre I - Conclusion

Si dans la vie courante, chaque être humain apprécie à sa juste valeur la sécurité juridique que le Législateur s'attelle à mettre en place et à l'améliorer au fil des ans, il n'y a pas de raison pour que ce "principe" perde toute sa valeur dans le milieu carcéral. D'ailleurs, s'il existe des endroits où la loi devrait être respectée et utilisée comme un cadre de référence, c'est bien dans les prisons. Puisque le respect des lois et des droits, par et dans l'institution carcérale, constitue justement un exemple pour ceux qui ont fait tort à la société par leurs agissements asociaux.

La préoccupation relative à la sécurité au sein des populations camerounaises, par rapport à la délinquance, se fait de plus en plus sentir de nos jours. En mettant le délinquant hors d'état de nuire, la peine privative de liberté tend à protéger immédiatement la société et la victime. Cette exclusion est parfois nécessaire au regard de la gravité de l'acte et de la personnalité du délinquant. Mais elle n'est, en principe, que temporaire. Le condamné est amené à réintégrer le corps social, puisque *« toute personne condamnée est aussi "condamnée" à retrouver un jour le corps social, à le réintégrer. »* [679] La meilleure protection de la société, la plus efficace et la plus humaine, consisterait, non seulement à renforcer la sécurité à l'intérieur des prisons, mais aussi, à favoriser la réinsertion des détenus dans la communauté après l'exécution de la peine privative de liberté. Cette réinsertion des délinquants constitue un des éléments clé dans le processus de protection de la société dont l'objectif consiste à réduire le taux de récidive.

Par ailleurs, le concept de la prison a changé avec le changement du sens de la peine privative de liberté. Avant, la fonction principale de l'établissement pénitentiaire était *« surveiller et punir »*.[680] Il est devenu plutôt un établissement socio-éducatif. Ainsi dans un Etat de droit, l'exécution de la peine privative de liberté doit respecter les règles de droit pour justement remplir sa fonction sociale, à savoir la réhabilitation et la réinsertion des détenus.

---

[679] G. MOUESCA, *op. cit.*, p. 7

[680] Selon le titre de l'ouvrage de Michel FOUCAULT : *Surveiller et punir, naissance de la prison*, Paris, Gallimard, 1975, 318 p.

Même en présence d'une loi pénitentiaire pour combler le vide juridique que connaît le système pénitentiaire camerounais, des prisons engorgées ne peuvent pas assurer la fonction pénitentiaire dans sa plénitude : la réhabilitation et la réinsertion.

Titre II

L'élaboration des dispositifs indispensables au fonctionnement du système pénitentiaire camerounais

Il revient au Législateur camerounais de faire preuve d'audace dans la réforme pénale et pénitentiaire. Par ailleurs, *« Les magistrats, dans le souci de décanter et de désengorger les prisons au Cameroun, doivent comprendre que seuls les faits suffisamment caractérisés et graves doivent justifier les placements en détention provisoire, que même après ce placement, la liberté provisoire peut être efficace et que l'amende, étant une peine principale, doit être prononcée comme la peine d'emprisonnement. »*[681]

Pour que les prisons camerounaises soient en mesure d'accomplir leur mission, un cadre juridique de référence est indispensable sinon primordial à leur fonctionnement. Mais seulement, le fonctionnement des prisons dépend aussi de la manière dont est géré le flux pénal en amont. A cet effet, le pluralisme judiciaire camerounais devrait être rénové afin que les établissements pénitentiaires n'accueillent que les délinquants qui ont vraiment besoin d'un traitement carcéral.

---

[681] EKANGA EVOUH, *op. cit.*, p. 60

Chapitre I

Un cadre juridique de référence en milieu carcéral

La question de la sécurité juridique en milieu carcéral est très complexe et l'effectivité des droits des prisonniers fait l'objet, depuis des années, de diverses réflexions chevauchant entre leur objectivité et leur subjectivité. Les lieux privatifs de liberté ont tendance à revêtir une connotation qui devrait être combattue : celle d'être des zones hors la loi. Pourtant, dans une République démocratique reconnue comme telle, il ne devrait pas exister des lieux où la loi ne règlementerait pas les relations humaines et les différents intérêts. A cet effet, les milieux fermés devraient être privilégiés à plus d'un titre.

D'une part, pour ceux qui séjournent : étant considérés comme asociaux, ils sont plus exposés, puisque limités dans leurs moyens de défense et donc sujets à l'arbitraire et au pouvoir discrétionnaire du personnel d'encadrement.

D'autre part, le milieu carcéral doit servir d'exemple aux détenus par le respect de la loi, puisque les reproches faits à ceux qui y sont enfermés, c'est justement de n'avoir pas respecté les lois de la société. Mais étant donné que ces détenus sont en attente de liberté, sauf des cas exceptionnels,[682] ils sont aussi appelés à réintégrer cette société après avoir purgé leur peine, après avoir payé leur dette envers la société. Pour cela, en vue de leur future réintégration dans la communauté des hommes libres, leur détention ne doit pas accentuer des carences d'adaptation sociale dont ils ont fait preuve par le non-respect des normes de la société. Tout au contraire, le condamné doit sortir de prison étant "mieux, sinon amélioré socialement" qu'à l'entrée en prison. L'incarcération ne doit pas aggraver le mal qu'elle est censée guérir. A cet égard, le respect de la loi et des droits doit être l'un des outils que l'administration

[682] Il s'agit ici des réclusions criminelles à perpétuité en l'absence de l'amnistie ou des grâces collectives. Il s'agit également de la condamnés à une peine de mort encore légale au Cameroun.

pénitentiaire doit utiliser pour faciliter la resocialisation ultérieure des détenus, si toutefois tel est l'un des objectifs de la peine privative de liberté.

En ce qui concerne les milieux carcéraux au Cameroun, les carences juridiques les plus récurrentes méritent que le Législateur fasse preuve d'un peu plus d'audace pour que la loi et le droit y trouvent leur place.

En effet, l'analyse faite dans la deuxième partie de notre étude, relative à l'organisation et la réglementation du système pénitentiaire camerounais, révèle des nombreux points sombres, sujets à critique. En plus de ces points sombres, force est de constater qu'il existe une carence législative qu'un Etat comme le Cameroun devrait combler d'urgence. Certes, on ne saura faire fi de l'avancée significative et des améliorations opérées dans ce domaine. Mais, si l'idée de rééduquer les détenus et de les réinsérer dans la société doit constituer l'une des causes légitimes de punir les délinquants au Cameroun, autant mettre en place un système pénitentiaire fondé sur des lois et des règlements rigoureusement établis. Il serait souhaitable et urgent qu'une loi pénitentiaire puisse être élaborée. Elle servira de cadre de référence, aussi bien, aux détenus qu'à l'administration pénitentiaire, ainsi qu'aux divers intervenants sociaux.

Dans cette optique, *« il faut envisager tout à la fois la réforme du droit de la prison, son application effective et une responsabilisation accrue des régisseurs de prisons. »*[683] Quelles que soient les normes de qualité, accessibles et précises qui constitueront le cadre de référence dans les milieux carcéraux au Cameroun, leur efficacité dépendra de l'effectivité d'un contrôle extérieur.

Nous proposerons à cet effet deux pistes de réflexion pour garantir la sécurité juridique dans les établissements pénitentiaires camerounais : la première est relative à l'aménagement d'un cadre de référence *intra muros* ; la deuxième concerne les conditions de l'effectivité de ce cadre de référence.

---

[683] Commission présidée par Guy CANIVET, 1er président de la Cour de cassation, rapport au garde des sceaux, ministre de la justice sur *Amélioration du contrôle extérieur des établissements pénitentiaires,* Paris, La Documentation française, 2000, p. 207

I. La mise en place d'une loi pénitentiaire adéquate

L'étude d'un cadre de référence en milieu fermé ne pourrait se contenter des quelques points que nous soulignerons ci-après. Son champ d'action, vaste et complexe, mériterait une étude approfondie. Celle-ci dépasse largement le cadre de notre présente étude. Qu'à cela ne tienne ! Il nous a semblé opportun de nous pencher sur les conditions juridiques et sur les missions du service public pénitentiaire.

En effet, le régime et l'action pénitentiaires doivent assurer le respect des droits fondamentaux de tout homme et de tout l'homme. A cet égard, une loi pénitentiaire camerounaise qui abordera tous les points, sensibles ou non du système pénitentiaire, traduira évidemment la volonté du Législateur de clarifier les missions du service public pénitentiaire et les conditions de son exercice, d'une part, et, d'autre part, de régir la condition juridique de la personne détenue pour la maintenir dans l'exercice de ses droits.

La condition juridique des personnes détenues

« La sanction doit être accompagnée d'un dispositif permettant que chaque individu puisse être placé dans une dynamique favorisant une réinsertion réussie : dispositif social, économique, familial, etc. »[684] Le dispositif dont parle Gabriel MOUESCA n'est qu'un cadre de référence juridiquement établi.

L'élaboration d'une loi pénitentiaire prendra en compte, à la fois, le cadre règlementaire et le cadre juridique nécessaire au bon fonctionnement des prisons du Cameroun.

1. Le cadre réglementaire ou l'individualisation du traitement carcéral

Répondre à des besoins aussi divers, voire antinomiques, auprès d'une population pénale hétérogène, nécessite une vaste panoplie de solutions. Et l'individualisation de la peine ne devrait pas se limiter au quantum de celle-ci. A ce titre, la classification des prisons devrait obéir

[684] G. MOUESCA, *op. cit.*, p. 7

à cet objectif en prenant en compte l'exécution même de la peine, ainsi que la situation de ceux qui sont sous main de justice.

A cet effet, notre réflexion empruntera deux axes : la séparation effective des condamnés et des prévenus par la mise en place des centres réservés uniquement aux prévenus ; la différenciation de degré de dangerosité par les différents établissements pour peines.

a. Des centres réservés uniquement aux prévenus

Nous avons noté à maintes reprises, la situation critique des prévenus dans les établissements pénitentiaires du Cameroun. Mettant de côté la problématique de leur nombre élevé dans les établissements pénitentiaires, le danger le plus récurrent auquel les prévenus sont exposés, c'est celui de partager les mêmes lieux fermés avec les condamnés. S'installe alors une confusion totale. Celle-ci a des conséquences non négligeables sur eux et même sur leur façon de concevoir la justice, surtout lorsque, après une période plus au moins longue, ils sont libérés parce que non coupables.

Peut-être cette situation regrettable que connaissent les détenus n'est pas propre au système pénitentiaire camerounais. Mais toujours est-il que, le degré de danger auquel sont exposés ceux qui doivent encore être considérés comme innocents, ainsi que les conséquences néfastes qui en découlent, donnent une mauvaise image d'un pays comme le Cameroun. Tant il est vrai que les prisons sont considérées comme la face cachée d'un pays.

Pour remédier à cette injustice flagrante et en raison du danger auquel sont exposés les prévenus, il est indispensable en priorité d'aménager des centres réservés uniquement pour eux. Cette spécificité de classement pour les prévenus offre plusieurs avantages non négligeables.

D'une part, réservés aux prévenus, ces centres seraient l'ultime occasion de respecter la présomption d'innocence. Cette disposition est aussi importante par rapport à l'opinion publique, puisque, tant que le prévenu se trouvera dans ces centres de rétention, il sera présumé innocent. Sa réputation ne sera pas mise en cause en cas d'un non lieu. Ces centres seront réputés pour garder des personnes soupçonnées, non inculpées.

D'autre part, ces centres réservés uniquement aux prévenus permettraient de mettre à la disposition de la justice les suspects (personnes mises en examen : prévenus et accusés soumis à la détention provisoire, et gardés à vue). Il ne sera donc pas question de les assimiler aux maisons d'arrêt qui accueillent les condamnés devant exécuter une peine d'emprisonnement d'une durée inférieure ou égale à 6 mois, ou les condamnés auxquels il reste à subir une peine de même durée, pour des raisons tenant à la préparation de leur libération. Cette possibilité doit être proscrite.

Par ailleurs, le régisseur de prison chargé de gérer ce contingent de prévenus, saura à l'avance qu'aucun des pensionnaires de cet établissement ne doit pas dépasser le délai maximum de détention provisoire, même en cas de renouvellement de celle-ci prévu par la loi. La gestion de ces centres sera facile dans le sens du respect des délais de détention. Car, le régisseur n'admettra pas dans ces centres ceux qui ne remplissent pas les conditions de délai et de qualité pour y résider. L'application des propositions déjà faites pour le décongestionnement des prisons sera ainsi facilitée. Car, dès le prononcé de jugement de condamnation, le détenu concerné sera transféré immédiatement dans l'un des établissements pour peines.

En outre, il n'y aura pas de confusion ni de contagion criminogène du fait de la promiscuité avec les condamnés. L'atmosphère peut être différente du fait que tous aspirent à être reconnus non coupables des fautes reprochées.

Cela suppose que le personnel affecté dans ces établissements pour prévenus doit avoir une formation spécifique. Nous reviendrons sur la spécialisation du personnel d'encadrement qui valorisera en même temps leur profession.

b. Les établissements pénitentiaires pour peines avec différenciation de degré de dangerosité

Le régime pénitentiaire au Cameroun, réglementé par le décret de 1992,[685] prévoit, comme nous l'avons constaté et analysé, diverses catégories de prisons classées, soit suivant la nature de leurs activités,

[685] Décret n° 92/052 du 27 mars 1992 portant régime pénitentiaire au Cameroun

soit suivant leur organisation. Fort malheureusement, ces dispositions réglementaires, si ambitieuses, n'ont pas pu faire face à la réalité du terrain. De telle sorte que cette classification des prisons n'a pas atteint le but escompté. Peut-on parler de l'irréalisme de ce régime ou de l'absence de volonté d'aller jusqu'au but de la démarche rénovatrice ?

Quelle que soit la réponse à donner à ce point d'interrogation, toujours est-il que, à l'heure actuelle, il est impératif qu'une réflexion constructive soit menée afin que l'individualisation du traitement carcéral soit effective. Pour les condamnés, une différenciation s'avère nécessaire pour un traitement carcéral approprié.

En effet, si le souci premier de toute peine, et plus précisément la peine privative de liberté, a pour but ultime de rendre le détenu capable de réintégrer la société à sa libération, il n'en sera pas de même pour un condamné à vie (perpétuel) ou à une peine de mort. Le traitement réservé à ces derniers ne sera évidemment pas la réinsertion sociale à sa libération – même si celle-ci peut être éventuelle – mais un traitement adapté à sa condition serait plus approprié.

Pour toutes ces raisons et pour plus d'efficacité, le système pénitentiaire doit avoir pour objet un traitement carcéral différencié selon le degré de dangerosité.

- **Prisons pour les condamnés à temps**

Outre la mission intrinsèque de sécurité publique de la prison, le régime pénitentiaire doit tendre à assurer au détenu une vie sociale afin de limiter les effets "désocialisants" de l'incarcération. En effet, un environnement social adéquat permet aux personnes incarcérées de retrouver l'estime de soi en tant qu'individu.

Ainsi, le traitement des personnes détenues à temps doit se fixer pour objectif d'éveiller leur conscience, d'affermir chez ces dernières la volonté de s'amender et de fortifier leur capacité d'adaptation à la vie sociale. Ce schéma doit guider tout le processus d'encadrement mis en place dans ces établissements pénitentiaires réservés aux condamnés à temps.

Afin d'atteindre ces buts, le régime pénitentiaire doit s'adapter à ce type de condamnés pour leur entière réintégration dans la société à la sortie de prison. Il est à noter que cette réintégration des détenus condamnés à temps, lorsqu'elle a été faite avec succès, participe à l'intérêt de tous les citoyens. Pour ce faire : *« Il est donc nécessaire de se concentrer, non pas à l'acte criminel, mais à la nécessité de mieux entretenir chez les détenus les sentiments de dignité humaine et d'amour propre, ainsi qu'une volonté réelle et délibérée d'amélioration et un besoin de réintégration sociale. D'où l'impératif de penser des conditions de détention qui soient en accord avec un tel objectif. »*[686]

❖ **Prisons pour les condamnés à vie ou à la peine de mort**

Il serait peut-être absurde de parler de l'amendement lorsque le prisonnier est condamné à vie, encore moins lorsqu'il est frappé d'une peine de mort. Dans ces deux cas de figure, il est inutile de croire que le régime appliqué dans les établissements réservés aux condamnés à temps pourra être appliqué avec la même efficacité, pour les mêmes résultats. Parler d'une certaine réhabilitation serait, à la limite, irréaliste.

Il est donc indispensable d'envisager une approche spécifique de traitement carcéral adaptée. A cet effet, une spécialisation du personnel d'encadrement, dans le but de mieux gérer ce contingent, est indispensable.

❖ **Prisons pour mineurs condamnés**

Il va sans dire, une approche plus éducative doit imprégner le régime pénitentiaire dans les prisons pour mineurs. Il ne s'agira alors que des mineurs à la limite d'âge retenue par le Législateur. A la majorité, l'individu doit être impérativement transféré dans une autre prison répondant au critère d'individualisation du traitement carcéral pour adultes.

En définitive, la classification, ci-dessus exposée, ne demande pas nécessairement la construction de nouvelles prisons. La simple affectation des établissements pénitentiaires existants à de différents

---

[686] J.-P. CERE, C. EDUARDO, A. JAPIASSU (dir.), *Les systèmes pénitentiaires dans le monde,* Paris, Dalloz, 2007, p. 240

objectifs poursuivis, en appliquant les moyens proposés pour leur désencombrement, permettra de mettre en œuvre cette classification.

2. Le cadre juridique ou la réforme du droit de la prison : le cas du travail pénitentiaire

La loi doit impérativement toucher tous les aspects de la vie et du quotidien des détenus en prison. Une étude approfondie s'avère indispensable pour qu'enfin le droit puisse trouver sa place dans les milieux fermés. Heureusement, comme le souligne Jean-Charles FROMENT : *« La problématique des droits de l'homme pénètre de plus en plus l'espace carcéral. »*[687]

Dans le cadre de notre étude, il nous paraît très difficile d'évoquer tous les domaines qui nécessitent une réforme au regard du vide juridique que nous avons déjà souligné à maintes reprises. Il nous a paru néanmoins opportun de nous attarder sur le problème le plus récurrent, à plusieurs ramifications. Il s'agit de la chosification des prisonniers par le biais du travail pénitentiaire qualifié de corvée dans le décret de 1992 portant régime pénitentiaire au Cameroun.

D'où les propositions suivantes : supprimer purement et simplement la cession des détenus aux particuliers ; séparer le travail du détenu de la peine d'emprisonnement.

a. L'interdiction de la cession des détenus

Céder des personnes privées de liberté comme un bien à d'autre personne les chosifie. En réalité, la cession de la main-d'œuvre pénitentiaire, telle que pratiquée au Cameroun, s'apparente à l'esclavage. Nous avons déjà traité ce sujet de manière approfondie. La seule proposition contre ce fléau que subissent les citoyens dans ces milieux clos, c'est de supprimer et d'interdire d'une façon formelle ce trafic de la force de travail des prisonniers.

---

[687] J.-C. FROMENT, « Vers une prison de droit ? » in *Revue science criminelle*, 1997, p. 25

Certes, les détenus ont le droit et même l'obligation de travailler, mais encore faut-il que ce travail s'effectue dans les conditions juridiquement acceptables.

Pour ne prendre que le cas d'un accident, survenu chez un particulier ou même dans une entreprise privée, pendant l'accomplissement du travail pénitentiaire, le détenu corvéable est parfois laissé à lui-même, après quelques soins d'urgence. Aucune disposition législative, ni réglementaire, ne prévoit d'indemniser le détenu cédé victime d'un accident du travail. Tout se passe comme si cet incident s'aligne dans la normalité de la peine. Il y a possibilité, certes, de justifier cette absence d'indemnité au profit du prisonnier accidenté pendant l'accomplissement du travail à lui confié par le cessionnaire. L'absence d'indemnité d'accident de travail justifie l'absence du contrat de travail corollaire du statut juridique particulier que revêt le prisonnier.

Mais, en dehors du travail effectué par la cession des prisonniers, le problème des accidents de travail auxquels sont exposés ces derniers mérite une solution adéquate. Ce problème peut se compliquer en cas d'handicap physique ou autre. La question sera donc de savoir, qui devrait prendre en charge le détenu accidenté. Etant donné qu'il existe déjà le système de cotisation à la Caisse nationale de prévoyance sociale (CNPS) [688], ne vaudrait-il pas mieux qu'une part des sommes résultant des travaux effectués par ces prisonniers soit versée à la CNPS au titre de la cotisation salariale ? Etant entendu qu'en l'état actuel des choses, le détenu n'a pas droit à un contrat de travail. Si le travail s'effectue à l'extérieur de la prison, il doit exister une sorte de contrat qui se passe entre le responsable du lieu de travail et l'administration pénitentiaire, plus précisément, le régisseur de prisons. Ce dernier ne devrait-il pas cotiser pour cette main-d'œuvre pénale, pour que, en cas d'accident, le détenu victime d'accident du travail soit indemnisé ?

---

[688] Dans le cadre de la politique de protection sociale, la caisse nationale de prévoyance sociale est chargée d'assurer, entre autres, les prestations d'accident de travail et de maladies professionnelles : prise en charge des frais médicaux, et des frais de prothèse... c'est un établissement public camerounais placé sous la tutelle du ministère du travail et de la sécurité sociale, et administré par un Conseil d'Administration.

b. La séparation du travail du détenu de la peine d'emprisonnement

Les travaux effectués par les prisonniers sont toujours désignés sous le vocable de corvées. Cette juxtaposition de peine, en plus de la peine d'emprisonnement, fait disparaître tout le sens noble du travail.

D'une part, le travail ne doit pas constituer un instrument de punition. Car, le fait d'utiliser systématiquement le travail pour punir le prisonnier indiscipliné va à l'encontre même de l'effet de resocialisation du travail. Il est évident qu'à la sortie de prison, l'ex-détenu, non seulement, n'aura pas envie de travailler, mais aussi aura perdu le sens du bien-fondé du travail. Car le recours au travail pendant toute sa période d'emprisonnement n'était que pour le punir. Donc le travail devient synonyme de punition, de peine.

D'autre part, alors que la privation de liberté est déjà en soi une peine, le travail est encore considéré au Cameroun comme partie intégrante de la peine d'emprisonnement. De telle sorte que, pour l'opinion publique habituée aux pratiques de l'administration pénitentiaire, le statut de prisonnier implique automatiquement le travail. Celui-ci pourrait s'apparenter, au regard de la qualification qui lui est réservée, au travail forcé.

Il devient impératif et urgent de revêtir le travail de son sens noble pour qu'il remplisse sa fonction de resocialisation des détenus après libération. Il est vrai que le travail, en général, peut avoir des influences très variées. Pour certaines personnes, le travail est un mal nécessaire, et ce n'est que lorsqu'il contribue à l'épanouissement personnel que l'on s'y donne avec enthousiasme. Ce n'est qu'à ce stade que le travail est susceptible de promouvoir une attitude socialement valable. Le travail, effectué en tant que corvée en milieu carcéral, ne peut pas contribuer à cet épanouissement. Pour les détenus, le travail pénal est avant tout une corvée. C'est pour cette raison que ce travail rencontre un climat d'hostilité dans le milieu carcéral camerounais.

La redéfinition des missions du service public pénitentiaire

L'adaptation des formations dispensées aux évolutions des métiers de l'administration pénitentiaire implique la spécialisation et la diversité de carrière. Car, *« Il ne suffit plus,* comme le souligne Jacques-Oberlin MBOCK, *de placer dans les établissements pénitentiaires des "gardiens de prisons" uniquement préoccupés de discipline et de sécurité, mais des agents ayant reçu une formation appropriée et réalisant l'importance de leur fonction dans la mise en pratique de la nouvelle politique pénitentiaire. »*[689]

Tant que la formation du personnel ne tiendra qu'à la préservation de l'ordre et de la sécurité, la réforme du système pénitentiaire camerounais ne sera pas possible. Seule une formation réorientée permettrait d'obtenir une adhésion profonde et sincère du personnel au changement envisagé du système d'application des peines privatives de liberté.

1. La réorientation de la fonction du personnel pénitentiaire

Le personnel pénitentiaire appelé à assurer l'application des décisions de justice privatives de liberté ne saurait demeurer étranger à l'autre mission qui est et doit être la finalité de ces décisions, à savoir la resocialisation du coupable. Hors de cette finalité qui est la réadaptation du libéré, la décision de justice devient juste un acte de vengeance qui sert moins la population en matière de sécurité.

Sans pour autant prêter le flanc à la position de René GIRARD : *« Les hommes sont ainsi faits qu'ils n'échappent à un excès que pour tomber dans l'excès contraire »,*[690] il nous paraît important que la réorientation de la formation des "gardiens de prison" implique automatiquement le changement de l'appellation. Ce qui donnerait sens à leur participation dans l'œuvre de la resocialisation des détenus.

---

689 J.-O. MBOCK, *op. cit.*, p. 70

690 R. GIRARD, « La violence et le sacré », cité in *Prison et récidive. Des peines de plus en plus longues : la société est-elle vraiment mieux protégée* ? de Annie KENSEY, Paris, Armand Colin, 2007, p. 11

a. "Gardiens de prison" : une désignation appelée à disparaître

L'hypothèse de changement d'appellation de gardien de prison semble peut être exagérée dans un cadre de travail comme le nôtre. Loin, pour nous, d'avoir la prétention de jouer le rôle du Législateur ou même de l'Exécutif camerounais, il nous a semblé légitime de nous pencher sur l'influence des gardiens de prison dans le processus de la réforme du système pénitentiaire camerounais. D'autant plus qu'il serait moins facile de réaliser en profondeur une réforme du système pénitentiaire sans prendre en compte le personnel appelé à la mettre en pratique. Jacques-Oberlin MBOCK le dit d'ailleurs à sa manière : *« Aucune rénovation dans le monde carcéral ne saurait se faire sans la participation du personnel pénitentiaire qui ne demande qu'à recevoir une formation adéquate et une optique d'action claire. »*[691]

« Les gardiens de prison », ancienne appellation de la période coloniale demeure encore en vigueur au Cameroun.[692] La désignation de "gardiens de prison", jusqu'ici utilisée, ne cadre plus avec la mission de resocialisation dans laquelle ce personnel devrait s'impliquer. D'autant plus que ce titre - personne qui est chargée de garder quelqu'un, un animal, quelque chose, préposé à la garde d'un immeuble - revêt une connotation plus ou moins péjorative du fait qu'il précise bien la fonction qui leur est attribuée. Le gardien de prison a une seule et unique tâche, celle de garder la prison, et donc assurer l'ordre et la sécurité et rien d'autre. Il est normal que les autres missions, dans la perspective de la resocialisation des personnes gardées, lui soient étrangères. Il ne se sent pas concerné.

Pourtant, parmi tout le personnel de l'administration pénitentiaire, le gardien de prison, qui y exerce toute sa vie professionnelle, est plus en contact direct, quotidien et permanent avec les détenus. Il a un rôle plus que central dans la mise en œuvre d'une politique pénitentiaire de resocialisation.

Si tel est le cas, ce personnel ne doit plus garder la désignation de "gardien de prison" qui spécifie la fonction de garde et de surveillance.

---

[691] J.-O. MBOCK, *op. cit.,* p. 75

[692] Décret n° 92/054 du 27 mars 1992 portant statut spécial du corps des fonctionnaires de l'Administration Pénitentiaire

Dans certains pays, ce contingent du personnel est désigné sous le vocable de "surveillant de prison". Le terme surveillant désigne une : *« personne chargée de la surveillance d'un lieu, d'un service, d'un groupe de personnes. Personne chargée de la discipline dans un établissement ».*[693]

Tout dépendra de la participation de ce personnel dans l'œuvre de la resocialisation des personnes privées de liberté.

b. La participation du personnel pénitentiaire dans l'œuvre de resocialisation

La formation du personnel pénitentiaire est orientée vers la sécurité plus que vers la réinsertion. *« Ils* (surveillants de prison) *sont des porte-clés plutôt que des éducateurs ».* Si cette réflexion, émanant de la commission d'enquête menée par Guy-Pierre CABANEL,[694] peut, au premier abord, sembler exagérée, mais proche de la réalité, le personnel pénitentiaire, lui, donne une image plus militarisée.

A l'analyse du rôle attribué à ce personnel pénitentiaire, Jacques-Oberlin MBOCK n'a pas hésité à dire : *« La réorientation de la formation du personnel doit en faire des "éducateurs spécialisés" ayant pour but non seulement de combattre le désordre et l'anarchie, mais aussi d'habituer les détenus au respect de leurs obligations. Donc la mission d'assurer la rééducation du prisonnier à travers l'ordre et la discipline que le personnel se doit d'instaurer dans la prison. (...). »*[695]

Il ne s'agit pas de perdre de vue l'aspect sécuritaire ou le maintien de l'ordre dans son milieu, mais, compte tenu de la finalité réhabilitative de la peine privative de liberté, le personnel pénitentiaire doit désormais exercer une "répression éducative". De par sa formation, sa qualité d'éducateur spécialisé lui interdira de faire appel aux techniques de dressage et à l'abêtissement.

---

[693] Dictionnaire Petit Larousse

[694] G. P. CABANEL (rapporteur), *Prisons : une humiliation pour la république.* Rapport de la commission d'enquête sur les conditions de détention dans les établissements pénitentiaire en France n° 449, Paris, Sénat, 2000, Tome 1, 224 p. ; Tome 2, 551 p.

[695] J.-O. MBOCK, *op. cit.*, p. 74

Dans le même ordre d'idée, Maître Henri Leclerc, devant la commission, ancien président de la Ligue des droits de l'homme exprimait son souhait: *« Je rêve d'une prison dans laquelle les surveillants seraient des éducateurs : la fonction de surveillant serait considérablement valorisée. Il leur serait donné des filières. Je n'ai pas assez dit que les conditions de l'amélioration de la condition pénitentiaire, c'est une transformation du rôle des surveillants. A cette fin, il s'agirait que le pays les considère mieux et que leur fonction soit réévaluée. Elle ne doit pas être uniquement une fonction hiérarchique ; les surveillants doivent savoir qu'ils remplissent un rôle éducatif. Ils constituent parfois le seul contact des détenus. Si ce contact reste précis et revêche, il ne mènera à rien ; si les surveillants de prison restent au bas d'une hiérarchie où ils sont humiliés, ils auront quelquefois tendance à se retourner contre les détenus et à les humilier aussi. En revanche, s'ils étaient respectés, ils respecteraient sans doute davantage les détenus. »*[696]

Il ne suffirait pas simplement de réorienter la fonction du personnel pénitentiaire, encore faut-il que leur carrière évolue par la revalorisation de leur fonction. A cette fin, la spécialisation sera un des éléments centraux dans la réforme du système pénitentiaire camerounais.

2. La spécialisation du personnel d'encadrement

La spécialisation du personnel pénitentiaire obéirait à la classification des catégories de prisons comme nous l'avons suggéré plus haut, à savoir : les centres spéciaux pour les prévenus ; les établissements réservés aux mineurs ; des établissements pénitentiaires pour les condamnés à temps, enfin les prisons pour les condamnés à vie ou à la peine de mort.

Des filières spécifiques, correspondant à différentes catégories d'établissements pénitentiaires sus-citées, devraient être instituées pour permettre au personnel pénitentiaire, non seulement de mettre en valeur leur motivation et leur carrière, mais également de mieux participer à la politique pénitentiaire.

---

[696] H. LECLERC, in *Rapport de commission d'enquête n° 449 (1999-2000)* de MM. Jean-Jacques HYEST et Guy-Pierre CABANEL, fait au nom de la commission d'enquête, déposé le 29 juin 2000

Ainsi, en plus de la formation de base qui constituera le tronc commun, quatre spécialisations seront les bienvenues : le personnel spécialisé pour les mineurs ; pour les prévenus, pour les condamnés à temps et pour les condamnés à vie ou à une peine de mort.

a. La spécialisation pour les centres des prévenus

Le décret de 1992 portant régime pénitentiaire au Cameroun prévoit les prisons d'orientation ou de sélection. Selon l'Exécutif, la nature de des activités de cette catégorie de prisons les met en première position dans le classement. En principe, ces activités consistent à orienter, dans les différentes prisons, les personnes déjà condamnées à une peine privative de liberté. Ce qui sous-entend que, au sein desdits établissements, il ne sera pas question de personnes en détention provisoire. Or, tel n'est pas le cas. De plus dans un mélange de "pensionnaires" – prévenus et condamnés – de tout degré de dangerosité, il est moins facile d'instaurer une quelconque spécialisation permettant l'orientation ou la sélection.

En outre, l'orientation envisagée dans ces prisons suppose que l'attention est centrée sur les condamnés. Les prévenus sont ainsi laissés pour compte. Ces derniers ont plus besoin de suivi que d'orientation.

Ainsi, une spécialisation fondée sur la gestion de ce contingent de personnes en attente de jugement – mises sous main de justice - s'avère nécessaire, puisque, pendant cette période d'attente, il n'est pas question de mettre en place une programme de resocialisation ultérieure.

b. La spécialisation pour les prisons pour mineurs

L'utilité de mettre en place une formation spécifique pour le personnel affecté dans les quartiers ou les centres pour mineurs n'est pas à démontrer. Cette catégorie de personnes (les mineurs) demande une attention particulière. Pour une prise en charge efficace de cette population, les spécificités du travail du personnel des mineurs devraient être différentes des autres.

D'une part, l'organisation traditionnelle du travail dans les milieux fermés doit impérativement être remise en cause. Car, le personnel affecté dans ces établissements doit faire preuve d'initiatives.

D'autre part, une grande implication serait exigée du personnel d'encadrement, puisque une prise en charge individualisée devrait être assurée en continu et de manière intensive. Ce personnel serait appelé à assurer le suivi des mineurs toute la journée.

c. La spécialisation pour les prisons pour les condamnés à temps

« Celui qui se trouve dans un établissement pénitentiaire, privé de liberté (à temps), sortira un jour de l'enceinte de la prison..».[697] Pour l'encadrement de ces condamnés, l'accent doit être mis sur leur réinsertion sociale à la sortie de prison. Pour cette catégorie, comme pour les mineurs, la privation de liberté constitue déjà une peine. La préparation de sortie de prison doit être au centre de la spécialisation du personnel pénitentiaire

Les dispositions du Pacte international relatif aux droits civils et politiques trouveront ici tout leur sens. Selon ce Pacte : *« Le régime pénitentiaire comporte un traitement des condamnés dont le but essentiel est leur amendement et leur reclassement. »*[698] Ainsi, même si les conditions de détention ont une forte influence sur le moral du détenu, sa réinsertion sociale mérite l'attention de tous les intervenants en matière pénitentiaire. Un régime capable de préparer leur amendement nécessite la formation spécifique du personnel d'encadrement. Ce n'est qu'à ce titre que l'administration pénitentiaire favorisera la resocialisation de ses "pensionnaires". Jean-Charles FROMENT le dira avec justesse : *« L'administration pénitentiaire participe à l'exécution des décisions et sentences pénales. Elle doit favoriser la réinsertion sociale des personnes qui lui sont confiées par l'autorité judiciaire. Cette deuxième mission n'est pas reconnue dans le travail quotidien des gardiens de prison ou personnel pénitentiaire. »*[699]

Si une spécialisation du personnel appelé à œuvrer dans les établissements des peines à temps est nécessaire, les besoins

---

[697] S. PLAWSKI, *op. cit.*, p. 124

[698] Article 10 alinéa 3 du Pacte international relatif aux droits civils et politiques, adopté par l'Assemblée Générale des Nations Unies le 16 décembre 1996

[699] J.-C. FROMENT, *La République des surveillants de prison (1958-1998), coll. Droit et société, Paris, LGDJ, 1998*, p. 359

d'encadrement des personnes condamnées à vie ou à une peine de mort sont différents.

d. La spécialisation pour les prisons pour les condamnés à vie et à une peine de mort

Logiquement, les personnes condamnées à vie ou à une peine de mort s'intéressent peu ou pas à tout ce qui concerne l'amendement et la réintégration sociale, vu qu'elles sont censées gérer le restant de leurs jours entre quatre murs.

Le personnel qui choisirait cette branche d'activité carcérale devrait adopter une aptitude différente de celle du personnel des autres établissements : prévenus, mineurs ou condamnés à temps.

Pour conclure, il va de soi, en plus du programme commun de maintien de l'ordre et de la sécurité dans les milieux fermés, que chaque spécialisation aura des matières spécifiques correspondant à chaque catégorie de prisons classées ci- dessus. Il faut décloisonner les formations jusqu'alors conçues en bloc, afin d'instaurer une transversalité des formations et une mixité des publics permettant au personnel pénitentiaire de participer pleinement à l'œuvre resocialisante de la peine privative de liberté.

Même si, de manière permanente, l'objectif de réintégration sociale des détenus après libération reste au cœur du système pénitentiaire, son régime, quant à lui, ne devrait pas être statique. Il devrait s'adapter aux circonstances du moment. Dans cette optique, le développement de la formation continue doit permettre aux personnels de l'administration pénitentiaire, et notamment aux personnels d'encadrement, de voir évoluer leur carrière, aussi bien en interne qu'en créant des passerelles vers d'autres corps. Dans cette dernière hypothèse, le personnel qui ne se sent plus à la hauteur des exigences carcérales ne sera pas obligé de rester à tout prix, faute d'ouverture professionnelle. De telles situations ne seront que contre-productives.

II. L'effectivité du cadre de référence : conditions

Revient-il à toute autorité détenant un certain pouvoir ou intervenant dans des milieux carcéraux au Cameroun, de fixer un cadre de référence ? Au cas où ce cadre de référence existerait, comment s'assurer de son effectivité ? L'insécurité dans ces milieux clos ne viendrait-elle pas du fait que les normes qui régissent leur fonctionnement ne sont que l'œuvre des diverses autorités agissant en rang dispersé ? Afin d'assurer efficacement la sécurité *intra muros*, il serait préférable qu'il y ait une hiérarchie des normes, et que celles-ci puissent être contrôlées par des organes extérieurs et indépendants.

Le tout n'est pas d'aménager un cadre de référence, encore faut-il qu'il soit effectif. L'administration pénitentiaire est appelée à mettre en application les différentes normes qui composent ce cadre de référence. Mais étant donné que les relations humaines, quel que soit le milieu, sont sujettes à des conflits d'intérêts qui nécessitent parfois l'intervention d'une tierce personne, l'institution pénitentiaire n'est pas exempte de cette logique naturelle. *« Le contrôle extérieur des prisons s'impose pour s'assurer que sont respectés les droits des détenus et donner à l'administration pénitentiaire les moyens d'une telle politique. »*[700]

L'effectivité du cadre de référence pénitentiaire est liée à deux principales conditions : la hiérarchisation des normes en matière pénitentiaire et le contrôle extérieur exercé par les organes indépendants.

La hiérarchisation des normes pénitentiaires

Dans le respect des libertés individuelles essentielles des détenus, et pour donner un sens moderne à la peine, il est urgent d'instaurer la primauté de la loi dans le système pénitentiaire au Cameroun. Il est impératif que la loi fraye son chemin dans les établissements pénitentiaires camerounais. A cette fin, il faut rétablir la hiérarchie des normes devant régir ce domaine, pour qu'un contrôle extérieur puisse s'en servir comme fondement.

---

[700] Commission présidée par Guy CANIVET, 1er président de la Cour de cassation, *Amélioration du contrôle extérieur des établissements pénitentiaires,* rapport au garde des sceaux, ministre de la justice, Paris, La Documentation française, 2000, p. 14

1. Constat et Contexte

L'étude de l'organisation du système pénitentiaire camerounais nous a permis de faire un constat. En premier lieu, contrairement à la plupart des droits pénitentiaires étrangers, le régime pénitentiaire n'est pas de source législative, mais réglementaire, et principalement de source interne à l'administration (circulaires, règlements intérieurs). Par son intervention sporadique, le Législateur camerounais se désintéresserait tout à fait des prisons. Et pourtant, il n'y a pas un déficit de normes, puisque la prison devient domaine à compétence réglementaire. Mais seulement, au regard de l'importance anormale des textes issus de l'administration pénitentiaire, autorisée à élaborer son propre droit, en plus de ceux de l'Exécutif, comment ne pas se demander quelle place occupe la loi dans cet arsenal pénitentiaire ?

En second lieu, de nombreuses lacunes juridiques ont été décelées. Il est à remarquer que, par exemple, la réinsertion, qui devrait se trouver au centre du sens de la peine, n'est illustrée que de façon dérisoire. De même, le travail pénitentiaire évoqué, ainsi que l'exercice du pouvoir disciplinaire des super-détenus, pour ne citer que ces trois cas pour référence, sont aussi concernés. Ces lacunes et absurdités, que nous avons évoquées supra, ne sauront être corrigées que si la loi retrouvait la place qui lui est due dans l'ordonnancement du droit pénitentiaire. Surtout en ce moment où l'opinion voit dans la prison une solution à tous les problèmes d'insécurité, où la population carcérale ne cesse de croître, il est urgent de réagir en précisant les finalités de la peine privative de liberté et ses principes essentiels.

C'est dans ce sens que Guy CANIVET proposait : *« Il est essentiel qu'existent des règles, indiquant précisément à tous ceux qui y vivent ou y travaillent leurs droits et leurs obligations. Or le droit de la prison présente des insuffisances auxquelles il convient de porter remède. Il faut donc proposer de rétablir la hiérarchie des normes et d'améliorer leur qualité. »*[701]

---

[701] Commission présidée par Guy CANIVET, 1er président de la Cour de cassation, *Amélioration du contrôle extérieur des établissements pénitentiaires,* rapport au garde des sceaux, ministre de la justice, Paris, La Documentation française, 2000, p. 207

Le droit de la prison au Cameroun nécessite une restauration du domaine de la loi et le réaménagement de son contenu. D'autant plus qu'actuellement, se produit un autre phénomène inquiétant : celui de l'inversion de la hiérarchie des normes. Les normes supérieures (constitution, conventions internationales, lois) sont dominées par les normes inférieures, alors que ces dernières devraient s'y plier.

Il faut donc restituer le domaine pénitentiaire à la loi afin que le cadre de référence soit effectif et efficace.

2. La restitution du domaine pénitentiaire à la loi

Pour le cas de la France, la commission CANIVET proposait, en 2000, l'élaboration d'une loi pénitentiaire, véritable « codification du droit de la prison », qui définît « les missions de l'Administration, les droits des détenus et les conditions générales de détention », d'une part, et, d'autre part, la refonte de toute la partie réglementaire, de manière à se conformer à la loi, à être claire et précise, en y intégrant la majeure partie des circulaires. Ce schéma nous semble cadrer avec les besoins actuels du système pénitentiaire camerounais.

En effet, la loi est censée régir les droits, quel que soit le milieu ou le domaine d'activité. Les lieux servant de privation de liberté ne doivent pas faire exception à cette logique juridique. Les droits des personnes détenues au Cameroun dans les différents établissements pénitentiaires devraient, en principe, être l'œuvre du Législateur. Dans un Etat de droit, les règles ordinaires et communes doivent être appliquées même à l'intérieur des prisons, tout en tenant compte de la nouvelle structuration des rapports humains et sociaux qui leur sont spécifiques.

Le détenu perd, à court ou à long terme, son statut d'homme libre. Et, de ce seul fait, de nombreux aspects de sa vie personnelle sont modifiés. Ce n'est pas pour autant qu'il ne serait plus sujet de droits. Bien au contraire. Malheureusement, le Législateur camerounais semble se décharger de son devoir pour le confier à l'Exécutif. L'article 555, alinéa 2 du nouveau code de procédure pénale le démontre : *« les conditions d'exécution des peines privatives de liberté sont définies par un texte particulier ... »*.[702]

---

[702] Article 555, alinéa 2 du nouveau code de procédure pénale, République du Cameroun, Yaoundé, "La Tribune du droit", SAAGRAPH, 2006

Ce texte particulier n'est que le décret, puisque l'article sus-citée reste imprécis. Le dernier en date reste encore en vigueur. Il porte sur le régime pénitentiaire au Cameroun.

En approuvant la position de la commission de Guy CANIVET, il faut donc restituer à la loi, le domaine qui est le sien. Car, *« faute de s'être clairement prononcé sur le statut du détenu, on a régi par des décrets des aspects de sa vie personnelle ou de son comportement qui sont, à l'origine, du domaine législatif. »*[703] L'absence de dispositions législatives sur la situation du détenu ouvre grande la porte à un "système de faveurs" dont des conséquences délétères ont été dénoncées. Le Législateur laisse souvent à l'administration pénitentiaire une marge d'appréciation qui donne lieu, par l'effet d'une règlementation si générale et si abstraite, à toutes les interprétations. Ce qui aboutit à reconnaître aux détenus des droits dont l'étendue et le contenu varient d'un établissement à l'autre. Au surplus, l'administration n'a pas toujours les moyens de mettre en œuvre les droits d'ordre matériel reconnus aux détenus.[704]

Il revient donc à la loi, dans la mise en œuvre de la restriction de liberté, de déterminer les rapports entre les détenus et l'administration pénitentiaire. La loi doit apporter à l'encadrement juridique de la détention, la précision et la prévisibilité qui lui fait défaut, tout en restaurant à la prison la prééminence du droit. Il est souhaitable que les conditions de détention au Cameroun soient envisagées par la loi. Celle-ci poserait les règles essentielles de la mise en œuvre de la détention des personnes condamnées ou détenues à titre provisoire.

Etant donné que : *« Dans le monde artificiel des prisons, le problème des droits du détenu se pose avec une acuité évidente »*,[705] la loi devrait déterminer à la fois, les missions de l'administration pénitentiaire, le

---

[703] Commission présidée par Guy CANIVET, 1er président de la Cour de cassation, *Amélioration du contrôle extérieur des établissements pénitentiaires,* rapport au garde des sceaux, ministre de la justice, Paris, La Documentation française, 2000, p. 208

[704] Ainsi, il n'est pas rare que la possibilité pour un détenu de disposer d'un lit pour dormir, pourtant prévue par le règlement, ne soit pas appliquée, faute de moyens et de places suffisantes. Et puisque ce n'est qu'une possibilité, et non un droit affirmé, le détenu se trouve dans l'obligation de soudoyer les différents tenants du pouvoir afin d'être en possession d'un lit et d'une place.

[705] S. PLAWSKI, *op. cit.*, p. 138

statut du détenu et tous les éléments fondamentaux du droit de la prison. Il revient au législateur le devoir de concilier les impératifs de sécurité et les ambitions de la réinsertion sociale des personnes privées de liberté.

Le contrôle extérieur : une condition existentielle du cadre de référence en milieu fermé

Concernant l'intérêt du contrôle extérieur, la commission d'enquête menée par Guy CANIVET précise : *« Un tel dispositif est nécessaire pour assurer le traitement correct du détenu, et de l'évolution de l'état des prisons, permettre le traitement des différends, source de tension et instaurer l'indispensable transparence dans le monde clos pour éviter que des dysfonctionnements graves de l'administration ne soient révélés que plusieurs mois après leur apparition. »* [706]

L'exécution des peines privatives de liberté rend nécessaire la mise en œuvre des contrôles sur le fonctionnement des établissements pénitentiaires. Son intérêt implique la mise en place des cellules de vigilance.

1. L'intérêt du contrôle extérieur dans les prisons camerounaises

Le contrôle extérieur des prisons constitue une protection pour tous ceux qui y vivent quotidiennement. Il permet la concrétisation des droits des détenus et garantit la pratique professionnelle du personnel pénitentiaire.

a. La concrétisation des droits des détenus

Le contrôle extérieur ne constitue pas une entrave au fonctionnement des prisons, bien au contraire. Il doit aider les autorités de l'administration pénitentiaire à mieux exercer leur fonction. La commission d'enquête menée par Guy CANIVET dira : *« Un contrôle extérieur n'est pas établi "contre" l'institution pénitentiaire, mais "pour" l'instauration des prisons dignes d'une démocratie. »*[707]

---

[706] Commission présidée par Guy CANIVET, 1er président de la Cour de cassation, *Amélioration du contrôle extérieur des établissements pénitentiaires,* rapport au garde des sceaux, ministre de la justice, Paris, La Documentation française, 2000, p. 221

[707] Commission présidée par Guy CANIVET, *op. cit.*, p. 15

Le contrôle extérieur apporte aux détenus la concrétisation de leurs droits : *« Au-delà de la nécessité dictée par la finalité de la peine, la prison oblige à prévoir un contrôle extérieur. Puisqu'elle prend en charge de façon intégrale la vie de la personne condamnée ou prévenue, au sein d'une société fermée, la société carcérale, dans laquelle le citoyen se trouve soumis à l'autorité jusque dans ses moindres gestes quotidiens. De plus, la prison est close et sans transparence, car ne bénéficie pas du regard extérieur permanent du citoyen. »*[708]

Emilie DUBOURG dira par ailleurs dans son ouvrage *Aménager la fin de peine* : *« Le contrôle extérieur peut "instruire" un débat sur la qualité du service en fonction des moyens, comme sur le respect du droit et les atteintes à ce droit, sur la dignité et sur la sécurité en prison. »*[709] Et surtout, il serait moins facile de vouloir réinsérer une personne privée de liberté en la traitant comme un sous-citoyen. Le contrôle extérieur des prisons s'impose donc pour assurer que sont respectés les droits des détenus.

Ce contrôle extérieur donne, en même temps, à l'administration pénitentiaire, les moyens d'accomplir une telle politique.

b. La garantie aux personnels pénitentiaires

Le contrôle extérieur donne aux personnels pénitentiaires la garantie d'une pratique professionnelle dégagée des tensions et l'assurance d'une référence incontestable.

Le contrôle des prisons a pour objet de veiller à la bonne application du droit dans la société carcérale. L'état du droit qui régit celle-ci et le contrôle dont elle fait l'objet, sont donc indissolublement liés.

2. Les différents contrôles externes : cellules de vigilance

Étant donné que le cadre de référence sera déjà mis en place, et la place dévolue à la loi sera restituée, différents contrôles devront être effectués pour assurer l'effectivité de la loi et des droits dans les établissements pénitentiaires au Cameroun.

---

708 *Ibid.*, p. 14
709 E. DUBOURG, *op. cit.*, p. 23

Le contrôle extérieur ne remplacera pas le contrôle interne. Il est vrai qu'on pourra parler du double travail, jugé parfois inutile. Mais, au vu de l'ampleur et de la complexité du domaine pénitentiaire, il serait préférable d'instaurer ce contrôle extérieur. Le fonctionnement général des prisons[710] au point de vue matériel sera du domaine des contrôles internes. Par contre, tout ce qui relève du droit des personnes : personnel pénitentiaire ou personnes condamnées ou détenues provisoirement, doit être dévolu aux contrôles externes.

Ainsi, quels que soient les noms qui seront attribués aux différentes instances chargées de ces contrôles extérieurs, nous les regroupons en deux cellules de vigilance avec deux fonctions différentes.

La première cellule de vigilance veillera au respect et à la bonne application du cadre de référence mis en place par le Législateur. Elle pourra ainsi servir de relai aux recommandations formulées par le Législatif camerounais. Elle sera composée de travailleurs sociaux de différents degrés et différentes cultures dont la compétence juridique ne fait pas de doute. Les visites de contrôle permanentes dans différents lieux de détention lui permettront de déceler les anomalies quant à la mise en application du cadre de référence. Cette première cellule de vigilance devrait revêtir un caractère coercitif dans la mesure où elle s'appuiera sur la législation en vigueur. Car, il ne s'agira pas, pour les membres, de donner leurs opinions personnelles sur le non-respect de la loi en milieu carcéral. Il reviendra donc au Législateur de définir l'aspect coercitif du rôle de cette cellule de vigilance.

Quant à la deuxième cellule de vigilance, son rôle sera plus médiateur. Elle ne remplacera pas la commission de discipline prévue à l'origine. Mais, lorsqu'un différend oppose un détenu au personnel pénitentiaire, ou lorsqu'un acte d'autorité de l'administration pénitentiaire fait un grief à un pensionnaire, ce dernier aura la possibilité de faire appel à cette cellule de vigilance. En un mot, elle aura pour fonction d'apporter une solution aux différends de toute nature entre le détenu et l'administration. Celle-ci sera composée des différents représentants de la société, tant traditionnels que "modernes". Cette cellule œuvre pour l'instauration de

[710] Les contrôles internes seront plus axés sur la salubrité, la sécurité, le régime alimentaire, le service de santé, le travail etc....

la culture du "vivre-ensemble" indispensable à tout groupement d'individus, quelle que soit sa caractéristique. De caractère consultatif, un mode de saisine direct permettra à tous les détenus d'avoir accès à cette cellule de vigilance.

La condition de l'efficacité de ces deux cellules de vigilance repose sur leur indépendance, vis-à-vis de l'administration pénitentiaire. C'est dans ce sens que, d'après Observatoire International des Prisons : *« L'efficacité et la crédibilité d'un dispositif de contrôle nécessitent son indépendance vis-à-vis de l'institution carcérale, la possibilité d'inspecter des prisons à l'improviste* (inspection inopinée), *celle de visiter l'ensemble des locaux d'un établissement pénitentiaire, de rencontrer tout détenu ou personnel de l'établissement. »* [711] De ce fait, les différents rapports et requêtes émanant de leur travail seront adressés au Ministre de la Justice, garde des sceaux, chargé de l'administration pénitentiaire, et au Législateur.

En définitive, la sécurité juridique derrière les murs dépendra du cadre de référence mis en place par le législateur. Il convient de noter que, à défaut d'un contrôle externe jouissant d'une indépendance vis-à-vis de l'administration pénitentiaire, ce cadre de référence ne pourra être effectif.

Par ailleurs, le contrôle doit s'attacher à l'ensemble de la société carcérale que constitue l'établissement contrôlé. Il doit concerner toutes les personnes qui y vivent et y travaillent, ainsi que tous les services qui s'y trouvent et les activités qui s'y déroulent. Le champ d'application de ce contrôle doit donc englober les conditions générales de la détention, les rapports entre l'administration et les détenus, les relations entre codétenus, la mise en œuvre du statut de ceux-ci.

---

[711] Observatoire International des Prisons, *Prison : un état des lieux*, Paris, L'Esprit frappeur, (NSP), 2000, p. 27

Chapitre II

Un cadre judiciaire pluraliste camerounais à rénover

Le pluralisme judiciaire a pour corollaire le pluralisme juridique dans le sens où il met en évidence l'existence d'au moins deux ordres juridiques. L'organisation judiciaire au Cameroun est très originale et le problème de plusieurs normes ne s'y pose pas avec acuité. En effet, la Constitution de la République du Cameroun avait élevé les coutumes au rang du droit positif. Ces coutumes ont ainsi une valeur constitutionnelle à côté des droits étrangers dits modernes. Il y a donc coexistence de la coutume et du droit écrit d'une part, et d'autre part, la coexistence du droit civil issu de la colonisation française et la Common Law, héritage de la colonisation britannique. En présence de ces différentes normes actuellement applicables au Cameroun, la remise en question de l'existence d'un pluralisme juridique n'est pas à l'ordre du jour, au regard de la résistance des coutumes depuis l'introduction de ces droits étrangers.[712]

Pourtant, tout n'est pas d'approuver ou de reconnaître l'existence de ces différentes normes juridiques. Encore, faut-il qu'elles soient effectivement appliquées devant les juridictions compétentes. Dans ce sens, après les indépendances, en rapprochant les juridictions traditionnelles des juridictions de droit moderne, le Législatif semble avoir reconnu la nécessité d'un système judiciaire pluraliste au Cameroun.[713] Néanmoins, « *Le pluralisme judiciaire,* d'après Stanislas

---

[712] Selon l'article 51 de la première Constitution camerounaise du 4 mars 1960 : « la législation résultant des lois, décrets et règlements applicables au Cameroun à la date de prise d'effet de la présente constitution reste en vigueur dans ses dispositions qui ne sont pas contraires aux stipulations de celle-ci, tant qu'elle n'aura pas été modifiée par la loi ou par des textes réglementaires [...]». Malgré de nombreuses modifications antérieures à cette Constitution, cette affirmation reste encore en vigueur.

[713] Article 1er de la loi du 29 décembre 1989 : La justice est rendue au nom du peuple camerounais par les juridictions de droit traditionnel et les juridictions de droit moderne. Les juridictions traditionnelles sont ainsi reconnues comme faisant partie intégrante de l'organisation judiciaire du Cameroun.

MELONE, *n'est ni nécessairement un handicap, ni nécessairement la solution toujours idéale pour bien appliquer le droit dans un pays en voie de développement. Tout dépend en réalité du type de pluralisme envisagé et de la manière dont il fonctionne.* »[714] Ce qui nous amène à nous interroger sur les règles de fonctionnement de cette structure judiciaire pluraliste. Evidemment, la question sur le fonctionnement du pluralisme judiciaire camerounais n'a pas nécessairement pour but de se pencher sur le bon usage du droit civil ou du *Common Law*. Elle permet plutôt de mieux cerner la place qu'occupe le droit coutumier dans la gestion de la justice au Cameroun. Il s'agit de trouver quel est l'agencement entre juridictions traditionnelles et juridictions modernes qui répondrait le mieux aux besoins des justiciables au Cameroun *« à condition que le "T"*, comme le dit Jacques VANDERLINDEN, *n'implique pas tout ce que l'adjectif "traditionnel" a souvent de péjoratif dans un monde qui se veut "moderne"* »[715]

Ainsi, en admettant dans un même ordre judiciaire, le moderne et le traditionnel, le Cameroun s'est doté d'un pluralisme judiciaire qui fonctionne encore aujourd'hui. Mais, en dépit de nombreux aménagements et réformes,[716] ce système judiciaire pluraliste souffre encore de plusieurs problèmes qui mettent en question son efficacité. Son réaménagement est indispensable pour qu'il puisse aussi contribuer efficacement au bon fonctionnement du système pénitentiaire camerounais.

I. La problématique du pluralisme judiciaire camerounais

Il est difficile, à la lecture des différents textes fondateurs du système judiciaire camerounais, et au regard de la différenciation des droits applicables, - droit coutumier et droit moderne (droit civil et Common Law) -, de se douter du rôle déterminant et précis que remplissent les

---

[714] S. MELONE, « Les juridictions mixtes de droit écrit et de droit coutumier dans les pays en voie de développement. Du bon usage du pluralisme judiciaire en Afrique : l'exemple du Cameroun » in *Revue internationale de droit comparé*, Année 1986, V.38, Numéro 2, p. 342-343

[715] J. VANDERLINDEN, in *La Création du droit en Afrique*, Dominique DARBON et Jean du BOIS de GAUDUSSON (dir.) Paris, Karthala, 1997, p. 29

[716] Cette ordonnance a été modifiée par : ordonnance n° 72/21 du 19 octobre 1972 : ordonnance n° 73/9 du 25 avril 1973 ; loi n° 76/17 du 8 juillet 1976 ; loi n° 83/3 du 21 juillet 1983 ; loi n° 89/017 du 28 juillet 1989 et loi n° 89/019 du 29 décembre 1989.

juridictions concernées. D'ailleurs, c'est à juste titre, qu'au premier abord, et en l'absence de tout recul, la déduction d'une certaine égalité d'autonomie ou de compétence s'imposerait.

Par contre, après un examen judicieux, s'affiche une certaine ambiguïté qui résulterait de l'apparente égalité des juridictions de première instance. En fait, cette égalité apparente se traduit par la prédominance des juridictions modernes, responsable du dépérissement des juridictions traditionnelles.

La prépondérance des juridictions modernes

La prépondérance des juridictions modernes se traduit par l'extension de la compétence des magistrats de carrière sur la sphère traditionnelle, ainsi que par l'intervention de plus en plus accentuée des avocats de profession dans les procès supposés bénéficier du droit coutumier.

1. L'extension de la compétence des professionnels de droit moderne

La présidence des juridictions traditionnelles est exercée par les magistrats professionnels du droit moderne qui exercent une emprise sur les assesseurs.

a. L'attribution de la présidence des tribunaux de droit coutumier aux magistrats de carrière

Selon l'article 9 du décret de 1969 : *« Le Ministre de la justice peut, par arrêté, rattacher la présidence d'un tribunal traditionnel à celle du tribunal de première instance du ressort... »*. Cette mesure exceptionnelle ne devrait pas déroger aux dispositions des articles 7 (1) et 8 (1) du même décret[717] qui prévoient, comme président des juridictions traditionnelles, un simple fonctionnaire ou notable ayant une connaissance satisfaisante de la coutume, ainsi que des assesseurs ayant voix délibérative. Ces juridictions traditionnelles devraient donc échapper à toute emprise des magistrats de carrière. C'est avec regret

[717] Décret n° 69/DF/544 du 19 décembre 1969 fixant l'organisation judiciaire et la procédure devant les juridictions traditionnelles du Cameroun oriental, modifié par le décret n° 71/607 du 3 décembre 1971

qu'on assiste à la généralisation des magistrats professionnels dans les juridictions traditionnelles de telle sorte que les tribunaux coutumiers présidés par les chefs traditionnels ou des notables deviennent de plus en plus rares.

La première conséquence est la modification de la qualité de la jurisprudence. Les magistrats professionnels sécrètent naturellement une jurisprudence qui, non seulement, ne reflète plus le droit coutumier dans son authenticité, mais cette jurisprudence restreint considérablement le domaine du droit traditionnel. Une autre conséquence, non négligeable, est la suprématie du droit moderne sur le droit coutumier que confirme cette jurisprudence. Pourtant, il ne serait pas incompatible, pour ces professionnels, de faire abstraction de l'esprit et des principes du droit étranger pour se fondre dans la coutume lorsqu'ils président les juridictions de droit coutumier. C'est dans ce sens que Gérard CONAC dira : *« La recherche de l'authenticité ne procède pas d'une nostalgie. Elle exprime la volonté de décoloniser le droit et de sauvegarder, en dépit des mutations inéluctables, l'identité africaine. »*[718] Sans complexe, un magistrat de carrière ne devrait pas *« hésiter à reprendre à son compte les données qui sont les plus intimement liés aux conceptions ancestrales de vie et de la société. Cette attitude n'est pas passéiste ».*[719] Ainsi, quand bien même le législateur aurait ouvert cette brèche aux magistrats de carrière, ces derniers pourraient sans conséquence néfaste s'appuyer sur les assesseurs afin de rendre plus visible le droit coutumier dans les procès devant les juridictions traditionnelles. Malheureusement c'est l'effet contraire.

L'extension et la généralisation des compétences conduisent à l'emprise des magistrats professionnels sur les assesseurs.

b. L'emprise des magistrats sur les assesseurs

Les assesseurs ont été institués dans le but d'aider les présidents des juridictions de droit traditionnel à se fonder sur la coutume pour rendre leurs décisions. Ce but devrait toujours être recherché, quand bien même ces juridictions traditionnelles seront présidées par des magistrats de

---

[718] G. CONAC (dir.), *Dynamiques et finalités des droits africains,* Actes du colloque de la Sorbonne, " La vie du droit en Afrique ", Paris, Economica, 1998, p. XXVII
[719] G. CONAC (dir.), *op. cit.*, p. XXVII

carrière. Mais cela ne peut être possible que si la liberté et l'indépendance des assesseurs sont garanties. Il y a, du moins, de quoi douter de leur indépendance.

D'une part, selon l'article 10 alinéa 2 du décret de 1969, les assesseurs sont nommés *« par le ministre de la justice sur proposition conjointe du préfet et du président du tribunal de première instance du ressort »*. De par cette disposition, les magistrats participent activement à la nomination de ces assesseurs, qui siègent par la suite au sein des mêmes juridictions. Il s'établit inévitablement un lien de dépendance entre l'assesseur et son chef hiérarchique dont la proposition a été déterminante à sa nomination. Cette procédure de nomination place inexorablement les assesseurs dans des conditions de subordination par rapport aux magistrats-présidents.

D'autre part, le rattachement de la présidence des tribunaux de droit coutumier à celle des tribunaux de première instance n'est pas à même de favoriser l'indépendance des assesseurs. En effet, selon les dispositions du décret, lorsque les conditions ne permettent pas de constituer, dans une même circonscription, un tribunal de droit coutumier et un tribunal de première instance, une seule juridiction réunira les compétences dans les deux domaines, traditionnel et moderne. C'est dans cette hypothèse que, par exemple à Yaoundé, la présidence des tribunaux de droit traditionnel a été rattachée à celle du tribunal de premier degré, de même pour Douala, et bien d'autres circonscriptions au Cameroun.

Les assesseurs de ces tribunaux de droit coutumier sont inévitablement soumis au président du tribunal de premier degré avec qui ils constituent la même juridiction. Il y a de fortes chances que le droit moderne prenne le dessus et que les assesseurs perdent par contre leur liberté et leur indépendance. Ce qui a amené Moïse MTUMTCHUENG à faire cette pertinente réflexion : *« Les assesseurs des tribunaux dont la présidence est rattachée à celle du tribunal de première instance, conformément à l'article 9 du décret de 69, sont inféodés au chef de juridiction et il est douteux qu'ils accomplissent librement leur attribution. »*[720] C'est tout dire...

---

[720] M. MTUMTCHUENG cité par Samuel TEPI, « L'ineffectivité de la représentation des coutumes devant les juridictions de droit traditionnel au Cameroun », in *Revue*

Si la prépondérance des juridictions de droit moderne se traduit par l'extension de la compétence des magistrats de carrière, il en est de même lorsque les avocats interviennent systématiquement dans les procès censés obéir aux règles de droit coutumier.

2. La généralisation des interventions des avocats-professionnels devant les juridictions traditionnelles

La présence des avocats professionnels était en principe proscrite dans les procès des juridictions de droit coutumier, les parties devant, en effet, comparaître en personne et se défendre elles-mêmes. L'empêchement probable d'une partie au procès devait être pallié par le système de mandataire, profane, et muni d'une procuration, comme le prévoit l'article 15 (1) du décret de 1966. Paradoxalement, en plus de ces précédentes dispositions, le législateur avait prévu, bien qu'ayant limité leurs tâches, la présence des avocats professionnels. Selon le même décret à l'article 43 (a) : *« par dérogation à l'article 15 alinéa 2,*[721] *qui interdit la présence d'avocats devant les juridictions traditionnelles, les avocats défenseurs seront* autorisés à assister ou à représenter les parties. »[722] Malheureusement, cette dérogation devient une pratique de plus en plus répandue devant les juridictions de droit coutumier. Les justiciables se font représenter systématiquement, de telle sorte que les audiences traditionnelles se déroulent de plus en plus au rythme des audiences modernes avec constitution d'avocats.

« Naturellement, comme le souligne Moïse MTUMTCHUENG, *la double présence des magistrats de carrière et des avocats professionnels dans les procès traditionnels a contribué à faire perdre à ces procès leur spécialité ».*[723] Cette réflexion est très pertinente, surtout lorsqu'on sait que les magistrats et les avocats appliquent les techniques et suivent les

---

d'étude et de recherche sur le droit et l'administration dans les pays d'Afrique, Université Montesquieu – bordeaux IV, n° 2, septembre 2001, p. 32

[721] L'article 15, alinéa 2 du décret de 1969 prévoit expressément les tâches qui nécessitent la présence d'un avocat : le conseil dans la direction du procès et la rédaction des actes de procédure

[722] Article 43 du décret n° 69/DF/544 du 19 décembre 1969 fixant l'organisation judiciaire et la procédure devant les juridictions traditionnelles du Cameroun oriental

[723] M. MTUMTCHUENG, « L'évanouissement de la spécialité des juridictions traditionnelles au Cameroun », in *Africa Governance Monitoring § Advocacy Project*, AfriMAP, octobre 2005

raisonnements du droit moderne. Par conséquent, leur intervention régulière devant les juridictions traditionnelles ne peut que modifier le droit coutumier. Les justiciables se trouvent ainsi confrontés à une coutume évolutive qui déclenche impérativement le dépérissement des juridictions traditionnelles.

Le dépérissement des juridictions traditionnelles ou le paradoxe du pluralisme judiciaire camerounais

Les juridictions traditionnelles évoquent l'application de la tradition tant pour les coutumes que pour la procédure de résolution des conflits, c'est-à-dire que les procédures devant ces juridictions devraient obéir aux mécanismes traditionnels de règlement des conflits que ce soit pour le fond que pour la forme. Le fond en matière traditionnelle concerne évidemment les coutumes tandis que la forme concerne les modes de saisine, les méthodes procédurales devant les juridictions de droit coutumier. La composition de ces juridictions doit également obéir à la même logique.

Toutes ces conditions préalables de fonctionnement semblent ne pas être remplies dans les juridictions traditionnelles. Tantôt, elles sont confrontées à une restriction de leur compétence, tantôt, les procès n'obéissent pas à la logique traditionnelle de résolution de conflits.

1. La restriction de la compétence des juridictions traditionnelles

Alors que les juridictions de droit coutumier se voient retirer certaines compétences qui leur étaient jadis reconnues, la restriction de la compétence desdites juridictions, entraînant en même temps le rétrécissement du domaine d'application du droit coutumier, est plus accentuée par la faculté, pour les parties, d'opter en faveur d'une juridiction moderne à l'occasion d'un acte ou d'une opération juridique.

a. La préalable option de juridiction : un préjudice pour l'existence des juridictions traditionnelles

Pratiquement, dans les mêmes termes, les tribunaux de première et de grande instance sont, en matières civile et commerciale, respectivement aussi compétents que le tribunal coutumier et le tribunal de premier degré.[724] Même si nous pouvons dire comme Stanislas MELONE que *« l'affirmation d'une compétence égale des deux types de juridictions n'est pas contradictoire »,*[725] il n'empêche que nous sommes obligés de constater que ces dispositions ont un impact sur la légitimité même des juridictions traditionnelles qui se trouvent dans une situation peu favorable.

Le fait de mettre en position de concurrence, deux types de juridictions, dont le droit, respectivement applicable, n'acquiert pas la même rigueur de légitimité, révèle la volonté pour le législateur, de laisser disparaître toutes seules ces juridictions traditionnelles. Car, s'il ne s'agit pas, pour lui, d'être hostile à la coutume, certes, il ne met pas non plus tout en œuvre pour que ces juridictions de droit coutumier trouvent leur place et leur légitimité dans un système judiciaire pluraliste reconnu par la Constitution de la République du Cameroun. Dans de sens, Moïse MTUMTCHUENG parlera de *« musellement de la coutume ».*[726] D'après cet auteur, *« le législateur national aurait souhaité unifier le droit et la justice en faveur du système de l'ex-colonisateur. Mais, les résistances observées l'ont amené à garder l'essentiel du dispositif antérieur et en particulier à maintenir le dualisme juridique et judiciaire à titre transitoire. »*[727]

Il est évident que l'application de la coutume au Cameroun à un litige donné ne va donc pas de soi, même si ledit litige est normalement du ressort de son domaine de compétence, d'autant plus que le législateur *« ne veut pas l'imposer à l'une des parties. »*[728] Allant dans ce sens, le

---

[724] Articles 13 et 16 de l'ordonnance n° 072/4 du 26 août 1972 sur l'organisation judiciaire au Cameroun

[725] S. MELONE, « Les juridictions mixtes de droit écrit et de droit coutumier dans les pays en voie de développement. Du bon usage du pluralisme judiciaire en Afrique : l'exemple du Cameroun », in *Revue internationale de droit comparé*, Année 1986, V.38, n° 2, p. 340

[726] M. MTUMTCHUENG, « L'évanouissement de la spécialité des juridictions traditionnelles au Cameroun », in *Open Society Institute, Africa Governance Monitoring § Advocacy Project AfriMAP,* octobre 2005, p. 4

[727] *Ibid.* p. 4

[728] S. MELONE, « Les juridictions mixtes de droit écrit et de droit coutumier dans les pays en voie de développement. Du bon usage du pluralisme judiciaire en Afrique : l'exemple du Cameroun », in *Revue internationale de droit comparé*, Année 1986, V.38, n° 2, p. 340

décret[729] subordonne la compétence des juridictions traditionnelles à l'acceptation des parties au procès. Dès que l'une des parties, en effet, décline la compétence d'une juridiction traditionnelle, celle des juridictions de droit moderne est automatiquement acquise. Evidemment, *« L'option de juridiction*, comme l'affirme le professeur Stanislas MELONE, *n'est pas un principe de droit, mais une simple règle de bonne administration de la justice »*[730]. Mais seulement, cette règle de l'option a pour conséquences, la restriction de la compétence des juridictions traditionnelles et la consécration de la suprématie du droit moderne. Les règles de droit moderne, en effet, sont de plus en plus appliquées et même de façon systématique, dans les matières qui relèvent du droit coutumier.

Par ailleurs, soumettre la compétence des juridictions traditionnelles à une option ou à un accord préalable des parties met, par ce fait, en question la légitimité juridictionnelle de ces structures judiciaires. Il ne s'agit pas, pour autant, d'une médiation qui nécessite l'accord préalable des parties concernées, mais bien, une juridiction de jugement légitimement reconnue comme telle. Cette option préalable a des conséquences non négligeables quant à la bonne gestion de la justice.

D'une part, la faculté d'option met les sujets de droit en présence de deux législations plus ou moins concurrentes. Selon la Cour suprême, en effet, les parties peuvent porter leurs demandes *« soit devant une juridiction de droit moderne, soit devant une juridiction de droit traditionnel au choix des justiciables de nationalité camerounaise. »*[731] Le choix de la juridiction emporte automatiquement le choix du droit applicable.[732] Par conséquent, l'option de juridiction entraîne l'option de législation. Ces dispositions, qui nous mettent en présence de deux législations plus ou moins concurrentes, comme nous venons de le dire, peuvent, de ce fait, entrer en conflit, et porter préjudice à la juridiction traditionnelle. Il suffit de se rendre compte que telle ou telle législation est favorable ou non. Un

---

[729] Article 2 du décret de 1971 sur les juridictions traditionnelles

[730] S. MELONE, *ibid.* p. 340

[731] Arrêt du 22 septembre 1977, (1977) 13-14 R.C.D., p. 204 et s. Voir cependant un arrêt ayant admis la saisine d'une juridiction traditionnelle par un justiciable de nationalité soudanaise, Cour Suprême : arrêt n° 2/L du 10 octobre 1985, Juridis Info, n° 6, 1991, p. 53, obs. F. ANOUKAHA.

[732] Cour Suprême Arrêt no 28/CC du 10 décembre 1981, aussi l'arrêt n° 120/CC du 16 septembre 1982

litige qui peut ainsi être soustrait de la compétence des juridictions traditionnelles et déféré aux juridictions de droit moderne par la volonté d'une des parties vide en même temps la législation de sa portée. Alors que la législation devrait revêtir un caractère obligatoire, imposable à tous.

D'autre part, la compétence des juridictions traditionnelles se voit également vidée de toute portée, d'autant plus que la condition de subordination de compétence n'est possible que par rapport aux juridictions de droit coutumier, l'inverse étant impossible et même proscrit. On se croirait en présence d'une sous-juridiction dont la légitimé dépend du justiciable. Par une réflexion plus poussée, qu'il nous soit permis de dire que, compte tenu de ces dispositions législatives, la juridiction traditionnelle tient sa compétence au gré des caprices des parties, contrairement au principe qui veut que la compétence d'une juridiction soit matérielle (*ratione materiae*) ou territoriale (*ratione loci*), avec tout ce que cette détermination de compétence implique.

La fluctuation de compétence au gré de l'option du justiciable restreint inexorablement la compétence des juridictions de droit coutumier et contribue à la décadence de celles-ci. Cette décadence est par ailleurs accentuée par le retrait de sa compétence en matière pénale.

b. Le retrait de la compétence en matière pénale

Avant l'introduction des juridictions modernes, les juridictions traditionnelles avaient une compétence étendue sur toutes les affaires qui opposaient les parties. Leur compétence ne se limitait donc pas seulement en matière civile et commerciale. Elle s'étendait aussi en matière pénale quoique la prison comme système répressif ne fût pas connue.

Ces instances traditionnelles ont vu plus ou moins cette compétence limitée par le fait de la colonisation. Néanmoins, tout dépendait des pays colonisateurs. Les Anglais, en effet, avaient laissé l'essentiel des compétences aux structures traditionnelles du Cameroun occidental, même si la compétence était variable en matière répressive du fait que celle-ci devait être définie par le texte créateur de la juridiction. Quant au Cameroun oriental, sous domination française, l'évolution s'était réalisée au détriment du droit coutumier. Les tribunaux indigènes, mis en place par décret,[733] ne verront ainsi leur compétence limitée qu'en matière civile et commerciale. Toutefois, leur compétence s'étendait aux matières répressives de moindre importance. Seulement, par la suite, l'application du droit pénal indigène sera purement et simplement supprimée et remplacée par le droit pénal français avec le décret du 30 avril 1946.

Les diverses dispositions coloniales, en matière judiciaire et juridictionnelle, seront maintenues au lendemain de l'indépendance. Selon l'article 51 de la première Constitution camerounaise du 4 mars 1960 : *« La législation résultant des lois, décrets et règlements applicables au Cameroun à la date de prise d'effet de la présente constitution reste en vigueur dans ses dispositions qui ne sont pas contraires aux stipulations de celle-ci, tant qu'elle n'aura pas été modifiée par la loi ou par des textes réglementaires [...] ».* [734] Malgré de multiples modifications apportées à ce texte originel, les juridictions traditionnelles n'ont toujours pas reconquis ce terrain perdu : celui de la compétence en matière pénale. Elles restent, depuis lors, compétentes seulement en matière civile et commerciale. Les conséquences de cette imputation de compétence se font de plus en plus sentir de nos jours.

Les populations, en effet, ne trouvent plus les instances juridictionnelles de proximité fiables que représentaient jadis les juridictions traditionnelles. Ces populations camerounaises, *« déçues par l'État qui s'est révélé incapable de lutter contre la criminalité, semblent avoir pris elles-mêmes les choses en main »*,[735] malheureusement d'une façon dangereusement désordonnée. La justice populaire s'installe dans les quartiers, les villages, au coin des rues. On assiste à la récupération de la sphère judiciaire par les populations pour gérer, en leur sein, les infractions commises. Après constatation brève des faits reprochés par la foule, on flagelle, en laissant parfois le sujet malencontreusement accusé à demi-mort. Il ne s'agit plus simplement de corriger, mais d'éliminer le fauteur de trouble et d'éradiquer toute forme de banditisme. Les méthodes de répression, d'une extrême violence, sont ainsi utilisées.

---

[733] Décret du 31 juillet 1927 crée les tribunaux indigènes au Cameroun oriental, article 51 dudit décret : « en matière civile et commerciale, les juridictions indigènes appliquent exclusivement la coutume des parties. »

[734] Article 51 de la première Constitution camerounaise du 4 mars 1960

[735] P. NKOU MVONDO, « La Justice parallèle au Cameroun : la réponse des populations camerounaises à la crise de la Justice de l'Etat », *Droit et société* 2002/2, n°51-52, p. 375

La possibilité d'extension de la compétence des juridictions traditionnelles en matière pénale permettrait de contrecarrer ces justices populaires. Le point de départ est qu'un acte criminel est une violation des rapports entre des individus, mais aussi un crime contre tous. A cet effet, le crime, comme toute infraction, constitue une sorte de rupture d'un lien social, il faut donc rétablir les liens, réparer les dommages et empêcher la personne de récidiver. Les instances traditionnelles de jugement devaient remplir toutes ces missions. Etienne Le ROY l'avait constaté lorsqu'il dit dans son ouvrage *: « Le tribunal traditionnel* (était considéré) *comme garde-fou afin d'éviter la détérioration des rapports sociaux. »* [736]

Il serait indiqué d'étendre la compétence des juridictions traditionnelles en matière pénale. Ce qui permettrait de réguler les tensions au sein de la population, de réduire le nombre de dossiers devant les tribunaux de droit moderne et de contribuer ainsi à la solution sur les lenteurs judiciaires dénoncées au Cameroun et qui portent préjudice tant aux personnes détenues provisoirement qu'au bon fonctionnement des prisons. Les décisions émanant de ces juridictions seraient susceptibles de recours devant les juridictions de droit moderne, principalement devant le Tribunal de Grande Instance.

Seulement, même si les juridictions traditionnelles recouvrent toutes leurs compétences, celles-ci ne pourront être bénéfiques que si les procès de droit coutumier de déroulent dans le cadre qui est le leur. Malheureusement, les justiciables sont confrontés à une absence totale de procédure traditionnelle devant ces juridictions de droit coutumier.

2. L'absence totale des procédures traditionnelles de résolution des conflits

Le droit coutumier ne peut être appliqué dans les meilleures conditions que s'il est accompagné des mécanismes ou des procédures qui le soutiennent. Les tribunaux de droit coutumier devraient, non seulement appliquer les coutumes, mais également maintenir les procédures traditionnelles de résolution de conflit. Puisque, selon Yves BRILLON : *« Pour les Africains, la justice consiste à colmater toute brèche qui peut menacer la solidarité sociale, ce qui exige que l'on rétablisse le "statu*

[736] E. Le Roy, *op. cit.*, p. 184

quo ante", de façon à ce que chacun soit strictement rétabli dans ses droits et obligations. »[737] C'est dans cette optique que la palabre était au cœur même de tout règlement de conflit. Il ne s'agit pas de maintenir la palabre dans son intégrité, mais de s'inspirer, dans l'élaboration et l'application des méthodes procédurales, de la philosophie qui la sous-tendait et de respecter les valeurs qui l'animaient.

Or, il est malheureusement constaté que, devant les juridictions dites traditionnelles, aucune procédure appropriée à ce type de juridiction n'est engagée. Il aurait fallu, dans ces instances censées appliquer les coutumes, adopter les procédures traditionnelles de résolution des conflits avec, comme nous le disions plus haut, la philosophie qui la sous-tendait. Les instances juridictionnelles précoloniales avaient pour souci majeur le maintien de la paix. Elles avaient *« tendance à privilégier la démarche conciliatrice par rapport à celle consistant à appliquer de manière objective une norme préétablie en tranchant d'autorité un litige sans se soucier de l'adhésion des deux parties — et même de toute la communauté — à la décision. »*[738] C'est dans le même sens que Jacques VANDERLINDEN dira : *« Le procès africain est originellement d'abord et dans la quasi-totalité des cas, tentative d'arbitrage ».*[739] La primauté de la conciliation et l'harmonie sociale recommandent une flexibilité dans l'application des normes, à la différence des normes juridiques modernes, parce que la justice traditionnelle va au-delà de l'évaluation de la culpabilité du point de vue juridique pour déterminer la responsabilité d'un conflit. Elle place ainsi l'acte délictueux dans un contexte plus général : la relation entre la victime, le délinquant et la collectivité. Ce qui différencie énormément la justice traditionnelle de la justice et de la procédure judiciaire modernes. Dans l'état actuel, il n'y a aucune différence procédurale, que ce soit dans la saisine ou au niveau du procès entre les juridictions traditionnelles et les juridictions modernes.

En réhabilitant les méthodes traditionnelles de règlement des conflits, les juridictions traditionnelles pourront être d'un grand apport dans la régulation du flux pénal et carcéral en amont et aider ainsi au

---

[737] Y. BRILLON, *op. cit.*, p. 146

[738] V. E. BOKALLI, « La coutume, source de droit au Cameroun », in *Revue Générale de Droit, n° 28*, 1997, p. 55

[739] J. VANDERLINDEN, *Les systèmes juridiques africains*, Collection Que sais-je ? Paris, PUF, 1983, p. 22.

désencombrement des prisons. Et encore, faut-il que ceux qui sont appelés à siéger dans ces juridictions traditionnelles soient en mesure de mettre en œuvre ces procédures, en toute indépendance. Tel semble ne pas être le cas. Le constat révèle le contraire dans l'application des règles de droit.

Toutes ces remises en question n'ont pas pour finalité de nous plonger dans une position pessimiste quant à l'avenir du pluralisme judiciaire camerounais. Simplement, tout l'intérêt est que celui-ci est appelé à être réaménagé.

II. Le réaménagement du pluralisme judicaire camerounais

A l'analyse du pluralisme judiciaire mis en place au Cameroun, le problème qui se pose concerne la décadence d'une branche de ce système pluraliste, en l'occurrence les juridictions du droit coutumier. La solution la plus simpliste serait l'abolition pure et simple de ces juridictions traditionnelles, comme l'avaient fait de nombreux pays africains.[740] Seulement, il s'avère que, depuis la nuit des temps, surtout pendant la période coloniale, ce droit coutumier, malgré sa position peu confortable dans le droit positif camerounais, a survécu.

Dans la mesure où la justice coutumière, plus précisément les juridictions traditionnelles, participent à la régulation sociale et au maintien de la paix, n'est-il pas plus indiqué pour le législateur camerounais de les modeler plutôt que de les combattre ? Ce questionnement nous pousse à une réflexion plus pragmatique afin de mieux prendre en compte les éléments pouvant contribuer à l'amélioration du pluralisme judiciaire camerounais.

---

[740] Lors des indépendances, plusieurs pays africains avaient soit aboli officiellement le droit coutumier entraînant par le même fait la suppression des juridictions compétentes qui appliquaient ce droit. C'est l'exemple de la Guinée par l'ordonnance n° 47 P.R.G. du 20 novembre 1960, article 5. D'autres pays ont supprimé immédiatement les tribunaux coutumiers. On notera par exemple : le Sénégal, ordonnance n° 60-56 du 14 novembre 1960, J.O. du 19 novembre 1960, voir pour plus de détail KEBA MBA'YE « L'organisation judiciaire du Sénégal, in *Etudes de droit africain et de de droit malgache, Paris, Cujus, p. 281 et 506 ;* nous pouvons aussi citer la Côte-Ivoire qui avait procédé à la suppression des tribunaux coutumiers par la loi n° 61-155 du 15 mai 1961, J.O. du 1er juin modifiée par la loi n° 64-227 du 14 juin 1964, J.O. du 2 juillet 1964.

D'où la proposition de modifier les bases fonctionnelles des juridictions de droit commun, et de fixer les paramètres de l'application effective du droit coutumier.

La modification des bases fonctionnelles des juridictions de premier degré

Tel que nous avons analysé le fonctionnement des juridictions du premier degré, on a l'impression que le législatif camerounais avait placé les juridictions de droit moderne et les juridictions traditionnelles dans une sorte de duel judiciaire. S'il est incontestable que le droit coutumier reste une source de droit au Cameroun, coexistant ainsi avec le droit moderne, la tendance serait en effet, dans un sens plus réaliste, de rompre avec cette pratique judiciaire dualiste qui était basée sur la différenciation statutaire.[741]

Il serait ainsi souhaitable de reconsidérer les rapports entre les juridictions modernes et les juridictions traditionnelles dans le sens de la complémentarité. Cette redéfinition impliquera la nécessité de délimiter les contours des compétences réciproques.

1. Les rapports de complémentarité entre juridictions

Le schéma de l'ordre juridictionnel gagnera à être modifié dans le sens de la simplification afin de rendre la saisine des juridictions plus aisée.

a. La simplification du schéma de l'ordre juridictionnel

Dans l'organigramme actuel de l'ordre juridictionnel camerounais, il est prévu des juridictions de droit moderne de premier degré et des juridictions de premier degré appliquant la coutume. Les premières sont composées de tribunaux de première instance et de tribunaux de grande instance. Quant à la seconde catégorie, on retrouve, dans les régions

[741] Il existait au Cameroun, pendant la période coloniale française, un dualisme judiciaire tenant compte de la différenciation des statuts européen et indigène des individus ; voir pour plus de détails : S. MELONE, « Les juridictions mixtes de droit écrit et de droit coutumier dans les pays en voie de développement. Du bon usage du pluralisme judiciaire en Afrique : l'exemple du Cameroun », in *Revue internationale de droit comparé*, Année 1986, V. 38, n° 2, p. 331

francophones, le tribunal coutumier et le tribunal de premier degré, régis par le décret de 1969.[742] Du côté anglophone, se trouvent aussi deux types de tribunaux : les *Alkali Courts*[743] et les *Customary Courts*.[744]

Le problème n'est pas seulement le fait de placer ces différents tribunaux au même niveau. Mais, c'est le fait de les doter des mêmes compétences. Et dans une telle structure judiciaire diversifiée, l'interférence de compétences qui se dégage n'est pas susceptible de rendre efficace la gestion de la justice. Dans cet ordre d'idées, Stanislas MELONE ne manquait pas de dire : *« La diversité de structure destinée à connaître des problèmes de même nature rapproche peut-être le justiciable de son juge, mais ne permet pas de rendre réellement justice. Le système mérite d'être plus simplifié. »*[745]

L'intérêt serait donc de simplifier le schéma de l'ordre juridictionnel camerounais afin de déterminer avec moins d'ambiguïté les compétences réciproques, et de faciliter, par la suite, la saisine de chaque catégorie judiciaire.

---

[742] L'article 1er du décret n° 69/DF/544 du 19 décembre 1969 portant organisation judiciaire et la procédure devant les juridictions traditionnelles du Cameroun oriental.

[743] Les *Alkali Courts* sont compétents pour appliquer la coutume dans les litiges apposant les *natives* musulmans.

[744] Les *Customary Courts* sont compétents pour appliquer la coutume dans les litiges opposant les *natives* non musulmans.

[745] S. MELONE, *op. cit.*, p. 345

Le schéma ci-dessous présenté est appelé à être amélioré par les experts en la matière.

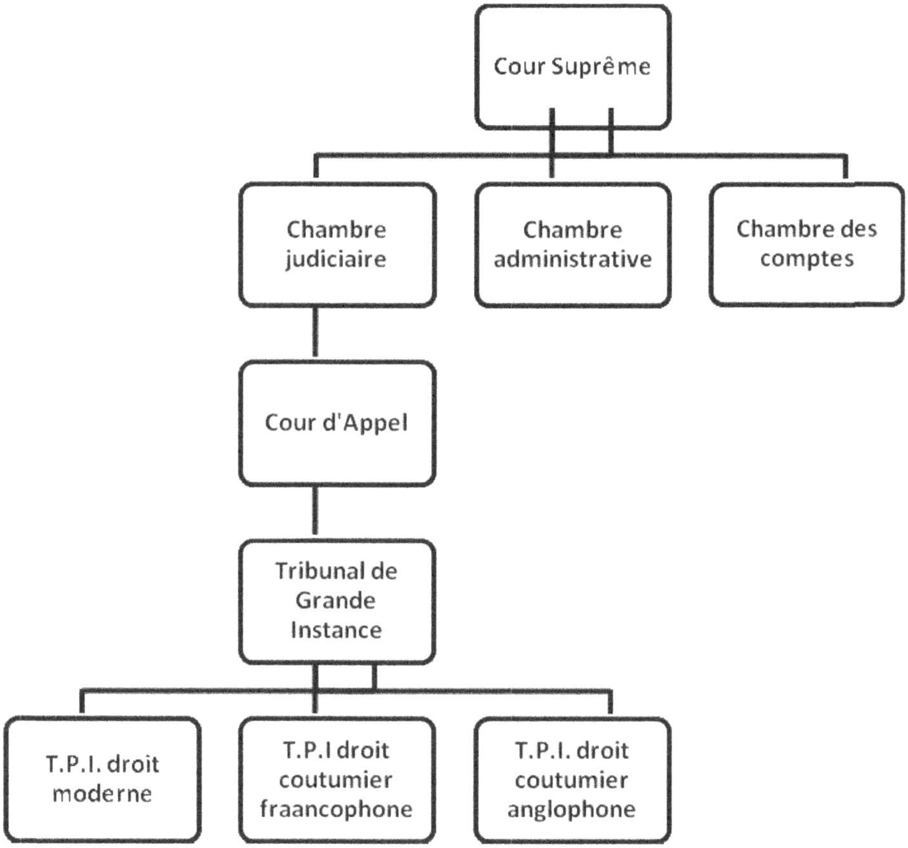

T.P.I. : Tribunal de Première Instance. Les décisions de ces tribunaux sont susceptibles de recours devant le Tribunal de Grande Instance (TGI)

Cette simplification de l'organigramme judiciaire peut avoir plusieurs avantages : d'abord celui d'une justice de proximité ; ensuite elle présente un moyen d'éviter le dualisme judiciaire qui fait actuellement des juridictions traditionnelles des sous-juridictions ; l'autre avantage, enfin, est celui d'éviter la possibilité d'option entre traditionnelle et moderne parce que chaque juridiction aura sa compétence établie, que les parties ne pourront pas contourner. Nous reviendrons ci-après sur les compétences respectives.

b. La saisine des juridictions

Placer les juridictions dans les mêmes domaines de compétence les met forcément en position de concurrence. Telles que les dispositions législatives organisent la saisine, les juridictions de droit traditionnel peuvent être considérées comme des sous-juridictions. Pourtant, *« C'est en termes de complémentarité*, comme le dit Yves BRILLON, *que les gens doivent percevoir les différentes juridictions et y faire appel. Les deux processus de contrôle social doivent être compatibles et conciliables. »*[746] Chacune des justices moderne et traditionnelle doit être considérée, tantôt comme un mécanisme de régulation qui s'impose, tantôt comme unique recours pour solutionner une situation conflictuelle, tantôt seulement comme une alternative quand l'une des procédures s'avère incompatible avec l'ordre public ou la restauration de la cohésion sociale.

Qu'il nous soit permis de noter que le problème de saisine des juridictions de droit moderne ne se pose pas. La saisine est même automatique en cas de déclinatoire de la compétence des juridictions traditionnelles. La loi ne peut pas subordonner la légitimité, ainsi que la compétence d'une juridiction de droit moderne, au bon gré des parties. Dès lors qu'une partie au litige veut porter sa prétention devant une juridiction officiellement reconnue, celle doit suivre impérativement la procédure préétablie. La question de saisine concerne seulement les juridictions traditionnelles. Pour que celles-ci trouvent toute leur légitimité et leur autorité, ainsi que leur place au sein du pluralisme judiciaire camerounais, leur saisine ne doit pas être soumise à une option

[746] Y. BRILLON, *op. cit.*, p. 317

préalable des justiciables. Elle doit être obligatoire dès lors que leur compétence est acquise. Autrement dit, dès que la compétence des juridictions traditionnelles est déterminée dans tel ou tel domaine, les parties n'auront pas le droit de les dessaisir au profit des juridictions de droit moderne. D'où l'intérêt de délimiter le domaine de compétence matérielle des juridictions de premier degré de droit commun.

2. La délimitation du domaine de compétence matérielle des juridictions de Premier degré de droit commun : propositions à titre indicatif

A titre indicatif, les exemples de compétence suivants permettent de constater qu'il est possible d'attribuer des compétences à chaque juridiction sans qu'il y ait interférence soumettant les justiciables à une option ou à une préférence éventuelle, parce que la loi aurait mis des dispositions précises à cet effet.

Même si les affaires pouvant être connues par les tribunaux traditionnels sont limitées, l'importance réside dans le fait qu'aucune juridiction ne soit dessaisie alors que sa compétence de connaître est bien établie.

a. Tribunal de Première Instance de droit moderne

- **en matière pénale**

  - ✓ infractions qualifiées de crimes et de contraventions
  - ✓ demandes de mises en liberté pour toute personne détenue et poursuivie devant lui, pour une infraction de sa compétence
  - ✓ crime commis par les mineurs sans co-auteur ou complice majeur

- **en matière civile, commerciale ou sociale**

  - ✓ recouvrement des créances civiles et commerciales (certaines, liquides ou exigibles) n'excédant pas 10 000 000 FCFA
  - ✓ différends dont le montant de la demande est supérieur à 5 000 000 FCFA et inférieur ou égal à 10 000 000 FCFA

b. **Tribunal de Première Instance de droit coutumier anglophone ou francophone**

- **en matière pénale**

  - ✓ infractions qualifiées de délits

- **en matière civile et sociale**

  - ✓ recouvrement des créances civiles et commerciales n'excédant pas 5 000 000 FCFA
  - ✓ actions en réparation des dommages matériels et corporels ;
  - ✓ litiges d'ordre contractuel
  - ✓ différends dont le montant de la demande est inférieur ou égal à 5 000 000 FCFA

c. **Tribunal de Grande Instance (TGI)**

Cette juridiction de premier degré est du droit commun. En plus des attributions qui lui sont spécifiquement reconnues par la loi, elle recevra les recours formés contre les décisions des tribunaux de première instance, tant du droit moderne que du droit coutumier. Seulement, lorsqu'une partie exerce un recours devant le TGI contre la décision du tribunal de droit coutumier, le droit moderne prime. La question de représentabilité des coutumes devant cette juridiction sera détaillée ci-après. Néanmoins, nous pouvons déjà souligner qu'il serait souhaitable que les TGI revêtent un caractère juridictionnel mixte. Cette proposition ou ce souhait s'appuie sur le fait que, une affaire, qui a été statuée en premier ressort devant le tribunal de première instance de droit coutumier, ne devrait pas perdre automatiquement son caractère traditionnel. Mais, le justiciable devrait s'attendre à ce que le droit coutumier et le droit moderne soient à même de s'appliquer dans le but de garantir l'ordre public et la cohésion sociale.

La modification des bases fonctionnelles ci-dessus suggérées ne peut atteindre le but escompté que si certains paramètres de l'application du droit coutumier sont bien établis pour lever toute équivoque.

Les paramètres de l'application effective du droit coutumier

La véritable question qui s'impose est de savoir comment appliquer au mieux le droit coutumier devant les différentes juridictions, étant entendu que ce droit est encore considéré, de nos jours, comme faisant partie intégrante du droit positif camerounais.

Il va de soi que le droit coutumier ne peut pas être évoqué de la même façon à tous les niveaux de la procédure judiciaire comme s'il était le seul droit applicable. L'inverse serait aussi de nier la place que ce droit devrait réellement occuper dans un système judiciaire pluraliste, comme celui institué au Cameroun, au regard de l'attachement que les populations lui témoignent.

Devant les juridictions traditionnelles comme devant les juridictions de droit moderne, principalement le Tribunal de Grande Instance (TGI), il s'agit de la représentabilité et de la représentativité des coutumes.

1. La représentabilité des coutumes

Selon l'organigramme ci-dessus simplifié pris comme exemple indicatif, les tribunaux de première instance englobent de façon distincte les juridictions de droit moderne et les juridictions de droit coutumier. Le droit coutumier ne sera donc pas évoqué devant les juridictions du droit moderne à ce niveau, étant entendu que le domaine de compétence de celui-ci n'interfère pas avec celui des juridictions de droit coutumier. Il n'y aura pas là le problème d'option de juridiction.

Cette équivoque levée, la représentabilité concernera les TPI de droit coutumier. Dans la mesure où les justiciables insatisfaits pourront former les recours contre les décisions de ces TPI, le droit coutumier devrait aussi être évoqué devant le TGI.

a. Devant les TPI de droit coutumier

Certains auteurs[747] soulignent, comme l'une des causes de l'inefficacité des juridictions traditionnelles au Cameroun, le défaut de représentation

[747] S. TEPI, « L'ineffectivité de la représentation des coutumes devant les juridictions de droit traditionnel au Cameroun, », in *Revue d'étude et de recherche sur le droit et*

de toutes les coutumes lors d'un procès dans lequel les parties sont de coutumes différentes. A cet effet Samuel TEPI parle de l'ineffectivité de la représentation.[748] A l'appui de sa réflexion, il cite bon nombre de jugements où les assesseurs, censés représenter les coutumes des parties, n'étaient ni de même origine, ni de même coutume.[749] Cette réflexion peut retenir notre attention, parce qu'il est difficile d'avoir autant d'assesseurs que de coutumes dans une juridiction. Cette remarque prend toute sa valeur lorsqu'on sait qu'au Cameroun, il existe autant de coutumes que de tribus (près de 200 tribus). Quand bien même il serait possible de les regrouper autour des grandes tribus, leur nombre ne s'élèvera pas à moins de 20 groupements.

Par ailleurs, on pourrait noter que, s'il est souhaitable que la coutume de chaque partie soit représentée lors d'un procès devant les juridictions traditionnelles, l'absence de leur représentant-assesseur ne devrait pas constituer un handicap pour que la juridiction traditionnelle saisie puisse connaître l'affaire selon la coutume locale. Les raisons de cette déduction seront détaillées ci-dessous. Néanmoins, lorsque le conflit oppose les parties ayant des coutumes différentes, même en présence de leur représentant-assesseur respectif, il serait difficile de les appliquer en même temps surtout lorsque les dispositions coutumières sont différentes ou s'opposent. On peut parler à ce niveau de conflit de coutumes. Ces inquiétudes, du fait de l'ineffectivité de la représentation des coutumes et du conflit des coutumes, peuvent être dissipées par une organisation judiciaire plus pragmatique. L'hypothèse ci-dessous nous permettra de mieux comprendre la solution qui sera ci-après proposée.

---

l'administration dans les pays d'Afrique, Université Montesquieu – Bordeaux IV, n° 2, septembre 2001; voir aussi Moïse MTUMTCHUENG, l'évanouissement de la spécialité des juridictions traditionnelles au Cameroun, in *Open Society Institute Africa Governance Monitoring & Advocacy Project AfriMAP*, Octobre 2005

[748] S. TEPI, « L'ineffectivité de la représentation des coutumes devant les juridictions de droit traditionnel au Cameroun », in *Revue d'étude et de recherche sur le droit et l'administration dans les pays d'Afrique*, Université Montesquieu – Bordeaux IV, n° 2, septembre 2001

[749] Jugement n° 1010 du 4/1990 : Assesseurs, Bassa et Bamiléké parties de coutume Béti ; Jugement n° 522 du 15 janvier 1990: Assesseurs Bassa et Bamiléké, parties de coutume Béti ; Jugement n° 542 du 22/01/1990: Assesseurs Bassa et Bamiléké, parties régies par la coutume Béti ; Jugement n° 602 du 1er février 1990 : Assesseurs Bassa et Bamiléké, parties de coutume Béti ; Jugement 931 du 2 juin 1990, Assesseurs Béti et Bamiléké parties de coutume Bamoun.

Il est clair que chaque Etat met en place un droit positif qui régit les comportements de ses citoyens. Par exemple : un homme, peu importe son origine, mais, de profession musulmane avec la possibilité d'épouser plusieurs femmes, se domicilie en France. Si celui-ci contracte un deuxième mariage sans d'abord se libérer des liens de premier, il tombera sous le coup de la loi française qui interdit la polygamie. Devant le tribunal français, cet homme, quoiqu'autorisé à avoir plusieurs femmes par sa coutume musulmane, ne pourra évoquer celle-ci à l'appui de sa prétention. C'est la loi ou le droit français qui sera appliquée parce que l'accusé se trouve sur le sol français, malgré sa culture musulmane. En conclusion, c'est le droit positif du lieu de résidence du défendeur qui s'applique et non la coutume de son pays d'origine. En fait, la finalité de l'application des normes juridiques n'est pas tellement de contraindre les sujets du droit, mais, de maintenir une certaine cohésion dans une société donnée, d'y réguler les différentes relations qui se tissent.

A l'appui de cet exemple, et par application à la situation des coutumes diverses et différentes au Cameroun, quelles que soient l'origine des parties et leurs coutumes, la coutume du lieu de résidence ou du lieu du dommage serait appropriée pour être appliquée. Ainsi, en prenant l'exemple des jugements évoqués par Samuel TEPI dans son exposé, si la juridiction traditionnelle saisie se trouve à Yaoundé, peu importe les coutumes des parties au procès, la coutume en vigueur à Yaoundé devrait être appliquée dans la mesure où cette coutume régule au quotidien les relations au sein de la couche sociale spécifique : les Yaoundéens. Cette position présente au moins deux avantages.

D'une part, la vocation des juridictions traditionnelles, en référence à la philosophie qui sous-tendait le règlement des conflits pendant la période précoloniale, était la sauvegarde de la cohésion sociale, le maintien des liens sociaux et le souci du "vivre-ensemble". Chaque tribu est, à cet effet, censée maîtriser, en son sein, des mécanismes traditionnels appropriés. Ces mécanismes de régulation sociale doivent être endogènes à chaque région, d'où la nécessité de se servir des coutumes du lieu où se passe le procès.

Par conséquent, les juridictions traditionnelles de chaque région n'auront que les assesseurs qui maîtrisent les coutumes de la région concernée. Cela veut-dire que, lorsqu'un conflit éclate dans la localité où siège la juridiction, la question n'est pas de savoir si tel ou tel assesseur est originaire ou est de même coutume que les parties. Mais celle de s'interroger sur la manière de résoudre le conflit selon la coutume de la région. Ainsi, les membres qui composent ladite juridiction devront se poser la question : dans cette région, lorsqu'un tel conflit éclate, que prévoit la coutume pour réétablir la cohésion sociale, pour résoudre ledit conflit ? Ils vont déployer les méthodes et mécanismes traditionnels pour arriver à le résoudre.

D'autre part, l'application régulière et précise de la même coutume par région favorisera la maîtrise ainsi que la continuité de chaque coutume locale. Ce qui peut, par la suite, faciliter leur codification, dans le but de mettre en place une jurisprudence de droit coutumier.

En définitive, dans chaque juridiction traditionnelle, ne seront représentées que les coutumes de sa circonscription. Ainsi, la représentation effective des coutumes sera liée, non aux origines des parties au procès,[750] mais aux coutumes pratiquées dans la partie du pays concernée, dans la localité ou la collectivité concernée.

La représentabilité des coutumes sera plus ou moins différente devant les tribunaux de grande instance.

b. L'applicabilité des coutumes devant les TGI

Les TGI devraient être considérés comme des juridictions de droit mixte dans la mesure où ils sont appelés à connaître les affaires qui ont été jugés en premier ressort par les TPI de droit moderne et de droit coutumier anglophone et francophone. Il s'agira alors, en quelque sorte d'un métissage judiciaire de droit moderne et de droit traditionnel.

A ce niveau de la juridiction, comme le suggère Jacques VANDERLINDEN, *« le juge doit, dans des limites que l'expérimentation déterminera, pouvoir dépasser et la coutume et la loi, lorsqu'il estime que des impératifs d'ordre moral et social l'imposent ou*

[750] Les parties au procès devant une juridiction traditionnelle donnée peuvent être toutes issues d'une autre région avec leurs coutumes différentes et même opposées de celle du tribunal du droit coutumier saisi. Il suffit seulement que ledit tribunal soit compétent pour instruire l'affaire pour laquelle il a été saisi.

qu'il a le sentiment que l'application de l'un ou l'autre de ces sources n'aurait aucun écho soit chez les parties, soit au sein de la population en cause. »[751] *« L'objectif*, comme l'explique Gérard CONAC, *n'est pas de conserver des vestiges ou de faire revivre ce qui a disparu, mais d'adapter les solutions anciennes aux exigences de l'environnement et à l'aspiration au développement. »*[752] La coutume pourra ainsi être considérée comme un élément de référence dans la mesure où elle favorisera la restauration de la paix, la réconciliation des parties. Dans ce sens, la coutume ne serait applicable que si elle ne présente aucun obstacle dans le processus de règlement du litige.

De plus, la paix sociale et l'ordre public pourront permettre de privilégier l'un ou l'autre droit. Ainsi, lorsque, par exemple, les dispositions coutumières sont de nature à mettre en cause l'ordre public, le TGI écartera cette coutume si celle-ci est évoquée dans l'affaire dont il est saisi. Cette prise de position juridique a déjà été amorcée par la Cour Suprême dans une affaire de succession. Il s'agissait de la désignation d'un héritier à la mort d'un individu.

Selon la coutume des Bamiléké, le conseil de famille désigna comme héritier principal l'un des fils légitimes du *de cujus*. En conformité avec la coutume Bamiléké, la même famille désigne, bien après, un enfant naturel du même défunt comme héritier principal en destituant le premier enfant désigné. La Cour suprême, saisie, prit position et considéra comme inapplicable cette coutume. Selon cette Haute Cour, la seconde désignation est : *« assurément de nature à apporter du désordre au sein de la famille intéressée et par conséquent de troubler la paix sociale ; qu'une telle coutume est manifestement contraire à l'ordre public et ne saurait être maintenue dans la société camerounaise actuelle. »*[753]

Dans cette affaire, on peut constater que cette coutume va à l'encontre de l'objectif de la justice traditionnelle qui recherchait la sauvegarde de la cohésion sociale. Il n'y a donc pas opposition ou conflit entre l'objectif

---

[751] J. VANDERLINDEN, in *La création du droit en Afrique*, Dominique DARBON et Jean du BOIS de GAUDUSSON (dir.) Paris, Karthala, 1997, p. 34

[752] G. CONAC (dir.), *op. cit.*, p. XXVII

[753] Cour Suprême, arrêt n° 42/L du 18 janvier 1979, inédit, cité par Victor Emmanuel BOKALLI, « La coutume, source de droit au Cameroun », in Revue générale de droit, n° 28, R.G.D. 1997, p .64

recherché par les deux ordres juridiques puisqu'ils sont appelés à atteindre un seul but.

Le métissage de droit coutumier et droit moderne pourra être le fondement d'une justice endogène effective. La représentativité des coutumes revêt alors une grande importance pour mener à bien cette justice endogène.

En définitive, le problème de représentabilité des coutumes ne devrait pas se poser. Car, la règle, selon laquelle, la coutume du groupement ethnique ou du lieu d'implantation de la juridiction traditionnelle saisie sera appliquée, sera en mesure de lever toute inquiétude dans ce domaine. Peu importe la coutume des parties au conflit, du moment où elles résident dans une circonscription, la coutume de cette circonscription sera appliquée. Une autre question pourra se poser par la suite : les assesseurs d'une juridiction de droit coutumier doivent-ils absolument avoir la même coutume du lieu pour siéger ? Ici se pose le problème de la représentativité des coutumes.

2. La représentativité des coutumes : le choix des assesseurs

La représentativité des coutumes est un élément qui devrait être pris en considération dans la distribution de la justice coutumière au Cameroun. La coutume étant de tradition orale, il devient donc important, sinon indispensable qu'elle soit valablement représentée sans ambiguïté. C'est dire que les éléments de la société, qui doivent la représenter devant les juridictions traditionnelles ou modernes, devraient remplir les conditions y afférentes, dont la principale est la maîtrise de la coutume appelée à être représentée. L'assesseur peut ne pas avoir la même coutume appliquée au sein de la juridiction où il siège, mais il peut très bien la maîtriser, soit parce qu'il a vécu dans le milieu, soit parce qu'il s'est intéressé aux règles de ladite coutume. Car, l'inverse est tout à fait possible : l'individu peut très bien avoir une coutume sans toutefois connaître tous ses rouages. Par conséquent, la maîtrise de la coutume que l'assesseur est appelé à appliquer devant telle ou telle juridiction de droit coutumier devrait être la condition *sine qua non* la représentation ne serait pas possible.

Déplacer la réflexion sous cet angle élimine automatiquement la problématique de représentativité des coutumes par les assesseurs de même coutume. Les assesseurs ainsi désignés auront, non pas à privilégier ou à représenter leurs coutumes à eux, même si cela est possible, mais d'abord à mettre les coutumes au service de la juridiction pour la cohésion sociale. Car, parler de la cohésion sociale n'implique pas nécessairement que les parties au litige aient la même coutume afin de cohabiter paisiblement. La notion de la cohésion sociale désigne le vivre ensemble, que l'on soit de coutumes différentes ou non. L'exemple patent est effectivement celui de la complexité des populations camerounaises. La Cameroun abrite actuellement plus de 200 tribus et donc de coutumes différentes avec des dénominateurs communs et des valeurs traditionnelles communes, en l'occurrence " le culte de la paix " et le " vivre-ensemble ". Heureusement, il n'est pas absolument nécessaire d'avoir la même coutume pour vivre ensemble.

Pour que la juridiction traditionnelle puisse remplir sa fonction, il serait préférable qu'en son sein, les membres soient à même d'appliquer les coutumes, de les faire respecter. Pour ce faire, le choix ou la désignation des représentants des coutumes devrait épouser la logique des coutumes de chaque localité. Les populations concernées choisiront elles-mêmes ceux ou celles qu'elles estiment dignes d'être des gardiens de leur coutume. Puisque le fait de dire ou de faire respecter la coutume à chaque conflit, à chaque procès, en fait automatiquement des gardiens. Ces derniers ont donc intérêt à respecter cette coutume lors des procédures devant la juridiction traditionnelle et de la faire respecter et appliquer. Dans le cas contraire, ces représentants des coutumes ne seront pas dignes et se feront remplacer.

Au regard de ce rôle important de gardien de coutume que doit assumer chaque représentant-assesseur, il est mal indiqué de voir leur nomination émaner de l'extérieur du groupe comme c'est le cas actuellement. Selon les dispositions du décret de 1969, les assesseurs sont nommés *« par le Ministre de la justice sur proposition conjointe du préfet et du président du tribunal de première instance du ressort ».*[754] C'est d'ailleurs pour cette raison que, dans la majorité des cas, l'opinion publique considère que les assesseurs ainsi que les juridictions traditionnelles ne sont que des institutions politiques et ne remplissent plus leur rôle.

---

[754] Article 10 alinéa 2 du décret de 1969

Si les critères d'intégrité et de stabilité retenus par le Ministre de la justice peuvent suffire pour la désignation des assesseurs, ils doivent néanmoins s'accompagner d'un préalable, celui de l'accord de la population qui compose la contrée concernée. En d'autres termes, la proposition des assesseurs au MINJUS devrait émaner de la population concernée et non du préfet ou du président du tribunal.

Pour que cela puisse être possible, dans chaque tribu, il devrait y avoir des notables, des hommes respectés, maîtrisant parfaitement la coutume, que les populations pourront désigner selon les critères coutumiers et selon les procédures traditionnelles intrinsèques à chaque groupe ethnique. Ce n'est qu'à ce titre que leur indépendance sera garantie et sauvegardée vis-à-vis des autorités publiques. La participation de particuliers notables à la distribution de la justice de droit coutumier serait ainsi effective dans les juridictions traditionnelles. Comme dans le passé, ces notables-juges seront avant tout des conciliateurs. Une fois saisis par les parties, ils deviennent le trait d'union entre celles-ci. Ils essayeront de les rapprocher autant qu'ils le peuvent. Ces notables-juges seront assistés d'autres notables assesseurs ayant voix délibératives.

Les juridictions traditionnelles revêtiront à nouveau leur caractère populaire, de communautarisation et pourront remplir enfin leur rôle de lieur social en luttant contre le crime et la récidive.

En conclusion

Au Cameroun, le retour à l'éthique dans la société passe par la revalorisation des traditions, d'autant qu'elles sont à même de remobiliser les populations en leur fournissant des thèmes d'espérance. Pour que cet objectif ne soit pas un simple vœu, les conflits qualifiés de crimes ne devraient pas être considérés seulement, ni principalement, comme des transgressions portant atteinte à l'Etat, mais plutôt comme la rupture d'une relation entre deux ou plusieurs personnes. Une communautarisation de la justice serait d'un grand apport. Celle-ci consiste à déléguer la responsabilité effective de la gestion de l'ordre social à des juridictions traditionnelles dans la logique de sécurisation et de resserrement des dispositifs de contrôles sociaux formels et informels.

Le bon fonctionnement du pluralisme judiciaire camerounais dépendra ainsi de la place réservée aux juridictions de droit coutumier dans la mesure où certains paramètres traditionnels seront pris en considération.

Au final, la coexistence harmonieuse de deux ordres juridiques, traditionnel et moderne, trouvera toute sa légitimité si elle permet une meilleure gestion du flux pénal. Pour atteindre ce but, le pluralisme judiciaire camerounais devrait permettre que chaque composante de ce système soit à même de remplir pleinement et efficacement son rôle. Ce qui permettra, dans le cadre de notre étude initiale, de désencombrer les établissements pénitentiaires au Cameroun.

Titre II - Conclusion

Le système pénitentiaire camerounais, quelle que soit sa réforme, ne pourra être effectif et efficace dans sa mission de défense sociale que s'il s'appuie sur les dispositifs qui lui serviront de base dans son fonctionnement.

La loi pénitentiaire est indispensable pour le bon fonctionnement des établissements pénitentiaires et pour que la peine privative de liberté puisse être exécutée dans un cadre de référence clair et univoque. Car, la peine d'emprisonnement ne peut trouver toute sa légitimité que si la loi détermine préalablement le cadre et les modalités de son exécution. Cela ne veut pas dire que la législation sera plus favorable dans ses dispositions. Tout simplement, la loi pénitentiaire est indispensable pour fixer les limites de ce supplément disciplinaire par rapport au juridique appelé le pénitentiaire.[755]

Si une loi pénitentiaire est indispensable pour régir les méthodes de l'exécution de la peine d'emprisonnement, le fonctionnement des établissements pénitentiaires dépend aussi en grande partie, du fonctionnement des juridictions de jugement. Il s'opère alors une sorte de parallélisme entre les deux institutions pénitentiaire et judiciaire.

En effet, le système pénitentiaire ne peut exister en l'absence de ces juridictions qui lui envoient des "pensionnaires". A l'inverse, ces juridictions de jugements ne peuvent pas non plus exercer leur rôle s'il n'existe pas les lieux clos permettant de mettre hors d'état de nuire les délinquants. Il devient donc nécessaire, sinon indispensable, que les deux institutions travaillent en étroite collaboration, d'autant plus que ces juridictions, tant traditionnelles que modernes, sont en mesure de remplir effectivement et efficacement leur mission de régulateur social.

---

[755] M. FOUCAULT, *op. cit.*, p. 251

Partie III - Conclusion

S'il est vrai que la société établit des règles et que celles-ci doivent être respectées, la peine d'emprisonnement ne peut donc pas être abolie. Elle s'analyse comme une réalité incontournable, un phénomène inévitable avec lequel il faut nécessairement compter si l'on veut sauvegarder la paix sociale et préserver cette magnanime valeur qu'est l'Homme. La prison apparaît ainsi comme un mal nécessaire. Seulement, comme l'avait écrit le Pape Clément XI : « *Parum est coercere improbos poena, nini probos efficias disciplina* »[756] c'est-à-dire : *« Il ne suffit pas d'effrayer les hommes malhonnêtes par la menace de la peine, il faut les rendre honnêtes par son régime »*. Ainsi, la prison, de nos jours, ne devrait plus être considérée comme : *« un instrument de protection des citoyens faibles contre les individualités dangereuses, un mur de séparation entre la population honnête et les délinquants, un parc zoologique où l'on enferme les fauves pour les empêcher de nuire », « moins encore un lieu où l'on s'efforce de traiter les criminels avec suffisamment de rigueur pour leur enlever toute envie de récidiver »*[757]

Pour que les pouvoirs publics répondent à une demande sécuritaire sociétale de plus en plus forte, la politique pénitentiaire camerounaise devrait tenir compte, et d'une manière globale, du contexte socioculturel qui demeure particulier à la structure sociétale camerounaise.

---

[756] Devise gravée par le Pape Clément XI sur le frontispice de la nouvelle prison cellulaire Saint-Michel, à Rome, en 1703

[757] R. MERLE et A. VITU in *Traité de Droit Criminel ; Problème Généraux de la Science Criminelle*. Droit Pénal Général, Paris, Cujas, 1997, p. 857 et ss.

Conclusion générale

Nous savons que tout projet de réforme suppose que l'on ait pris acte de ce qui doit être précisément revu et corrigé. Pour ce faire, une évaluation scientifiquement rigoureuse, sans *a priori,* s'est imposée. Au-delà des principes méthodologiques que l'on peut exiger dans le domaine d'étude qui est le nôtre, une analyse du fonctionnement du système pénitentiaire nous a permis de formuler diverses propositions visant à limiter sensiblement l'inefficacité des mesures d'exécution des peines privatives de liberté mises en place au Cameroun.

Il nous a semblé important de sonder, un peu plus, les origines, plus précisément, les bases originelles du système pénitentiaire camerounais. Cela nous a permis de constater qu'à l'origine, les populations camerounaises, non seulement employaient des mécanismes et des méthodes de punition qui leur étaient propres, mais aussi, qu'elles avaient une conception qui privilégiait la cohésion dans leur société. Ce qui leur permettait d'assurer la protection de la communauté tant de l'intérieur que de l'extérieur.

Nous ne pouvions pas faire l'impasse sur le fait que le concept de "cohésion sociale" peut être défini, de façon relative, par les critères ou par les considérations plus ou moins convergents par lesquels chacun lui donne un contenu.[758] Même s'il revient aux responsables d'un Etat de construire une définition de la cohésion sociale, certains critères pertinents doivent être pris en compte par rapport aux caractéristiques spécifiques des populations concernées. Car, *« Chaque société a ses normes d'appréciation. Celles-ci sont parties intégrantes de son éthique de la vie. »*[759] Ainsi, dans toutes les procédures traditionnelles de répression, dominait le souci du "vivre-ensemble", de la cohésion sociale. C'est par cette logique et par cette conception que la réintégration du

[758] Pour le Conseil de l'Europe : "La cohésion sociale est la capacité d'une société à assurer le bien-être de tous ses membres, en réduisant les disparités et en évitant la marginalisation." Définition du Conseil de l'Europe : Rapport de la Task Force de haut niveau sur la cohésion sociale au XXIe siècle : vers une Europe active, juste et cohésive sur le plan social, Strasbourg le 26 octobre 2007.
[759] *« Le critique africain et son peuple comme producteur de civilisation »*, colloque de Yaoundé du 16 au 20 avril 1973, Présence Africaine, p. 17

coupable dans sa communauté prenait tout son sens et toute sa place dans les mécanismes et les méthodes de répression au Cameroun avant la période coloniale.

L'arrivée et la domination des colonisateurs au Cameroun ont ébranlé les cultures et traditions dans ce pays. S'opère alors une discontinuité dans la conception de la répression et de la peine. En effet, si les colonisateurs, en faisant abstraction des Allemands, avaient mis en place des méthodes de répression importées des métropoles respectives, leur principale préoccupation était l'ordre colonial et la prégnance de leur puissance. Cela se traduisait par exemple du côté francophone, en cas de conflits fragilisant le "vivre-ensemble" des indigènes, par l'inertie des colonisateurs tant que les intérêts de la colonie et de la métropole n'étaient pas en jeu. Les sanctions étaient très sévères dans le cas contraire.

Les finalités de la peine et les mécanismes de répression, pendant les deux périodes évoquées, n'étaient plus les mêmes. Les Camerounais s'étaient retrouvés aux prises avec des méthodes de sanctions qui n'étaient pas les leurs et qu'ils ignoraient. Parmi ces différentes méthodes de sanctions importées, la peine d'emprisonnement, étrangère à la population camerounaise, devient la plus utilisée.

Cette analyse de deux systèmes de punition avant, et pendant la période coloniale, nous a permis de constater qu'il y a eu une discontinuité dans la conception de la répression et de la peine. Cette discontinuité est la résultante d'une brusque rupture idéologique et philosophique de la peine. Certes, une rupture n'est pas forcément un handicap dans la mise en œuvre d'un autre système. Mais, tout dépend du caractère de celle-ci.

La rupture avec les traditions et cultures doit émaner de la société elle-même. Il s'agit alors d'une démarche réfléchie, d'un besoin de changement. Dans ce cas, il peut y avoir comme résultat, soit l'amélioration normale des traditions par modification des points d'achoppement, soit le changement total des procédés en adoptant d'autres procédés qui semblent être adaptés aux sujets appelés à les mettre en pratique. Dans ces hypothèses, il s'agit d'un choix délibéré. Mais cela ne veut pas dire que les traditions adaptées ou renouvelées sont toujours les bonnes. Tout au moins, l'acceptation de cette rupture aura un effet anesthésiant sur les conséquences de celle-ci. Par contre, lorsque la rupture avec sa manière de vivre émane d'un phénomène externe et contraignant, les conséquences sont différentes. On peut s'attendre à un rejet et à la non-réception des nouvelles normes. Mais, comme elles sont imposées, comme c'était le cas des méthodes coloniales de répression, les sujets, en adoptant la politique de l'autruche tout en gardant leurs habitudes, acceptent, par contrainte, les nouvelles normes. Il y a la superposition de systèmes. Une autre situation peut se présenter, celle d'une mauvaise réception des nouvelles normes, parce qu'imposées, à des sujets qui n'avaient d'autre choix que de la subir.

C'est dans ces deux situations que la rupture de la conception traditionnelle de la répression et de la peine s'est opérée au Cameroun pendant la période coloniale. Il n'y a eu ni une démarche réfléchie de la part des populations de ce pays, ni un quelconque processus de réception de la nouvelle conception de la répression et de la peine inculquée par les colonisateurs. Bien au contraire, la rupture a été non seulement brusque mais, également brutale. Sans consentement des populations autochtones, ces dernières ont été mises devant des faits accomplis, et contraintes de s'y soumettre. Cette discontinuité de conception de la répression et de la peine avait pour conséquences, non seulement, l'absence de réception des nouvelles méthodes de répression, mais également, une superposition des règles juridiques malgré la suprématie du système de répression colonial. Ce refus de réception s'était traduit par la survivance des mécanismes et méthodes traditionnels de répression au Cameroun et par une discordance entre les structures de répression traditionnelles et les structures de répression coloniales. Les colonisateurs, privilégiant la politique de conquête et l'affirmation de la puissance coloniale, instaurent le système d'emprisonnement

L'Etat camerounais postcolonial a fait siennes cette philosophie pénale et cette méthode de répression. En effet, le système d'emprisonnement, apporté pendant la colonisation française et britannique, a été réapproprié et conservé par l'Etat camerounais. Celui-ci n'a pas tenté de renouer avec la conception de la peine comme moyen de restaurer le lien social après ses indépendances. Bien au contraire, il a consolidé la déviation du carcéral vers le punitif.

Il aurait fallu, tout au moins, prendre en compte, la finalité de la répression et de la peine traditionnelles, dans la mise en place d'un système pénitentiaire au Cameroun au lendemain des indépendances. Malheureusement, l'Etat camerounais, nouvellement institué, a raté ce rendez-vous avec son passé pour ne focaliser que sur l'héritage répressif laissé par ses anciens maîtres. En effet, comme le souligne Florence BERNAULT dans son ouvrage, au Cameroun : *« les prisons ne sont pas nées des débats d'un cercle de savants et de réformateurs ».*[760] Par conséquent, les objectifs primordiaux de la peine, en l'occurrence la recherche et la sauvegarde de la cohésion sociale des Camerounais, n'ont pas été pris en compte. Tout au contraire, elles (les prisons) ont été l'œuvre directe, brutale et autoritaire des Etats et des empires conquérants. C'est ainsi que *« avatar des pénitenciers occidentaux, sans dynamisme historique propre apparent, la prison s'installe, cahin-caha, au sein des sociétés qui l'ignorent. »*[761] Cette absence de rendez-vous avec son passé se ressent aujourd'hui dans la mise en œuvre du système pénitentiaire au Cameroun.

Ainsi, la nouvelle forme de répression imposée, bien que n'ayant pas eu une authentique réception de la part des populations indigènes, a pourtant subsisté et a été reconduite par les autorités politiques camerounaises. Il s'ensuit alors un mimétisme pénitentiaire qui a des conséquences néfastes sur le fonctionnement du système pénitentiaire camerounais. Par conséquent, l'absence d'une véritable politique pénitentiaire d'ensemble s'affiche, provoquant, en rang dispersé et parfois contradictoire, les actions des différents acteurs dans le domaine de la répression du crime. En fonctionnant dans un tel contexte, l'efficacité du système pénitentiaire camerounais ne peut être qu'hypothétique. Il va sans dire, diverses inerties judiciaires conduisent au trop carcéral, accentuant ainsi le dysfonctionnement des établissements pénitentiaires. Bien que la capacité d'accueil pénitentiaire soit dépassée, les juridictions de jugements ne manquent pas à leur zèle, celui de priver tout inculpé de liberté. Au regard de sa structure et de sa contenance, la prison camerounaise n'est pas en mesure de remplir sa mission originelle, celle de la protection de la société. Bien au contraire, le phénomène de la récidive augmente l'insécurité.

---

[760] F. BERNAULT, *op. cit.*, p. 18

[761] *Ibid.* p. 17

Sous l'effet de la fidélité à ses anciens maîtres qui avaient et ont encore, probablement, un droit de regard sur lui malgré son indépendance, d'une part ; et d'autre part, compte tenu de la mondialisation des modèles des systèmes pénitentiaires, l'Etat camerounais a difficilement eu l'audace de retourner à la source pour récupérer ou ré-apprivoiser les méthodes de répression ancestrales, pour les adapter aux exigences du moment. L'élève ne dépassant pas son maître, le gouvernement camerounais applique au gré de ce que j'oserais appeler "l'euphorisme" sécuritaire, le système d'emprisonnement avec des méthodes coloniales.

Pourtant, il est indéniable que, dans chaque société humaine, se sont opérés et s'opèrent encore de nos jours, des concepts évolutifs dans tous les domaines. Aucune société ne peut pas échapper à cette réalité. Toutefois, si cette évolution est indispensable, son utilité dépend néanmoins de la manière dont elle est conduite.

Tout en accordant un intérêt majeur aux différents modèles occidentaux, aussi séduisants les uns que les autres, le souhait serait de partir à la recherche d'un type idéal qui correspondrait aux spécificités socioculturelles du pays à plus d'un titre. Il ne s'agit, comme le souligne K. M'BAYE, *« ni de se transformer en musée ni de se jeter vers un modernisme sans garde-fou », mais de trouver un système pénitentiaire né des traditions, fécondé par le système pénal moderne, tout en restant attentif aux prescriptions de l'africanité, essentiellement spiritualiste. »*[762]

En effet, la réforme authentique, ne serait-elle pas, pour un pays comme le Cameroun, l'atténuation des effets d'un mimétisme institutionnel "inévitable", par l'intégration, dans l'ordonnancement juridique et dans les modalités d'organisation du système pénitentiaire, des règles et des pratiques coutumières héritées d'un riche passé d'une société régie par un système de réparation et de sauvegarde du lien social ?

Par ailleurs, *« la référence à la tradition n'est pas synonyme d'enfermement, mais d'adaptation ou de libération par la recherche des voies et moyens de solutions propres à résoudre les problèmes de la*

[762] K. M'BAYE, *Le droit africain – ses voies et ses vertus.* Revue sénégalaise de droit, 1970, vol.4, n° 7, p. 24

période contemporaine. »[763] La traduction normative et organisationnelle de ces procédures traditionnelles de répression serait un apport efficace dans le maintien de la sécurité des Camerounais. Car, la culture du "vivre-ensemble que sous-tendaient les mécanismes traditionnels pourra réveiller la responsabilité de toutes les forces vives de la nation en matière de sécurité publique. *« Il faut arriver à concilier les valeurs universelles de la démocratie, qui sont incontournables, avec les institutions de l'Afrique ancienne en les modernisant. »*[764]

Dans cette visée, il ne s'agissait pas, dans notre recherche, de diaboliser un système en angélisant l'autre. Il ne s'agissait pas, non plus, de donner le plan d'une réforme du système pénitentiaire camerounais toute faite, ce serait très ambitieux de notre part. Seulement, ce travail s'inscrit dans le souci d'une contribution à l'amélioration des méthodes de répression et de la gestion de la mission sécuritaire du service public pénitentiaire. Ce n'est que dans ce sens que l'analyse du dispositif pénitentiaire qui s'est imposée, a abouti à quelques pistes de réflexion contenues dans la troisième partie de notre étude.

En définitive, conclure, c'est fermer la porte et ouvrir les fenêtres, dit-on. Malheureusement, les portes et fenêtres de notre étude restent grandement ouvertes. Car, nous sommes conscients que toute théorie est condamnée à demeurer ouverte, soit parce qu'inachevée, soit parce qu'insuffisante.

---

[763] E. LE ROY, *op. cit.*, p. XIX

[764] Entretien, Groupe de Belles Feuilles (GBF) avec Amadou TOUMANI TOURE, ancien chef de l'Etat malien : Les africains doivent réapprendre les modes traditionnels de gestion des conflits. Le Groupe des Belles Feuilles — GBF — est une association de jeunes professionnels étudiant les questions européennes.

Bibliographie

OUVRAGES

ANCEL, Marc (dir.) et CHEMITHE Philippe, *Les systèmes pénitentiaires en Europe occidentale*, Paris, La Documentation française, 1981, 220 p.

ARTIERES, Philippe et LASCOUMES, Pierre, *Gouverner, enfermer. La prison, modèle indispensable ?* Paris, Presse de Sciences PO, 2004, 361 p.

ATEBA YENE, Théodore, *Cameroun, mémoire d'un colonisé,* Paris, L'Harmattan, 1988, 153 p.

AUGÉ, Axel Eric, *Le recrutement des élites politiques en Afrique subsaharienne. Une sociologie du pouvoir au Gabon*, Paris, L'Harmattan, 2005, 299 p.

AUVERGNON, Philippe, GUILLEMAIN, Caroline, *Le travail pénitentiaire en question*, Paris, La Documentation française, 2006, 196 p.

BALANDIER, Georges (dir.), *Sociologie des mutations*, Anthropos, Paris, 1970, 531 p.

BERNAULT, Florence (dir.), *Enfermement, prison et châtiments en Afrique du 19e siècle à nos jours*, Paris, Karthala, 1999, 510 p.

BIDIMA, Jean Godefroy, *La palabre, une juridiction de la parole,* Paris, Michalon, 1997, 127 p.

BLEUCHOT, Hervé, *Les cultures contre l'homme ? Essai d'anthropologie historique du droit pénal soudanais*, Marseille, Presse universitaires d'Aix, 1994, 480 p.

BLOCH, Marc, *Apologie pour l'histoire ou métier d'un historien*, Paris, Armand Colin, 1997, vol.1, 159 p.

BOUCHER, Philippe, *Le ghetto judiciaire "Pouvoir et justice"*, Paris, B. Grasset, 1978, 285 p.

BOUOU, Pierre, *L'arrestation, le procès et la détention de A à Z. Guide des droits du citoyen face à la police, la justice et la prison*, Douala, Avenir, 2006, 433 p.

BRILLON, Yves, *Ethnocriminologie de l'Afrique Noire*, Paris, J. VRIN / PUM. 1980, 368 p.

CABANEL, Guy-Pierre, *Pour une meilleure prévention de la récidive. Rapport au 1er ministre*. Collection des rapports officiels, Paris, La documentation française, 1996, 133 p.

CAHEN, Roger, *Le régime pénitentiaire belge et la loi de la défense sociale*, Paris, Librairie du "Recueil Sirey", 1936, 262 p.

CARTIER, Henri, *Comment la France " civilise " ses colonies*, Paris, Les Nuits rouges, 2006, vol.1, 160 p.

CASADAMONT, Guy, *Violences en détentions : d'après quatre entretiens de surveillants et premier surveillants*, Paris, La documentation française, 2001, 135 p.

CASADAMON, T Guy, PONCELA, Pierrette, *Il n'y a pas de peine juste*, Paris, O. Jacob, 2004, 1 vol., 279 p.

CERE, Jean-Paul, JAPIASSU, Andriano, Carlos, Eduardo (dir.), *Les systèmes pénitentiaires dans le monde*, Paris, Dalloz, 2007, 345 p.

COHEN William B., *Empereurs sans sceptre. Histoire des administrateurs de la France d'outre-mer et de l'école coloniale*, traduit par Louis de LESSEPS et Camille GARNIER, Paris, Berger-Levrault, 1973, 304 p.

GASSIN, Raymond, *La liberté individuelle devant le droit pénal*, Paris, Sirey, 1980, 158 p.

COMBESSIE, Philippe, *Prisons de villes et campagnes. Etude d'écologie sociale*, Paris, les Éd. de l'Atelier/ouvrières, 1996, 239 p.

CONAC Gérard (dir.), *Dynamiques et finalités des droits africains*, Actes du colloque de la Sorbonne l*a vie du Droit en Afrique*, Paris, Economica, 1980, 509 p.

COUR GRANDMAISON, Olivier (LE), *De l'indigénat. Anatomie d'un « monstre » juridique : le droit colonial en Algérie et dans l'Empire français*, Paris, La Découverte, 2010, 204 p.

CUSSON, Maurice, *Pourquoi punir ?* Paris, Dalloz, 1987, 203 p.

DARBON, Dominique, GAUDUSSON, Jean du Bois (de) (dir.), *La création du droit en Afrique*, Paris, Karthala, 1997, 496 p.

DELMAS-MARTY, Mireille, *Les grands systèmes de politique criminelle*, Paris, PUF, 1992, 462 p.

DEMETZ, Frédéric-Auguste, *Lettre sur le système pénitentiaire à MM. Les membres du Conseil général du département*, Paris, Imprimerie Royale, 1848, Vol.1, 66 p.

DUBOURG, Emilie, *Aménager la fin de peine*, Paris, L'Harmattan, 2007, 231 p.

FAUGERON, Claude, CHAUVENET, Antoinette, COMBESSIE, Philippe (dir.), *Approches de la prison*, Bruxelles, De Boeck université, Les Presses de l'Université de Montréal, Les presses de l'Université d'Ottawa, 1996, 368 p.

FLOCH-PROGENT, Loïk (Le), *Une incarcération ordinaire*, Paris, Le Cherche Midi, 2006, 200 p.

FOE NGA, *La difficile réinsertion socioprofessionnelle des ex-détenus et le phénomène de la récidive : le cas des détenus de la prisons centrale de Douala*, inédit, Yaoundé, 2002, 52 p.

FOKOUO, Jean Gabriel, *Donner et transmettre : la discussion sur le don et la constitution des traditions religieuses et culturelles africaines*, Zürich, LIT, 2006, 271 p.

FOUCAULT, Michel, *Surveiller et punir, naissance de la prison*, Paris, Gallimard, 1975, 318 p.

FOWELL BUXTON, Thomas, *De la traite des esclaves en Afrique et des moyens d'y remédier*, Paris, A. Bertrand, 1840, 686 p.

FRANÇOIS, Georges, MARIOL, Henri, *Législation coloniale*, Paris, Librairie Larose, 1929, 392-91 p.

FROMENT, Jean-Charles, « La République des surveillants de prison (1958-1998) », coll. *Droit et société*, Paris, LGDJ, 1998, 452 p.

FROMENT, Jean-Charles, *Les surveillants de prison*, Paris, L'Harmattan, 2003, 80 p.

FROMENT, Jean-Charles (dir.), GLEIZAL, Jean-Jacques, KALUSZYNSKI, Martine, *Les Etats à l'épreuve de la sécurité*, Grenoble, PUG, 2003, 434 p.

GAUTHIER, Jean-Gabriel, *Une société africaine traditionnelle* : les Fali (Hou et Tshalo de Ngoutchoumi), paysans du Nord, Bordeaux : Centre régional de documentation pédagogique, 1965, (pagination multiple, Annales du Centre régional de documentation pédagogique de Bordeaux.)

GIRARDET, RAOUL, *L'idée coloniale en France 1871-1962*, Paris, Table Ronde, 1972, 338 p.

GLEIGAL, Jean-Jacques, Froment, Jean-Charles, *Les politiques locales de sécurité*, Voiron : La lettre du cadre territorial, 1998, 104 p.

GLISSEN, John (dir.), *L'organisation judiciaire en Afrique noire : études*, Colloque organisé par le Centre d'Histoire et d'Ethnologie juridiques, Bruxelles, 1962, 290 p.

GOTTRAUX, Martial, BORNICCHIA Marianne, *Prisons, droit pénal : Le tournant ?*, Lausanne : éditions d'en bas ; Genève : éditions I.E.S. 1987, 230 p.

HOAREAU-DODINAU, Jacqueline, Pascal TEXIER, *La peine : discours, pratiques,* Limoges, Pulim, 2005, 270 p.

JEOL, Michel, *La réforme de la justice en Afrique Noire,* Paris, A. Pedone, 1963, 187 p.

KENSEY, Annie, *Prison et récidive. Des peines de plus en plus longues : la société est-elle vraiment mieux protégée ?* Paris, Armand Colin, 2007, 255 p.

KPWANG K., Robert, *La chefferie traditionnelle dans les sociétés de la grande zone forestière du Sud-Cameroun (1850-2010)* Paris, L'Harmattan, 2011, 492 p.

LABURTHE-TOLRA, Philippe, *Les seigneurs de la forêt : essai sur le passé historique, l'organisation sociale et les normes éthiques des anciens Beti du Cameroun*, Paris, L'harmattan, 2009, 492 p.

LARGUIER, Jean, *Criminologie et science pénitentiaire*, Paris, Dalloz, 9e éd. 2001, VI-288 p.

LÉAUTÉ, Jacques, *Criminologie et science pénitentiaire*, Paris, Presses universitaires de France, 1972, 832 p.

LÉAUTÉ, Jacques, *Les prisons,* Paris, Presses universitaires de France, 1990, 127 p. - (*Que sais-je ?* PUF, 1968

LEGER, Raoul, *La colonie agricole et pénitentiaire de Mettray* : souvenirs d'un colon, 1922-1927 : punir pour éduquer ? Paris ; Montréal : L'Harmattan, cop. 1997, 165 p.

MARTENS, Karl (Freiherr Von), CORNOT CUSSY, Ferdinand de (baron de), *Recueil manuel et pratique de traites, conventions et autres actes diplomatiques sur lesquels sont établis les relations et les rapports existant aujourd'hui entre les divers Etats souverains du globe, depuis l'année 1760 jusqu'à l'époque actuelle*, Leipzig, F. A. Brockhaus, 1846, volume III, 771 p.

MBANZOULOU, Paul, *La réinsertion sociale es détenus : de l'apport des surveillants de prison et des autres professionnels pénitentiaires*, Paris, L'Harmattan, 2000, 320 p.

M'BOKOLO ELIKIA, *Afrique Noire, Histoire et civilisations du XIXe siècle à nos jours,* Paris, Hatier-AUF (Agence Universitaire de la Francophonie), 2004, 587 p.

MERLE, Roger, *La pénitence et la peine. Théologie, Droit canonique, droit pénal*, Paris, Cerf/Cujas, 1985, 151 p.

MERLE, Roger, VITU André, *Traité de droit criminel.* Problèmes généraux de la science criminelle, droit pénal général, Paris, Cujus, 1997, 1068 p.

MINKOA SHE, Adolphe, *Droits de l'homme et droit pénal au Cameroun*, Paris, Economica, 1999, X-321 p.

MONTALI, Jean-Marie, LESINGE, Jacques, *Y a-t-il une vie après la prison ?*, Paris, Tallandier, 2006, 186 p.

MORENAS, Joseph-Elzéar, *Précis historique de la traite des Noirs et de l'esclavage colonial contenant l'origine de la traite, ses progrès, son état actuel et un exposé des horreurs produites par le despotisme des Colons*, Paris, Chez l'Auteur et Firmin Didot, 1828, 424 p.

MULAGO, Vincent, *Un visage africain du christianisme : l'union vitale Bantu face à l'unité vitale ecclésiale*, Condé-sur-Noireau, Présence africaine, 1965, 264 p.

NAGUIB HOSNI, *Les prisons libanaises. Etude du système pénitentiaire libanais dans son état actuel et dans son avenir*, Beyrouth, 1970, 46 p.

NANA, Alexandre, *Anthropologie Beti et sens chrétien de l'homme*, Paris, L'Harmattan, 2010, 368 p.

NGONGO, Louis, *Histoire des Institutions et des faits sociaux du Cameroun*, Tome I, 1884-1945, Paris, Berger-Levrault, 1987, 239 p

NKEN, Simon, *L'UPC, de la solidarité idéologique à la division stratégique, 1948-1962. Essai d'Analyse Historique*, Paris, Anibwe, 2010, 508 p.

NTAMPAKA, Charles, *Introduction aux systèmes juridiques africains*, Namur, Presses universitaires de Namur, 2005, 190 p.

Observatoire International des Prisons, *Le guide du sortant de prison*, Paris, La Découverte, 2006, 411 p.

Observatoire International des Prisons, *Le guide du sortant de prison*, Paris, La Découverte, 2004, 411 p.

Observatoire International des Prisons, *Prison : un état des lieux*, Paris, L'Esprit frappeur, (NSP), 2000, 316 p.

OTHMANI, Ahmed, BESSIS, Sophie, *Sortir de la prison : un combat pour la réforme des systèmes carcéraux dans le monde*, Paris, La Découverte § Syros, 2002, 136 p.

OWONA, Albert, *La naissance du Cameroun*, 1884-1914, Paris, History, 1969, 229 p.

OYONO, Ferdinand, *Le vieux nègre et la médaille*, Paris, 10/18, Domaine français, 1956, 187 p.

PEDRON, Pierre, *La prison et les droits de l'homme*, Paris, LGDJ, 1995, 131 p.

PERROT, Michelle, (dir.) *L'impossible prison : Recherches sur le système pénitentiaire au XIXe siècle*, Paris, Seuil, 1980, 317 p.

PLAWSKI, Stanislaw, *Droit pénitentiaire*, Lille, Publications de l'Université de Lille III, 1977, 278 p.

POUTRIN, Isabelle (dir), *Le XIXe siècle. Science, politique et tradition*, Paris, Berger-Levrault, 1995, 534 p.

PRADEL, Jean (dir.), *La condition juridique du détenu*, Paris, Cujas, 1993, 316 p.

RENAN, Ernest, *L'Avenir de la science* : pensées de 1848, Paris, Calmann Lévy, 1890, XX-541 p.

RENAN, Ernest, *L'Avenir de la science*, Paris, Flammarion, 1995, 542 p.

ROY, (Le) Etienne, *Le jeu des lois : une anthropologie dynamique du droit*, Paris, LGDJ, 1999, 415 p.

ROY, (Le) Etienne, *Les Africains et l'Institution de la Justice. Entre mimétismes et métissages*, Paris, Dalloz, 2004, 284 p.

RUSCHE, Georg, OTTO KIRCHHEIMER, *Peine et structure sociale. Histoire et " Théorie critique " du régime pénal*, Paris, CERF, 1994, 399 p.

SALA-MOLINS, Louis, *Le code noir ou le calvaire de Caanan*, Paris, PUF, 1993, 292 p.

SANDO, Hippolyte, *Derrière les murs, l'enfer : l'univers carcéral en question*, Douala, Catholic Relief Services, 2005, 175 p.

SCHMIDT, Nelly, *Abolitionnistes de l'esclavage et réformateurs des colonies, 1820-1851, analyse et documents*, Paris, Karthala, 2000, 1196 p.

SCHMIDT, Nelly, *L'abolition de l'esclavage. Cinq siècles de combats, (XVIe siècle – XXe siècle*), Paris, Fayard, 2005, 412 p.

SHEA Evelyne, *Le travail pénitentiaire : un défi européen. Etude comparée : France, Angleterre, Allemagne*, Paris, L'Harmattan, 2006, 242 p.

STAMM, Anne, *L'Afrique de la colonisation à l'indépendance,* Paris, Presses universitaires de France, (Que sais-je ?) 1998, 127 p.

STAMM Anne, *Histoire de l'Afrique précoloniale,* Paris, Presses universitaires de France, 1997, (Que sais-je ?), 125 p.

SUDRE, Frédéric, *La notion de "Peines et traitements inhumains ou dégradants" dans la jurisprudence de la Commission et de la Cour Européenne des droits de l'Homme*, Pedone, 1984, 65 p.

THIEBAUB, Jean-Marie, *Prison et Justice : mode d'emploi pour les détenus et leurs familles*, Paris, L'Harmattan, 2000, 523 p.

TISSEYRE, Paul, dit ANANKE-Hel, *L'Assiette au beurre coloniale* [11e édition], précédé d'une biographie de l'auteur signée " Henri MARTINVILLE ", Paris, A. Messein, 1911, 407 p.

TISSOT, Joseph, *Introduction philosophique à l'étude du droit pénal et de la réforme pénitentiaire*, Paris, A. MARESCQ aine, 1874, XIV, 584 p.

TOCQUEVILLE, Alexis (de), *Œuvres complètes Tome IV, Ecrits sur le système pénitentiaire en France et à l'Etranger*, Paris, Gallimard, 1984, 467 p.

TOURNIER, Pierre-Victor, *Loi pénitentiaire : contexte et enjeux*, Paris, L'Harmattan, 2007, 114 p.

VANDENBERGHE, Frédéric, *Une histoire critique de la sociologie allemande : aliénation et réification.* Tome II : Horkheimer, Adorno, Marcuse, Habernas, Paris, La Découverte/M.A.U.S.S., 1998, 403 p.

VARAUT, Jean Marc, *La prison pour quoi faire ?*, Paris, La Table ronde, 1972, 263 p.

VERNIER, Dominique, *Peines Perdues. Faut-il supprimer les prisons ?*, Paris, Fayard, 2002, 300 p.

VINE, T.- Victor (LE), *Le Cameroun : du mandat à l'indépendance*, Paris, Présence Africaine, 2001, 285 p.

ARTICLES ET CHAPITRES D'OUVRAGES

AGBLEMAGNON F.N., « Tradition et mutation dans les sociétés africaines », in *Sociologie des mutations*, BALANDIER Georges (dir.), Paris, Antropos, 1970, 531 p.

ALLINNE, Jean-Pierre, « Jalons historiographiques pour une histoire des prisons en Afrique francophone », in *Revue électronique d'histoire du droit*, Clio@Thémis, numéro 4

ATANGANA, Benoît, « Actualité de la palabre ? » *Revue Etudes n° 324*, Paris, 1966, p. 460-466

BAH, Thierno, « Les mécanismes traditionnels de prévention des conflits en Afrique noire », in *Les fondements endogènes d'une culture de la paix en Afrique : Mécanismes traditionnels de prévention et de résolution des conflits*, ONU, p. 1-26

BERARD, Jean, « Réforme de la détention provisoire après OUTREAU : l'occasion gâchée », in *Revue Dedans-dehors n° 56 juillet-Août 2006*, Observatoire International des Prisons, section française, p. 10-12

BIDIMA, Jean-Godefroy, « Rationalités et procédures juridiques en Afrique », in *Diogène* 2/2003 (n° 202), p. 81-97

BIDIMA Jean-Godefroy, *Rationalités et procédures juridiques en Afrique*, disponible sur : http://www.cairn.info/article_p.php?Id_Ar-ticle (voir aussi Presses universitaires de France)

BILLIARD, Albert, « Etude sur la condition politique et juridique à assigner aux indigènes des Colonies », in *Congrès international de sociologie coloniale* tenu à Paris, août 1900, Paris, Arthur Rousseau, 1901, T.II, 459 p.

BROUSSEAU, Georges, « Note sur la condition juridique des indigènes au Congo », in *Congrès international de sociologie coloniale* tenu à Paris du 6 au 11 août 1900, Paris, ARTHUR ROUSSEAU, T.II, 1901, 459 p.

BUGNICOURT, J., *Le mimétisme administratif en Afrique, obstacle majeur au développement*, RFSP, 1973, p. 1239 et ss.

Bulletin de la Société générale des prisons. Disponible sur : http://www.enap.justice.fr/publication/fiche.php?id_lier=78

CARBONNIER, Jean, « Le problème de la détention préventive », *Revue générale de droit*, 1937, p. 118 et sq

COUR GRANDMAISON, Olivier, LE, « L'exception et la règle : sur le droit colonial français », *Diogène*, 2005/4 n° 212, p. 42-64. DOI : 10.3917/dio.212.0042

FAUCHER, Pascal, « Redéfinir la mission du service public pénitentiaire, affirmer la primauté de l'objectif de réinsertion », in *Dedans-Dehors, n° 57*, OIP, 2006, p. 12 et ss

FAVARD, Anne-Marie, « Le détenu citoyen », in *Revue pénitentiaire*, 1989, p. 255 et ss

FROMENT, Jean-Charles, « Vers une prison de droit ? », in *Revue de science criminelle et droit pénal comparé*, 1997, p. 537-560

GASSIN, Raymond, « Les fondements juridiques de la réinsertion des délinquants en droit positif français », in *Revue de science criminelle et de Droit Pénal Comparé*, 1996, p. 155-182

GENIN-MERIC, R., « Etre jugé dans un délai raisonnable : réflexion sur le contrôle de la recevabilité de l'action publique », in *Revue de science criminelle et de Droit Pénal Comparé*, 1980, p. 77-100

JEANDIDIER, W., « La présomption d'innocence ou le poids des mots », in *RSC*, 1991, p. 50-52

KOMTO, Maurice, « Une justice entre tradition et modernité », in *Afrique contemporaine*, n° 156, 1990, p. 57-64

MERLE, Isabelle, « Un code pour les indigènes. Le découvrir fait scandale : la Justice n'était pas la même pour les indigènes », in *L'Histoire n° 302*, octobre 2005, p. 44

LANGARD, Georges, « Genèse et conséquences du mimétisme administratif en Afrique », in *RICS*, 1973, n° 1, p. 119

LAURIOL, Marc, « Réflexions sur le projet de refonte du code pénal », dans *Mélanges en hommage à André Breton et Fernand Derrida*, Paris, Dalloz, 1991 aux p. 209-215

MANSUY, Isabelle, « Principe de légalité et exécution des peines en France et Allemagne, Droit=droits ? », Champ pénal, septembre 2005, p. 34

M'BAYE, K., « Le droit africain – ses voies et ses vertus », in *Revue sénégalaise de droit*, 1970, vol.4, n° 7, p. 5-24

MBOYOM, F. X., *Les mécanismes juridiques de protection des droits de personnes au Cameroun*, in *RJPIC*, 1982, p. 58

MELONE, Stanislas, « Les juridictions mixtes de droit écrit et de droit coutumier dans les pays en voie de développement. Du bon usage du pluralisme judiciaire en Afrique : le cas du Cameroun », in *Revue Internationale de Droit comparé,* vol.38 n° 2, Avril-juin 1986 p. 327-346

MELONE, Stanislas, *Les grandes orientations actuelles de la législation pénale en Afrique. Le cas du Cameroun*, APC n°1, 1975 ; RCD n° 7, 1975, p. 32 ss

MOTULSKY, Henri, « Le droit subjectif et l'action en justice », in *APD*, T. IX, 1965, p. 215

MULAGO, Vincent, « L'union vitale Bantu ou le principe de cohésion de la communauté chez les Bashi, les Banyarwanda et les Barundi », in *Annali Lateranensi*, 1956, vol.20, p. 61-263

MULAGO, Vincent, « La participation vitale, principe de cohésion de la communauté Bantu », in *Pour une théologie africaine*, Yaounda, 1969, p. 191-218

NAMBO, Joseph John, « Quelques héritages de la justice coloniale en Afrique noire », in *Revue Droit et Société*, n° 51-52/2002, p. 325-344

NKOU, MVONDO, Prosper, « La justice parallèle au Cameroun : la réponse des populations camerounaises à la crise de la justice de l'Etat », in *Droit et Société 2/2002, (n° 51-52)*, p. 369-381

PERROT, Michelle, *Délinquance et système pénitentiaire au XIXe siècle*, Annales ESC n° 1, p. 67-91

Revue pénitentiaire, *Des intérêts légitimes sans protection juridique : les droits des détenus*, 1979, p. 463

ROY, Etienne (LE), « Décolonisation et nouvelles dépendances », 1986, Lille, PUF, p. 81-110, 1984, L'esprit de la coutume et l'idéologie de la loi, colloque de l'ARSOM, Bruxelles, La Connaissance du Droit en Afrique, Bruxelles, ARSOM, p. 210-240

TUNC, André, « La vie du droit en Afrique ». *Droits africains n°1*, Centre d'Etudes juridiques comparatives, Université Paris I,

TUNC, André, « Indépendance et coopération », in *Revue juridique et politique*, 1997,

VANDERLINDEN, Jacques, « Rendre la production du droit au peuple », in *Politique africaine* n° 62, 1996

VANDERLINDEN, Jacques, « vers une nouvelle conception du pluralisme juridique », in *Revue de la recherche juridique – Droit prospectif*, XVIII, 2, 1993, p. 573-583

VARAUT, Jean Marc, « La Justice pénale vue par les clients », in *RPDP*, 1973, n° 3, p. 403

ZE BELINGA, « La palabre, à-venir de la cité ? », in *Afrikara. Regards alternatifs sur les mondes d'hier, d'aujourd'hui et demain*, www.afrikara.com/index.php?page=contenu&art=126..; 2002.

ZORN, Jean-François, « Abolition de l'esclavage et colonisation », in *Le XIXe siècle. Science, politique et tradition* de POUTRIN Isabelle (dir), Paris, Berger-Levrault, 1995, p. 421-437

THESES - MEMOIRES

ANOUKAHA, F., *Les magistrats instructeur en procédure pénale camerounaise*, thèse de doctorat 3ᵉ cycle, inédite, Yaoundé, 1982, 430 p.

EKANGA EVOUH, *A la recherche d'une politique carcérale au Cameroun,* mémoire d'ENAM, inédit, Yaoundé, 1992, 211 p.

FROMENT, Jean-Charles, *Les mécanismes de régulation et de légitimation du corps des surveillants de prison.* Aspects juridiques et socio-politiques, Thèse de doctorat d'administration publique, Grenoble II, 1994, 628 p.

MBEZELE MBEZELE, Jean Félix, *Les prisons au Cameroun (La réforme pénitentiaire du 27 mars 1992)*, mémoire de fin de formation à l'ENAM, Yaoundé, 1992, inédite.

MBOCK Jacques-Oberlin, *La prison camerounaise, (Etude critique de la réforme pénitentiaire de 1973 et son application)*, thèse de doctorat, 3ᵉ cycle, inédite, Université de Yaoundé, 1989, 560 p.

MEVONGO, *Le système pénitentiaire au Cameroun*, mémoire de licence Université de Yaoundé, inédite, 1973-1974, 150 p.

OYONO ABAH, Marcel Emmanuel, *La prison centrale de Yaoundé,* mémoire de Licence, inédite Université de Yaoundé, 1975-1976, 66 p.

SIMO, André, *La justice pénale des mineurs au Cameroun*, Thèse de doctorat de 3e cycle en droit privé, inédite, Yaoundé, 1994, 512 p.

SOLENN, Assathiany, *L'humanisation des conditions de détention en Afrique Noire : le rôle de Penal Reform International et de Prisonniers Sans Frontières*, mémoire, UPMF-IEP, Grenoble, 2006-2007, 165 p.

RAPPORTS DES COMMISSIONS ET CONGRES

ADMINISTRATION PENITENTIAIRE, *Rapport annuel d'activité*, 1997, Paris, La documentation française, 1998, 383 p.

CABANEL, Guy Pierre (rapporteur), *Prisons : une humiliation pour la république. Rapport de la commission d'enquête sur les conditions de détention dans les établissements pénitentiaire en France n°449*, Tome 1 et 2, Paris, Sénat, 2000, 224 p. ; 551 p.

CANIVET, Guy, *Amélioration du contrôle extérieur des établissements pénitentiaires*, rapport de la commission au garde des Sceaux, ministre de la justice, Paris, La Documentation française, 2000, 263 p.

CHALANDON, Albin, « Déclaration sur le projet de loi sur le service pénitentiaire à l'Assemblée Nationale », 5 mai 1987, in *Vie publique au cœur du débat public*. www.vie-publique.fr/documents-vp/declaration_chalandon.shtml.

Commission Nationale consultative des droits de l'homme, *Sanctionner dans le respect des droits de l'homme, I. Les Droits de l'Homme dans la prison*, Paris, La Documentation française, 2007, 200 p.

CONGRES INTERNATIONAL DE SOCIOLOGIE COLONIALE tenu à Paris du 6 au 11 août 1900, Paris, Mémoires soumis au congrès, Arthur Rousseau, T.II, 1901, 459 p.

CONGRES INTERNATIONAL DE SOCIOLOGIE COLONIALE tenu à Paris du 6 au 11 août 1900, Paris, *Rapports et procès-verbaux des séances*, Arthur Rousseau, T.II, 1901, 481 p.

CONSEIL ECONOMIQUE ET SOCIAL, *"Les conditions de la réinsertion socioprofessionnelles des détenus en France"*, rapport présenté par Donat DECISIER Donat au nom de la Section des Affaires sociales présidée par BRIN Hubert, n° 227, 17 février 2006, Les éditions des Journaux officiels, 2006, n° 2, 241 p.

WARSMANN, Jean-Luc, *Rapport sur les peines alternatives à la détention, les modalités d'exécution des courtes peines, la préparation des détenus à la sortie de prison,* Paris, Ministère de la Justice, 2003, 89 p.

LOIS ET TEXTES FONDAMENTAUX

Acte "THE PRISONS REGULATIONS" du 30 mai 1916 sur les prisons du Cameroun Occidental, Laws of Nigeria ans Lagos, vol. IX, p. 1857-1915

Arrêté du 8 juillet 1933, texte organique des centres pénitenciers du Cameroun Oriental, JOC, 1933, p. 386

Arrêté n° 0230-A-MINAT-DAPEN-SEP, *portant création et classification des établissements pénitentiaires au Cameroun.*

Conseil de l'Europe, *Le surpeuplement des prisons et l'inflation carcérale,* Recommandation n° R(99) 22 et Rapport, Références juridiques, Strasbourg, Conseil de l'Europe, juin 2000, 215 p.

Décret d'abolition de l'esclavage du 27 avril 1848, in *Journal officiel de la République française*, mardi 2 mai 1848.

Décret du 8 août 1924 déterminant au Cameroun l'exercice des pouvoirs disciplinaires, J.O.C.F. 1924, p. 418-421.

Décret du 1er novembre 1940 à Brazzaville relatif aux mesures à prendre à l'égard des individus dangereux pour la défense du territoire ou pour la sécurité ou l'ordre public, JOCF, 15 novembre 1940, p. 760

Ordonnance n° 74/774 du 11 décembre 1974 portant régime pénitentiaire au Cameroun, JOC, 1974

Décret N° 73/774 du 11 décembre 1973 portant régime pénitentiaire au Cameroun, JOC, 1974

Décret n° 92/052 du 27 mars 1992 portant création de la commission nationale de l'APEN, JOC, 1992

Décret n° 92/057 du 27 mars 1992 portant création et organisation de l'ENAP, JOC, 1992

Décret n° 92/052 du 27 mars 1992 *portant régime pénitentiaire au Cameroun*, source : SIJP – Système d'information juridique, institutionnel et politique (AIF)

Décret n° 72/270 du 2 juin 1972 portant promulgation de la Constitution de la République unie du Cameroun. In *Journal officiel, 1972-06-02, Supplémentaire*

ONU, *Ensemble de règles minima pour le traitement des détenus*, adopté par le 1er congrès des nations Unies pour la prévention du crime et le traitement des délinquants, tenu à Genève en 1955 et approuvé par le Conseil économique et social dans ses résolutions 663 C (XXIV) du 31juillet 1957 et 2076 (LXII) du 13 mai 1977

Penal Reform International, *Ressources de formation : Protéger les droits des personnes passibles de la peine de mort et de la perpétuité ou des peines de longue durée*, avril 2001, 25 p.

DICTIONNAIRES ET CODES

Code de procédure pénale, Paris, Dalloz, 50e édition, 2009, 2619 p.

CORNU Gérard, *Le vocabulaire juridique*, Paris, 2008

Le Nouveau Petit Robert de la langue française, Paris, 2008

Nouveau Code de Procédure pénale, KUEMO Michel, collection "La Tribune du droit", SAAGRAPH, Yaoundé - Cameroun, 2006, 230 p.

Code pénal, NGUE Samuel, (dir.) MINOS, 3e édition, Yaoundé - Cameroun, 2004-2005, 792 p.

ARCHIVES NATIONALES DE YAOUNDE (ANY)

Archives Politiques et Administratives (APA), 10117/A, Régime pénitentiaire, principes

Archives Politiques et Administratives (APA), 10113/A, Maison de Force de Mokolo

Archives Politiques et Administratives (APA), 10459/B, Condamnés politiques, résidences obligatoires, internements, 1930-1947

ANY, (Archives Nationales – Yaoundé) 1AC407, Cameroun – législation 1900-1940, Rubriques : Législation et indigénat.

Annexes

Annexe 1

© Daniel Dalet / d-maps.com
100 km
60 mi
Extrême-Nord
Nord
Adamaoua
Nord-Ouest
Ouest
Sud-Ouest
Centre
Littoral
Est
Sud

Annexe 2
Décret du 27 mars 1992 portant régime pénitentiaire au Cameroun

LE PRESIDENT DE LA REPUBLIQUE,

Vu la Constitution ;

Vu le décret no 88/772 du 16 Mai 1988 portant organisation du Gouvernement, ensemble ses divers modificatifs ;

DECRETE :

TITRE I : CLASSIFICATION ET ORGANISATION DES CENTRES PENITENTIAIRES

CHAPITRE I : CLASSIFICATION

Article 1er

Des centres pénitentiaires, ci-après désignés prisons, peuvent être aménagés dans le ressort des différentes circonscriptions administratives à l'effet d'assurer:
- la détention des personnes incarcérées à titre préventif ;
- la détention des personnes condamnées par les tribunaux ;
- la détention des personnes faisant l'objet d'une mesure de garde à vue.

Article 2

Suivant la nature de leurs activités, les prisons sont classées en cinq catégories :
1) Les prisons d'orientation ou de sélection ;
2) Les centres de relégation ;
3) Les prisons de production ;
4) Les prisons écoles ;
5) Les prisons spéciales.

Article 3

Les prisons d'orientation ou de sélection, implantées en principe aux chefs-lieux de provinces, reçoivent :
a) les personnes condamnées à des peines d'emprisonnement dont la durée excède un an, avant orientation dans les prisons appropriées après une période d'observation ;
b) tous les mineurs de moins de dix-huit ans condamnés par les tribunaux ou placés dans un centre de rééducation pour observation et orientation ;c) les personnes condamnées à des courtes peines par les juridictions de la province considérée ;

d) les évacués sanitaires qui ne peuvent recevoir un traitement approprié dans les ressorts administratifs de leurs prisons d'incarcération.

Article 4

Les centres de relégation sont des prisons réservées aux personnes exécutant une peine de relégation sous le régime de travail et de réforme sociale. Ils peuvent aussi recevoir des condamnés que l'administration pénitentiaire estime irrécupérables ou trop indisciplinés pour les autres centres pénitentiaires.

Article 5

Les prisons de production permettent aux condamnés de participer par leur travail à l'effort national de développement. Elles sont implantées, soit à proximité des complexes économiques importants, soit en milieu rural où les activités agricoles ou d'élevage peuvent être menées.

Article 6

Les prisons écoles sont destinées à la formation théorique et pratique des condamnés ou des mineurs placés en rééducation.

Article 7

Les prisons spéciales sont réservées aux femmes et aux mineurs. Elles sont assimilées aux prisons écoles.

Article 8

Les personnes n'ayant pas atteint la majorité pénale peuvent être soumises à un régime particulier. Ce régime est applicable tant aux prévenus qu'aux condamnés.

CHAPITRE II : ORGANISATION

SECTION I : DISPOSITIONS GENERALES

Article 9

1) Il existe, suivant leur organisation, trois catégories de prisons :
1- Les Prisons centrales ;
2- Les prisons principales ;
3- Les prisons secondaires.
2) Ces prisons sont créées par arrêté du Ministre chargé de l'Administration Pénitentiaire.

Article 10

La direction générale et le contrôle de l'établissement pénitentiaire incombent au régisseur. Celui-ci est spécialement chargé de veiller à :
- la stricte observation des mesures d'ordre et de police intérieure appliquée à chaque catégorie de détenus ;
- l'établissement du plan d'activités mensuel, trimestriel et annuel ;
- l'entretien des locaux et les travaux de réparation des bâtiments ;
- l'utilisation judicieuse de la main-d'œuvre pénale ;
- l'exécution des marchés de vivres et de fournitures diverses ;
- la tenue des registres et écritures conformément aux textes en vigueur ;
- la répartition des détenus par catégorie ;
- l'alimentation, l'habillement, la santé, l'hygiène et l'anthropométrie des détenus.

SECTION II : DES PRISONS CENTRALES

Article 11

Placées sous l'autorité d'un régisseur ayant rang de Directeur Adjoint de l'Administration Centrale, les prisons centrales comprennent :
- le service de la discipline et des activités socio-culturelles et éducatives ;
- le service administratif et financier.

Article 12

1) Placé sous l'autorité d'un chef de service assisté d'un adjoint, le service de la discipline et des activités socio-culturelles et éducatives est chargé :
- du maintien de l'ordre parmi les détenus ;
- de la classification des détenus ;
- de la propreté des détenus et des cellules ;
- du contrôle des courriers des détenus ;
- de la sélection des corvéables ;
- de l'ouverture et de la fermeture des locaux ;
- de la fouille des locaux et des détenus ;
- de la surveillance des équipements installés à l'intérieur de la prison ;
- des sports et activités culturelles du personnel ;
- de la formation et de l'encadrement psycho-social des détenus ;
- des sports et activités culturelles et de loisirs des détenus ;
- de la formation des détenus ;
- de la gestion des foyers et des mess des prisons.

2) Il comprend trois bureaux.
- le bureau de discipline des détenus ;
- le bureau des activités socio-culturelles et de loisirs ;
- le bureau de la formation et de l'action sociale.

Article 13

1) Placé sous l'autorité d'un chef de service assisté d'un adjoint, le service administratif et financier est chargé :
- de la discipline des personnels ;
- du contrôle des effectifs ;
- de la situation des armes et munitions et de prise d'arme ;
- de l'ouverture et du classement des dossiers du personnel ;
- du courrier arrivée et départ ;
- de la tenue des chronos et répertoires divers ;
- de la rédaction des correspondances et rapports divers ;
- de l'ouverture et classement des dossiers pénitentiaires ;
- de la tenue des registres d'écrou ;
- des statistiques des détenus ;
- des avis d'évasion et de recherches et de cessation de recherches ;
- de l'incarcération et la libération des détenus ;
- de l'anthropométrie des détenus ;
- du suivi et de la coordination de la comptabilité-matières, de la régie des recettes et de la caisse d'avance.

2) Il comprend trois bureaux :
- le bureau des affaires administratives et du greffe ;
- le bureau des affaires financières ;
- le bureau des personnels.

SECTION III : DES PRISONS PRINCIPALES

Article 14

Placées sous l'autorité d'un régisseur assisté d'un adjoint, ayant respectivement rang de chef de service et de chef de service adjoint de l'administration centrale, les prisons principales comprennent quatre bureaux.

- le bureau de la discipline ;
- le bureau de l'action sociale, des activités culturelles et éducatives ;
- le bureau des affaires administratives, du personnel et du greffe ;
- le bureau des affaires financières.

SECTION IV : DES PRISONS SECONDAIRES

Article 15

Placées sous l'autorité d'un régisseur ayant rang de chef service adjoint de l'administration centrale, les prisons secondaires comprennent deux bureaux :

- le bureau de la discipline, des affaires administratives et du greffe ;
- le bureau de l'action sociale, des activités culturelles et éducatives.

TITRE II : FONCTIONNEMENT DES ETABLISSEMENTS PENITENTIAIRES

CHAPITRE I : INCARCERATION DES DETENUS

Article 16

Le régisseur de la prison ne peut, sous peine de détention arbitraire, procéder à une incarcération sans ordre d'écrou écrit et conforme au modèle réglementaire, ni un mandat ou une décision de justice, ni un acte administratif régulier. Toute incarcération donne lieu à une inscription dans un registre d'écrou.

Article 17

Les détenus sont fouillés préalablement à leur incarcération. Il ne leur est laissé ni bijou, ni argent, ni valeur quelconque, ni instrument dangereux. Les objets retirés aux détenus aux cours de la fouille sont consignés dans un registre prévu à cet effet. Ces objets peuvent, si leur détention n'est pas interdite par la loi, être remis à la famille ou gardés à la prison jusqu'à la sortie du détenu de prison ou son transfèrement.

Article 18

(1) Lorsqu'un délai de trois ans s'est écoulé après l'évasion ou le décès d'un détenu sans que les objets et valeurs déposés lors de son incarcération aient été réclamés, la confiscation est prononcée par arrêté du Ministre chargé de l'administration pénitentiaire au profit de l'Etat.
(2) Si les objets et valeurs déposés sont rendus inutilisables, le Ministre peut en ordonner la destruction.
(3) Il est procédé de même pour les objets et valeurs que les détenus ont refusé de recevoir à leur libération. Un procès-verbal contradictoire constate ce refus.

Article 19

L'incarcération de tout détenu donne lieu à l'établissement d'une fiche signalétique conforme au modèle réglementaire. Ces fiches fixent l'identité des prisonniers et les accompagnent dans les différentes prisons où ils peuvent être appelés à séjourner pendant leur détention.

Article 20

La répartition des détenus dans les locaux pénitentiaires est effectuée suivant les règles ci-après :

1- Les prévenus sont séparés des condamnés ;
2- Les femmes sont rigoureusement séparées des hommes ;
3- Les locaux spéciaux sont affectés aux condamnés à mort, aux détenus dangereux, punis ou devant être maintenus au secret et aux individus gardés à vue ;
4- Un quartier spécial est réservé aux mineurs ;
5- Le cas échéant, un quartier spécial est réservé aux éléments des forces de maintien de l'ordre incarcérés.

Article 21

Les prisonniers peuvent sur décision du Ministre chargé de l'Administration pénitentiaire être transférés d'une prison à une autre en vue d'une utilisation judicieuse de la main-d'œuvre pénale, pour des raisons de sécurité ou de santé ou sur leur demande motivée. L'exécution de la décision de transfèrement incombe aux services de l'Administration Pénitentiaire.

Article 22

Le dossier de transfèrement comporte les pièces suivantes :
1- l'extrait du registre d'écrou ;
2- l'extrait du jugement ou de l'Arrêté de condamnation ;
3- un certificat médical constatant l'état de santé général du détenu ;
4- la fiche signalétique ;
5- l'inventaire des objets et valeurs appartenant au détenu.

Article 23

Après le transfèrement du détenu, les objets et valeurs lui appartenant sont transmis avec inventaire au régisseur de la prison de transfèrement. Celui-ci est tenu d'en accuser réception dans un délai de sept jours.

CHAPITRE II : TENUE DES REGISTRES

Article 24

Le régisseur tient obligatoirement les registres suivants :
1) le registre d'écrou ;
2) le registre des fiches signalétiques ;
3) le registre de dépôt et d'inventaire d'objets et valeurs retirés aux détenus ;
4) le cahier des visites médicales ;
5) le registre des punitions ;
6) le registre d'inventaire du mobilier, matériel et des objets divers existant dans la prison et nécessaires à son fonctionnement ;
7) le registre des contraintes par corps ;
8) le registre d'emploi de la main-d'œuvre pénale ;

9) le fichier de tous les détenus ;
10) le registre d'alimentation.

Ces registres sont côtés et paraphés par le Procureur de la République.

Article 25

Le registre d'écrou comporte quatre tomes :

I- Prévenus
II- Mineurs
III- Condamnés de droit commun
IV- Contraintes par corps.

Article 26

L'inscription dans l'un quelconque des registres susmentionnés comporte notamment :
1 - Le numéro d'ordre
2 - les noms, prénoms et âge du détenu
3 - la profession avant la détention
4 - le domicile d'origine
5 - le motif de l'incarcération
6 - la durée de la peine
7 - la date d'incarcération
8 - la date de libération ou de transfèrement
9 - la juridiction ou l'autorité ayant statué
10 - les numéros et date de la décision ou de l'acte
11 - le montant de l'amende, date de paiement, numéro de la quittance ou mention de l'exécution de la contrainte par corps.

Article 27

Les séries des numéros d'ordre d'inscription aux registres d'écrou sont annuelles. Des extraits trimestriels complets des registres d'écrou sont adressés au Parquet d'Instance, au Parquet Général et au Ministre compétent, pour chaque prison de la République.

Article 28

Le registre de dépôt et d'inventaire des objets et valeurs divers retirés aux détenus doit comprendre les mentions suivantes :
- le numéro d'ordre ;
- les noms et prénoms du détenu ;
- le montant des sommes d'argent ;
- la nature, le nombre et l'estimation des objets déposés ;

- la date de prise en charge avec émargement du détenu ou de celui de deux témoins s'il est illettré ;
- la date de remise des sommes d'argent ou objets déposés avec émargement du détenu ou de celui de deux témoins s'il est illettré.

TITRE III : ALIMENTATION, HABILLEMENT, SANTE ET HYGIENE

CHAPITRE I : ALIMENTATION

Article 29

(1) Les prisonniers ont droit à une ration journalière. Cette ration doit être équilibrée et suffisante pour éviter aux détenus toute carence alimentaire et leur donner l'énergie indispensable à leur santé et à l'exécution des travaux auxquels ils sont astreints.
(2) Elle se compose en principe des denrées de la localité et doit dans la mesure du possible respecter les exigences de la coutume ou de la religion des détenus en matière d'alimentation.
(3) Des modifications peuvent être apportées au régime des détenus effectuant des travaux pénibles ou sur prescription médicale.

CHAPITRE II : HABILLEMENT, SANTE, HYGIENE

Article 30

(1) Tout détenu condamné reçoit un uniforme qu'il est tenu de porter en public.
(2) Il dispose d'un lit garni d'une natte, d'une couverture et éventuellement d'un matelas et d'un traversin. La literie ayant servi à un détenu est désinfectée avant toute nouvelle utilisation.

Article 31

L'entretien des détenus est assuré par une allocation fixée pour chaque prison par le Ministre chargé de l'Administration pénitentiaire. Cette allocation pourvoit en principe à toutes les dépenses d'entretien, d'alimentation, d'habillement, de couchage et d'éclairage selon le cas au cours du trimestre, du semestre ou de l'année.

Article 32

(1) Chaque détenu est soumis au moment de son incarcération à une visite médicale.
(2) Aussi souvent que possible, tous les détenus doivent prendre un bain à l'heure chaude de la journée. Les condamnés doivent avoir les cheveux coupés ras.

Article 33

(1) Dans tout établissement pénitentiaire, il doit être aménagé une infirmerie ou un local destiné à recevoir les malades. Son fonctionnement est assuré par le responsable de l'infirmerie, sous la supervision de l'autorité médicale compétente la plus proche. En cas de maladie contagieuse ou épidémique, l'autorité médicale compétente prend en accord avec le régisseur, toutes les mesures de protection et de prophylaxie nécessaires.
(2) Les détenus malades sont conduits à la visite médicale. Le médecin consultant consigne ses observations dans un cahier spécial de visite tenu par le responsable de l'infirmerie.
(3) Le cahier des visites médicales indique les détenus admis à l'infirmerie ou à l'hôpital ainsi que les dates d'entrée et de sortie.

Article 34

(1) L'autorité médicale territorialement compétente est tenue d'inspecter chaque trimestre les locaux pénitentiaires. Elle peut demander que lui soient présentés les détenus.
(2) Cette autorité adresse un rapport au Ministre chargé de l'Administration Pénitentiaire à cet effet signalant toutes observations utiles sur l'hygiène et la santé des détenus.

Article 35

Avant le transfèrement d'un détenu, le régisseur peut le soumettre à une visite médicale. Le certificat médical fait alors partie du dossier qui l'accompagne.

TITRE IV : DISCIPLINE

Article 36

Il sera procédé à l'appel des détenus chaque matin au réveil et chaque soir au coucher.

Article 37

(1) Les condamnés sont autorisés à recevoir les visites des membres de leurs familles et amis en présence d'un ou de plusieurs éléments d'encadrement dans les conditions fixées par le règlement intérieur de la prison. Ils peuvent également recevoir des courriers dans les mêmes conditions.
(2) Toutefois, l'envoi et la réception de lettres et des colis sont soumis à un contrôle préalable du régisseur de la prison ou des éléments d'encadrement. Les colis ne doivent comporter ni récipient, ni ustensiles, ni objets tranchants, pointus ou contondants. Leur emballage sera composé de feuilles, de papiers ou autres articles périssables.

(3) Echappe au contrôle préalable, le courrier des avocats et des autorités judiciaires.

Article 38

Le régisseur de la prison doit vérifier l'identité de tout visiteur et procéder éventuellement à sa fouille s'il le juge nécessaire.

Article 39

Les visites à un détenu peuvent être suspendues pendant un temps n'excédant pas deux mois ou supprimées définitivement pour des raisons disciplinaires. Le Ministre chargé de l'Administration Pénitentiaire doit être informé immédiatement de cette mesure. Il peut, s'il l'estime nécessaire, la réformer.

Article 40

(1) Pour des raisons de sécurité et de discipline, le régisseur de la prison peut interdire à un détenu de communiquer avec les autres personnes pour une période de dix jours renouvelable une fois. Dans ce cas, l'intéressé est isolé dans un local prévu à cet effet.
(2) Toutefois, pour des raisons d'enquête, le parquet compétent peut demander par écrit au régisseur de la prison d'interdire, pendant une durée déterminée à un prévenu de communiquer avec les autres. Mention de l'interdiction de communiquer doit être portée au registre d'écrou.

Article 41

Le détenu peut pendant leur visite communiquer avec les conseils quand ils le désirent. Cette communication s'effectue hors la présence d'un élément d'encadrement.

Article 42

(1) Le régisseur de la prison dresse une liste nominative des ministres des différents cultes autorisés à célébrer des offices religieux à l'intérieur de la prison ou à visiter les détenus.
(2) Les modalités de célébration d'office religieux et de visites aux détenus par le ministre du culte sont fixées par le règlement intérieur de la prison.

Article 43

Les détenus doivent observer les règles de discipline applicables dans les établissements pénitentiaires, sous peine de sanctions disciplinaires et éventuellement, de poursuites judiciaires.

Article 44

Constituent des infractions à la discipline pénitentiaire et sans préjudice le cas échéant des sanctions pénales, les actes suivants :

1- Violation d'une disposition du règlement intérieur ;
2- Voie de fait d'un détenu sur la personne d'un élément d'encadrement, d'un agent en service à la prison ou d'un autre détenu ;
3- Tenue indécente ;
4- Injures ou menaces à l'endroit d'un élément d'encadrement, d'un visiteur ou d'un autre détenu ;
5- Introduction clandestine d'objets prohibés dans la prison ;
6- Destruction ou détérioration délibérée d'un outil, matériel, vêtement ou tout autre objet appartenant à l'Etat ;
7- Oisiveté ou négligence pendant le travail ;
8- Mutilation intentionnelle de sa propre personne pour se soustraire au travail ;
9- Sabotage ;
10- Tentative de conspiration ou d'évasion ;
11- Recel d'un objet quelconque ;
12- Complicité dans une infraction à la discipline pénitentiaire ;
13- Réclamations tapageuses ou injustifiées ;
14- Sortie sans autorisation préalable d'un élément d'encadrement responsable du contrôle des travaux ou des corvées ;
15- Présence dans les cours et salles de garde lorsque leur accès est interdit ;
16- Changement, altération ou suppression du numéro ou marque distinctive ;
17- Maniement du mécanisme d'une serrure de la prison, des lampes, des projecteurs ou de tout objet auquel l'accès est interdit ;
18- Appropriation indue du linge ou de l'outillage d'un autre détenu ;
19- Fabrication d'objet à l'insu ou sans permission d'un élément d'encadrement ;
20- Abstention ou refus d'aider un élément d'encadrement en cas d'évasion, de tentative d'évasion ou d'agression sur cet élément ;
21- Refus d'obtempérer à un ordre légitime d'un élément d'encadrement ;
22- Abstention ou refus d'exécution de sa tâche dans les formes prescrites ;
23- Mutinerie ou incitation à la mutinerie ;
24- Tout acte ou attitude contraire à l'ordre et la discipline.

Article 45

Les sanctions disciplinaires pouvant être infligées aux détenus sont :
a) - Les corvées plus pénibles ;
b) - La mise en cellule de correction pour une période de quinze jours maximum et par tranche de cinq jours suivie chaque fois d'un régime commun ;
c) - L'enchaînement dans la cellule de correction ou à tout autre lieu pour une durée de quinze jours aux mêmes conditions qu'à l'alinéa ci-dessus ;
d) - La suspension ou la suppression des visites.

Article 46

(1) Lorsqu'un élément surprend un détenu en faute, il doit le traduire dans les 24 heures devant le conseil de discipline présidé par le régisseur de la prison qui se chargera de lui infliger la sanction proportionnée à la gravité de la faute.
(2) Toutefois, avant que la commission ne se réunisse, les sanctions immédiatement exécutoires peuvent être prononcées par le régisseur sur rapport écrit ou verbal d'un membre du corps en service dans la prison ayant constaté la faute.
(3) Les sanctions infligées sont inscrites dans un registre spécial avec indication du motif. Compte-rendu en est fait au Ministre chargé de l'Administration Pénitentiaire qui peut le cas échéant, les réformer soit d'office, soit sur réclamation du détenu.
(4) L'organisation et le fonctionnement du conseil de discipline sont fixés par le règlement intérieur de chaque établissement pénitentiaire.

Article 47

(1) Les détenus peuvent adresser leurs réclamations par écrit au régisseur de la prison et éventuellement au Ministre chargé de l'Administration Pénitentiaire.
(2) Ils peuvent aussi les faire connaître au parquet compétent ou aux inspecteurs des prisons à l'occasion des visites d'inspection et de contrôle.

Article 48

Les évasions de détenus donnent lieu à un compte-rendu immédiat au Ministre chargé de l'Administration Pénitentiaire et celle des prévenus au Procureur de la République. Le compte-rendu doit indiquer les mesures prises en vue de l'arrestation des fugitifs et les sanctions infligées aux responsables et à leurs complices éventuels sans préjudice des poursuites judiciaires.

Article 49

Les condamnés et contraignables sont astreints à la corvée. Les prévenus ne sont utilisés qu'aux menus travaux d'entretien de la prison.

Article 50

(1) Les détenus jugés dangereux sont exclusivement utilisés à l'intérieur de la prison.
(2) Les femmes et les mineurs ne participent normalement à des corvées qu'à l'intérieur de la prison ou dans les champs appartenant à la prison. Dans tous les cas, ils travaillent dans des groupes séparés des autres catégories des prisonniers.

TITRE V : CESSION DE LA MAIN-D'OEUVRE PENALE

Article 51

(1) Des cessions de la main-d'œuvre pénale peuvent être faites aux services publics, aux entreprises privées et aux particuliers. Ces cessions sont autorisées par le régisseur de la prison dans les conditions fixées par Arrêté du Ministre chargé de l'Administration Pénitentiaire.
(2) Les demandes d'utilisation de main-d'œuvre pénale sont introduites auprès du régisseur quarante-huit heures au moins à l'avance. Elles doivent mentionner la nature des travaux à effectuer et leur durée approximative.

Article 52

Toute cession de main-d'œuvre pénale donne lieu au paiement d'une indemnité journalière et de frais de surveillance dont les taux sont fixés par Arrêté du Ministre chargé de l'Administration Pénitentiaire.

Article 53

(1) Les sommes résultant des travaux effectués par la main-d'œuvre pénale sont divisées en deux parties.
- la première partie représentant les 2/3 des encaissements est perçue par l'agent intermédiaire des recettes et reversée au trésor public.
- la deuxième partie représentant le 1/3 des encaissements est destinée à la constitution d'un pécule qui sera remis au détenu corvéable à la fin de sa détention. Elle est perçue par l'agent intermédiaire des recettes et reversée au régisseur de la Caisse d'avance de la prison qui l'inscrit dans un registre spécial prévu à cet effet.

(2) Des textes particuliers du Ministre chargé de l'Administration pénitentiaire fixent les conditions d'utilisation de la main-d'œuvre pénale et d'attribution du pécule aux détenus.

Article 54

(1) Il est créé une régie des recettes dans chaque prison. L'agent intermédiaire des recettes assure le recouvrement des sommes dues au titre des cessions de la main-d'œuvre pénale ou de la vente des produits agro-pastoraux et artisanaux.
(2) Il tient à cet effet :
- Un registre dans lequel doivent être portés l'objet et la durée de chaque cession de main-d'œuvre ;
- Des documents comptables réglementaires.

Article 55

(1) Le régisseur de la prison enregistre les cessions de main-d'œuvre pénale et établit en double exemplaire des fiches indiquant la nature et la durée de la prestation fournie ainsi qu'un état des sommes dues à l'Administration Pénitentiaire. IL en adresse un exemplaire à chaque cessionnaire pour règlement.
(2) Le régisseur adresse mensuellement, trimestriellement et à la fin de chaque exercice budgétaire un état récapitulatif des recettes au Ministre chargé de l'administration pénitentiaire.

Article 56

Indépendamment des corvées habituelles et des cessions de main-d'œuvre pénale, les prisonniers peuvent à titre gratuit être utilisés par l'administration pénitentiaire à des travaux productifs et d'intérêt général.

TITRE VI : CONTROLE ET SURVEILLANCE

CHAPITRE I : CONTROLE

Article 57

Outre la surveillance constante des autorités administratives et des Inspecteurs des prisons, les procureurs généraux, les procureurs de la République et les Magistrats chargés de l'action publique ou de l'instruction sont autorisés à visiter les prisons de leur ressort aux heures ouvrables. Ils adressent leur rapport de visite au Ministre chargé de l'Administration Pénitentiaire.

CHAPITRE II : SURVEILLANCE

Article 58

Une commission de surveillance des prisons est instituée au Chef-Lieu de chaque Département. Elle comprend :

- le Préfet ou son représentant............................ Président
- le Président de Tribunal de Première Instance............ Vice-Président
- le Responsable départemental de la Santé Publique........ Membre
- le Responsable départemental de la Construction.......... Membre
- le Responsable départemental des Affaires Sociales....... Membre
- un Rapporteur désigné par le Président de la Commission.

Article 59

1) La Commission de surveillance est tenue de visiter toutes les prisons implantées dans le département au moins une fois par an. Ses remarques portent notamment sur les aménagements nécessaires, l'entretien des locaux, l'état des installations sanitaires, le régime alimentaire et le traitement des détenus.
2) Les observations et propositions écrites de la commission font l'objet d'un rapport adressé au Ministre chargé de l'Administration Pénitentiaire.

Article 60

Les frais de fonctionnement de la commission de surveillance sont inscrits chaque année au budget du Ministère chargé de l'Administration Pénitentiaire.

TITRE VII : LOISIRS, ACTIVITES CULTURELLES, ASSISTANCE SOCIALE

CHAPITRE I : LOISIRS ET ACTIVITES CULTURELLES

Article 61

Le règlement intérieur de chaque établissement pénitentiaire doit réserver une partie de l'emploi du temps des détenus à la pratique des exercices physiques, récréatifs et culturels.

Article 62

Chaque établissement pénitentiaire organisera des cours pour mineurs et adultes et mettra à la disposition des détenus dans les conditions fixées par le règlement intérieur de la prison des livres et ouvrages nécessaires au développement de leurs connaissances.

Article 63

Des séances récréatives peuvent être organisées dans les établissements pénitentiaires avec le concours éventuel des personnes venues de l'extérieur sur autorisation préalable et écrite du régisseur de la prison.

CHAPITRE II : ASSISTANCE SOCIALE

Article 64

L'assistance sociale aux détenus est assurée sous l'autorité du Régisseur par les services spécialisés du Ministère chargé des Affaires Sociales. Elle a notamment pour objet de contribuer au relèvement moral des détenus et à leur réinsertion sociale après libération.

Article 65

A la fin de chaque trimestre, les assistants sociaux en fonction dans les établissements pénitentiaires adressent au Ministre chargé de l'Administration Pénitentiaire et au Ministre chargé des Affaires sociales, un rapport de leurs activités.

TITRE VIII : DECES

Article 66

1) Tout décès est immédiatement porté à la connaissance du Procureur de la République et des services locaux de l'état-civil. Mention en est faite au Registre d'écrou. Un rapport doit être adressé au Ministre chargé de l'Administration Pénitentiaire assorti d'un certificat de genre de mort établi par une autorité médicale locale compétente.
2) Le régisseur avise la famille du défunt et éventuellement lui remet le corps avec les effets personnels du décujus. Si le corps n'est pas réclamé dans les 24 heures, il est inhumé par les soins de la municipalité compétente.

TITRE IX : DISPOSITIONS FINALES

Article 67

Chaque établissement pénitentiaire comprend une comptabilité-matières et une agence intermédiaire des recettes dont l'organisation et le fonctionnement sont fixés par des textes particuliers.

Article 68

1) Les chefs de service et chefs de bureau des établissements pénitentiaires ont le même rang que leurs collègues de l'Administration centrale.
2) Le responsable de l'infirmerie a rang de chef de bureau de l'administration centrale.

Article 69

Des Arrêtés du Ministre chargé de l'Administration Pénitentiaire fixeront en tant que de besoin les modalités d'application du présent décret.

Article 70

Sont abrogées toutes les dispositions contraires, notamment le décret no 73/774 du 11 Décembre 1973 portant régime pénitentiaire au Cameroun.

Article 71

Le présent décret sera enregistré, publié suivant la procédure d'urgence, puis inséré au Journal Officiel en français et en anglais.

YAOUNDE, LE 27 MARS 1992

LE PRESIDENT DE LA REPUBLIQUE, PAUL BIYA

MFX
REPUBLIQUE DU CAMEROUN
Paix-Travail-Patrie

MINISTERE DE LA JUSTICE

CABINET DU SECRETAIRE D'ETAT
AUPRES DU MINISTRE DE LA JUSTICE,
CHARGE DE L'ADMINISTRATION
PENITENTIAIRE

IRECTION DE L'ADMINISTRATION
PENITENTIAIRE

SOUS-DIRECTION DES PERSONNELS DE
L'ADMINISTRATION PENITENTIAIRE

SERVICE DE LA FORMATION ET DES STAGES

REPUBLIC OF CAMEROON
Peace-Work-Fatherland

MINISTRY OF JUSTICE
------

15 JAN 2007

LETTRE N° 3054 /L/MINJUSTICE/CAB/SEAP/DAPEN/SDPAP/SFS.

LE VICE-PREMIER MINISTRE, MINISTRE DE LA JUSTICE, GARDE DES SCEAUX.

-YAOUNDE-

A

Sœur Régine Cyrille NGONO BOUNOUNGOU.

-YAOUNDE-

Réf : V/L du 26 décembre 2006.

Objet : Autorisation d'entrée dans les Prisons Camerounaises.

Comme suite à votre lettre visée en référence relative à l'objet repris en marge,

J'ai l'honneur de vous faire connaître que je marque mon accord pour votre accès dans les Prisons camerounaises.

Toutefois, vous voudrez bien vous soumettre au strict respect des règlements intérieurs desdites Prisons./-

Pour le Vice-Premier Ministre,
Ministre de la Justice et par Délégation
Le Secrétaire d'Etat

Emmanuel Bantar

Annexe 4
Etat des effectifs des prisons

MINISTERE DE LA JUSTICE

DIRECTION DE L'ADMINISTRATION PENITENTIAIRE

DELEGATION PROVINCIALE DE L'ADMINISTRATION PENITENTIAIRE DU CENTRE

REPUBLIQUE DU CAMEROUN
Paix-travail-Patrie

ETAT DES EFFECTIFS DE LA PRISON CENTRALE DE YAOUNDE
MONTHLY LOCK-UP OF THE YAOUNDE CENTRAL PRISON

MOIS DE: **SEPTEMBRE 2006**
MONTH OF

	CONDAMNES *CONVICTS*					PREVENUS OU APPELANTS *AWAITING TRIALS OR APPELANTS*					TOTAL GENERAL
	H	F	MINEURS		TOTAL	H	F	MINEURS		TOTAL	
			G	F				G	F		
Effectif au 1er du mois SEPT 2006 / Lock-up on the 1st of the month	1088	21	10	00	1119	2334	99	74	05	2512	3631
Détenus transférés venant de / Prisoners transferred from	00	00	00	00	00	01	00	00	00	01	01
Incarcérés au cours du mois / Incarcerated during the month	08	01	00	00	09	154	06	03	00	162	172
Prévenus passés à l'effectif des condamnés / Awaiting trials convicted	39	02	03	00	44	39	02	03	00	44	
Détenus transférés sur / Prisoners transferred to	04	00	00	00	04	00	00	00	00	00	04
Contraignables au cour du mois / Debtors during the month	00	00	00	00	00	00	00	00	00	00	
Gardés à vue au cours du mois / Detainees during hte month	00	00	00	00	00	13	00	01	00	14	14
Libérations intervenues / Libérations	65	02	03	00	70	156	03	11	2	172	240
Autres modifications / Others modifications	00	00	00	00	00	00	00	00	00	00	
Décès / Death	05	00	00	00	05	02	00	00	00	02	07
Evasions / Escape	20	00	00	00	20	02	00	00	00	02	22
Effectifs au dernier jour du mois / Lock-up on the last day of the month	1041	22	10	00	1073	2303	100	64	03	2470	3543

MINISTERE DE LA JUSTICE

DIRECTION DE L'ADMINISTRATION PENITENTIAIRE

DELEGATION PROVINCIALE DE L'ADMINISTRATION PENITENTIAIRE DU CENTRE

PRISON CENTRALE DE YAOUNDE

SERVICE ADMINISTRATIF ET FINANCIER

BUREAU DES AFFAIRES ADMINISTRATIVES ET DU GREFFE

REPUBLIQUE DU CAMEROUN
Paix – Travail – Patrie

STATISTIQUES DES DETENUS DE LA PRISON CENTRALE DE YAOUNDE PAR CATEGORIE ET PAR SEXE AU 31 JANVIER 2007.

		CONDS	PREVS	APPLS	GAV	CPC	CAM	CAV	CASS	TOTAL
HOMMES		886	2096	139	95	00	19	13	00	**3248**
FEMMES		23	76	08	00	00	00	00	00	**107**
MINEURS	GARCONS	22	97	01	00	00	00	00	00	**120**
	FILLES	02	03	00	00	00	00	00	00	**05**
ETRANGERS		12	36	00	00	00	00	00	00	**48**
HOSP.EXT.		58	08	02	00	00	00	00	00	**68**
EXTRAITS		03	18	00	00	00	00	00	00	**21**
TOTAL GENERAL		**1006**	**2334**	**150**	**95**	**00**	**19**	**13**	**00**	**3617**

LEGENDE
CONDS : Condamnés
PREVS : Prévenus
APPLS : Appelants
GAV : Gardés à vue
CPC : Contrainte par corps
CAM : Condamnés à mort
CAV : Condamnés à vie
CASS :Cassationnaires

Yaoundé, le 20/02/2007

LE REGISSEUR

Prévenus
Gardés à vue --- 95
Prévenus ---- 2334
Total = 2429

Condamnés :
- à temps --- 1006
- à vie --- 13
- à mort --- 19
Total = 1039

ETAT NUMERIQUE MENSUEL DES EFFECTIFS DE LA PRISON

MONTHLY LOCK – UP FIGURES OF THE PRISON

DE Douala
OF

A Douala, le ______ 2006
AT

Joseph TSALA [illegible]
Administrateur Général des [illegible]

MINISTERE DE L'ADMINISTRATION TERRITORIALE
ET DE LA DECENTRALISATION

DIRECTION DE L'ADMINISTRATION PENITENTIAIRE

REPUBLIQUE DU CAMEROUN
Paix- Travail- Patrie

ETAT DES EFFECTIFS DE LA PRISON DE
MONTHLY LOCK-UP OF THE PRISON OF Douala

MOIS DE Janvier 2006
MONTH OF

	CONDAMNES CONVICTS					PREVENUS OU APPELANTS AWAITING TRIALS OR APPELANTS					TOTAL GENERAL
	H	F	MINEURS g	MINEURS f	TOTAL	H	F	MINEURS g	MINEURS f	TOTAL	
Effectif au 1er du mois Lock-up on the 1st of the month	1318	02	01	–	1321	1738	149	69	–	1956	3277
Détenus transférés venant de prisoners transferred from	–	–	–	–	–	05	–	–	–	05	05
Incarcérés au cours du mois Incarcerated during the month	03	02	–	–	05	311	10	03	–	324	329
Prévenus passés à l'effectif des condamnés Awaiting trials convicted	133	01	09	–	143	133	01	09	–	143	–
Détenus transférés sur Prisoners transferred to	02	01	–	–	03	–	–	–	–	03	03
Contraignables au cours du mois Debtors during the month	–	–	–	–	–	15	–	–	–	15	15
Libérations intervenues Liberation	120	03	09	–	132	88	01	–	–	89	221
Autres modifications Other modifications	–	–	–	–	–	–	–	–	–	–	–
Décès Death	02	–	–	–	02	04	–	–	–	04	06
Evasions Escape	04	–	–	–	04	02	–	–	–	02	06
Effectif au dernier jour du mois Lock-up on the last day of the month	1326	01	01	–	1328	1842	157	63	–	2062	3390

MINISTERE DE L'ADMINISTRATION TERRITORIALE
ET DE LA DECENTRALISATION

DIRECTION DE L'ADMINISTRATION PENITENTIAIRE

REPUBLIQUE DU CAMEROUN
Paix- Travail- Patrie

ETAT DES EFFECTIFS DE LA PRISON DE Douala
MONTHLY LOCK-UP OF THE PRISON OF Douala

MOIS DE Février 2006
MONTH OF

	CONDAMNES CONVICTS					PREVENUS OU APPELANTS AWAITING TRIALS OR APPELANTS					TOTAL GENERAL
	H	F	MINEURS g	MINEURS f	TOTAL	H	F	MINEURS g	MINEURS f	TOTAL	
Effectif au 1er du mois Lock-up on the 1st of the month	1326	01	01	/	1328	1842	157	63	/	2062	3390
Détenus transférés venant de prisoners transferred from	/	/	/	/	/	14	/	/	/	14	14
Incarcérés au cours du mois Incarcerated during the month	05	01	/	/	06	321	13	12	/	346	352
Prévenus passés à l'effectif des condamnés Awaiting trials convicted	164	/	02	/	166	164	/	02	/	166	/
Détenus transférés sur Prisoners transferred to	28	/	/	/	28	/	/	/	/	/	28
Contraignables au cours du mois Debtors during the month	/	/	/	/	/	03	/	/	/	03	03
Libérations intervenues Liberation	206	/	02	/	208	81	06	06	/	93	301
Autres modifications Other modifications	/	/	/	/	/	/	/	/	/	/	/
Décès Death	02	/	/	/	02	05	/	/	/	05	07
Evasions Escape	04	/	/	/	04	03	/	/	/	03	07
Effectif au dernier jour du mois Lock-up on the last day of the month	1255	02	01	/	1258	1927	164	67	/	2158	3416

Annexe 5
Enquêtes réalisées au sein des établissements pénitentiaires

✓ Observations générales sur le déroulement des entretiens au sein des prisons

Les visites dans les prisons se faisaient de façon inopinée, sans rendez-vous, sur simple présentation de l'autorisation délivrée par les services du ministère de la justice.

La grille du questionnaire initialement retenue a été difficilement respectée. L'impression qui planait était celle d'une dégénérescence totale du service public pénitentiaire, d'une part, et d'autre part, que les personnes interrogées n'attendaient qu'une occasion pour exprimer leur insatisfaction. Néanmoins, le canevas du questionnaire ci-dessous a permis de donner libre cours aux intéressés pour qu'ils puissent donner leur point de vue dans le domaine qui leur semble poser des problèmes récurrents. L'accent était mis sur certains points en fonction du personnel interviewé et de son degré de responsabilité au sein de la structure pénitentiaire.

Questionnaire portait sur :

- les conditions de travail
- la capacité d'accueil et conditions de détention
- les relations avec la hiérarchie, avec les détenus
- la mission de resocialisation des détenus
- l'application des différents textes réglementaires en vigueur
- la formation initiale et continue du personnel pénitentiaire

I. ENTRETIENS AVEC LE PERSONNEL PENITENTIAIRE

A. Prison centrale de New-Bell de Douala

✓ *Observations sur le déroulement des entretiens*

Des entretiens, au sein de la prison centrale de New-Bell, ont été réalisés, le 30 janvier 2007, auprès du régisseur, du personnel du greffe et du chef de service social.

1. Entretien avec le régisseur de la prison centrale de New-Bell de Douala

Le régisseur de cette prison, en la personne de M. TSALA AMOUGOU Joseph, nous a livré les impressions qu'il garde à la fin de sa longue carrière auprès des personnes privées de liberté. D'après lui : *"Des maux, rien que des maux qu'il fallait composer avec." « Cette prison, construite en 1933, a été aménagée. Mais... »* Tout est dit.

✓ *La transcription intégrale de cet entretien*

- <u>La capacité d'accueil et conditions de travail</u>

Selon M. TSALA AMOUGOU Joseph, la prison centrale de Douala est la deuxième prison la plus surpeuplée au Cameroun. Il explique cette situation par le fait que les magistrats ne tiennent pas compte de la capacité d'accueil des prisons. Il déclare à cet effet : *« Je suis obligé de composer avec, du fait que mon point de vue à ce sujet n'a aucun écho auprès des instances judiciaires. Malgré les effectifs pléthoriques, je suis obligé d'accueillir chaque jour de nouveaux arrivants.* » Le régisseur demande au personnel du greffe de nous remettre les statistiques de la Prison. (voir annexe 4) En effet, pour 700 places initialement prévues dans cet établissement, les pensionnaires atteignent un nombre sans pareille, soit près de 3039 au total. Et encore, du fait qu'il y a une fluctuation en permanence et que le traitement se fait manuellement, il est parfois difficile de se prononcer sur le nombre exact des personnes privées de liberté dans cette prison à un moment donné. Les conséquences de cette surpopulation carcérale sont multiples et très néfastes sur les intéressés, sur les conditions de détention et sur le fonctionnement même de l'institution.

La cour tient lieu de couchage :- Certains détenus dorment sur la cour par manque de place. En temps de pluies...

Le problème de décongestionnement de la prison de Douala se pose :- D'après le régisseur, le transfèrement des détenus se fait si le détenu le demande. On tient compte des liens familiaux. Le détenu doit aussi remplir certains critères par exemple, être condamné définitivement. On tient aussi compte de la durée de la peine. On ne peut pas transférer les prévenus.

Selon lui, plusieurs motifs de détention pour mettre quelqu'un en prison sont des cas bénins. Les sanctions alternatives peuvent pourtant pallier la peine privative de liberté. Les infractions les plus courantes ici à Douala sont : le vol, l'escroquerie, l'abus de confiance, le faux et usage de faux, le viol. Dans d'autres prisons, on parle de détention pour sorcellerie.

Le nombre des prévenus dépasse largement celui des condamnés. Sur un effectif de 3039 au total, 2296 sont prévenus parfois de longue date. Les lenteurs judiciaires et de nombreux renvois sont à l'origine de ce nombre écrasant de prévenus dans les prisons camerounaises en général, et dans la prison de Douala en particulier.

Les mineurs en prison à Douala. Lors de notre passage dans la prison centrale de Douala, 76 mineurs de 15 à 17 ans étaient détenus. 66 d'entre eux étaient prévenus. Quelques-uns étaient en détention provisoire depuis près de deux ans. 10 mineurs étaient condamnés d'une peine privative de liberté entre 1 à 5 ans. Les infractions les plus commises sont : le vol et quelques coups mortels. La plupart de ces mineurs sont enfants de la rue et ne savent ni lire ni écrire. Ils ont 5 encadreurs, eux-mêmes détenus et un bénévole venant de l'extérieur. Les mineurs préparent eux-mêmes leur repas, deux fois par jour. Pas de viande dans la prison. Le menu est composé de riz blanc sans sauce, de maïs avec un peu de haricots.

- <u>Les moyens de travail inadéquats avec les exigences du moment</u>

Il est difficile de gérer tant de monde avec les moyens qui sont mis à notre disposition. Les sommes allouées ne tiennent pas compte de la fluctuation pénitentiaire. Les crédits sont alloués par semestre sans tenir compte des effectifs. Pas d'ajustement.

Les moyens de transport pour amener les détenus au parquet font défaut. Parfois, nous n'osons pas courir le risque de faire en sorte que les appelants soient régulièrement présents à l'audience pour les raisons de sécurité.

- <u>La formation du personnel</u>

Le contenu des programmes de formation n'a pas beaucoup changé sauf que les cours des Droits de l'homme ont été introduits. Il faut peut-être aussi faire appel à des sociologues, à des psychologues. Bref élargir le plus possible la formation pour qu'elle corresponde aux exigences carcérales du moment, surtout en matière de resocialisation des détenus.

- <u>Le cadre juridique</u>

Il ne facilite pas le travail du personnel. Les textes sont en décalage avec la réalité du terrain. L'accent est mis sur le maintien de l'ordre, de la discipline et de la sécurité au sein de la prison.

- <u>La mission de resocialisation des détenus</u>

Pour le régisseur de la prison centrale de Douala, les deux missions, sécurité de la société et resocialisation des détenus ne peuvent être accomplies sans moyens, sans structures. Par exemple pour les mineurs, le personnel pénitentiaire devrait enseigner, donner les cours à ces mineurs analphabètes, mais hélas... le personnel pénitentiaire n'est pas fait pour ça. Actuellement, les enseignants sont des prisonniers. Il y a lieu de se poser la question sur l'influence qu'un détenu adulte peut avoir sur un mineur délinquant primaire et fragile. Malheureusement, cette question ne se pose pas. La seule préoccupation, c'est d'occuper les gamins.

2. Entretien avec le personnel du greffe de la Prison centrale de New-Bell à Douala

Selon ce personnel du bureau du greffe, le traitement des dossiers se fait manuellement. C'est un handicap au regard de ces effectifs pléthoriques. Une des gardiennes de prison affectée au greffe nous explique la situation en ces termes : « *Il nous arrive parfois de passer plusieurs jours pour trouver un dossier. Et en cas d'urgence ...* (temps de silence). Elle reprend : « *Comme classement des dossiers des détenus, nous avons :*

- *1 répertoire pour tous les détenus ;*
- *1 registre pour les prévenus, classés par ordre alphabétiques, avec un numéro attribué ;*
- *1 chemise pour chaque détenu ;*
- *1 registre des condamnés définitifs ;*
- *1 registre de garde à vue.*

Le plus difficile c'est la mise à jour de ces nombreux chemises et registres, surtout que le nombre des détenus n'est jamais stable. »

3. Entretien avec Monsieur KENGUE, chef de service social,

Le décret du 27 mars 1992 prévoit la présence du personnel du Ministère des affaires sociales, avec pour mission le relèvement des détenus. Sur le plan pratique, ce personnel rencontre des difficultés parce que les moyens nécessaires ne sont pas mis à sa disposition.

Monsieur KENGUE s'occupe des couches des détenus les plus vulnérables.[765] Selon lui : « *il y a trop de récidivistes car les détenus libérés sont désœuvrés et reviennent après un laps de temps à la prison. Les sorties de prison ne sont pas préparées. De plus, la mentalité de la société ne favorise pas leur réinsertion. On ne tend pas la main aux détenus libérés bien au contraire, la société affiche déjà une étiquette négative sur eux.*

B. Prison principale de Sangmelima, le 18 janvier 2007

Selon M. Guy Armand NJOCK, régisseur adjoint, la Prison principale de Sangmelima a été construite avant la Première Guerre Mondiale. Les locaux sont exigus et ne répondent plus aux normes. Les effectifs dépassent

[765] Ce responsable du service social de la prison centrale de New-Bell de Douala nous avait parlé des critères lui permettant de qualifier une couche de détenus comme étant vulnérable. Mais il s'agit en fait d'une désignation au cas par cas.

actuellement sa capacité d'accueil. La population carcérale dans cet établissement est estimée, selon lui, à plus de 200 pensionnaires pour une capacité initiale de moins de 120 places.

- Les conditions de travail

Nous n'avons pas de cellule disciplinaire dans notre prison. En cas de faute disciplinaire, on est obligé d'avoir recours à la force. La prison de Sangmelima n'a pas assez de personnel. Nous travaillons par groupe de 5 éléments de garde pour 24 h et 24 h de repos. En cas d'urgence, nous sommes obligés de travailler plus. Le nombre d'heures n'est pas précis. Problème pour accompagner les détenus au parquet, pas de moyen de transport

Pour la garde, le personnel, pendant la nuit, dort sur les bancs.

Afin de gérer les tensions qu'engendre cette surpopulation, étant donné que la prison se situe dans une zone presque rurale, nous procédons à des détachements des prisonniers pour travailler à l'extérieur de façon ponctuelle ou continue selon les cas, auprès des particuliers.

Les prisonniers sont employés soit comme domestique, soit comme des factotums.

- Les conditions de détention

Il n'y a pas de séparation mineurs/adultes par manque de locaux, encore moins prévenus/condamnés. Il n'y a pas de lits pour tous les détenus, même avec des matelas, pas de d'espace pour poser son matelas. Les détenus utilisent des bouts de bois ou des cartons pour couchage.

- La ration

Un sac de manioc de 500 FCFA par jour pour 174 détenus non corvéables. Le repas journalier ici à Sangmelima se résume à 3 morceaux de manioc et une louche de sauce d'arachide. Il y a un peu d'amélioration pendant les grandes fêtes.

- Le service social est inexistant dans la prison de Sangmelima

C. Prison de Mfou, le 25 janvier 2007

Arrivés à la Prison spéciale de Mfou, nous nous sommes heurtés à l'absence des responsables ayant compétence pour nous ouvrir les portes de cette prison. Il est difficile, pour les portiers, de se livrer à un quelconque entretien.

Selon eux, la prison de Mfou a été construite pour accueillir les détenues de sexe féminin et dans le but de désencombrer la Prison centrale de Yaoundé, du fait de sa proximité, par l'accueil des mineurs. Cet établissement pénitentiaire souffre actuellement du même fléau, celui du dépassement d'accueil. Par ailleurs, les mineurs pendant l'incarcération, devenus majeurs, ne peuvent pas être transférés dans d'autres prisons faute de place.

D. Prison centrale de Kondengui - Yaoundé

A plusieurs reprises,[766] nous avons rencontré le personnel du greffe ; le Chef de bureau de la discipline, les gardiens de prison ainsi que l'intendant de la Prison centrale de Kondengui – Yaoundé.

- La capacité d'accueil

Les effectifs actuels dépassent le nombre initialement prévu. La justice est en partie à l'origine de différents maux qui minent les prisons au Cameroun. Il existe les textes, mais ceux-ci ne sont pas appliqués par les magistrats. C'est facile de décerner un mandat de dépôt ou de garde à vue et autres, mais, pour instruire le dossier et juger, cela prend des années. Les décisions d'audience peuvent faire plus de 3 mois pour parvenir à l'intéressé. *« Nous avons présentement,* nous dit un personnel du greffe, *une décision concernant un détenu traduit à l'audience criminelle le 18 juillet 2003. Ce n'est que le 29 janvier 2007 que le procureur de la République a signé sa levée d'écrou. »*[767]

- Les motifs de détention

Quoique les motifs de détention soient multiples et variés, les infractions récurrentes concernent les agressions ou les atteintes à l'intégrité de la personne et à ses biens.

✓ *Observations* :

Afin d'analyser les conséquences de ces infractions au sein des populations camerounaises, nous avons ciblé une autre prison de taille moyenne : celle de Mbalmayo. Par contre, nous avons limité cette analyse sur les seuls prévenus, de moins de 6 mois. (cf. annexe 6)

---

[766] Les entretiens se déroulent à la Prison centrale de Kondengui – Yaoundé : 20 janvier 2007, le 27 janvier 2007, le 6 février 2007

[767] Annexe 8 : copie du document avec le nom de l'intéressé effacé pour raison de secret de la vie privée.

- La durée de détention provisoire

Plusieurs causes sont à l'origine de ces longues détentions provisoires. Parfois, quelqu'un reste en détention provisoire pendant 5 ans et on le libère après pour un simple non-lieu. Il y a de longues attentes pour être appelé qui se traduisent par des détentions provisoires de plus de 5 ans. Nous espérons qu'avec le nouveau code de procédure pénale, les magistrats respecteront la durée limite de la détention provisoire.

Par ailleurs, l'exigence de la présence d'un avocat est souvent une cause de multiples renvois. Beaucoup de prévenus n'ont pas les moyens de payer les avocats, ni de faire appel. Les avocats sont commis d'office en 1ère et Grande instance, mais ils ne sont pas payés. Il y a les affectations des juges ou du président du Tribunal qui causent aussi les retards de traitement des dossiers.

L'Absence des témoins ou de la partie adverse à l'audience est souvent une cause de multiples renvois. Le problème est que le prévenu est privé de sa liberté et ne peut rien faire. Certains se servent de ce motif de renvoi pour nuire.

- La formation du personnel pour les différents postes occupés

Il est difficile de parler d'une formation spécifique pour les différents postes à occuper. C'est la même formation, pas d'amélioration. La formation du personnel du greffe, par exemple, se fait sur le tas. Le système est très vieux, désuet, plus de 40 ans sans changement. Les vieux cours dispensés n'ont aucun rapport avec la réalité du terrain. La formation des gardiens de prisons se limite aux fouilles, à l'escorte, à la science pénitentiaire, à l'administration pénitentiaire.

Le statut du personnel ne correspond plus à la situation actuelle. Le personnel est très conscient de la caducité du système. Mais le gouvernement ne s'intéresse pas au système pénitentiaire. Le système pénitentiaire camerounais doit s'adapter aux nouvelles données carcérales. Pas d'avancement du personnel. Pas de profil de carrière. On piétine sur place, on n'évolue pas.

- Les conditions de travail

Le personnel du Bureau de greffe reconnaît que le greffe est le cœur de la prison. Car, le personnel pénitentiaire appelé à travailler au greffe doit suivre les mouvements de l'individu : titre et écrou, décisions judiciaires, mise à jour des dossiers. Ce travail n'est pas facile. D'une part, le traitement des dossiers se fait manuellement. D'autres, il n'y a pas de cours spécifiques pour les greffiers de prisons. La formation se fait sur le tas. Il suffit d'avoir quelques notions de bon sens.

Les gardiens de prison travaillent, eux aussi, dans des conditions très difficiles par rapport à la police. Selon eux, ils escortent les détenus dans des conditions à haut risque avec des moyens de transport peu fiables. En cas de panne, le personnel est obligé d'utiliser la force afin de limiter les évasions éventuelles. Les détenus sont escortés à pied, enchaînés. Un gardien de prison donne l'exemple suivant pour mieux traduire les conditions difficiles dans lesquelles les gardiens travaillent. *« Comment imaginer un gardien avec 5 braqueurs jusqu'à 1 heure du matin au parquet. Et 2 braqueurs, en 2006, décident de partir, le gardien a été accusé d'être complice. »* Il n'y a pas de matériel roulant pour transporter les détenus. Pourtant, l'article 2 du décret n°92/054 du 27 mars 1992 portant statut spécial du corps des fonctionnaires de l'Administration pénitentiaire prévoit le matériel de travail. Le personnel est frustré par rapport aux autres corps qui disposent de matériel comme la police, les militaires. Pour l'Administration ou le gouvernement, la prison représente un parc d'hommes.

Quant au service social de la Prison centrale de Kondengui – Yaoundé :- L'entretien s'est déroulé, dans la matinée du 20 janvier 2007, au bureau de la responsable du service social. Dès l'entrée, on est frappé par l'exiguïté de la pièce servant de bureau, offrant une situation de dénuement extrême. Selon la responsable du service social, les conditions de travail sont difficiles par manque de moyens. Le service n'a pas la possibilité d'organiser des activités culturelles avec les mineurs : pas de livres pour constituer une bibliothèque à mettre à leur disposition ; pas de jeux ; pas de sport par manque de matériel. Pour finir, elle dit : *« J'aurais bien souhaité faire des projections cinématographiques, mais hélas ! »*

II. ENQUETES REALISEES AUPRES DES DETENUS DES DIFFERENTES PRISONS

✓ *Observations sur le déroulement des entretiens*

Ayant parcouru plusieurs prisons et rencontré les détenus, nous avons constaté que les maux dont souffrent les pensionnaires des établissements pénitentiaires camerounais étaient les mêmes à quelques différences près. Cette infime différence tient, selon notre observation, au nombre des détenus, à la taille de l'établissement, et à l'emplacement géographique de chaque prison. Ainsi, nous avons pensé regrouper les informations recueillies pour avoir une lisibilité globale sur les conditions de détention ainsi que sur la qualité des rapports entre détenus et personnel pénitentiaire.

Le questionnaire était basé sur les relations des détenus avec le personnel pénitentiaire et sur les conditions de détention au quotidien.

A. Avec les détenus de la Prison centrale de Kondengui – Yaoundé

✓ *Transcription des entretiens :*

- <u>Rapports avec le personnel pénitentiaire</u>

• *Avis d'un prévenu de Kondengui sur le personnel pénitentiaire :* O. AMBOLOU, prévenu depuis plus de 2 ans, se trouve dans le quartier nommé Q12. Il est diplômé d'un DEA en philosophie et un DESS en GRH.

Selon ce détenu : *« Les rapports humains manquent avec le personnel d'encadrement. En amont, il n'y a pas la reconnaissance du métier des gardiens. Cela occasionne des frustrations. Ils n'ont aucune légitimité, ils n'ont pas un plan de carrière et ils se compromettent. Le gardien est comme un "morguier", il s'occupe des gens qui n'existent plus, car aller en prison c'est mourir. Le prisonnier est un homme mort. On est plus étonné que le prisonnier reste en vie. L'Etat ne fait rien, car dans la culture, la prison, c'est pour les hommes morts. »*

- <u>Les conditions de détention</u>

Les détenus de la prison centrale de Kondengui considèrent la prison comme un mouroir. D'après eux : *« La prison est un cimetière, les gens meurent chaque jour. Pourtant, la prison n'est pas dans notre culture. Dans la société traditionnelle, c'était le dommage-intérêt. Ici, le prisonnier est livré à lui-même et à la merci des magistrats. »* Les détenus évoquent à cet effet les conditions dans lesquelles ils vivent.

• *La promiscuité et la pénurie de places* :- Monsieur T. Raphaël, détenu depuis le 4 juin 1971, décrit son local 120 du quartier n°9 : *« Le local est prévu pour 12 personnes. Il reçoit actuellement 52 détenus avec une superficie de 3mx4m. Tous les détenus n'ont pas d'endroit pour dormir. Il faut payer pour avoir un lit ou une place. »*

Les détenus précisent que les locaux sont tellement exigus, alors que le nombre des détenus augmente de jour en jour. Il faut monnayer. Tout est payant, même la place pour dormir. Les détenus doivent payer une place pour dormir dans les prisons camerounaises. Pour être affecté dans un quartier chic de la prison de Kondengui, par exemple avoir une cellule spéciale réservée pour les grands, il faut payer 100.000 FCFA. Dans les quartiers réservés aux détenus démunis, il faut 5.000 FCFA pour une couchette, ou 1.500 FCFA dans les autres quartiers des condamnés pour acheter le lit appelé « mandat ». La somme est remise aux chefs de cellule qui sont des mandataires du personnel. Parfois, même avec les moyens, tout le monde ne peut pas trouver une place parce qu'il y a plus de détenus que de couchettes.

- *La ration dans les prisons camerounaises* :- Les hommes reçoivent leur repas, une fois par jour.

Dans la journée du 25 janvier 2005, les entretiens se déroulent dans le quartier des femmes à Kondengui. Ce quartier compte 118 femmes avec 5 bébés de 6 à 1 an et 5 femmes enceintes. La préparation de leurs repas est laissée à leur soin. Les denrées alimentaires leur sont distribuées mensuellement. Elles se les partagent ensuite. La composition de la ration mensuelle est ainsi structurée :

- 10 sacs de riz x 14 000 FCFA =.............. 140 000 FCFA
- 2 sacs d'haricots x 48 000 FCFA =............... 96 000 FCFA
- 3 sacs de maïs x 65 000 FCFA =............... 195 000 FCFA
- 2 sacs d'arachide x 35 000 FCFA= .... 70 000 FCFA
- 2 sacs de sel x 2 100 FCFA =.............. 4 200 FCFA
- 20 litres d'huile =...... 6 500 FCFA

Total .... = 511 700 FCFA
(Pour 118 femmes à raison de 144.54 FCFA par mois soit 0.220 €)

Les femmes détenues précisent qu'avec cette ration, les détenus ne peuvent survivre que grâce au soutien des familles, des amis ou des autres détenus. C'est très difficile pour un détenu qui ne reçoit pas de visite. Il est plus vulnérable. Il y a toute sorte de catégories de détenus : domestiques, taxi...

- *La discipline et la sécurité dans la prison* :- La sécurité est assurée dans la prison par des groupes d'anciens détenus aguerris appelés « anti-gangs ». Leur commandant est nommé par le régisseur qui nomme à son tour les anti-gants. Le personnel ne peut pas maintenir la discipline et la sécurité dans une telle situation.

- *Le travail pénitentiaire* :- Selon les détenus : *« Tout est payant ici, même pour aller en corvée, il faut payer avant d'aller en corvée sinon on ne sort pas. Il faut 15000 FCFA par mois pour sortir et faire les corvées. Grâce à ces corvées, on peut au moins sortir, peu importe le travail qu'on nous donne à l'extérieur. C'est dur, mais il faut survivre. »*

B. Avec les détenus de la Prison centrale de New-Bell – Douala

✓ *Transcription des entretiens :*

- Rapports avec le personnel pénitentiaire

Les rapports avec le personnel pénitentiaire ne sont pas du tout simples. Les autorités pénitentiaires nous punissent de n'avoir pas respecté le règlement, alors qu'elles-mêmes ne le respectent pas. Tout le monde doit être chef pour être au-dessus des lois. Il faut seulement se soumettre si on ne veut pas les avoir sur le dos. Ici à Douala, un détenu peut vivre des années sans se faire remarquer. Le personnel n'a pas le temps matériel de s'occuper de tous les détenus à cause de leur nombre élevé. Les récalcitrants sont plus surveillés.

- Les conditions de détention

• *La vie au quotidien :-* Plus on met de temps en prison, plus on est réduit à rien. Pas de sortie en dehors des moments d'aller au parquet. Il faut beaucoup de chance pour sortir vivant et en bonne santé : santé physique et mentale. Car, on est appelé à être anéanti, à être détruit. Il n'y a pas de vie. Rien que les conditions de détentions réduisent le détenu à rien, pour peu de chose. c'est un combat quotidien pour tenir contre les pressions de toutes sortes venant des co-détenus ou des gardiens des prisons.

• *Le manque accru des places* :- Les abris appelés « kito » sont fabriqués en plein air sur la cour par les détenus eux-mêmes. Beaucoup de détenus ont pour cellule la cour intérieure de la prison parce que pas de places pour tout le monde dans les locaux, même pour poser un matelas. D'ailleurs, chaque place est payante.

• *Dans le quartier-femmes* de la prison centrale de Douala, il y avait 75 femmes soit 19 condamnées, 56 prévenues le jour de notre entretien. Elles occupent un local sans porte, donc ouvert jour et nuit. Toutes n'avaient pas de lits individuels. Les matelas de 64 cm posés sur les planches superposées tiennent lieu de lits pour les femmes quelle que soit leur corpulence. De plus il faut payer 5.500 FCFA pour avoir une place sur la planche. La chef-cellule perçoit le montant du "mandat" qu'elle remet aux chefs. En cas de maladie contagieuse, la malade reste à l'extérieur du local, sur la cour qui sert de salle de soins.

Les mineures-filles ne suivent aucune formation. Elles ne sont pas séparées des autres femmes détenues.

• *La discipline dans le quartier-femmes :-* La sanction la plus utilisée est la cellule disciplinaire, sans lit, sans lumière, impropre, pas de toilette, de WC.

La punition peut aller de 1 à 15 jours. L'une d'elles précise : « *Lorsqu'on sort de là, on ressemble à un animal.* »

C. Avec les détenus de la Prison principale de Mbalmayo

✓ *Transcription des entretiens*

- Rapports avec le personnel pénitentiaire

« *Les rapports avec les gardiens de prison ici à Mbalmayo sont relativement bons. Certains d'entre eux sont très humains et compréhensifs. Nous arrivons à leur soumettre certains de nos problèmes personnels. On a l'impression qu'ils subissent, eux aussi, des conditions de travail très dures.* »

- Conditions de détention

Les autorisations de sortie sont indispensables pour vivre ici dans la prison de Mbalmayo. Il faut tout le temps négocier pour aller en corvée. Toute sortie de corvée est payante.

• *La ration journalière* se compose de : haricots (150 FCFA), arachide (150 FCFA), maïs (100 FCFA), huile (50 FCFA) et sel (25 FCFA) soit au total 475 FCFA par semaine et par femme. (soit 67.8571 FCFA ou 0.103 €/jour).

Annexe 6
Tableau des motifs de condamnation

Prévenus de plus de 6 mois au 1er janvier 2007 dans la Prison principale de Mbalmayo			
N°	Nom et prénom	Date d'écrou	Motif de détention
1	Clément	09/04/2002	Détournement de deniers publics
2	Anaba	30/12/2003	Coaction de détournement
3	Janvier	07/10/2004	Coaction d'assassinat
4	Jean-Marie	26/10/2004	Vol aggravé
5	Bernard	06/12/2004	Emission de fausse monnaie
6	Amougou	25/01/2005	Tentative de meurtre
7	Essama	18/02/2005	Coaction d'assassinat
8	Zachée	21/03/2005	Vol aggravé en coaction
9	Patrice	23/03/2005	Coups mortels
10	Jean Pierre	26/05/2005	Vol aggravé
11	Noel	15/06/2005	Coaction de vol aggravé
12	Roger	26/05/2005	Violation de tombeau
13	Andegue	15/06/2005	Coaction de vol aggravé
14	Serge S.	14/10/2005	Meurtre
15	Fabrice	26/10/2005	Vol aggravé
16	Antoine	09/11/2005	Outrage à la pudeur sur mineur de 16 ans
17	Lucien	21/12/2005	Vol aggravé en coaction
18	Alain	28/12/2005	Coaction de vol aggravé
19	Hubert	30/12/2005	Vol aggravé en coaction
20	Paulin	04/01/2006	Vol aggravé en coaction
21	Monabang	20/10/2004	Coups mortels en coaction
22	Patrick	15/09/2005	Coaction de vol aggravé
23	Alois	15/09/2005	Coaction de vol aggravé
24	Valery	15/09/2005	Coaction de vol aggravé
25	Balla	15/09/2005	Coaction de vol aggravé
26	Ernest	20/12/2005	Coaction de pratiques de sorcellerie
27	Romuald	23/01/2006	Détournements de biens publics
28	Louis	31/03/2006	Tentative d'assassinat
29	Zoa	21/04/2006	assassinat
30	Serge	29/05/2006	Fausse monnaie
31	Alexandre	09/06/2006	détournement

32	Felix	05/07/2006	Blessures légères, vol simple et violence
33	Mohamadou	18/07/2006	Tentative de vol aggravé
34	Ignace	02/10/2006	Vol aggravé
35	Joseph	26/04/2006	Vol aggravé
36	Abessolo	15/05/2006	Abus de confiance
37	Atangana	17/05/2006	Coups avec blessures graves
38	Herve	07/06/2006	Vol aggravé
39	Patrick	14/06/2006	Faux et usage de faux en écriture publique
40	Essama	28/06/2006	Vol simple
41	Désiré	05/07/2006	Inculpé de meurtre
42	Bismark	21/12/2005	Vol aggravé en coaction **(mineur)**
43	Koffi	30/06/2006	Vol simple et tentative de vol en coaction **(mineur)**
44	Robert	05/07/2006	Tentative de meurtre
45	Dieudonné	05/07/2006	Vol aggravé
46	Baptiste	17/07/2006	Vol aggravé en coaction
47	Jean	03/02/2006	Coups mortels
48	Basile	01/03/2006	Outrage à la pudeur sur mineure de 16 ans
49	Hubert	16/03/2006	Outrage à la pudeur sur mineure de 16 ans - suicide
50	Urbain	12/04/2006	Vol aggravé
51	Emile	19/04/2006	Inculpé de vol aggravé en coaction
52	Léon	19/04/2006	Inculpé de vol aggravé
53	Herve	19/04/2006	Inculpé de vol aggravé
54	Joseph	19/04/2006	Inculpé de vol aggravé
55	Magloire	25/04/2006	Outrage à la pudeur sur mineure suivi de viol
FEMMES PREVENUES			
56	Ondoa	30/01/2003	Coaction de détournement
57	Tsimi	13/01/2005	Coaction d'assassinat
58	Bernadette	17/05/2006	Coaction de tentative de meurtre
59	Nkodo	01/09/2006	Inculpée de coups avec blessures graves
60	Crescence	20/12/2005	Coaction de pratique de sorcellerie

Annexe 7
ENQUETES REALISEES HORS DES ETABLISSEMENTS PENITENTIAIRES

Objectif :- Lors de la réalisation des enquêtes au sein des établissements pénitentiaires camerounais, nous avons constaté que plusieurs infractions commises, cause d'incarcération, étaient les atteintes aux personnes et aux biens (individuels ou publics). Il était indispensable, pour nous, d'analyser les conséquences de ces infractions dans le quotidien des Camerounais.

Démarche :- Une des grandes agglomérations camerounaises - Yaoundé -, considérée comme ville cosmopolite du fait du brassage des ethnies venant de tous les horizons, avait retenu toute notre attention. La diversité des catégories sociales devait nous permettre d'avoir un aperçu global quant à leur opinion et leurs stratégies de lutte contre l'insécurité, conséquence de nombreuses atteintes aux personnes et à leurs biens. Il convenait ainsi d'interroger les populations (habitants des quartiers, élite et hommes de la rue) ainsi que certaines dignités traditionnelles et religieuses.

A. Enquêtes réalisées au sein des quartiers populaires

Le choix a été porté sur deux quartiers de la capitale du Cameroun, Yaoundé. Dans le premier, les habitants ont pris l'initiative de s'organiser et de mettre sur pied une structure chargée d'assurer la sécurité de l'ensemble des habitants de ce quartier. Dans le second, aucune structure n'est prévue.

L'objectif était de mesurer l'utilité de la substitution des populations aux institutions étatiques en charge de la sécurité ainsi que la portée de ces initiatives.

✓ *Transcription de différents enquêtes et entretiens*

1. **Entretien avec les responsables du Comité de Vigilance – quartier Messa-Mendongo – Yaoundé** (vendredi, 2 février 2007).

✓ *Observations*

Quartier relativement calme depuis plus de 4 ans, grâce à l'organisation des habitants eux-mêmes alors qu'ils étaient la cible perpétuelle des vols et des agressions de tout genre. Un comité de vigilance avait été mis en place par les habitants de ce quartier. L'intérêt, pour nous, était de voir de près : comment ils avaient procédé et les raisons qui étaient à l'origine de leur initiative ; l'organisation et les moyens utilisés.

✓ *Transcription de l'entretien*

L'insécurité était sans cesse grandissante dans notre quartier comme par tout, d'ailleurs. Il devenait difficile de prendre un taxi à une certaine heure du soir sans avoir "la peur au ventre" de ne pouvoir arriver à destination. Impossible de rester, en toute quiétude les portes ouvertes chez soi, comme dans le bon vieux temps, sans douter d'un éventuel cambriolage. De jour comme de nuit, chacun devait prendre soin de bien protéger son porte-monnaie ou son sac à main, de peur qu'on se le fasse arracher sans scrupule au vu et au su de tout le monde.

Au départ, en cas d'agression ou de vol avec effraction, la nuit par exemple, des services de police intervenaient avec un retard préjudiciable ou n'intervenaient pas du tout. Compte tenu de l'impuissance de ces services de police, nous sommes obligés d'assurer notre sécurité et celle de nos familles. Pour ce faire, nous avons eu l'idée de mettre en place un comité de vigilance.

Le comité de vigilance est un dispositif de lutte contre l'insécurité. Nous nous sommes organisés pour nous défendre en adoptant un système d'autodéfense. Si on demandait de l'argent ça échouait. Les jeunes se sont constitués en groupe comme "veilleurs de nuit" par un système de rotation de garde. De plus, nous utilisons des sifflets pour provoquer une réaction solidaire et commune en cas d'agression ou de vol avec effraction. Nous avons aussi un code pour signaler un danger imminent sur les différents téléphones portables.

Comme certains voulaient tuer alors que d'autres étaient modérés, pour éviter les abus et les atteintes aux droits de la personne, nous avons créé un staff constitué des habitants du quartier. Quand on attrape un voleur, on l'envoie au staff.

Actuellement, nous avons une certaine tranquillité. Cette initiative a même créé, à notre grande surprise, une solidarité entre les habitants de notre quartier.

2. **Entretien avec les habitants du quartier Briqueterie – Yaoundé** (lundi, 5 février 2007)

La Briqueterie est un quartier le plus vieux de Yaoundé. Très cosmopolite, il porte toutes les tares de la ville : urbanisation anarchique, promiscuité, etc... Certains secteurs s'apparentent à des zones de non droit comme la Briqueterie Est.

En raison de sa forte densité, de la concentration d'une catégorie sociale et de sa réputation comme quartier dangereux, nous avons enquêté sur :

- le degré d'insécurité au sein de ce quartier et les moyens de lutte contre la délinquance
- la présence, oui ou non, d'une structure étatique pour assurer la sécurité des habitants de ce quartier. Si oui, quelles sont les relations avec les usagers.

- *Un commerçant*

Le quartier Briqueterie, en termes d'insécurité, est un des plus dangereux de la capitale du Cameroun. De jour comme de nuit, des citoyens risquent leur vie à chaque instant dans notre quartier. Nous déconseillons à quiconque de s'aventurer dans les sentiers obscurs de ce quartier Briqueterie, en particulier sur le tronçon qui va de Texaco, Ecole de police vers la sous-préfecture de Tsinga, en passant par le Boulevard Sultan Njoya. Les délinquants se réfugient soit du côté de l'ancien cimetière musulman, situé non loin du quartier Tsinga, soit à l'intérieur du quartier Briqueterie généralement inaccessible. Ou alors ils décampent plus loin, du côté du quartier Mokolo-Elobi dans la zone des marécages réputée dangereuse et difficile d'accès.

Les sous-quartiers ou encore appelés groupements les plus criminogènes sont les quartiers dits « Briqueterie haoussa ».

Il n'existe aucune action collective, aucune coordination pour assurer la sécurité dans notre quartier. Le voleur arrêté est flagellé par la population. Il suffit que quelqu'un crie "au voleur", pour que tous les jeunes, désœuvrés et qui traînent à longueur de journée, courent après l'individu. Une fois arrêtée, la personne est molestée, parfois sans vérifier les faits qu'on lui reproche.

- *Un proche du chef de groupement haoussa de la Briqueterie,*

Les gens sont pauvres et mettent l'origine de cette pauvreté sur ceux qui vivent dans les quartiers riches. De plus, il y a un esprit de rébellion qui est devenu permanent à la Briqueterie. C'est-à dire que les enfants grandissent dans cette ambiance de violence où le héros est celui qui fume le chanvre, au lieu d'être le plus instruit. D'où la violence que l'on observe avec les agressions et les crimes devenus quotidiens. Il s'agit d'un fait commun à tous les enfants de la Briqueterie.

- *Un groupe d'habitants du quartier Briqueterie*

La police est invisible. Le commissariat de police le plus proche est localisé en plein marché Mokolo, quartier voisin. Toutes les entrées du quartier Briqueterie sont insécurisées, que l'on vienne du côté du quartier Bastos, du côté du camp Sic de Messa, ou encore du côté du quartier Mokolo-Elobi. L'intérieur du quartier Briqueterie n'a aucune présence des forces de l'ordre et de sécurité. La Briqueterie ne présente aucune garantie de sécurité. L'absence des services de sécurité laisse libre cours au développement de tous les vices. Le quartier devient le fief des brigands et du commerce de sexe. Les prostitués sont presque toujours de connivence avec les brigands.

3. Enquêtes réalisées auprès de l'homme de la rue : samedi, 10 février 2007

✓ *Observations sur le déroulement des enquêtes*

La durée des enquêtes et des entretiens a été très variable en fonction du public concerné. Le plus souvent, les cibles étaient prises à tout hasard, au coin des rues, aux carrefours de Mvog-Mbi et Etoudi, à l'intérieur des marchés populaires.

L'intérêt était de recueillir, à chaud, le sentiment ou les témoignages sur l'insécurité que les Camerounais vivent au quotidien, ainsi que leur point de vue par rapport à l'institution carcérale camerounaise et les forces de l'ordre.

✓ *Transcription des témoignages*

a. Sur la place des forces l'ordre et de la justice étatique

Nombreux sont les témoignages qui montrent l'image négative que la population a des forces de l'ordre (en particulier la police), ainsi que de la justice.

- *Une commerçante* (quartier Mbala 4)

La vie devient de plus en plus difficile dans notre pays. Mais, tout le monde ne met pas le paquet pour vivre honnêtement, surtout, pour bien accomplir son devoir. C'est le cas de la police. Elle doit protéger la population. Mais hélas ! Pour la justice, je trouve qu'il n'y a même plus de justice au Cameroun, c'est la raison du plus fort. C'est la justice qui est à l'origine de la violence.

- *Une ménagère* (quartier Etoudi-centre)

La police ne fait pas son travail. Elle privilège certaines personnes par la corruption.

- *Une commerçante* (quartier Mokolo)

La police ne nous sert à rien. Elle facilite même les agressions puisqu'elle est au courant, mais ne fait rien. La justice ? Est-ce qu'il y a une différence ? Ce sont des frères. Les magistrats et les avocats font la même chose que leurs frères policiers. Je me demande même si ce ne sont pas eux qui nous agressent.

b. Sur la justice populaire

Dans les quartiers et sur les lieux chauds, la sécurité des hommes et des biens est constamment menacée. C'est la justice populaire qui prévaut pour lutter contre l'insécurité. Quelques témoignages :

- *Une ménagère*

La punition à donner au voleur dépend de la gravité du mal par lui causé, soit on le conduit à la police, soit on le moleste. Mais pour certaines personnes, il faut le tuer quand les preuves sont tangibles.

- *Une étudiante* (quartier Bipanda – Douala)

Dans notre quartier, on a commencé très tôt à lutter contre l'insécurité en appliquant la justice populaire aux voleurs". On les tabasse bien, parfois jusqu'à ce qu'ils crèvent. Car, eux, ils n'ont pas pitié de nombreuses familles endeuillées à cause de leurs actes.

- *Un habitant* (quartier Mokolo-Elobi)

Chacun essaie d'acheter un lampadaire et de s'approprier un sifflet. Il y a une certaine solidarité entre les habitants de mon quartier, une sorte d'organisation en autodéfense. Seulement, les chefs du quartier ne sont pas intéressés ici ; c'est pourquoi la population n'hésite pas à appliquer la justice populaire.

- *Un étudiant* (quartier Bastos)

Dans certains quartiers, la violence ne suscite aucune réaction. Dans notre secteur, par exemple, rien n'a été fait. Les habitants ne se dérangent pas. Aucune action, aucune stratégie n'est mise sur pied. D'ailleurs, tout dépend de la qualité des habitants du quartier. Comme dans notre quartier Bastos, beaucoup sont des hauts fonctionnaires ou des hommes d'affaires, riches. La plupart de leurs concessions sont clôturées avec un service de garde assuré de jour comme de jour. Tout ce qui concerne l'insécurité ne les émeut pas.

B. Entretien avec Hippolyte SANDO (les 29 et 30 janvier 2007)

Hippolyte SANDO est un membre actif du comité justice et paix de l'Archidiocèse de Douala. De plus, il est un militant engagé auprès des personnes privées de liberté.

Questionnaire initial portait sur l'état des prisons camerounaises et les conditions de détention ; sur la justice.

M. Hippolyte SANDO introduit ses propos en élargissant la problématique pénitentiaire camerounais. Pour lui : « parler de réforme, c'est qu'il y a eu échec. Il faut faire une différence de terminologie entre carcéral et pénitentiaire. Le mot "carcéral" renvoie à la garde, à la seule détention tandis que celui de "pénitentiaire" renvoie à la pénitence et donc à un amendement. Si tout le système a pour mission la pénitence en vue d'un amendement, dans les faits, ce système remplit-il sa mission finale ? Si oui, comment ? Sinon, qu'est-ce qu'il y a lieu de faire.

Parler du système pénitentiaire camerounais renvoie à la question de s'interroger sur la manière dont l'Etat camerounais procède pour faciliter ou pour inciter l'amendement des délinquants par le biais de la pénitence ou la punition. Ceci fait appel aux instances de la Justice, à l'Administration Pénitentiaire elle-même et à des mesures pour la réintégration avant, pendant et après la détention.

a. Les instances de la Justice

Il serait souhaitable de se référer à la justice coutumière. Cette dernière avait une autre dimension de la répression et de la peine. Les dommages-intérêts permettaient non seulement d'indemniser la victime, mais également, d'inciter le coupable à reconnaître sa faute par une démarche de réparation. Cette démarche, non seulement resserrait, à nouveau, les liens qui étaient fragilisés par la faute, mais également, elle remettait la sérénité dans la communauté concernée.

Actuellement, les magistrats ne tiennent pas compte de cet aspect de la répression. Seuls l'acte délictueux compte. Pourtant, il y a un assesseur de la Région dans presque chaque tribunal de 1er degré. Cette structure a été mise en place pour se référer à la culture traditionnelle. Mais hélas !

b. Les traits caractéristiques du système pénitentiaire camerounais

- <u>La capacité d'accueil et les conditions de détentions déplorables dans les prisons camerounaises</u>

• *Prisons qualifiées de parcs à hommes* :- Les prisons, surtout celles des grandes villes sont devenues de véritables parcs à hommes humiliés et déshumanisés. Le fort taux de surpeuplement de nos prisons rend impossible tout respect de la dignité du détenu. Les conditions minimales légales de détention sont difficilement trouvables par le fait de la surpopulation carcérale. La séparation catégorielle est inexistante entre hommes, femmes et mineurs.

• *Cas des prévenus* :- Pas de maison d'arrêt pour les prévenus. C'est un mélange très néfaste. Il faut vider les prisons de tous les détenus préventifs. La durée des détentions provisoires est très longue. De multiples renvois des procès sont à l'origine de ces longues détentions provisoires : soit à cause de l'absence ou du retard des détenus à l'audience. Il y a souvent le problème de transport de détenus pour le palais de Justice. Plusieurs prisons ne disposent pas de véhicule, en bon état, pour acheminer les appelants à l'audience.

Quelques solutions déjà apportées ont été abandonnées. L'Etat avait institué les audiences foraines qui prévoyaient, à titre exceptionnel, les déplacements ponctuels des composantes d'une juridiction dans les établissements pénitentiaires. Le but était de rapprocher la Justice du justiciable privé de liberté. Mais dans la plupart des cas, le personnel judiciaire se déplaçait parfois avec ses propres moyens, véhicules et tout frais de carburant compris.

- Le vieillissement des structures et leur exiguïté

L'aspect carcéral n'est pas une priorité pour le gouvernement en matière d'infrastructure. Les bâtiments souffrent de l'usure du temps. La saison des pluies offre un spectacle assez désolant où l'eau s'infiltre dans les bureaux à travers les toitures, tenant à peine.

Les prisons actuelles n'ont pas été construites pour la mission qui leur est destinée aujourd'hui. C'était des maisons, des hangars et anciennes scieries qui étaient transformés en prison.

- La logistique du bureau

Le personnel pénitentiaire travaille dans les conditions pénibles. Dans les greffes des prisons, le traitement des dossiers des personnes détenues est manuel. Pas d'outil informatique approprié.

- Sur le plan du personnel

Il y a l'absence de fierté, de motivation. Malgré la récente grève des gardiens de prisons, il n'y a pas d'avancement. Le personnel pénitentiaire connaît des frustrations au quotidien. Le personnel est aigri. Tout ceci se traduit par des rapports explosifs de soumission : surveillant/détenu ainsi que le harcèlement et la corruption auprès des visiteurs et des familles.

C. ENTRETIEN AVEC LES AUTORITES TRADITIONNELLES

✓ *Observations générales*

Anciennes entités indépendantes, les chefferies s'organisent autour de la figure emblématique du chef, désigné par différentes appellations selon les Régions. Elles épousent les contours des royaumes précoloniaux. Les chefs traditionnels camerounais sont devenus, de nos jours, des auxiliaires de l'administration. Ils sont placés sous la tutelle du ministère de l'Administration Territoriale (MINAT).[768]

L'organisation en chefferies ne se cantonne pas dans les campagnes. Les grandes villes sont également découpées en circonscriptions placées sous l'autorité d'un chef traditionnel. En tant que représentants légaux de l'Etat, les chefs traditionnels sont chargés de certaines tâches telles que la collecte des impôts ou la rédaction d'actes administratifs. A leurs fonctions administratives, s'ajoute un rôle politique. En effet, les chefs traditionnels sont souvent chargés de la distribution des cartes d'électeurs et les bureaux de votes sont fréquemment établis à leur domicile. Les chefs traditionnels ont la possibilité d'interdire les activités politiques d'un parti à l'intérieur de leur circonscription. Ils peuvent également adresser au ministère de tutelle des rapports sur certains fonctionnaires locaux (policiers, professeurs...), ce qui peut conduire au renvoi ou à la mutation de l'agent.

Au-delà de cette mutation de la fonction des chefs traditionnels, nous avons voulu connaître un peu plus sur la finalité que revêtait la peine dans les traditions camerounaises.

1. Le chef traditionnel du quartier Mimbomen

L'entretien s'est déroulé le 5 janvier 2007 dans la chefferie auprès du chef traditionnel Etienne TAMBA. Il a commencé par citer quelques principes de base que chaque tenant du pouvoir traditionnel, à quelque niveau que ce soit, devait avoir à l'esprit dès que celui-ci est appelé à résoudre un problème opposant les individus. « *Mot ane akuma* » ; « *Vong ene te vou vong* » ; « *Nlang akuk one te dzogbe esa asu aba, wa dzogbo he a dzal e mot ane e wa* ». Leçon à tirer : quel que soit le problème, chacun doit assumer sa responsabilité. Quelle que soit la personne ou quel que soit son état, on ne doit pas prendre une personne humaine à la légère. L'être humain est une richesse.

a. La peine d'emprisonnement

Le chef traditionnel fait d'abord une brève comparaison entre le système carcéral actuel et l'incarcération pendant la colonisation. Selon lui, pendant la colonisation, il y avait une distinction entre les prisonniers Blancs et les prisonniers Noirs. Les sanctions infligées au Noirs étaient plus dures ainsi que les conditions de détention. Le prévenu arrivait dans la prison défigurée par la torture, par la bastonnade. De nos jours, on peut dire qu'il y a une nette amélioration. Mais seulement, le gros problème dans nos prisons c'est qu'il y a

[768] Le MINAT a les compétences du ministère de l'Intérieur

trop de prévenus sans jugement. Les juges et les présidents de tribunaux doivent savoir qu'il ne faut pas envoyer quelqu'un en prison sans qu'il soit condamné. Pour les criminels, il serait souhaitable d'avoir des cellules spéciales avec isolement complet. En correctionnel, il faut punir les coupables, mais pas les traité comme des animaux.

b. Les conséquences d'un emprisonnement

Certains comportements ne devraient pas être retenus comme motifs de détention. Les petits délits, comme les petits vols, doivent être gérés par les chefs traditionnels. Car la détention d'une personne provoque d'autres maux : infidélité, vagabondage, enfants sans scolarité, etc. On peut toujours recourir aux anciennes méthodes pour les petits délits. Les oncles maternels avaient un statut spécial dans le règlement des conflits. De par ce statut, ils facilitaient la réintégration des coupables dans la vie sociale.

2. Le chef traditionnel de Menganga

Un déplacement à Menganga, un petit village retiré, nous a permis de rencontrer un chef traditionnel, dimanche 14 janvier 2007. Ce village est supposé tranquille du fait de l'homogénéité de ses habitants.

Il existait, selon lui, plusieurs modes de sanctions. Mais, en dehors des prisonniers de guerre que les chefs enfermaient dans une case dans l'attente de passer des compromis avec l'ennemi, les Beti ne connaissaient pas de sanction pareille à l'enfermement. Par contre, il arrivait que la sanction ait pour caractère l'interdiction, pour coupable, de participer aux activités de la vie communautaire.

Les chefs des lignages ou les chefs des clans se rencontraient pour chercher les causes du problème. Le premier objectif était de remettre les choses en l'état, et donc de restaurer la paix. Les oncles maternels jouaient aussi un rôle très important, celui de la conciliation et de la réconciliation.

Après l'exécution de la sanction, le chef qui avait prononcé la sentence convoque à nouveau l'assemblée. Le but de cette réunion était de réintroduire le coupable dans la communauté. Celle-ci devait accueillir, à son tour, le coupable repenti, en lui témoignant de toute l'affection nécessaire. Cette phase était nécessaire pour rassurer le coupable. Ce dernier pouvait ainsi reprendre ses activités avec et dans la communauté.
Aujourd'hui, l'Etat ne prend pas en compte ou pas assez cette dimension communautaire.

Ce qui se passe actuellement dans les prisons est très inhumain. A son arrivée, le prévenu subit plusieurs fouilles qui ne respectent aucune intimité. Il subit des tortures de toutes natures. Les prisons sont surpeuplées. Cette surpopulation engendre d'autres problèmes : la promiscuité, la corruption, l'homosexualité, le manque de place, la pauvreté même. Bref, les prisonniers vivent dans des mauvaises conditions de détention avec un mélange de jeunes délinquants et des grands bandits. Après, le détenu est relâché dans la nature sans aucun suivi. C'est là où il y a plus de récidive.

Les chefs traditionnels devraient prendre la relève après l'emprisonnement ou même avant agir celui-ci.

D. ENTRETIEN AVEC LES AUTORITES RELIGIEUSES

1. Entretien avec Mgr AMARA Joseph

L'entretien a été réalisé, à son domicile, le 5 janvier 2007 à Yaoundé, pendant 1 h 30. En raison de ses connaissances approfondies sur les traditions culturelles, nous avons voulons savoir : comment procédaient les sociétés antiques en cas d'une faute commise par un membre de la communauté ; quelles étaient des structures mises en place et quelle était la finalité de la répression et de la peine dans les traditions camerounaises.

Procédure :- Au niveau du village, les réunions se tenaient en assemblée. Chacun devait donner son avis sur la question, quel que soit son âge. Donc même un jeune en âge devait être écouté. Car, selon le proverbe beti *« ebuk mod essigui mongo »* traduction littérale : une parole n'est jamais enfant. Toute procédure était basée sur la correction fraternelle. Les Beti avaient une façon de rendre la justice. Il n'y avait pas le « *somen* » c'est-à-dire, la plainte, car, avant toute tenue de l'assemblée, il y avait le *« mbeme a dzo »*, c'est-à-dire, l'avertissement.

Pour la réinstauration de la cohésion sociale, les cérémonies différenciaient en fonction de l'infraction. Ainsi en cas d'un meurtre, il fallait purifier le sang répandu par le rite *Tsoo* qui était et reste encore une cérémonie de purification que le fautif doit accepter afin d'apaiser les esprits. En cas d'inceste, une autre cérémonie était prévue.

Les différentes sanctions assimilables à la prison :- *Mimbok minan*, une sorte d'isolement au niveau du village était prévu, soit lorsque le coupable refusait la sentence de l'assemblée, soit lorsque le cas méritait une telle disposition. Il était alors question d'interdire au coupable de participer aux différentes activités de la communauté. Cette sanction pouvait s'étendre jusqu'à la progéniture du coupable. Néanmoins, tout dépendait de la gravité de la faute et de l'implication de la famille de celui-ci.

La réintégration du coupable après la sanction se faisait le plus souvent avec l'aide des oncles maternels.

2. Entretien avec l'Abbé ABEGA Prosper

Son choix a été déterminant du fait de son sens critique d'analyse des faits sociaux, d'une part, et d'autre part, du fait de son attention particulière et de son investissement dans le processus d'inculturation au Cameroun.

Il a lui-même rédigé ses propos, que nous reproduisons dans leur intégralité et qu'il intitule : Status Questionis : Pour une éventuelle réforme du système pénitentiaire au Cameroun

Comment humaniser notre système pénitentiaire actuel qui est devenu un vrai danger pour la société camerounaise ? Car, elle avilit l'homme sur tous les plans : physique, individuel, moral, social – la population carcérale de Douala est si pléthorique que mieux vaut presque liquider les condamnés à mort que de les garder en vie : Que faire ?

a. Les fausses solutions

- *Améliorer les moyens ; construire les prisons*

Le Cameroun a-t-il aujourd'hui les moyens ? Quand bien même il les aurait, le but n'est pas d'améliorer le cadre pénitentiaire au risque d'y attirer un plus grand nombre de gens - Nous pensons que le but est de former l'homme pour aboutir à peu de délinquants – et que ce système soit le plus allégé possible.

- *Améliorer le personnel d'encadrement en* nombre et en humanité par la formation

La formation, elle aussi, est coûteuse et demande beaucoup de temps. Mais, en fait, cette surpopulation carcérale est le vrai problème. Comment la réduire de façon efficace et rapide ?

b. Essai de solution

Le Cameroun est une mosaïque de populations qu'on essaye d'enfermer dans un même moule. Le moule serait africain qu'il serait encore tolérable ; mais celui qu'on vit est importé de 6000 km : venant d'une culture tout à fait étrangère à la mentalité africaine : le code pénal français.

En outre, ce code, que les Français possèdent depuis longtemps, ne réussit pas encore à les satisfaire complètement. Comment l'adapter mieux chez des peuples qui viennent à peine de l'aborder et de le mettre en œuvre ? Il a fallu des siècles pour le mettre en route.

Il se lit en des langues étrangères et les gens ne les comprennent pas efficacement quel effort est-il fait pour que nul ne soit censé ignorer la loi ?

En outre, pour enseigner les mathématiques à John, il faut savoir qui est John, cette mosaïque de peuples avait des embryons de codes juridiques. Exemple l'histoire des Guizigas pour qui le vol est un sport qu'on doit enseigner, inculquer. Quel effort est fait pour connaître ces embryons de codes et voir aussi comment les amener à un code commun.

Si nous ajoutons que, dans notre société où les divers groupes sont encore étrangers les uns aux autres, les grands se permettent encore de mettre des gens en prison pour des vétilles alors on a le comble. On comprend un peu les effets du nouveau code de procédure pénale pour réduire ces cas de détentions arbitraires.

L'esquisse de solution que nous entrevoyons est de recourir aux chefs traditionnels qu'on revaloriserait, qu'on formerait de telle sorte qu'aucun problème ne passe au tribunal officiel s'il n'a subi l'examen des chefs et leurs bureaux.

- Ce sont les chefs qui connaissent les arrière-fonds traditionnels de chacun. Par solidarité avec le groupe, il luttera d'abord pour que le prévenu ne connaisse pas la prison ;
- Il peut plus facilement trouver des règlements à l'amiable pour les membres du groupe ;
- Il peut constituer le relais entre tradition et modernité ;
- Il peut plus efficacement codifier cette tradition et chercher le moyen de l'adapter au nouveau code ;
- C'est lui qui peut proposer les réformes efficaces pour une vie citoyenne d'ensemble ;
- C'est l'ensemble de ces codifications qui peuvent permettre l'élaboration d'un code qui soit véritablement camerounais.

Mais le but avoué de nos politiciens est-il que nous soyons nous-mêmes ? Ne devons-nous pas être pour eux des copies falotes de la France ?

Annexe 8
Ordre de mise en liberté

COUR D'APPEL DU CENTRE

PARQUET PRES LE TRIBUNAL DE GRANDE INSTANCE DU MFOUNDI

EN REGULARISATION

286

REPUBLIQUE DU CAMEROUN
Paix - Travail - Patrie

DECISIONS CONCERNANT LES DETENUS TRADUITS
A L'AUDIENCE CRIMINELLE DU 18 Juillet 2003

N° DA	NOMS DES DETENUS	DATE DU MANDAT DE DEPOT	DECISION INTERVENUE

Ci-joint pour exécution immédiate, ________ ordre de mise en liberté concernant les noms ci-après ________

Destinataire
Le Régisseur de la Prison
De ________

Yaoundé, le 29-01-07

Le Procureur de la République

Mwangue Kwangue Lavoisier
Magistrat

Annexe 9
Traité Germano-Douala du 12 juillet 1884

Nous soussignés, rois et chefs du territoire nommé Cameroun situé le long du fleuve Cameroun, entre les fleuves Biambia au nord et Kwakwa au sud, et jusqu'au 4°10 degré de longitude nord, avons aujourd'hui, au cours d'une assemblée tenue en la factorerie allemande sur le rivage du roi AKWA, volontairement décidé que :

Nous abandonnons totalement aujourd'hui nos droits concernant la souveraineté, la législation et l'administration de notre territoire à MM. Edouard SCHMIDT, agissant pour le compte de la firme C. WOERMANN, et Johannes VOSS, agissant pour le compte de la firme JANTZEN et THORMÄHLEN, tous deux à Hambourg, et commerçants depuis des années dans ces fleuves.

Nous avons transféré nos droits de souveraineté, de législation et d'administration de notre territoire aux firmes susmentionnées avec les réserves suivantes :

a. Le territoire ne peut être cédé à une tierce personne.
b. Tous les traités d'amitié et de commerce qui ont été conclus avec d'autres gouvernements étrangers doivent rester pleinement valables.
c. Les terrains cultivés par nous, et les emplacements sur lesquels se trouvent des villages, doivent rester la propriété des possesseurs actuels et de leurs descendants.
d. Les péages doivent être payés annuellement, comme par le passé aux rois et aux chefs.
e. Pendant les premiers temps de l'établissement d'une administration ici, nos coutumes locales et nos usages doivent être respectés.

Cameroun, le 12 juillet 1884

Sig. Ed. WOERMANN Témoins
Sig. O. BUCH,
ENDENE AKWA,
Ed. SCHMIDT,
Coffe ANGWA,
John ANGWA,
MANGA AKWA
Scott JOST,
Ned AKWA,
London BELL,
Sig. Roi AKWA.
Elame JOSS,
Lookingglas BELL,

Sig. David MEATOM,
Joh. VOSS,
Joé GARNER AKWA,
Big JIM AKWA,
William AKWA,
Jim JOSS,
Matt JOSS,
David JOSS,
Jacco ESQRE,

Barrow PETER,

ANNEXE 10
Extrait du Pacte de la société des nations du 28 juin 1919

Article 22.

1. Les principes suivants s'appliquent aux colonies et territoires qui, à la suite de la guerre, ont cessé d'être sous la souveraineté des États qui les gouvernaient précédemment et qui sont habités par des peuples non encore capables de se diriger eux-mêmes dans les conditions particulièrement difficiles du monde moderne. Le bien-être et le développement de ces peuples forment une mission sacrée de civilisation, et il convient d'incorporer dans le présent Pacte des garanties pour l'accomplissement de cette mission.

2. La meilleure méthode de réaliser pratiquement ce principe est de confier la tutelle de ces peuples aux nations développées qui, en raison de leurs ressources, de leur expérience ou de leur position géographique, sont le mieux â même d'assumer cette responsabilité et qui consentent à l'accepter : elles exerceraient cette tutelle en qualité de Mandataires et au nom de la Société.

3. Le caractère du mandat doit différer suivant le degré de développement du peuple, la situation géographique du territoire, ses conditions économiques et toutes autres circonstances analogues.

4. Certaines communautés qui appartenaient autrefois à l'Empire ottoman, ont atteint un degré de développement tel que leur existence comme nations indépendantes peut être reconnue provisoirement, à la condition que les conseils et l'aide d'un Mandataire guident leur administration jusqu'au moment où elles seront capables de se conduire seules. Les vœux de ces communautés doivent être pris d'abord en considération pour le choix du Mandataire.

5. Le degré de développement où se trouvent d'autres peuples, spécialement ceux de l'Afrique centrale, exige que le Mandataire y assume l'administration du territoire à des conditions qui, avec la prohibition d'abus, tels que la traite des esclaves, le trafic des armes et celui de l'alcool garantiront la liberté de conscience et de religion, sans

autres limitations que celles que peut imposer le maintien de l'ordre public et des bonnes mœurs, et l'interdiction d'établir des fortifications ou des bases militaires ou navales et de donner aux indigènes une instruction militaire, si ce n'est pour la police ou la défense du territoire et qui assureront également aux autres Membres de la Société des conditions d'égalité pour les échanges et le commerce.

6. Enfin il y a des territoires, tels que le Sud-Ouest africain et certaines îles du Pacifique austral, qui, par suite de la faible densité de leur population, de leur superficie restreinte, de leur éloignement des centres de civilisation, de leur contiguïté géographique au territoire du Mandataire, ou d'autres circonstances, ne sauraient être mieux administrés que sous les lois du Mandataire comme une partie intégrante de son territoire, sous réserve des garanties prévues plus haut dans l'intérêt de la population indigène.

7. Dans tous les cas le Mandataire doit envoyer au Conseil un rapport annuel concernant les territoires dont il a la charge.

8. Si le degré d'autorité, de contrôle ou d'administration à exercer par le Mandataire n'a pas fait l'objet d'une convention antérieure entre les Membres de la Société, il sera expressément statué sur ces points par le Conseil.

9. Une Commission permanente sera chargée de recevoir et d'examiner les rapports annuels des Mandataires et de donner au Conseil son avis sur toutes questions relatives à l'exécution des mandats.

Table des matières

L'Afrique aux éditions L'Harmattan

Dernières parutions

CHANGEMENTS DÉMOGRAPHIQUES ET DÉVELOPPEMENT DURABLE EN AFRIQUE
Vimard Patrice, Fassassi Raïmi
L'ouvrage situe tout d'abord les grandes lignes de la démographie du continent. Puis, après avoir replacé les débats relatifs aux politiques de population et de développement dans le contexte africain, les relations entre croissance démographique et développement sont analysées. Un ouvrage important pour mieux comprendre ce que sera l'avenir du continent.
(Coll. Etudes africaines, 13.50 euros, 120 p.)
ISBN : 978-2-296-99837-7, ISBN EBOOK : 978-2-296-53109-3

RÉVOLUTION CULTURELLE ET DÉVELOPPEMENT EN AFRIQUE
Kaputa Lota José - Préface de Pierre Mutunda Mwembo
Actuellement, la lutte entre l'Occident et l'Afrique est avant tout une lutte culturelle, et il est évident que l'on ne peut pas se développer avec une culture d'emprunt. Si l'Africain désire réellement le développement intégral et harmonieux de son continent, il doit entreprendre une révolution culturelle contre le néocolonialisme et les mentalités rétrogrades enkystées dans sa propre culture.
(Coll. Etudes africaines, 18.00 euros, 186 p.)
ISBN : 978-2-336-00929-2, ISBN EBOOK : 978-2-296-53123-9

ARTISANAT ET DÉVELOPPEMENT EN AFRIQUE DE L'OUEST
Kouassi Adack Gilbert
Est-il possible d'envisager, à notre époque, une politique de développement qui exclue toute émergence artistique ou culturelle du peuple concerné ? En d'autres termes, quel est l'apport de l'art dans le développement d'un pays comme la Côte d'Ivoire ? L'art actuel de l'Afrique doit être la synthèse conjuguée des arts traditionnels et modernes, sans toutefois ignorer l'un et l'autre dans sa spécificité.
(Coll. Harmattan Côte-d'Ivoire, 14.00 euros, 136 p.)
ISBN : 978-2-336-29285-4, ISBN EBOOK : 978-2-296-53082-9

CONFLITS (LES) ARMÉS AFRICAINS DANS LE SYSTÈME INTERNATIONAL
Transnationalisme ethnique et États dans la Corne de l'Afrique – 1961-2006
Mashimango Abou-Bar Abelard - Préface de Julian Fernandez
Étudier le phénomène des guerres contemporaines qui sévissent en Afrique exige une analyse historique, sociologique et politique fondée sur une approche multidisciplinaire de la polémologie et une culture géopolitique de l'Afrique néocoloniale, coloniale et postcoloniale. Cette étude s'articule autour des fondamentaux de l'approche transnationaliste et de la théorie de l'ethnicité.
(Coll. Études africaines, 45.00 euros, 450 p.)
ISBN : 978-2-336-29214-4, ISBN EBOOK : 978-2-296-53069-0

ÉLITES ET COMPROMISSIONS EN AFRIQUE
Légitimation d'un système et sous-développement au Gabon
Toung Nzue Jérôme - Préface de Bernardin Minko Mve
Comment comprendre et expliquer la perpétuation du système Bongo, alors que son bilan socio-économique est aux antipodes des potentialités énormes dont dispose le Gabon ? Cet ouvrage est

une analyse sociopolitique d'un système politique, et l'auteur décortique et critique ce système dont le processus de légitimation n'a fait que compromettre l'élite gabonaise.
(Coll. Études africaines, 22.00 euros, 218 p.)
ISBN : 978-2-296-99358-7, ISBN EBOOK : 978-2-296-53095-9

PENSER ET GÉRER LA DIVERSITÉ EN SOCIÉTÉ : REGARDS SUR L'AFRIQUE
Sous la direction de Prum Michel, Vircoulon Thierry, Mattioli Marie-Annick, Cros Bernard
Dans nos sociétés postmodernes, la diversité est devenue la principale grille de lecture sociologique, en même temps qu'un enjeu politique de premier plan. La diversité en société peut être pensée à travers différentes catégories. Ce livre concentre l'analyse sur l'Afrique, tout en conservant un contrepoint européen afin de mettre en évidence les variations géographiques du concept.
(Coll. Racisme et eugénisme, 18.00 euros, 179 p.)
ISBN : 978-2-343-00187-6, ISBN EBOOK : 978-2-296-53056-0

ART CHRÉTIEN AFRICAIN – Caractéristiques et enjeux
Cakpo Erick
Quelles sont les caractéristiques de l'art chrétien africain ? Les chrétiens africains doivent-ils disposer d'un art sacré de facture locale ? Cet ouvrage inscrit l'art chrétien africain dans le débat actuel de l'inculturation du message chrétien en Afrique.
(Coll. Études africaines, 22.00 euros, 222 p.)
ISBN : 978-2-336-29181-9, ISBN EBOOK : 978-2-296-53225-0

PÉTAUDIÈRE (LA) COLONIALE
Canu Adrien-Henri
Présentation de Boris Lesueur avec la collaboration de Roger Little
Les dénonciations des scandales nés des relations entre la France et le continent africain ne sont pas neuves. Dès la conquête, ce qui se passait aux colonies était scandaleux : népotisme, corruption, prévarication, incompétence... tous les vices de la République se répandaient outre-mer, créant une vraie pétaudière ! Le réquisitoire d'A. H. Canu n'épargne personne, ni la Marine, ni le tout nouveau ministère des Colonies, ni le lobby colonial et son personnage emblématique Eugène Étienne.
(Coll. Autrement mêmes, 24.00 euros, 196 p.)
ISBN : 978-2-343-00210-1, ISBN EBOOK : 978-2-296-51713-4

PARTENAIRES EN DÉVELOPPEMENT ET RÉDUCTION DE LA PAUVRETÉ EN AFRIQUE NOIRE
Amouzou Essè
Cet ouvrage jette un regard assez sceptique sur la lutte contre la pauvreté. Cette démarche humaniste qui est récurrente dans les discours des grands décideurs mondiaux et des organismes internationaux tranche étrangement avec la persistance de la pauvreté dans les sociétés du Tiers Monde. Le contraste se trouve ici éludé par une exploration objective des ressorts opaques des mécanismes financiers et des relations peu transparentes entre le Nord et le Sud.
(Coll. Études africaines, 27.00 euros, 270 p.)
ISBN : 978-2-336-00230-9, ISBN EBOOK : 978-2-296-51700-4

DÉMOCRATIE (LA) À L'ÉPREUVE DU RÉGIONALISME EN AFRIQUE NOIRE
Amouzou Essè
Cet ouvrage fait le bilan analytique des expériences africaines du multipartisme amorcé à l'entrée de la décennie 1990. Il relate les dominances événementielles des révolutions démocratiques en Afrique subsaharienne. Les grandes tendances de cette période résident dans les conférences nationales, l'adoption de constitutions démocratiques et des élections comme mode de dévolution du pouvoir. L'élément identitaire qui va miner les expériences démocratiques en Afrique noire est mis en exergue.
(Coll. Études africaines, 23.00 euros, 222 p.)
ISBN : 978-2-336-00267-5, ISBN EBOOK : 978-2-296-51699-1

IMPUNITÉ
Jusqu'où l'Afrique est-elle prête ?
Cours Nouveau, Revue africaine trimestrielle de stratégie et de prospective 9, 10, 2013
L'attitude toute récente de l'Afrique et des Africains de poursuivre en Afrique même, les leaders et les dirigeants convaincus de crimes contre l'Humanité, exprime une inversion de tendance qu'il y a lieu de soutenir et d'élargir, pour les portes qu'elle ouvre comme pour les nouvelles lignes d'horizon de pensée et d'action qu'elle laisse entrevoir. Voici donc venu le temps de repenser les questions stratégiques de l'Afrique, à commencer par celle des futurs Africains, en rapport avec l'action.
(37.00 euros, 356 p.)
ISBN : 978-2-343-00208-8, ISBN EBOOK : 978-2-296-51626-7

QUI MENACE LA PAIX ET LA STABILITÉ EN AFRIQUE ?
Yomba Ngué Roger - Préface d'Emmanuel Argo
L'Afrique a malheureusement été le théâtre de nombreux conflits, dus au legs de la période coloniale et de la traite négrière, mais aussi à cause des répercussions des migrations incontrôlées, de l'injustice sociale, de la corruption, de l'autoritarisme des dirigeants etc. Le plus important, c'est l'enseignement qu'on en tire et les décisions que l'on prend pour en sortir afin de construire un avenir plus probant et prometteur pour les générations futures.
(Coll. Harmattan Côte-d'Ivoire, 26.50 euros, 268 p.)
ISBN : 978-2-336-00607-9, ISBN EBOOK : 978-2-296-51543-7

CULTURES VIRILES ET IDENTITÉ FÉMININE
Essai sur le genre en Afrique subsaharienne
Djombe Calvin Thomas
Le principe mythologique et cosmogonique africain implique des constructions religieuses, imaginaires qui fondent une puissance virile symbolique. Son pouvoir induit une injonction à la stigmatisation de la femme. Le projet d'une philosophie féministe africaine suppose de repenser, de reconcevoir l'ensemble des paradigmes de cette société ; il traduit une volonté de déconstruction de ces conditions assujettissantes pour déboucher sur la reconstruction autonome de l'identité féminine.
(Coll. Etudes africaines, 32.00 euros, 236 p.)
ISBN : 978-2-336-29147-5, ISBN EBOOK : 978-2-296-51623-6

PRÉOCCUPATIONS ENVIRONNEMENTALES ET DROIT DE L'ENTREPRISE DANS L'ESPACE OHADA
Tairou Yafradou Adam
Prévu pour promouvoir les investissements en Afrique à travers la sécurisation juridique et judiciaire des activités économiques, et non pour protéger l'environnement, l'analyse des instruments que le droit OHADA développe fait ressortir qu'ils peuvent favoriser la protection de l'environnement tant par l'entreprise *in bonis* que par l'entreprise en redressement puis en liquidation judiciaires.
(Coll. Études africaines, 41.00 euros, 432 p.)
ISBN : 978-2-296-99391-4, ISBN EBOOK : 978-2-296-51723-3

MANIFESTE DE LA RENAISSANCE AFRICAINE
Entre la mémoire et la prophétie
Dessinga Giscard Kevin
Restituer l'histoire aux générations africaines montantes, établir la part de responsabilité historique des uns et des autres, poser le problème de l'Afrique en termes de responsabilité partagée et, enfin, lancer un SOS pour que l'Afrique devienne la première préoccupation des Africains et de tous ceux qui aiment l'Afrique... c'est offrir aux nouvelles générations les armes dont elles ont besoin pour envisager le futur, sans complexes mais avec détermination, lucidité et dignité.
(Coll. Harmattan Italia, 14.00 euros, 88 p.)
ISBN : 978-2-336-00032-9, ISBN EBOOK : 978-2-296-51610-6

COMPRENDRE LA GOUVERNANCE
Hatcheu Tchawe Emil
Cet ouvrage est une contribution à la compréhension et à la pratique du «vivre ensemble» et du «gérer ensemble» en toute transparence. Les mutations de la société contemporaine, les crises qui ébranlent les certitudes et les acquis, l'émergence de nouveaux acteurs qui exigent d'être pris en compte dans la gestion des affaires qui les concernent, sont autant de motifs qui imposent que le concept de gouvernance soit revisité en permanence.
(Coll. Harmattan Cameroun, 18.00 euros, 168 p.)
ISBN : 978-2-336-00927-8, ISBN EBOOK : 978-2-296-52996-0

MONDIALISATION (LA) ET LA SOCIÉTÉ DE L'INFORMATION
Quelle place pour l'Afrique au sud du Sahara ?
Zongo Rachel - Préface de Serge Théophile Balima
Face aux enjeux de la mondialisation et les défis du développement de la communication dans les pays en développement, quelle place l'Afrique subsaharienne occupe-t-elle dans cette société globalisée ? Quelle solution la communauté internationale préconise-t-elle contre la fracture numérique pour lutter contre la pauvreté et favoriser le développement des sociétés africaines ?
(Coll. Etudes africaines, 48.00 euros, 510 p.)
ISBN : 978-2-336-00899-8, ISBN EBOOK : 978-2-296-53022-5

ÉTALEMENT (L') URBAIN EN AFRIQUE
Défis et paradoxes
Sous la direction de Hatcheu Tchawe Emil
On prévoit un triplement des zones urbaines entre 2000 et 2030 dans les pays en voie de développement. Voici un panorama des questions que pose l'étalement des villes camerounaises et congolaises : la question foncière, la survie dans les mangroves, la crise de l'eau potable, les limites des villes nouvelles, la gestion des déchets...
(Coll. Harmattan Cameroun, 25.50 euros, 248 p.)
ISBN : 978-2-336-00928-5, ISBN EBOOK : 978-2-296-53006-5

PARTENARIAT (LE) EUROPE-AFRIQUE
DANS LA MONDIALISATION
Nkunzumwami Emmanuel
Voici les parcours historiques des relations entre Africains et Européens depuis environ cinq siècles. L'ouvrage propose une nouvelle organisation de l'Afrique sur ses cinq régions, en vue d'exploiter et rentabiliser leurs immenses richesses naturelles pour la relance de leur développement économique et social. L'Europe peut y contribuer par le savoir-faire industriel et la maîtrise des technologies qui manquent à l'Afrique. Le partenariat entre l'Europe et l'Afrique devient alors l'une des clés de succès dans la mondialisation.
(Coll. Etudes africaines, 37.50 euros, 374 p.)
ISBN : 978-2-296-99820-9, ISBN EBOOK : 978-2-296-51482-9

PROBLÉMATIQUE (LA) DE L'ÉTAT DE DROIT EN AFRIQUE DE L'OUEST
Cissé Losséni
Maintenir la Paix et la Sécurité internationales, telles sont quelques-unes des missions fondamentales des grandes institutions internationales multilatérales, qu'il s'agisse de l'ONU ou de l'Union Africaine. Or, les outils juridiques et diplomatiques propres à chacune de ces institutions supranationales se trouvent parfois inappropriés à la résolution des conflits. L'auteur s'appuie sur des cas d'école qui ont la pertinence de situer la réflexion au coeur de l'actualité la plus récente.
(Coll. Etudes africaines, 28.00 euros, 284 p.)
ISBN : 978-2-336-00252-1, ISBN EBOOK : 978-2-296-51483-6

L'HARMATTAN, ITALIA
Via Degli Artisti 15; 10124 Torino

L'HARMATTAN HONGRIE
Könyvesbolt ; Kossuth L. u. 14-16
1053 Budapest

ESPACE L'HARMATTAN KINSHASA
Faculté des Sciences sociales,
politiques et administratives
BP243, KIN XI
Université de Kinshasa

L'HARMATTAN CONGO
67, av. E. P. Lumumba
Bât. – Congo Pharmacie (Bib. Nat.)
BP2874 Brazzaville
harmattan.congo@yahoo.fr

L'HARMATTAN GUINÉE
Almamya Rue KA 028, en face du restaurant Le Cèdre
OKB agency BP 3470 Conakry
(00224) 60 20 85 08
harmattanguinee@yahoo.fr

L'HARMATTAN CAMEROUN
BP 11486
Face à la SNI, immeuble Don Bosco
Yaoundé
(00237) 99 76 61 66
harmattancam@yahoo.fr

L'HARMATTAN CÔTE D'IVOIRE
Résidence Karl / cité des arts
Abidjan-Cocody 03 BP 1588 Abidjan 03
(00225) 05 77 87 31
etien_nda@yahoo.fr

L'HARMATTAN MAURITANIE
Espace El Kettab du livre francophone
N° 472 avenue du Palais des Congrès
BP 316 Nouakchott
(00222) 63 25 980

L'HARMATTAN SÉNÉGAL
« Villa Rose », rue de Diourbel X G, Point E
BP 45034 Dakar FANN
(00221) 33 825 98 58 / 77 242 25 08
senharmattan@gmail.com

L'HARMATTAN TOGO
1771, Bd du 13 janvier
BP 414 Lomé
Tél : 00 228 2201792
gerry@taama.net

Achevé d'imprimer par Corlet Numérique - 14110 Condé-Sur-Noireau
N° d'imprimeur : 100066 - Dépôt légal : juillet 2013 - *Imprimé en France*

Made in United States
North Haven, CT
05 November 2026

21760190R00311